REVUE INTERNATIONALE DES SCIENCES ECONOMIQUES ET SOCIALES

Revue annuelle à comité de lecture international

Sous la coordination de
Pr Benoît TINE
Dr Ibrahima Demba DIONE

REVUE INTERNATIONALE DES SCIENCES ECONOMIQUES ET SOCIALES

Revue annuelle à comité de lecture international

L'Harmattan Sénégal

Avec le soutien financier de l'UFR des Sciences Economiques et Sociales de l'Université Assane Seck de Ziguinchor

10 VDN, Sicap Amitié 3, Lotissement Cité Police, DAKAR

http://www.harmattansenegal.com
senharmattan@gmail.com
senlibrairie@gmail.com

ISBN : 978-2-343-22387-2
EAN : 9782343223872

Numéro ISSN : 2730-4485

N°1, décembre 2020
Adresse électronique de contact : rises@univ-zig.sn

Papa Ngore Sarr SADIO, Université du Sine-Saloum El Hâdj Ibrahima Niass
Cheikh Soumoune DIOP, Université Assane Seck de Ziguinchor
Djiby SAMBOU, Université Amadou Mahtar MBOW de Diamniadio
Thiané DIAGNE, Université Assane Seck de Ziguinchor
Aboubacar Abdoulaye BARRO, Université Assane Seck de Ziguinchor
Ibrahima Xalil NIANG, Université Cheikh Anta Diop de Dakar
Benoît TINE, Université Assane Seck de Ziguinchor
Albert Gautier NDIONE, Université Cheikh Anta Diop de Dakar

Avant-propos

Dr Paul DIÉDHIOU,

Directeur du LARSES

Pour qui crée-t-on des revues en Afrique, au Sénégal ou à l'université Assane Seck de Ziguinchor ? Ne sommes-nous pas en train de mettre sur pied une revue dont les auteurs et les lecteurs ne seront que des universitaires animés par leur carrière ? La réponse à ces questions déjà agitées par Jean Copans et Jean Ziegler est sans ambages : nous allons toujours écrire pour les mêmes : les lettrés, ici les universitaires. Il est vrai que dans un pays, le Sénégal, où le taux d'analphabétisme est assez important, il est difficile de créer une revue qui serait lue par un large public. En plus, compte tenu du niveau de vie, l'achat d'un livre ou d'un numéro de revue est un luxe pour le Sénégalais « lambda ». On voit dès lors les obstacles qui se dressent devant ce projet noble de lancer une revue. Mais ces obstacles sont loin d'être insurmontables et la création le 22 avril 2012 du Laboratoire de Recherche en Sciences Économiques et Sociales (LARSES) en est une parfaite illustration.

En effet, depuis sa date de création, le LARSES, par la volonté de ses membres, a su surmonter un défi majeur : l'organisation tous les deux ans d'un colloque international et la publication des actes. La venue dans le monde universitaire de ce nouveau-né qu'est la Revue internationale des Sciences Économiques et Sociales (RISES) n'est que le résultat de ce travail abattu par les Enseignants-chercheurs membres du LARSES.

Ce laboratoire qui s'inscrit dans les traditions universitaires s'est fixé comme objectif de décloisonner les barrières disciplinaires. C'est en ce sens qu'il regroupe en son sein des Enseignants-chercheurs des départements de Sociologie, d'Économie-Gestion, d'Informatique Appliquée, des Sciences juridiques et de Tourisme de l'UFR Sciences Économiques et Sociales (SES) de l'université Assane Seck. C'est dans la perspective de promouvoir la pluridisciplinarité voire la transdisciplinarité qu'il faut placer la création de cette revue qui est en quelque sorte le pendant du laboratoire. La RISES vient donc concrétiser un projet cher aux Enseignants-chercheurs membres du LARSES : la vulgarisation de la production scientifique des chercheurs et Enseignants-chercheurs venant des différentes institutions et disciplines. En ce sens, ce nouveau-né (RISES) à qui je souhaite longue vie, compte perpétuer cette culture en gestation au sein du laboratoire : la pluridisciplinarité et la transdisciplinarité. On comprend dès lors pourquoi ce premier numéro regroupe les contributions des chercheurs appartenant aux différentes disciplines des sciences sociales.

Mais mon rêve est également de voir dans les prochaines parutions de cette revue un travail collectif et collaboratif où des chercheurs venant de disciplines « différentes » publient ensemble des articles, chacun y apportant sa touche et tout cela dans un esprit pluridisciplinaire ou transdisciplinaire. Autrement dit, sociologues, économistes, juristes, géographes, historiens, littéraires, linguistes, agroforestiers pourraient ensemble réfléchir sur une thématique transversale et copublier un article. Tel est, à mon sens, le travail collectif et collaboratif à encourager puisque les faits se présentent à nous chercheurs comme des phénomènes sociaux totaux pour reprendre Mauss. Ce défi est peut-être difficile à relever compte tenu de cette division institutionnelle érigée en dogme.

Comme le LARSES dont elle est l'outil principal, je nourris le rêve de voir cette revue s'ouvrir au monde non universitaire. Ainsi, l'université cessera d'être une tour d'ivoire. À cet effet, tout en gardant sa ligne éditoriale et la rigueur scientifique d'ordre académique, la RISES peut se fixer un objectif : accepter les contributions des professionnels qui souhaiteraient publier sur les sujets relevant de leurs domaines de compétences ou des cas pratiques.

Mais un des défis majeurs que les enseignants-chercheurs qui œuvrent inlassablement pour la production scientifique et la vulgarisation de résultats de leur recherche est celui de l'espérance de vie de la revue. La création d'une revue nécessite la mobilisation des ressources humaines, logistiques et surtout financières. Or, dans les universités publiques sénégalaises, les Sciences sociales constituent le parent pauvre. De ce fait, il est souvent difficile (comme dans le cadre de l'organisation des colloques) de trouver des fonds et les abonnements à des revues sont rares dans nos pays où le souci premier est de subvenir aux besoins primaires : manger à sa faim. Nous ne saurons évaluer ici le taux de mortalité des revues mort-nées au Sénégal. Les maisons d'éditions sénégalaises sont pour la plupart en faillite et le projet de création des Presses universitaires serait probablement une aubaine. C'est dire que ce défi de taille peut être surmonté avec la volonté et l'abnégation sans faille des enseignants-chercheurs appelés à préserver cet outil de travail qu'est la RISES. Cette revue scientifique est effectivement un outil de diffusion des résultats de la recherche menée au sein du LARSES. J'incite alors les collègues à s'impliquer afin de promouvoir la recherche.

Ensemble relevons ces défis ! Je souhaite à cette revue une longue espérance de vie.

Préface

Pr Benoît TINE

Vous tenez dans vos mains le premier numéro de la Revue internationale des Sciences économiques et sociales (RISES). Cette revue est portée par le Laboratoire de recherche en sciences économiques et sociales de l'Université Assane Seck de Ziguinchor (Sénégal). RISES est un espace de dialogue entre plusieurs disciplines et paradigmes qui publie des articles originaux. Elle est une revue qui parait une fois par an, sous formats physique et électronique. Elle dispose d'un comité scientifique international ainsi que d'un comité de lecture international. Les textes envoyés pour publication dans la revue sont soumis à une instruction en double aveugle avant d'être relus par les correcteurs de l'éditeur. Les contributions pluridisciplinaires de ce numéro inaugural nous font voyager dans quatre différents continents que sont l'Afrique, l'Europe et l'Asie (Sénégal, Côte d'Ivoire, Niger, République Démocratique du Congo, Cameroun, Union Européenne, Mexique, Chine).

Ce rayonnement scientifique international de la revue commence par la ville de Ziguinchor qui a vu la création en 2007 de l'Université éponyme rebaptisée en 2014, Université Assane Seck de Ziguinchor. Mais le processus de création de cette université a commencé en 2002 ainsi que nous le dit **Moustapha TAMBA** dans son article intitulé : *L'enseignement supérieur dans la région de Ziguinchor*. Il ne manque pas de souligner que cet enseignement supérieur doit être considéré comme le moteur du développement en termes de recherche mais aussi en termes de création d'emploi et d'insertion professionnelle. Cependant le fossé est encore grand entre l'université et ce monde professionnel, ainsi que l'affirme **Benoît TINE** dans l'article *École et entreprise au Sénégal : quelles articulations entre deux secteurs en clair-obscur ?* En effet, il milite pour un enseignement supérieur de qualité qui passe par le rapprochement entre les formations universitaires et les débouchés professionnels. Il passe également par la mobilité des enseignants-chercheurs et **Jean Alain GOUDIABY** nous l'explique à travers l'article intitulé : *USAID /ERA et la mobilité des universitaires sénégalais aux États-Unis : quand les projets contribuent à redessiner les mobilités académiques.* Dans cet article issu d'une recherche empirique, l'auteur montre comment les mobilités académiques des enseignants-chercheurs sont porteuses d'une circulation de concepts et de savoirs dans un contexte académique mondialisé. L'implantation d'une université à Ziguinchor est l'occasion de faire de la région « naturelle » de la Casamance un « laboratoire social ». C'est ainsi que **Mamadou Aguibou DIALLO** et **Lamine TOURE** questionnent *les tensions urbaines et les conflits dans les quartiers spontanés en Casamance*. En prenant comme exemple le quartier Néma II, ils nous montrent que l'absence d'assainissement, la délimitation informelle des parcelles et la cohabitation dans des espaces plus ou moins ouverts génèrent des conflits que les formes de sociabilité encore très marquées arrivent à juguler. **Doudou Dièye GUEYE**, traitant du sujet : *Déplacés et réfugiés du conflit casamançais : le paradoxe d'une hospitalité*, nous plonge dans le conflit interne armé casamançais, l'un des plus vieux de la région ouest africaine. À partir d'une enquête qualitative, il relève que les logiques économiques et marchandes qui ont pris le pas sur les logiques sociales. La légendaire hospitalité est éprouvée et se voit vider de sa substance.

En dehors de l'hospitalité en crise au moment d'accueillir les déplacés et réfugiés, le conflit armé casamançais a également généré des traumatismes dont nous parle **Ismaïla SENE**, dans son article : *Handicap acquis, affect traumatique et perception de soi : Le cas des victimes de mines en Casamance*. En effet, les mines antipersonnel ont occasionné l'apparition d'un handicap acquis qui a engendré un affect traumatique qui s'exprime à travers un sentiment d'impuissance et une perception négative de soi. Les recherches en Casamance ne se focalisent pas que sur le conflit armé. La culture y tient un rôle prépondérant que revisite **Lamine TOURE** dans son article : *La place et le rôle du griot manding dans les baptêmes : cas du village de Maroncounda*. Naguère personnage clef de la culture manding, assurant la continuité de la tradition, ce roi de la parole voit se transformer son métier avec un fort penchant marketing et commercial. Lamine Touré nous argumente cette importance à revaloriser cette figure historique de la société mandingue. De même, **Serigne Momar SARR**, dans une réflexion épistémologique, plaide pour repenser les sciences sociales dans une perspective postcoloniale et pratiquer la sociologie dans le présentisme négro-africain. Il essaie de situer la manière d'être sociologue et de pratiquer la sociologie dans son article : *Pensée complexe et théorie quantique : implication pour l'objet de connaissance en sociologie*.

Quant à **Aminata DIOP**, elle nous fait sortir de la Casamance et nous plonge dans *les perceptions et réadaptations de la loi sur le Domaine* *national en milieu seereer (Joal-Fadiouth/Sénégal).* La loi sur le Domaine national pose problème parce que dans ses principes, les terres sont inaliénables. Néanmoins, entre la théorie contenue dans la Loi et la pratique constatée sur le terrain, il existe un grand fossé. Les affinités relationnelles et le clientélisme politique sont constatés dans la gestion foncière locale. Finalement, les populations procèdent à une appropriation sélective des textes et ne prennent que ce qui les arrange.

Ibrahima Demba DIONE nous fait voyager hors du Sénégal. Son étude comparative intitulée *réseaux de commerce et intégration : approche par les pratiques socioéconomiques aux dyades en Afrique extrême occidentale* montre comment l'intégration est un vain mot créant des discontinuités territoriales. Les populations quant à elles vivent l'espace sous régional, homogène, continu et intégratif, en faisant fi de l'appartenance nationale, du moins dans les dynamiques économiques impulsées par les marchés ruraux, sanctuaire du secteur informel. Ce secteur informel a fait l'objet d'une étude approfondie par trois chercheurs : **Fabrice TANOH, Dali Serge LIDA, Jean-Louis LOGNON**. En effet, dans un article intitulé : *Formes et enjeux de l'épargne dans l'économie informelle en Côte d'Ivoire*, ils s'intéressent d'abord aux formes de l'épargne, ensuite aux implications sociales des formes d'épargne. Une épargne en définitive qui est une activité collective, ne se démarquant jamais de la relation au groupe d'appartenance/référence (ménage, famille, interconnaissances). Le « miracle ivoirien » n'a pas pu retenir les Ivoiriens sur leur sol. Une fois à l'extérieur grâce à des réseaux d'appartenance, ils rencontrent d'énormes problèmes d'insertion. La contribution de **Mathieu Jérémie ABENA ETOUNDI** et **Fridolin OMGBA OWONO** intitulée : *L'insertion socioéconomique des immigrants ivoiriens au Cameroun (1978-2011)* relate les formes de migrations et les différentes stratégies d'adaptation.

Ce numéro inaugural nous transporte également au Niger avec **Ibrahim MALAM MAMANE SANI** et **Saadou ABOUBACAR** qui nous parlent du *foyer amélioré PADES qui est un moyen de lutte contre le changement climatique dans le département de Dogondoutchi au Niger*. Dans un contexte de changement climatique, cet article analyse l'utilisation du foyer amélioré PADES comme moyen de lutte contre le changement climatique dans le département de Dogondoutchi. C'est ainsi qu'il permet la réduction de la consommation du bois, la diminution de la production de la fumée, la protection contre le vent, la poussière et la fumée, la concentration de l'énergie dans le foyer, les aliments préparés dans de bonnes conditions d'hygiène, la rapidité de la cuisine en économie de revenu familial, la bonne gestion de temps, l'amélioration de la santé communautaire.

Nicodème Bondo MULUNDA nous plonge dans les proverbes de la langue Kiluba. Dans son article intitulé : *de l'Orature à l'écriture : dépopularisation d'une littérature des masses. Cas des proverbes de la langue Kiluba*, l'auteur conclut qu'aller de l'orature à l'écriture revient à dépopulariser une littérature des masses. Mathias Kaimangui nous amène dans le Cameroun voisin à travers l'article : Méthodes endogènes de résolution des conflits chez les Massa à l'épreuve de la modernité : cérémonie du chien égorgé, usage de la sauce d'oseille et sacrifice du zilimgagouna (calao). Grâce à des outils qualitatifs et quantitatifs de collecte de données, Kaimangui constate que cette méthode traditionnelle de résolution des conflits qui souffre de la modernité (justice administrative) mérite d'être revalorisée. **Soulémanou DAÏROU** de son côté plaide pour une revalorisation des cultures alimentaires du nord Cameroun dans son article : *Stratégie de valorisation et de préservation du patrimoine alimentaire sacré au Nord-Cameroun.* **Hamidou ISSA** lui emboite le pas et s'intéresse au *Statut juridique de la femme mariée au Cameroun : entre permanences et mutations (1934-2016).* Il observe que le comportement du législateur tend vers une dissimulation volontaire à dégager les corollaires du principe d'égalité de genre qu'il recherche, ce qui ne favorise véritablement pas son efficacité dans le droit civil et pénal camerounais. Par contre, la coopération décentralisée regorge d'opportunité en termes de développement ainsi que l'illustre l'article intitulé *La coopération entre acteurs économiques de la France et les collectivités territoriales décentralisées au Cameroun : cas de la région d'Alsace et de la communauté urbaine de Douala, 1987-2018*. Ainsi, cette coopération est une forme particulière de solidarité internationale qui favorise l'enracinement de la décentralisation avant l'ouverture ainsi que l'analyse **André Bienvenu MFO**. Contrairement à la coopération décentralisée, l'immigration subsaharienne en Europe souffre de beaucoup de paradoxes selon **Adama SADIO** dans son article *Les contradictions de l'Union européenne dans sa lutte contre l'immigration subsaharienne.* Après l'Europe, l'article *Races, dynamisme sociopolitique et identité* de **Kouakou LALEKOU** nous invite en Amérique latine pour réfléchir sur les questions raciales qui ont imposé aux luttes sociales et politiques leur dynamique au Mexique.

Nous terminons notre voyage en Chine grâce à **Irié Séverin ZAN BI** et **Tiéba YEO** par le biais de l'article : *La pratique religieuse en Chine : entre ruptures et continuités au XXème siècle (1898 à 1999)*. En effet, ayant survécu aux différentes tempêtes politiques, la pratique religieuse est l'un des éléments essentiels de l'histoire chinoise. L'analyse de la pratique religieuse que nous propose cet article met en relief l'enjeu sociopolitique de la religion dans le processus de modernisation de ce pays.

Ce numéro inaugural de la Revue Internationale des Sciences Economiques et Sociales se caractérise ainsi par une grande richesse pluridisciplinaire et transdisciplinaire pour une meilleure connaissance des réalités qui nous entourent.

Sommaire

L'enseignement supérieur dans la région de Ziguinchor

Moustapha TAMBA

Professeur titulaire des universités de classe exceptionnelle
Faculté des Lettres et Sciences humaines
Université Cheikh Anta Diop de Dakar
moustamba@yahoo.fr

Résumé

L'Université de Ziguinchor, créée en 2007, est baptisée en mars 2014 « Université Assane Seck de Ziguinchor » en abrégé UASZ, en hommage au premier professeur sénégalais de géographie de l'Université de Dakar. Sa devise est la suivante « L'excellence est mon crédo ». Elle est installée dans le quartier de Diabir, situé à la périphérie sud-ouest de Ziguinchor. Aujourd'hui, elle présente tous les niveaux d'enseignement, notamment les premier, deuxième et troisième cycles. De même, elle a en son sein toutes les facultés classiques : Lettres et Sciences Humaines, Sciences et Techniques, Droit et Économie/Gestion, Médecine. L'Université reçoit tous les bacheliers sénégalais et accueille également les étudiants des pays environnants (Gambie, Guinée-Bissau, Guinée Conakry et Mali) et ceux du Maghreb. Si en 2007, l'Université avait 257 étudiants pour toutes les disciplines confondues, en revanche en 2019, elle a un effectif de 4.775 étudiants répartis comme suit : 3575 en Licence, 813 en Master et 387 en Doctorat. Par ailleurs, sur le plan économique, l'Université Assane Seck de Ziguinchor reste incontestablement le premier employeur de la ville.

Mots clés : UASZ, facultés, étudiants, système LMD, effectif

Abstract

The University of Ziguinchor, created in 2007, was named "Université Assane Seck de Ziguinchor" in March 2014, abbreviated to UASZ, in homage to the first Senegalese professor of geography at the University of Dakar. Its motto is "Excellence is my credo". It is located in the district of Diabir, on the south-western outskirts of Ziguinchor. Today, it offers all levels of education, including undergraduate, graduate and postgraduate courses. It also has all the classical faculties: Humanities and Human Sciences, Science and Technology, Law and Economics/Management, Medicine. The University receives all Senegalese baccalaureate holders and also welcomes students from the surrounding countries (Gambia, Guinea-Bissau, Guinea Conakry and

Mali) and those from the Maghreb. While in 2007, the University had 257 students in all disciplines, in 2019 it will have 4,775 students, distributed as follows: 3575 in Bachelor, 813 in Master and 387 in Doctorate. Furthermore, in economic terms, the Assane Seck University of Ziguinchor remains the city's largest employer.

Keywords: UASZ, faculties, students, LMD system, staff numbers.

Introduction

L'enseignement supérieur public est tributaire des politiques d'État. Créée par le pouvoir colonial le 24 avril 1957, l'Université de Dakar était la seule pour la formation académique des Sénégalais et les Africains des territoires d'Afrique de l'Ouest et d'Afrique centrale. Trente-trois ans après, en 1990, le Sénégal indépendant se dotait d'une deuxième université à Saint-Louis sous le gouvernement du président Abdou DIOUF ; le 27 février 1997, il lui a donné le nom du célèbre philosophe Gaston Berger en compagnie de Maurice Béjart, fils du parrain.

Mais le grand tournant du développement de l'enseignement supérieur public a eu lieu incontestablement au XXIe siècle, notamment dans la décennie 2000-2009 sous le gouvernement d'Abdoulaye WADE, président de la première alternance au Sénégal. En Effet, c'est à cette période que furent créés les centres universitaires régionaux à Thiès, Ziguinchor et Bambey avec la loi n° 2002-21 du 14 avril 2002.

1. Problématique

En 2006, lors d'un conseil interministériel, le président Abdoulaye WADE donna des instructions pour que les Centres Universitaires Régionaux (CUR) de Thiès et de Ziguinchor soient transformés en universités complètes dans le cadre de la nouvelle carte universitaire. Ainsi, le 11 janvier 2007, le professeur Amadou Tidiane BA, jusque-là directeur de l'Institut Supérieur de l'Environnement (ISE) de l'Université Cheikh Anta Diop de Dakar (UCAD), est nommé recteur de l'Université de Ziguinchor (UZ) avec comme credo « *L'Excellence, Ma référence* ».

Par ailleurs, des raisons objectives ont entraîné la création de l'Université de Ziguinchor (UZ). En fait, le contexte économique, académique et social de la Casamance (région du sud) justifiait depuis les décennies 80 et 90 la création d'une structure universitaire. Il s'y ajoute que la Casamance, notamment la région naturelle, à un taux de scolarisation de 140 % (le premier au Sénégal). Enfin, la ville de Ziguinchor est proche de pays comme la Guinée Bissau, la Gambie et la Guinée Conakry et reste un atout pour l'intégration dans l'espace universitaire de la Communauté Économique des États de l'Afrique de l'Ouest (CEDEAO) qui regroupe seize (16) pays.

2. Méthodologie

Pour produire cet article scientifique, nous avons eu recours à la méthode documentaire[1]. En effet, les informations ont été glanées pour l'essentiel dans les documents de l'Université de Ziguinchor, devenue Université Assane SECK de Ziguinchor, le premier professeur de géographie, originaire de la région. C'est ainsi que nous avons eu recours pour l'étude à cinq sources :

- les textes de préparation de l'ouverture de l'Université de Ziguinchor (31 août 2006 à Dakar) ;
- les textes de validation des programmes de l'Université de Ziguinchor (18-20 juillet 2008 au Cap-Skiring) ;
- les statistiques du Rectorat ;
- le Rapport du Centre Régional des œuvres universitaires et sociales (CROUS) de l'UASZ ;
- les données de l'École doctorale de l'UASZ.

L'exploitation du contenu des textes et les données statistiques fournies par les services (Rectorat et CROUS) constituent les supports de l'étude. Une bonne partie de l'étude se présente sous la forme de tableaux de tris à plat et de tris croisés.

[1] Madeleine Grawitz, dans son ouvrage intitulé « Méthodes des sciences sociales » parle de l'intérêt de la méthode documentaire. En effet, il souligne l'importance de la documentation écrite, notamment des documents écrits (archives publiques ou privés, presse, distribués ou vendus, personnels). Cf. *Méthodes de sciences sociales*, Paris, Dalloz, 1990, p.655-657.

3. Présentation de L'université Assane Seck De Ziguinchor

3.1. Les préalables à la création de l'Université

La mise en place de l'Université de Ziguinchor a été rendue possible grâce à l'expertise académique des enseignants-chercheurs de l'Université Cheikh Anta Diop (UCAD). En fait, depuis la loi n° 2002-21 du 14 août 2002 modifiant la loi n° 2007-21 du 14 août 2002 modifiant la loi n° 67-45 du 13 juillet 1967 relative à l'université de Dakar, un Centre universitaire régional (CUR) est proposé à Ziguinchor. De fait tout comme pour les autres CUR de Thiès et de Bambey, le projet est porté par l'Université Cheikh Anta Diop de Dakar sous le recteur Abdou Salam SALL. De 2002 à 2006, l'État s'est investi dans la construction des infrastructures des CUR. Celle-ci durera quatre années avec notamment quelques difficultés financières et matérielles pour leur livraison.

Entre temps, en six années (2000-2006), le nombre de bacheliers au Sénégal, a doublé, passant de 9 159 en 2001 à 20 305 en 2005. Face à cette évolution, le président Abdoulaye WADE donna des instructions à son ministre de l'Éducation nationale, le professeur Moustapha SOURANG, pour que les centres universitaires régionaux de Thiès et de Ziguinchor soient transformés en universités complètes dans le cadre de la nouvelle carte universitaire.

À partir de 2006, une commission d'enseignants-chercheurs est choisie pour élaborer des textes, de l'organisation administrative, de structures pédagogiques et filières, des effectifs prévisionnels et d'étudiants pour la rentrée, des besoins en ressources humaines, du budget, des besoins en équipements, des besoins en infrastructures et des programmes d'enseignements. Cette commission est constituée de scientifiques, de techniciens, de littéraires, de médecins et de juristes. Parmi eux : Pr. Elie Léonard AKPO, Dr Moussa BALDÉ, Dr Ibrahima CISSE, Pr Athanase COLY, Dr Honoré DACOSTA, Pr Assane DIALLO, Pr Momar Marème DIENG, Pr Amadou Gallo DIOP, Pr Djibril DIOP, Pr Ndiaw DIOUF, Dr Doudou Dièye GUEYE, Dr Aliou GUISSE, Dr Mamadou Samba KAH, Pr Claude LISHOU, Pr Raymond MALOU, Pr Papa NDIAYE, Dr Modou NDIAYE, Pr Serigne Amadou NDIAYE, Dr Libasse NIANG, Dr Ibrahima NIANG, Pr Salam SALL, Pr Mamadou SARR, Dr Diaraf SECK, Dr Mbaye SÈNE, Dr Ousmane SÈNE, Dr Moustapha TAMBA, Pr Omar THIAW, Pr Bhen Sikina TOGUEBAYE, Dr Pape TOURE, Pr El Bachir WADE, Pr Serigne Magueye GUEYE.

Le 31 août 2006 fut une date importante pour la concrétisation de l'Université de Ziguinchor. En effet, un atelier est tenu dans le campus pédagogique de l'UCAD II en présence de tous les experts pour l'ouverture des universités de Thiès, de Ziguinchor et du CUR de Bambey. Pour l'Université de Ziguinchor (UZ), l'atelier a arrêté les propositions suivantes :

Tableau 1 : Fiche synthétique pour l'Université de Ziguinchor en 2006

Besoins	Nombre
Services du Rectorat	29
Unité de Formation et de Recherche	04
Services des UFR	20
Département	20
Filière	24
Étudiant pour l'ouverture	3250
Enseignant permanent	158
Enseignant vacataire	135
Personnel adm. Tech. Et de services	84
Budget de départ	10,6 milliards

Source : Ministère de l'Éducation, Université de Ziguinchor

Dakar, le 31 août 2006

3.2. La réalisation concrète de l'Université

Comme nous l'avons souligné plus haut, l'État sénégalais a nommé le 11 janvier 2007 Amadou Tidiane BA comme premier recteur de l'Université de Ziguinchor. Le 19 février 2007 marque la date académique de naissance de l'Institution. L'Université de Ziguinchor (UZ) est implantée dans un quartier[2] de Ziguinchor, notamment à Diabir, situé à la

[2] On compte vingt-sept quartiers à Ziguinchor : Escale, Cobitène, Colobane, Cobodia, Lyndiane, Diabir, Kenya, Kandialang- Ouest, Kandianlang- Est, Djibock, Kandé-Sibenck, Kandé- Diefaye, Goumel, Santhiaba- Est, Santhiaba- Ouest, Belfort- Est, Belfort- Ouest, Boucotte- Nord, Boucotte -Est, Boucotte- Sud, Kansaoudy, Djiringho, Soucoupapaye, Tilène, Diabir et Kénia.

périphérie sud-ouest, et qui est très proche de l'Aéroport. Elle occupe l'ancienne École de Formation en Agriculture et les sièges du service de l'élevage qui sont des sites boisés et arboricoles, disposant de titres fonciers.

Par ailleurs, au plan pédagogique, l'Université de Ziguinchor a démarré avec trois unités de formation et de recherche (UFR), notamment l'UFR Sciences et Technologies (ST), l'UFR Sciences Economiques et Sociales (SES), l'UFR Lettres, Arts et Sciences Humaines (LASHU) ; s'y ajoutera l'UFR Sciences de la Santé (SS) en 2013. La grande particularité de ces UFR est qu'elles se sont inscrites directement dans le système Licence-Maîtrise-Doctorat (LMD). En atteste, le séminaire de validation des programmes tenu du 18 au 20 juillet 2008 à l'hôtel des « Hibiscus » au Cap-Skirring. De même, l'Université de Ziguinchor a mis en place des filières qui répondent à la vocation agricole et touristique de la Casamance naturelle. Il s'agit notamment des filières tourisme et agroforesterie, mais également de filières professionnelles telles que le droit des affaires, l'informatique appliquée à la gestion des entreprises, etc.

Depuis sa création, l'Université de Ziguinchor (UZ) a connu beaucoup de textes (lois, décrets, arrêtés, circulaires, accords révisés). Ces textes ont modifié le fonctionnement et l'organisation de l'Université de Ziguinchor (UZ). À ces textes sont venues s'ajouter les différentes politiques des trois recteurs : Amadou Tidiane BA (2007-2009), Oumar SOCK (2009-2013) et Courfia Kéba DIAWARA (2013-2020). En mars 2014, l'Université de Ziguinchor (UZ) est baptisée « Université Assane SECK de Ziguinchor » soit en abrégé UASZ. En effet, à la disparition de l'éminent professeur Assane SECK[3], le président Macky SALL a pris la décision de confier à sa mémoire le destin de l'Université de Ziguinchor.

---

[3] Assane SECK est né à Inor (Casamance) le 1er février 1919. Il fit des études primaires supérieures au collège Blanchot de Saint-Louis et des études secondaires à l'École Normale William Ponty de Sébikotane. Il poursuivit ses études supérieures en France où il obtint son Doctorat d'État- ès- Lettres en 1970. De retour, il enseigne comme professeur au Lycée Maurice Delafosse de Dakar, puis Assistant à l'Université de Dakar. Il y devient professeur titulaire de classe exceptionnelle et prit sa retraite en 1983. Géographe de formation, il est auteur de plusieurs publications scientifiques et de deux à trois ouvrages dont le dernier est intitulé « *Sénégal, Emergence d'une démocratie moderne 1945-2005, in itinéraire politique* », Paris, Karthala, 2005.
Assane SECK a occupé diverses fonctions politiques de 1956 à 1963. Durant sa carrière universitaire et politique, Assane SECK a eu plusieurs décorations (Grand-Croix, Commandeur, Chevalier, Grand chevalier, Grand Officier) nationales et

3.3. La création du Centre des œuvres universitaires sociales (CROUS) de Ziguinchor

De manière classique, la mise en place d'un campus pédagogique est étroitement liée à l'installation d'un campus social. Ce schéma a été respecté par l'Université de Ziguinchor (UZ) même si le campus social a été un moment virtuel. En effet, l'Université de Ziguinchor (UZ) a eu recours à l'expertise du Centre des Œuvres Universitaires de Dakar (COUD) pour la mise en place du campus social. Ainsi de 2007 à 2016, il n'y avait pas une structure qui s'occupe des œuvres sociales. Le COUD de Dakar assurait les services (paiement des bourses, restauration et prise en charge médicale) dans des conditions difficiles. Ce fut la loi n° 2016-8 du 02 mars 2016 qui décida de créer en même temps qu'aux universités de Thiès et d'Alioune DIOP de Bambey, le Centre régional des Œuvres sociales de Ziguinchor (CROUS-Z). Toutefois, c'est au mois de novembre 2017 que l'État mit en place une administration[4] s'occupant de l'hébergement, de la restauration, de la santé et du transport des étudiants. À la tête de cette structure, se trouvent un Président du Conseil d'Administration (PCA), le Conseil Départemental, la Mairie de Ziguinchor, les directeurs d'UFR, les représentants des étudiants et les représentants des PATS (Personnel Administratif Technique et de Services). En outre, selon le directeur du CROUSZ, le budget global de fonctionnement était de 2 282 172 976 FCFA de 2017 à 2020.

L'hébergement des étudiants reste la plus grande problématique du CROUS-Z. En effet, peu d'étudiants sont logés dans le campus social compte tenu du déficit énorme de chambres. Il n'existe que cinq pavillons pour le moment, notamment A, B, C, D et E. La grande majorité des

---

internationales. Il est mort en 2014 à Dakar et enterré dans sa famille à Marsassoum (Casamance).

[4] Par un Décret du Conseil des Ministres, le docteur Mamadou Diombéra du département de Tourisme devint le 17 novembre 2017, le premier directeur du CROUS de Ziguinchor. Le bilan de son magistère nous révèle quelques réalisations :

- uneannexe de restauration ventilée de 500 places ;
- un groupe électrogène pour faire face aux coupures de courant ;
- des citernes de stockage d'eau dans tous les pavillons ;
- livraison des pavillons D et F ;
- réfection des toilettes et chambres ;
- construction de cantines de commerce pour lutter contre l'occupation anarchique dans l'espace universitaire ;
- construction d'une salle de fitness avec l'appui de la sportive Hortense DIEDHIOU ;
- mise en place des activités sportives et culturelles.

étudiants vit dans les familles où ils ne trouvent pas d'espaces agréés pour mener à bien leurs études. La demande de logement pour les étudiants étrangers[5]se pose avec acuité même si beaucoup de familles ont aménagé leurs résidences pour les louer à cette catégorie. Le secteur privé locatif en direction des étudiants reste pour le moment inexistant ou rare.

Le CROUS-Z attribue ses logements prioritairement sur critères sociaux, mais il est possible pour des non boursiers d'y accéder. En somme, le parc public comme dans le parc privé, dans la ville de Ziguinchor l'accession à une résidence pour un étudiant reste extrêmement difficile.

4. Données régionales sur la population étudiante

4.1. L'évolution des effectifs depuis 2007

Tableau 2 : Évolution des effectifs de l'UASZ selon l'année

Année universitaire	Effectif
2006-2007	257
2007-2008	1180
2008-2009	2059
2009-2010	2743
2010-2011	3131
2011-2012	3420
2012-2013	3711
2013-2014	3815
2014-2015	3632
2015-2016	3506
2016-2017	3536
2017-2018	4319
2018-2019	4775

Source : Direction de la Scolarité centrale de l'UASZ, juin 2020

[5] Dans l'étude réalisée par le sociologue, Souleymane GOMIS, on apprend que : « l'acuité de l'hébergement fait que, aujourd'hui, les étudiants sont de plus en plus exigeants envers les responsables de communes (maires). Certains maires ont mis des logements à la disposition des étudiants ressortissants de leur commune, ville ou parfois même région » Cf. *Analyse sociale de l'enseignement supérieur public au Sénégal*, Paris, L'Harmatan, 2013, p. 149.

Compte tenu d'un démarrage tardif de l'année académique (19 février 2007), de la situation régionale et du déficit d'enseignants, les autorités universitaires ont réduit le nombre d'étudiants à la rentrée 2006-2007. À partir de l'année universitaire 2007-2008 et plus encore des années 2010, les effectifs d'étudiants ont fortement progressé principalement en raison :

- des taux élevés de scolarisation dans la région ;
- d'un accès de plus en plus important au baccalauréat ;
- d'une offre de formation diversifiée ;
- d'une ouverture de l'université à l'international ; avec notamment les étudiants étrangers (Guinée Bissau, Gambie, Tunisie, etc.) ;
- de la mobilisation des élus locaux, pour promouvoir l'enseignement supérieur dans le Pôle territoire sud (Ziguinchor, Kolda et Sédhiou).

Le seuil des 3000 étudiants est franchi au début des années 2010. Puis, à partir de 2017, de la même manière qu'au niveau national, la croissance des effectifs est en hausse. En 2019, on recense plus de 4500 étudiants. Bref, les effectifs universitaires ont connu une forte expansion des années 2007 à 2019, soit une variation de 94,5 %. D'ailleurs, une augmentation importante des effectifs est à prévoir à l'horizon 2030.

4.2. La composition des effectifs selon le niveau et le genre

Le tableau ci-après représente la répartition des étudiants entre les différents niveaux selon le sexe à l'UASZ de 2007 à 2019.

Tableau 3 : Répartition des étudiants de l'UASZ, selon le niveau, le sexe et l'année

Niveau / Année Universitaire	Licence		Master		Doctorat		TOTAL
	Femme	Homme	Femme	Homme	Femme	Homme	
2006-2007	42	215	0	0	0	0	257
2007-2008	260	916	0	0	0	0	1180
2008-2009	489	1566	0	0	0	0	2059
2009-2010	685	2043	0	15	0	0	2743
2010-2011	811	2144	40	133	0	0	3131
2011-2012	865	2235	71	249	0	0	3420
2012-2013	878	2336	108	389	0	0	3711
2013-2014	913	2258	135	483	2	24	3815
2014-2015	851	2053	159	519	5	45	3632
2015-2016	777	1911	209	538	8	63	2506
2016-2017	797	1806	250	567	20	96	3536
2017-2018	1020	2244	269	580	41	165	4319
2018-2019	1178	2397	277	636	72	215	4775

Source : Direction de la Scolarité centrale de l'UASZ, juin 2020

En 2020, l'Université Assane Seck de Ziguinchor (UASZ) a treize années et présente tous les niveaux d'enseignement, notamment les premier, deuxième et troisième cycles, comme on peut le constater dans le tableau ci-dessus.

On constate principalement pour l'année 2018-2019 :

- un poids prépondérant, globalement constant, des effectifs universitaires, avec une répartition des étudiants entre les niveaux, L, M et D ;
- l'importance des effectifs au niveau Licence avec 75 % de la population ;
- des effectifs réduits au niveau du doctorat : 6 % en 2018-2019
- des effectifs faibles de filles à tous les niveaux du cursus universitaire.

À l'UASZ, on note une structure pyramidale semblable à la moyenne nationale avec une prépondérance des effectifs universitaires.

Conclusion

Cet article sur l'Université Assane Seck de Ziguinchor (UASZ) s'est efforcé d'éclairer l'organisation régionale de l'enseignement supérieur en Casamance pour souligner les défis qui doivent être relevés aujourd'hui aux différentes échelles du territoire du Projet Pôle de Développement de la Casamance (PPDC) qui englobe les régions de Ziguinchor, de Sédhiou et de Kolda et pour faire de l'enseignement supérieur un levier de développement économique, social et culturel.

C'est dire l'importance de construire une stratégie régionale pour l'enseignement supérieur dans une période caractérisée par la mondialisation et l'insertion dans un système de Licence-Maîtrise-Doctorat. L'État, le Conseil régional de Ziguinchor et les collectivités locales auront un rôle clé à jouer dans un domaine qui est de leur intérêt à chacun, et qui doit être considéré sous l'angle d'un intérêt régional partagé. Bref, l'enseignement supérieur doit être considéré comme le moteur du développement. En tous cas à Ziguinchor, l'UASZ reste aujourd'hui incontestablement le premier employeur de la région.

Bibliographie

GOMIS S., (2013), *Analyse sociale de l'enseignement supérieur public au Sénégal*, Paris, L'Harmattan.

MINISTÈRE DE L'ÉDUCATION, *Université de Ziguinchor,* Atelier du 31 août 2006, UCAD-Dakar.

MINISTÈRE DE L'ÉDUCATION, *Séminaire de préparation de l'ouverture des universités de Thiès, Ziguinchor et du CUR de Bambey,* Dakar, UCAD, 31 août 2006, UCAD-Dakar.

SAGLIO A., AVRIL L. et SIRE O., (2012), *Enseignement supérieur et territoires : enjeux et défis pour la Bretagne, Rennes.*

SALL A. S., (2013), *Les mutations de l'enseignement supérieur en Afrique : le cas de l'université Cheikh Anta Diop de Dakar (UCAD),* Dakar, L'Harmattan Sénégal.

SECK A., (2004), *De l'obscurité aveugle à la lumière du savoir,* Dakar, Abis Éditions, mars 2004.

TAMBA M. (2009), « La recherche à la Faculté des Lettres et Sciences Humaines de l'Université Cheikh Anta Diop de Dakar : Bilan de 50 ans d'activités », in *Annales de la Faculté des Lettres et Sciences Humaines, n°39/B, ETHOS*, 2009.

UNIVERSITÉ DE ZIGUINCHOR, Séminaire de validation des programmes de l'Université de Ziguinchor, Cap Skirring, Hôtel « Les Hibiscus », du 18 au 20 juillet 2008.

UNIVERSITÉ CHEIKH ANTA DIOP, La Réforme pédagogique, UCAD au niveau Licence et des effectifs inférieurs pour les niveaux M et D, 2006.

École et entreprise au Sénégal : quelles articulations entre deux secteurs en clair-obscur ?

Benoît TINE,

Maître de conférences en sociologie
UFR des Sciences Economiques et Sociales
Laboratoire LARSES - Université Assane Seck
BP 523 - Ziguinchor-Sénégal
btine@univ-zig.sn

Résumé

La situation du marché de l'emploi au Sénégal n'a jamais été aussi critique. Elle est confirmée par tous les indicateurs socio-économiques du Sénégal générés par l'Agence nationale de la statistique et de la démographie (ANSD) et aggravée par les mouvements sociaux. Le contexte socio-économique semble ébranler la thèse qui veut que la massification avec les objectifs du millénaire pour le développement (OMD) puis les objectifs de développement durable (ODD) et l'inflation scolaire qui s'en suit, soit un gage de progrès et de justice. « La bonne école », la « bonne filière », la « bonne formation » semblent toujours être fonction de l'origine sociale et du capital économique de nos enquêtés, ce qui achève de transformer la massification tant vantée en une démocratisation ségrégative, voire en un mécanisme de reproduction sociale. Le taux de chômage élevé serait aussi le résultat de cette vision égalisatrice « jusque-boutiste » et révèle les carences et le manque de vision globale des politiques en matière d'éducation nationale et d'enseignement supérieur. D'ailleurs pendant des décennies, l'enseignement supérieur était considéré comme une fabrique de chômeurs à cause d'une inadéquation manifeste entre l'offre et la demande. De même, toutes les écoles supérieures font la même chose : banque finance, commerce international, logistique… Pourtant on parle de l'agro-alimentaire, de BTP, de Coiffure, Couture, Cuisine mais personne n'y va parce que la représentation sociale de la réussite renvoie à un bureau, une voiture et un chauffeur. Par ailleurs, la formation professionnelle est souvent un choix par défaut. On n'y va que lorsqu'on a échoué partout. Donc un problème de perception des métiers techniques.

Mots clefs : école ; entreprise ; emploi ; jeune ; entreprenariat

Title: School and enterprise in Senegal: what articulation for sustainable development?

Abstract:

The labour market situation in Senegal has never been more critical. It is confirmed by all the socio-economic indicators of Senegal generated by the National Statistics and Demography Agency (ANSD) and aggravated by social movements. The socio-economic context seems to shake the thesis that massification with the Millennium Development Goals (MDGs) and then the Sustainable Development Goals (SDOs) and the subsequent school inflation is a guarantee of progress and justice. "The " good school ", the " good sector ", the " good training " that can allow access to employment always seem to be a function of the social origin and economic capital of our respondents, which completes the transformation of the much vaunted massification into a segregating democratization, or even into a mechanism of social reproduction. The high unemployment rate is also said to be the result of this "one-size-fits-all" vision and reveals the shortcomings and lack of an overall vision of national and higher education policies. Moreover, for decades, higher education was considered as a factory for the unemployed because of a clear mismatch between supply and demand. Similarly, all higher education institutions do the same thing: banking finance, international trade, logistics, etc. However, training institutions could be closer to the business world and offer training in entrepreneurship, agri-food, construction and the oil industry. Similarly, vocational and technical training is often a default choice. We only go there when we've failed everywhere. It will also be necessary to overcome the social representation of success that refers to an office, a car and a driver.

Keywords: school; enterprise; employment; youth; entrepreneurship

Introduction

Le Sénégal est confronté depuis les crises pétrolières des années 1970 à une crise chronique de l'emploi affectant surtout les femmes, les jeunes et les plus diplômés. Le constat est frappant. L'analyse des données officielles sur le chômage au Sénégal nous amène à conclure que ce phénomène frappe plus les jeunes et se conjugue au féminin. « *Le taux de chômage des personnes âgées de 15 ans ou plus est estimé à 15,7 %. Il est légèrement plus élevé en milieu urbain où 18,6 % de la population active sont au chômage contre 13,1 % en zone rurale. Selon le sexe, le chômage touche davantage les femmes (22,1 %) que les hommes (9,6 %)* » Agence nationale de la Statistique et de la Démographie (ANSD, 2017). L'emploi s'exerce principalement dans le secteur dit informel[6] et à titre indépendant (24 % des actifs en 2016) alors que le système éducatif ne stimule pas assez tôt les capacités entrepreneuriales surtout dans l'agriculture qui est une niche d'emplois et le taux de chômage reste élevé chez les diplômés car « *au regard du niveau d'étude, les personnes sans diplôme représentent 39,9 % des chômeurs* » (ANSD, 2017).

Le Sénégal, à l'instar de beaucoup de pays du Sud, est ainsi caractérisé par un contexte socioéconomique morose qui apparaissant plus instable qu'incertain, voit la frange la plus jeune de sa population être touchée de plein fouet par le chômage et la précarité. En effet, les conditions d'accès à l'emploi des jeunes sont affectées par l'ampleur structurelle du chômage et le Sénégal semble aujourd'hui encore incapable de générer une économie capable de la résorber. La démocratisation quantitative n'a pas été suivie d'une démocratisation qualitative. Pourtant la construction de passerelles et de ponts est possible pour concilier deux mondes qui s'ignorent. La professionnalisation des enseignements ainsi que la question de l'employabilité et de l'innovation peuvent-elles devenir une réalité ? Elles semblent être les seules voies pour résorber le chômage. Comment l'école contribue-t-elle à construire les savoirs et à développer les compétences ? Comment l'école (éducation nationale et enseignement supérieur) peut-elle répondre à la demande de l'Entreprise en tenant compte des exigences académiques et pédagogiques ?

1. Situation de l'emploi des jeunes au Sénégal : état des lieux

L'emploi des jeunes au Sénégal est un enjeu majeur et ancien qui, notamment sous la pression des actualités sociales, politiques, démographiques et de la crise économique, devient un sujet préoccupant et fortement pris en considération par les politiques, les associations de jeunes, les Organsations non gouvernementales (ONG) et les acteurs

[6] Ce secteur représente 41 % du PIB national et se caractérise par la faiblesse de son imposition avec moins de 3 % des recettes fiscales (Diouf, 2018)

locaux. Historiquement, les différents Plans d'Ajustement Structurels (PAS) au Sénégal dans les années 1980, et dans plusieurs pays africains, ont eu pour conséquence une réduction significative de la part de l'État dans le jeu économique. Dans ce contexte inédit, la situation qui a prévalu aux premières années des indépendances, avec l'incorporation de toutes les forces vives dans les structures et entreprises publiques, n'est plus possible (Diouf, 1992). L'État n'est plus le principal employeur certes mais un régulateur ; il a un rôle prééminent à jouer dans la définition et la mise en œuvre de politiques de l'emploi efficientes et pertinentes. Les crises socio-économiques, qui se sont succédé au Sénégal, ces dernières décennies, ont contribué à l'accroissement du risque ambiant, ralentissant par conséquent l'investissement.

Au Sénégal, le chômage des jeunes dans la tranche d'âge 15 à 34 ans, qui représente la moitié de la population, suit une croissance exponentielle depuis plusieurs années. Le Sénégal est confronté depuis 2000 à une crise de l'emploi affectant surtout les femmes, les jeunes et les plus diplômés. Les statistiques officielles disponibles à l'Agence nationale de la statistique et de la démographie (ANSD) estimaient, au quatrième trimestre 2017, le taux de chômage à 15,7 % de la population en âge de travailler (âgée de 15 ans ou plus). Néanmoins, beaucoup de personnes dans la population active exercent un travail précaire et dans le secteur informel. En effet, 30, 4 % des salariés mensuels, au quatrième trimestre 2017, perçoivent une rémunération mensuelle moyenne de 37 000 Frs CFA (ANSD, 2017).

Chaque année, près de 100 000 nouveaux diplômés sénégalais intègrent le marché du travail tandis que les statistiques enregistrent moins de 30 000 nouveaux contrats d'emplois directs. Le secteur privé offre peu d'opportunités d'emplois salariés parce que les PME/PMI accèdent difficilement au financement en raison des niveaux élevés de garanties bancaires exigées.

Le fort taux de chômage s'explique par l'inadéquation entre formation et emploi. L'emploi s'exerce principalement à titre indépendant au Sénégal (24 % des actifs en 2011) alors que le système éducatif ne stimule pas assez tôt les capacités entrepreneuriales.

Enfin, l'agriculture est une niche d'emplois mais la productivité du travail est à améliorer pour attirer les jeunes.

Encadré méthodologique

Étant conscient de la sensibilité et de la complexité de notre problématique de recherche, deux techniques de collecte de données ont été mobilisées dans un but de triangulation : 34 entretiens libres (étudiants diplômés de l'UASZ ; téléconseillers ; personnel d'enseignement ; Directeurs de services de l'UASZ) et une dizaine de journées d'observation dans les agences d'emplois en 2014-2018 à Ziguinchor (Sénégal). De même, des observations participantes ont été organisées dans les agences d'emplois de l'État, dans deux centres d'appels et dans certains services de l'Université Assane Seck de Ziguinchor (UASZ). Cette démarche socio-anthropologique « *se veut au plus près des situations naturelles des sujets – vie quotidienne, conversations, routines afin de produire des connaissances in situ, contextualisées, transversales, visant à rendre compte du point de vue de l'acteur, des représentations ordinaires, des pratiques usuelles et de leurs significations autochtones* » (Olivier de Sardan, 2008). Une analyse de contenu a par la suite permis d'exploiter les données collectées. Cette séquence s'inscrit dans une étude longitudinale sur le travail et l'emploi au Sénégal depuis 2007.

1.1. De « former pour qualifier » à « qualifier pour s'insérer »

Conçue par Gary Becker, prix Nobel d'économie en 1992, la théorie du capital humain repose sur une hypothèse : l'éducation est un investissement conduisant à accroître les capacités productives d'un individu. L'école constituerait un « gage de progrès et de justice sociale » (Duru-Bellat 2006 : 7). L'éducation faciliterait l'insertion et la participation active dans la bonne marche de la société. Cette théorie a favorisé la diffusion de l'éducation au niveau mondial. En cela, les objectifs de développement durable (ODD) fixés par l'ONU[7] mettent bien en exergue l'éducation de qualité comme quatrième objectif. Cependant, cette fuite en avant ne cherche-t-elle pas à esquiver la question cruciale de l'insertion professionnelle des jeunes ou alors n'est-elle pas révélatrice

[7] https://www.eda.admin.ch/post2015/fr/home/agenda-2030/die-17-ziele-fuer-eine-nachhaltige-entwicklung.html consulté le 23 novembre 2018

d'une crise beaucoup plus profonde, à savoir le combat contre le chômage endémique des jeunes ?

1.1.1. De la quantité à la qualité

A l'échelle du Sénégal, au cours des dernières décennies, différentes politiques de promotion de l'éducation ont été menées. Celles-ci avaient pour objectif principal une démocratisation du système éducatif en offrant à tous les enfants les mêmes chances d'accès à l'éducation puis à l'emploi. Ces différentes politiques avaient à cœur, d'une part, le respect du principe démocratique fondamental du droit à la connaissance et, d'autre part, la nécessité d'une scolarisation de masse. Selon l'Organisation des Nations Unies pour l'Éducation, la Science et la Culture (UNESCO), les dépenses publiques pour l'éducation doivent être portées à 6 % du PIB. Au Sénégal, en 2010, ces dépenses représentaient une valeur de 385,056 milliards, soit 6,04 % du PIB (ANSD, 2011 : 95).

De même, en 2011, le taux de scolarisation brut au primaire s'élevait à 93,9 % avec un taux d'achèvement de 66,5 % (ANSD, 2011 : 97). Une analyse minutieuse des données de l'ANSD montre depuis quelques décennies une évolution positive des indicateurs de l'éducation sur les deux dernières années avec des effectifs augmentant à tous les niveaux.

C'est ainsi que des générations entières ont cru en l'école - qui s'est vue allouer la responsabilité de détecter, de cultiver et de sanctionner le mérite par des titres, passeports pour un emploi prestigieux - et obtenu des diplômes conséquents. Ils avaient misé sur l'école et sur la méritocratie enchanteresse ; l'essentiel étant d'aller à l'école dans le cadre du « toujours plus d'école » et d'obtenir un diplôme, coûte que coûte, quel qu'il soit.

1.1.2. Quid de la démocratisation qualitative

La situation du marché de l'emploi au Sénégal n'a jamais été aussi critique. Elle est confirmée par tous les indicateurs socio-économiques du Sénégal et aggravée par les mouvements sociaux qui défrayent la chronique en termes de manifestations fréquentes du Regroupement des diplômés sans emploi du Sénégal (RDES), de licenciements économiques et de fermetures d'usines.

Le contexte socio-économique semble ébranler la thèse qui veut que la massification et l'inflation scolaire qui s'en suit, soit un gage de progrès et de justice. « La bonne école[8] », la « bonne filière », la « bonne formation » semble toujours être fonction de l'origine sociale et du capital économique de nos enquêtés, ce qui achève de transformer la massification tant vantée en une démocratisation ségrégative, voire en un mécanisme de reproduction sociale. Plus d'études pour tous ne veut pas dire les mêmes études pour tous. Le taux de chômage élevé au Sénégal serait aussi le résultat de cette vision égalisatrice « jusque-boutiste » et révèle les carences et le manque de vision globale des politiques en matière d'éducation nationale et d'enseignement supérieur.

Parmi les catégories les plus exposées et les plus vulnérables de la population, apparaissent les jeunes. Ils sont confrontés à un sérieux problème d'insertion socioprofessionnelle. « L'emploi leur apporte un statut et donc une identité sociale » (Paugam, 2000). L'exclusion du marché du travail, révélateur d'une crise profonde de la société salariale, constituerait la source de tous leurs maux.

« *Diplômé et bon à rien. J'ai un sentiment d'inutilité* ». Moussa, 26 ans, mai 2016.

« *On est là, assis du matin au soir, à ne rien faire pendant qu'ils (les politiques) nous abreuvent en promesses qu'ils ne tiendront jamais* ». Daouda, 24 ans, décembre 2017.

Le contexte sénégalais apparaît plus qu'instable et incertain et les jeunes sont de plus en plus la frange la plus touchée, en somme, ils sont les nouveaux galériens, dans le sens de Dubet[9] (1987). L'image d'une

[8] Lors d'une communication, le professeur Moustapha Tamba, sociologue à l'université Cheikh Anta Diop de Dakar, notait une certaine discrimination dans l'accès à des formations valorisées « après avoir enseigné pendant cinq ans (1997 – 2002) dans deux EPES (établissements privés d'enseignement supérieur), nous avons observé que la majeure partie des étudiants vient d'origine sociale aisée (Avocats, Magistrats, Notaires, Huissiers, Ingénieurs, Chefs d'entreprises, Gros Commerçants, Cadres de l'Administration et du Privé, Médecins, Pharmaciens, Architectes, Professeurs, Officiers Supérieurs de l'Armée, de la Douane, de la Police et de la Gendarmerie, Banquiers et Assureurs. » http://www.francophonie-durable.org/documents/colloque-ouaga-a2-tamba.pdf. Page consultée le 12/11/2013, à 12 h.

[9] « *La galère, c'est d'abord l'expérience de ces jeunes dominés par l'incertitude, le flottement des projets, les longues périodes d'oisiveté entrecoupées de petits boulots, la délinquance présente et peu spectaculaire, le risque de destruction du sujet lui-même* ». (Dubet, 1987).

jeunesse fauteuse de trouble ou vécue comme une catégorie victime d'un système masque l'interrogation à faire de l'ensemble des changements économiques et sociaux dont est porteuse la jeunesse quand elle entre dans le marché du travail.

Les parents attendaient beaucoup de leur investissement la démocratisation scolaire qui s'avérera plus quantitative, voire ségrégative que qualitative. La massification de l'enseignement, qui semble être du « déjà-là » ne s'est pas accompagnée de la démocratisation qualitative et infirme l'idée reçue selon laquelle : « les études, plus on en fait, mieux on se porte », sachant que la distribution des places et des emplois[10] au Sénégal ne se fait pas forcément en fonction du mérite ; ce qui réduit encore considérablement les chances de se faire recruter.

Les différentes politiques éducatives ont donné lieu, ces dernières décennies, à un afflux croissant de diplômés sur le marché du travail. Il faudra en effet aller toujours plus loin dans les études afin d'augmenter ses chances d'être recruté par le truchement du déclassement. Cette aspiration à accéder aux emplois les plus qualifiés et les mieux rémunérés a, en effet, contribué à la prolongation des études et a sévèrement mis en crise les structures familiales traditionnelles et les temps sociaux. Cette stratégie qui consiste à prolonger le temps des études est sérieusement discutée par des sociologues de l'éducation, comme Duru-Bellat (2006 : 71) qui « *considère une formation longue comme un gaspillage si l'environnement professionnel n'exige pas d'y puiser sans cesse* ».

2. L'université sénégalaise à la croisée des chemins

2.1. L'élargissement de la carte universitaire

La première université construite au Sénégal est l'université de Dakar[11] en 1957. Son implantation a accentué la production massive de ressources humaines capables de piloter le développement de l'Afrique en général.

---

[10]Nous développons dans nos recherches doctorales, des pratiques telles que le clientélisme, le gré à gré, le copinage, le « bras long », etc. Dans nos différents entretiens, des propos tenus par les acteurs font état de pratiques clientélistes et corruptives manifestes comme moyen d'accéder à l'emploi. D'une manière discursive, ils stigmatisent ces manières de faire tout en les généralisant à l'ensemble de la société sénégalaise.

[11] La première université construite au Sénégal est l'université de Dakar, créée le 24 février 1957 et inaugurée le 09 décembre 1959. L'université de Dakar est rebaptisée Université Cheikh Anta Diop de Dakar (UCAD) le 30 mars 1987.

D'ailleurs, tous les grands cadres du Sénégal et beaucoup d'autres issus de l'Afrique de l'Ouest ont été formés dans cette université. L'une de ses missions était de permettre aux jeunes de se former politiquement, socialement et économiquement.

Avec les ODD, nous avons assisté à une démocratisation quantitative de l'école à travers la politique des collèges de proximité et des lycées de proximité. Les taux de scolarisation sont importants, frôlant les 100 % notamment dans la région de Dakar et celle de Ziguinchor. Cette réalité a incité les pouvoirs publics à construire d'autres universités à l'intérieur du pays afin d'augmenter les taux d'orientation des nouveaux bacheliers. Ainsi, naquit l'université Gaston Berger de Saint-Louis (UGB) en 1990. Les effectifs étant, année après année, importants, il a été créé en 2007 les universités de Thiès (UT), Alioune Diop de Bambey (UADB) et de Ziguinchor (UASZ). L'université virtuelle du Sénégal a vu le jour en 2013.

Cet élargissement de la carte universitaire du Sénégal est une réponse aux enjeux en matière de développement et participe à alléger et réduire les taux d'échec aux examens et les souffrances des étudiants des régions périphériques qui devaient se rendre à l'Université de Dakar ou à celle de Saint-Louis avec toutes les difficultés liées à l'hébergement, à la restauration, aux déplacements entre autres.

Avec 112 297 candidats déclarés admis au baccalauréat en 2018, soit un taux de réussite de 46,09 %, les effectifs pourraient atteindre selon les prévisions, 118500 admis soit 48 % en 2022. L'augmentation de la demande en enseignement supérieur sera impressionnante dans les années à venir. C'est la raison pour laquelle trois nouvelles universités sont en construction pour absorber le nombre de plus en plus croissant de nouveaux bacheliers : université Amadou Maktar Mbow de Diamniadio, université du Sénégal Oriental et université du Sine Saloum El hadj Ibrahima Niasse. Les politiques éducatives de massification et de « scolarisation pour tous » sont donc en bonne voie *quid* de la démocratisation quantitative.

2.2. L'Université au service du développement ?

« *L'université sénégalaise a pour mission principale de former des cadres supérieurs à même de pouvoir être utiles à leur pays* » : c'est ainsi que commencent les décrets de création des 6 universités publiques du

Sénégal. L'université se voit ainsi confiée une mission régalienne de contribution au développement au Sénégal et dans le monde en atteste une riche littérature produite par des auteurs[12] de divers horizons.

Pour Georges Felouzis (2003), la construction de l'université dans un milieu entraîne un changement local par rapport à la structure même de celui-ci. Cet emplacement devient stratégique. Mieux, la forte articulation de l'université et son territoire permettrait véritablement le développement des besoins économiques favorisant ainsi l'apparition de nouveaux consommateurs, de nouveaux services et de nouveaux quartiers. La ville de Ziguinchor a par exemple vu sa population exploser depuis l'implantation de son université en 2007. En 2003, la population de la commune de Ziguinchor était estimée à 155 650 habitants par l'Agence nationale de la statistique et de la démographie, alors qu'en 2013 elle atteignait 205 294 habitants, (ANSD, 2013). Pour accueillir toute cette population, deux nouveaux quartiers ont vu le jour : le quartier d'Ousoforal et la cité des HLM en construction. Mieux, il y a l'urbanisation rapide du quartier Kénia et Diabir. Ceci a véritablement occasionné l'agrandissement de la ville mais aussi a donné un nouveau visage à la commune de Ziguinchor qui a atteint ses limites d'extension et commence à empiéter sur la commune voisine de Niaguis.

Erick Calderon, David Delangre et Florent Clein sont aussi d'avis que la mise en place d'une université fait accroître considérablement la population. Michel Grossetti et Philippe Lossego, ont développé ces mêmes idées par rapport à la perspective de l'université et le développement. En suivant cette même logique d'augmentation de l'effectif de la population, ils montrent que cet accroissement s'effectue sur une frange de la population en expliquant que la présence d'universités et d'écoles supérieures dans une ville aurait pour effet d'y concentrer un grand nombre d'étudiants, d'enseignants et de chercheurs. En guise d'exemple, « *les étudiants étaient au nombre de 3418 au cours de l'année universitaire 2017- 2018* » selon le Directeur de la scolarité centrale de l'UASZ rencontré le 18 octobre 2018. L'UASZ a vocation à en accueillir davantage au terme de son projet d'extension en cours. Quant au *personnel d'enseignements, administratifs, techniques et de service, il était au nombre de 254* » soit 128 enseignants-chercheurs et 126 agents

[12] Georges Felouzis (2003), Erick Calderon, David Delangre, Florent Clein (2010), Michel Grosseti et Philippe Lossego (2003), Sylvie Didou Aupetit (2008), Michel Simeu Kamdem et Eike (2014) entre-autres

administratifs, techniques et de service, selon le Directeur des ressources humaines[13].

De même, Sylvie Didou Aupettit développe l'idée que la création d'une université participerait efficacement à l'amélioration des conditions de vie des couches vulnérables en leur permettant de connaître un certain relèvement de leur niveau de vie. C'est ainsi que le service à la communauté de l'UASZ, (bientôt érigé en Vice-rectorat), est une réalité à travers des activités diverses (conférences, étude d'impact, émission radio, appui logistique, conseil aux collectivités locales, promotion du sport et de la vie associative avec les amicales de ressortissants, etc.). De même, les superettes et supermarchés font leur apparition ; l'immobilier connaît une inflation ; l'électrification et l'adduction en eau des nouveaux quartiers attirent de plus en plus de futurs propriétaires et de locataires ; le réseau routier s'étend ; le secteur des services (surtout dans la restauration) se développe.

Par ailleurs, les universités constituent un facteur important de visibilité et de rayonnement pour le territoire qui les abrite grâce au service à la communauté et aux animations scientifiques.

En outre, l'université est un facteur de développement dans la mesure où elle permet aux étudiants issus des familles défavorisées de sortir des situations de vulnérabilité et de pauvreté. L'élargissement de la carte universitaire permet d'orienter davantage d'étudiants dans les Unités de formation et de recherche (UFR), toutes conditions confondues, selon Sylvie Didou Aupetit (2008) parce qu'avant 2007, la probabilité d'être orienté dans les deux seules universités publiques à Dakar et à Saint Louis était faible. Ainsi, après les études, les étudiants pourraient non seulement trouver de l'emploi, mais aussi de changer leur situation de vie initiale.

C'est ainsi que Mélanie Jacquemin et Bernard Schlemmer (2011) ont montré l'importance de la professionnalisation des étudiants à l'université. Car, pour ces derniers, l'université est le lieu de culture et de production du savoir. En effet, elle doit assumer les missions de préparation à la vie professionnelle, comme le rappellent Lessard et Bourdon (2002). Ainsi, après cette formation, ces derniers devraient être en mesure d'exercer des fonctions. Tel ne semble pas être le cas au Sénégal où l'université a la réputation d'être une «*fabrique de chômeurs*» et un «*distributeur automatique de chômeurs*» selon des

[13] Statistiques au 18 octobre 2018 dans un entretien avec le Directeur des ressources humaines

étudiants rencontrés, en atteste le nombre élevé de diplômés chômeurs au Sénégal. « *Les personnes sans diplôme représentent 39,9 % des chômeurs* » (ANSD, 2017). L'université ne remplirait pas le rôle qui est attendu d'elle.

3. L'impossible rapprochement entre l'université et l'entreprise

3.1. La question du système LMD, de la formation universitaire à l'épreuve du chômage des jeunes diplômes de l'UASZ

Le chômage des sortants de cette université entre 2013 et 2015 avec la Licence académique, s'explique par le fait que cette institution comme les cinq autres universités sénégalaises n'a pas construit une réelle politique de formation à l'emploi, au montage et à la concrétisation du projet d'entreprise dans les contenus et les *curricula* de formation. A l'UASZ, des incohérences peuvent être notées entre le modèle traditionnel de formation générale et académique sans préparation au monde de l'entreprise et la mission de vecteur de développement. Cet état de fait est repris par le directeur des réformes et de la pédagogie qui souligne non seulement l'écart entre la formation universitaire et les réalités locales : *« l'université s'est rendu compte que ses formations générales pendant longtemps étaient décalées par rapport au monde du travail ».* Par ailleurs, pour le premier conseiller en auto-emploi de l'agence nationale pour la promotion de l'emploi des jeunes (ANPEJ) :

> *« Aujourd'hui, pour l'entreprenariat il faut vraiment des incubateurs pour essayer d'accompagner les jeunes. Nous n'avons pas encore échangé dans ce domaine. Parce que, comme je te l'ai dit un peu, le système éducatif au Sénégal, n'est pas en adéquation avec les demandes au niveau de nos agences de promotion de l'emploi. Ça, c'est une réalité. L'autre problème aussi, il n'y a pas cette alternance théorie et pratique. Il faut qu'on arrive à se débarrasser de cette formation européenne un peu plus longue et faire notre propre système éducatif, qui, correspond à nos réalités ».*

À cet effet, les jeunes diplômés n'étant pas formé en matière d'entreprenariat (à travers par exemple des modules tels que : gestion de projet, suivi et évaluation, techniques de recherche d'emploi) ne sont pas préparés ni à affronter le monde du travail ni à l'auto-entreprenariat soutenu par des structures telles que le PAPEJF[14], l'ANPEJ[15] et le FONGIP[16].

P. Ba, jeune diplômé dit à cet effet qu'ils ne sont pas préparés pour le marché du travail.

> « *Bah, moi, je vais commencer par l'université, parce que, comme je le dis souvent, l'Université a tendance à baisser ses bras, on dirait qu'ils sont pressés de se débarrasser des gens, parce qu'à chaque fois, on nous dit que la Licence, c'est une sortie. Vous allez rencontrer le monde du travail, alors est-ce que réellement ces étudiants sont préparés à aller affronter la réalité du marché du travail ; c'est difficile. C'est ça, il faut un accompagnement. Après, on nous dit y a une structure qui est là-bas, qui est créée pour l'accompagnement et l'insertion des jeunes. Mais, cette structure, qu'est-ce qu'elle fait maintenant ? Même pour trouver un stage, vous avez des difficultés à trouver un stage, c'est un problème. On vous dit, c'est à vous de chercher un stage. Je ne sais, ce qui se passe, mais l'université doit essayer de revoir. Moi, je dis toujours, qu'il faut préparer à la sortie. Par exemple, quand ils font la Licence, vous savez que la Licence, c'est une sortie ; il faut les préparer à la sortie. Enfin techniquement, mentalement voilà on les prépare. Comment ? Au moins, en les préparant, en leur disant que vous allez affronter le monde du travail. Les réalités sont là. Mais, en même temps, il faut les armer en leur offrant une formation en entreprenariat à la sortie. Comme ça quand ils vont sortir, ils sauront, ils seront bien informés, ils vont savoir que c'est difficile, on va rencontrer des difficultés. Maintenant, en cas de blocage, quand on ne peut pas réussir à un concours, on sera à mesure de créer votre business ou entreprise que vous allez créer de l'auto-emploi et de l'emploi pour les autres* ».

Ce discours révèle que la problématique de l'insertion socioprofessionnelle de cette génération de jeunes diplômés, se perçoit au fait que l'UASZ n'a pas intégré dans ses politiques de formation à l'aune de sa mise en place, l'entreprenariat.

---

[14] Projet d'appui à l'emploi des jeunes et des femmes
[15] Agence nationale pour la promotion de l'emploi des jeunes
[16] Fond de garantie des investissements prioritaires

Parler de l'emploi des jeunes, pour faire preuve d'originalité, revient à aborder la question sous l'angle de la problématique du système licence, master, doctorat (LMD) dans une université marquée par sa jeunesse (10 ans d'âge) et le manque de ressources qui entraînent non seulement une mise en œuvre des réformes mais également un niveau d'appropriation négligeable de celles-ci. Autrement dit, la non-prise de conscience ou *à minima* la faiblesse ou l'insuffisance des ressources dont disposent les structures susceptibles de préparer les sortants aux réalités du marché du travail à savoir la Direction de l'Insertion et des Stages (DIS) et le Bureau d'accueil, d'orientation et d'information (BAOI).

En vérité, le chômage des jeunes sortants de l'UASZ est à mettre en rapport avec la faible capitalisation et appropriation des compétences, savoirs et savoir-faire véhiculés dans les contenus de formations initiés dans le cadre des réformes.

N'étant pas préparés à affronter le marché de l'emploi et ayant reçu des contenus de formation qui se caractérisent par une certaine généralité, ces jeunes se trouvent désœuvrés et vivent un chômage têtu et durable. Ils se sentent trahis par le système. La question de l'emploi se prenant en charge par la mobilisation et l'intériorisation de compétences, savoirs, savoirs faires et savoir-être, le faible niveau de fréquentation et d'appropriation des activités des structures d'accompagnement à l'insertion au monde du travail telles que la DIS et le BAOI sont caractéristiques d'un manque de prise de conscience et de préparation de la part des jeunes diplômés d'une Licence académique de l'institution entre 2013 et 2015.

En effet, l'une des problématiques récurrentes que pose l'adoption du système LMD est l'inadéquation entre les exigences techniques, normatives et humaines que demande le recours au système LMD et le manque de moyen de ladite université. Pour dire que dans le cadre de l'UASZ, nous notons une réelle politique de sélectivité apportée par le LMD, en comparaison du nombre important de jeunes diplômés de Licence. Autrement dit, le manque de personnels enseignants, le déficit criard d'infrastructures, de matériaux techniques et les problèmes budgétaires auxquels l'UASZ est confrontée depuis sa mise en place ainsi que son arrimage au système LMD, expliquent le faible niveau de sélection et compromettent l'intervention des professionnels. Ainsi, face à cette politique sélective, en raison du manque de salles de cours ; d'enseignant capable d'encadrer un nombre important de diplômés en Licence, le déficit de ressources documentaires, la grande majorité des jeunes diplômés notamment entre 2013 et 2015 sortent de l'Université sans aucune qualification et sans aucune spécialisation. Ce qui rend beaucoup plus complexe leur insertion socioprofessionnelle. En effet, le Directeur de la pédagogie et des réformes universitaires soutient à ce titre que :

> *« les moyens ? C'est ça la grosse difficulté. C'est-à-dire que le LMD exige des moyens. Y'a des choses qui ne sont pas compatibles avec le système. L'une des choses qui ne sont pas compatibles, c'est la perturbation des années. Le système LMD suppose que l'on ait des années apaisées qu'il y ait moins de grèves. L'autre chose, c'est la question des moyens. Mais, un professionnel, pour vous lui faites venir de Dakar ou loin d'ici, si vous ne l'intéressez pas suffisamment, il ne viendra pas. La professionnalisation, par exemple, ça suppose que vous les payiez à temps, que vous les intéressiez suffisamment. On a un problème de trésorerie qui fait qu'on a des gens qui peuvent intervenir qui soient payés un an après. Ça, ce n'est pas évident. L'autre chose, c'est que les étudiants qui nous arrivent ont un niveau très faible ».*

En somme, la responsabilité est assez partagée sur la question du chômage des jeunes diplômés de l'UASZ entre 2013 et 2015. La première est celle des jeunes diplômés sortis de l'UASZ avec la licence académique entre 2013 et 2015 qui, à leur sortie n'ont pas pris en compte au cours de leur cursus universitaire les compétences, les domaines privilégiés dans lesquels leur formation semble le plus adaptée. Ceci peut s'expliquer par une faible fréquentation des structures d'orientation et de suivi en vue de connaître les débouchés de chaque formation ou les concours susceptibles de les intéresser. En effet, la question du chômage se perçoit au fait dans l'incapacité et dans les compétences limitées dont font preuve ces derniers afin de s'insérer dans le monde professionnel.

3.2. La nécessité de lier Savoir, savoir-faire et savoir faire faire

L'utilité de l'école et le principe du « tout éducatif » n'est pas à remettre en cause, ici, malgré les objectifs quantitatifs affichés mais bien la discordance qui existe entre le diplôme et l'emploi, entre la théorie et la pratique, entre les structures de formation et l'entreprise. Le diplôme ne devrait pas être une fin en soi.

Ce déphasage diplôme-emploi est lié d'abord à la mauvaise orientation qui marque l'attrait des jeunes écoliers pour les filières qui semblent faciles, avec la complicité des adultes ou tout simplement leur ignorance. En ce sens, la concertation nationale sur l'enseignement supérieur qui s'est déroulée en mars-mai 2013 a pointé du doigt quelques maux dont souffre l'école sénégalaise comme le peu d'intérêt pour les disciplines scientifiques et techniques affiché par les élèves et étudiants. Notre propos n'est pas d'opposer de façon classique les filières entre elles ni de stigmatiser certaines mais plutôt d'aller dans le sens de former une jeunesse à des secteurs porteurs ou les débouchés sont réels et pérennes.

Depuis la libéralisation du secteur de l'éducation, le Sénégal disposait en 2016, 75 établissements supérieurs agréés par l'Autorité nationale d'assurance qualité dans l'enseignement supérieur (Anaq-Sup) sur un total de 150 environ. Il existe une floraison d'école privée de commerce à Dakar qui constitue des machines à produire des diplômés sans aucune employabilité. En 2013, le chiffre d'affaires était estimé à 30 milliards de FCFA[17]. Les établissements universitaires publics regroupaient à la même date 111 749 étudiants répartis dans les six universités[18]. L'Université Cheikh Anta Diop de Dakar est à ce jour la seule qui puisse absorber près de 20 000 nouveaux bacheliers par an.

Ainsi, malgré une massification qui amoindrit leur capacité d'accueil et limite leur taux d'encadrement (nombre d'enseignants rapporté au nombre d'étudiants), la Faculté des Lettres et Sciences humaines et la Faculté des Sciences juridiques et politiques de l'UCAD qui ont encore du mal à se réformer en vue de proposer des formations qualifiantes, accueillent à elles seules 59 % des effectifs étudiants et 75 % des bacheliers provenant des séries littéraires dont une bonne partie se verra en situation d'échec.

> « *Je sais que j'avais été mal orienté lorsque je faisais le lycée. Pourtant j'ai de bonnes capacités qui pouvaient faire que je réussisse dans des formations avec de réels débouchés. Pour moi, le centre d'appels c'est un gâchis. J'avais remarqué à un moment que je n'arriverai pas à avoir un travail dans mon domaine, mais*

[17] http://xalimasn.com/etablissements-prives-denseignement-superieur-la-grande-arnaque/ consulté le 03 novembre 2018

[18] Il s'agit de l'Université Cheikh Anta Diop de Dakar (UCAD), Université Gaston Berger de Saint Louis (UGB), Université de Thiès (UT), Université Alioune Diop de Bambey (UADB), Université Assane Seck de Ziguinchor (UASZ), Université Virtuelle du Sénégal (UVS).

je me suis entêtée pendant que mes camarades étaient allés faire de la formation. J'en veux aujourd'hui à mes enseignants et à mes proches instruits qui savaient et n'ont rien fait ». Fatou, 28 ans, téléconseillère dans un centre d'appels, juin 2017.

« *2000 étudiants en première année de droit, c'est tout simplement impossible* », Jean, 29 ans, téléconseiller, juin 2017.

« *Moi, je voulais être orienté à la Fac. C'était tout ce qui comptait pour moi. C'était pour moi, une grande réalisation. Je fus orienté en droit. Nous étions des milliers dans l'amphithéâtre. C'est après que je me suis rendu compte que la fac, n'était pas une fin en soi* ». Ali, 30 ans, téléconseiller, Mai 2017.

On assiste à un déclassement comme dans les centres d'appels qui emploieraient l'élite du pays (Tine, 2014). On y trouve des doctorants, des ingénieurs et de jeunes docteurs, bref des diplômés de l'enseignement supérieur exerçant un métier sans qualification requise.

3.3. Vers une formation professionnalisante et en alternance

L'offre de formation au Sénégal attire des dizaines de milliers d'étudiants en quête d'une formation de qualité. Les offres en établissements de formation n'auraient pas été aussi nombreuses s'il n'y avait pas une demande de nationaux de plus en plus forte mais aussi et surtout des étrangers en provenance de la sous-région (Ivoiriens, Mauritaniens, Guinéens, Maliens, Nigériens, Togolais et Béninois) mais également d'Afrique Centrale (Gabonais, Camerounais, Congolais, Tchadiens, Centrafricains), du Maghreb (Marocains, Tunisiens) et d'Afrique Orientale (Djiboutiens, Comoriens, Malgaches, Mauriciens).

L'offre de formation au Sénégal est de qualité, ce qui fait son attractivité et son rayonnement à travers l'Afrique. Qui oserait s'élever contre cette conviction serait aussitôt pris pour un démagogue. C'est pourtant ce dogme que l'on voudrait aussi discuter ici, quitte à bousculer quelques préjugés et à lever certains tabous. L'offre de formation aujourd'hui est à pointer du doigt. L'éducation nationale et l'enseignement supérieur n'ont pas su diversifier leurs offres pour s'adapter à la mondialisation et à l'entreprise du XXIe siècle. Les personnes rencontrées dans le cadre de nos entretiens clouent au pilori toutes ces instances qui n'ont pas su leur ouvrir les yeux, à temps. En résumé, si elles avaient été bien orientées, elles ne se seraient pas retrouvées dans cette impasse.

On est pourtant en droit d'attendre de ces instances, des formations en rapport avec les besoins des entreprises. Les uns n'ont pas su faire leur introspection en dormant sur les programmes de formation et structures de formations hérités de la colonisation et les autres mus par des plus-values financières. L'objectif longtemps affiché de la massification a relégué au second plan le vrai défi à savoir articuler véritablement formation et emploi.

L'État du Sénégal a élaboré en 2010 la Nouvelle Politique Nationale de l'Emploi (NPNE) qui couvre la période 2011-2015, en vue de créer près de 730 000 emplois modernes, productifs, stables et incitatifs. La NPNE est une réponse à la « Déclaration de Ouagadougou », une des résolutions du sommet extraordinaire des Chefs d'État de l'Union africaine qui s'est tenu les 8 et 9 septembre 2004 à Ouagadougou et qui invitait les pays membres à mettre l'emploi et la lutte contre la pauvreté au centre de leurs politiques de développement. Des enseignements n'ont pas été tirés des échecs passés et il est encore étonnant de remarquer que dans la NPNE, cette question vitale ne figure qu'en quatrième position[19] sur un total de cinq (ANSD 2011 : 99).

Le bilan de cinquante années de politiques d'insertion laisse perplexe malgré l'ambition affichée dans la Constitution[20]. Ces politiques n'ont pas véritablement réussi à mordre sur le chômage des jeunes qui demeure invariablement le double de la moyenne des actifs et constitue la raison principale des vagues migratoires visant à gagner l'Europe à tout prix, le fameux *Barça ou Barsac* développé par Serge Daniel (2008).

Le diplôme ne permet plus d'occuper un emploi. Serait-il devenu une monnaie de singe ? Consécutivement, les conditions d'accès à l'emploi des débutants sont affectées par l'ampleur structurelle du chômage et son caractère très sélectif, car en effet, dans ce contexte sénégalais, en l'absence de parents, d'amis, de camarades (PAC), on a moins de chance d'être recruté. *« Quand le lien entre le diplôme et l'emploi se distend, le*

---

[19] Stratégie 4 : Amélioration et développement des relations entre la formation et l'emploi dans les secteurs économiques (adéquation emploi formation et employabilité des jeunes).

[20] Constitution du Sénégal : article 24 : « Chacun a le droit de travailler et le droit de prétendre à un emploi ». http://democratie.francophonie.org/IMG/pdf/Senegal.pdf. Page consultée le 13/11/2017.

capital social, les relations et l'entregent jouent un rôle grandissant dans l'accès aux contrats d'apprentissages, aux stages, aux entretiens d'embauches », (Dubet et Duru-Bellat, 2000).

Les établissements ne feraient-elles pas mieux de construire une offre de formation professionnelle à partir de l'analyse de besoins des acteurs économiques (entreprises privées, industrie…) et des situations de travail ?

Des initiatives allant dans le sens de la création de licences professionnelles ou même d'école de formation professionnelle et technique comme le Centre de formation Sénégal-Japon (CFPT) de Dakar, le Centre de Formation aux Métiers du Bâtiment et des Travaux Publics (CFBTP) de Diamniadio (banlieue dakaroise), visant à répondre aux besoins importants de ces différents secteurs sont à encourager.

Tous les pays qui ont mis en place des formations professionnelles ou en alternance ont vu leur taux d'insertion professionnelle des jeunes augmenter. Le chômage des jeunes par rapport aux adultes est moins élevé[21]. De même la mise à disposition d'informations centralisées sur le marché de l'emploi et du travail au Sénégal serait une grande avancée dans la lutte contre le chômage surtout chez les jeunes.

3.4. Les Tentatives individuelles et/ou collectives des jeunes pour faire face au chômage.

Un emploi à minima, *en attendant…*

La mise à l'écart du marché de l'emploi engage l'individu dans un processus qui peut le conduire à la désaffiliation sociale et que l'État, en tant que filet de sécurité, se devrait de contenir. Or, si ce dernier n'y parvient pas (ou plus), les individus doivent s'organiser sans lui (ou contre lui) et élaborer des stratégies à même de contourner (sciemment ou non) les réglementations imposées par l'économie néolibérale et ses effets pervers.

---

[21] En attestent de nombreux rapports européens ; voir par exemple Markus Gangl, *Education and Labour Market Entry,* Mannheim, MZES, 2000. En France, à diplôme égal, les jeunes passés par l'apprentissage s'insèrent mieux que les jeunes sortant des établissements professionnels ; voir Véronique Simmonet et Valérie Ulrich, « la formation professionnelle et l'insertion sur le marché du travail », *Economie et Statistique,* 2000, N° 337-338, pp81-95.

Le centre d'appels est caractéristique de cette crise de l'emploi et semble être la seule alternative. Il demeure l'un des rares secteurs qui recrute mais aussi, comme un secteur en clair-obscur, il s'érige en une machine tayloriste à déchanter et à semer le désamour entre l'entreprise et une jeunesse déjà malmenée, comme en témoignent ces deux extraits d'entretiens :

> « *Au départ, j'ai cru que ma maîtrise allait m'être utile. Tu parles ! De tout ce que j'ai pu apprendre, vissée à ma place de la bibliothèque universitaire, première assise et dernière levée de la journée, sur la macro et sur la microéconomie, sur les calculs statistiques et leur traduction en diagrammes, sur la théorie du marketing et la segmentation des marchés, rien, en fait, ne m'aura servi. D'ailleurs au bout de trois jours, j'ai failli craquer. Le centre d'appels ne me paraissait plus ce lieu idyllique ou j'allais m'épanouir sur un plan professionnel. J'étais fait pour vendre de l'eau à des ânes qui n'ont pas soif ? N'étais-je pas en train de renier tout ce que mes études m'avaient appris sur la société et sur l'intelligence des marchés ?* » Nafissatou, 27 ans, téléconseillère, janvier 2010.

> « *Le centre d'appels finalement n'était plus pour moi ce lieu idyllique, tant rêvé par cette jeunesse sénégalaise. La joie éphémère d'avoir trouvé du travail fit vite place au désenchantement. Le centre d'appels devenait de plus en plus un ogre qui nous mangeait petit à petit, qui nous tue à petit feu.* » Cheikh, téléconseiller, 23 ans, mai 2009.

Les personnes que nous avons rencontrées nous décrivent leur entrée dans cette industrie de la relation clientèle comme un *pis-aller*, rarement comme un choix définitif et positif mais plutôt par défaut. Des téléconseillers, diplômés, se font recruter dans ces secteurs d'activités à défaut d'être dans l'oisiveté ou le chômage chronique. Dotés d'un important capital scolaire, ils se voient contraints de revoir leurs ambitions à la baisse dans un secteur où la barrière d'entrée est faible : savoir lire, écrire et parler un français sans accent, mais où paradoxalement le baccalauréat continue à être exigé.

> « *Après la soutenance de mon mémoire d'économie, je fis comme tout le monde. J'envoyais des candidatures à une dizaine de sociétés de la place, sans états d'âme. J'ai déposé moi-même le dossier au niveau de l'accueil de ces entreprises. Mais il n'y avait*

que le centre d'appels qui m'a répondu. C'est comme sans que j'y suis allé, sans conviction, car c'était en attendant », Philippe, 29 ans, téléconseiller, mai 2009.

Ce recours occasionnel ou temporaire à ces emplois non qualifiés, synonyme de déclassement[22] ou de voie de garage par ailleurs, explique une bonne partie du *turn-over* que l'on peut remarquer dans ce secteur de la relation clientèle. Très gourmand en main d'œuvre, peu attractif au vu d'un rapport au travail négatif (Tine, 2011).

Cette jeunesse diplômée est obligée de multiplier les petits boulots, les jobs alimentaires, ou encore d'allonger les études « *en attendant de trouver mieux* ». Cet allongement en effet caractérise cette jeunesse (Galland, 2000). Il est lié à la désynchronisation des seuils d'entrée dans la vie adulte. Cette transition a fini de consacrer cette jeunesse qui « galère » dans sa quête d'une place dans la société. La jeunesse n'est plus finalement un âge, succédant au rite d'initiation ou au « *bois-sacré*[23] » mais une étape qui caractérise deux moments clés de la vie : « *double passage de l'école à la vie professionnelle et de la famille d'origine à la famille de procréation* » (Mauger 1994 : 23). Si cette phase biologique et sociale s'étire, ce n'est guère par le fait de valeurs nouvelles mais bien par une entrée difficile dans le marché de l'emploi et ses effets en cascade sur d'autres temps sociaux. Dans un contexte macroéconomique où les chômeurs diplômés abondent, ces jeunes souhaitent pouvoir construire une vie familiale et accéder à un crédit bancaire pour ne citer que ces deux éléments. Or ce travail en miettes dans le secteur des services au Sénégal n'est pas toujours synonyme de stabilité : « *c'est du provisoire qui dure* ». Cette connotation péjorative liée à la nature de leur travail obstrue leur insertion dans la vie active, du moins la retarde.

Le caractère provisoire de ces emplois ne permet pas d'installer les téléconseillers dans un savoir professionnel de longue durée. Être téléconseiller est synonyme d'abord de provisoire, de « job étudiant ».

---

[22] Le déclassement étant entendu ici comme la situation qui caractérise un individu dont le niveau de formation dépasse celui normalement requis pour l'emploi occupé. On parle également de sur-qualification (Canada) ou de suréducation (*over education*) (Etats-Unis).

[23] Appelé aussi « bukut », *Le bois sacré* en pays Joola est la cérémonie ultime d'initiation d'un jeune Djola à la sortie de laquelle, il acquiert une maturité et devient homme, décideur et responsable au même titre que tous les chefs de foyer de sa concession. Pour plus d'infos : http://www.au-senegal.com/Bukut-ou-bois-sacre,2878.html

« *C'est un job, pas un métier* », nous dit Diminga, téléconseillère. « *On le fait en attendant de trouver autre chose, parce que ce n'est pas facile pour nous* », Sokhna, téléconseillère.

Comme beaucoup de ses collègues téléconseillères, elle travaille en attendant de trouver un emploi dans son domaine de compétences. Elle s'est installée dans une carrière temporaire et plate qui risque de perdurer. Du provisoire qui dure, « *cinq ans* », « *sept ans* » comme deux des téléconseillers rencontrés, pour qui, au départ, il n'était question que de rester quelques mois. En effet, avec le temps, certains sont restés, « *faute de mieux* », toujours « *en attendant* » sans par contre remettre en cause leurs ambitions sans cesse différées mais toujours d'actualité.

Conclusion

Les problèmes de chômage et de sous-emploi aggravés par la complexité du marché du travail ont amené l'État sénégalais à mettre en œuvre un certain nombre d'initiatives notamment, en 1998, la politique nationale de l'emploi qui a permis de définir les objectifs globaux sectoriels. Cette politique rencontra des limites.

Même si des efforts ont été consentis en matière d'emploi, notamment dans l'encadrement des jeunes avec la multiplication et l'augmentation de la capacité des universités, les résultats restent mitigés. Certes, le contexte particulier marqué par une crise économique chronique, l'accentuation de la dette intérieure et l'aboutissement de certains grands projets n'a pas plaidé en faveur de la résorption du chômage de même que les déficits budgétaires chroniques des universités et la méconnaissance du LMD, mais une certaine rigueur dans la gestion des différentes stratégies, une offre de formation universitaire répondant à la demande de l'entreprise réduiraient considérablement la distance encore grande entre la formation et l'emploi, entre l'université sénégalaise et l'entreprise du XXIe siècle.

Bibliographie et webliographie

Agence nationale de la Statistique et de la Démographie (2017) : Enquête nationale sur Agence Nationale De la Statistique et de la Démographie (ANSD) (2011), *Situation socio-économique du Sénégal en 2011*, février 2013, 344 p. + annexes :

http://www.ansd.sn/publications/annuelles/SES_2011_def.pdf (page consultée le 11 novembre 2017).

L'Emploi au Sénégal (ENES) au quatrième trimestre 2017.

Bureau International du Travail (2007), *Programme pays et promotion du travail décent au Sénégal 2012-201*

http://www.ilo.org/public/english/bureau/program/dwcp/download/senegal.pdf (page consultée le 13 novembre 2017).

Daniel S. (2008). *Les Routes clandestines,* Paris, Hachette, 279 p.

Olivier de Sardan J.P. (2008), *La rigueur du qualitatif. Les contraintes empiriques socio-anthropologique,* Louvain-la-Neuve, Academia-Bruylant.

Diouf A. (2018), « Fiscalisation du secteur informel », thèse de doctorat d'État en Économie, Faseg, Université Cheikh Anta Diop de Dakar.

Diouf M. (1992), « La crise de l'ajustement », *Politiques Africaines*, n°45, p. 62-85

Direction de la Prévision et de la Statistique (2004), *Le marché de l'emploi à Dakar : L'emploi, le chômage et les conditions dans l'agglomération dakaroise*, Résultats de la phase 1 de l'enquête 1-2-3 de 2002, 43 p. :

http://www.ansd.sn/publications/rapports_enquetes_etudes/enquetes/Enquete123_Phase1.pdf (Page consultée le 18 novembre 2017)

Dubet F. (1987), *La galère : jeune en survie, Paris,* Fayard, 503 p.

Dubet F., Duru-Bellat M. (2000). *L'hypocrisie scolaire*. Paris : Seuil, 240 p.

Duru-Bellat M. (2006). *L'inflation scolaire, les désillusions de la méritocratie*. Paris : Seuil, 106 p.

Galland O. (2000). *Sociologie de la jeunesse*. Paris, Armand Collin, coll. U., 247 p.

Jacquemin M., Schlemmer B., (2011), « Cahiers de la recherche sur l'éducation et les savoirs », n^{0}10, *Revue annuelle*, 185 p.

Mauger G. (1994), « unité et diversité de la jeunesse », dans Mauger G., R. Bendit et C. Von Wolffersdorff (dir), *jeunesse et sociétés.*

Perspectives de la recherche en France et en Allemagne, Paris, A. Colin. pp. 21-49.

Paugam S. (2000). *Le salarié de la précarité. Les nouvelles formes de l'intégration professionnelle*, Paris, Presses Universitaires de France, coll. Le lien Social, Série « Documents d'enquête », 437 p.

Tine B. (2011), « Centre d'appels délocalisés : une fabrique de français ? L'exemple du Sénégal » in *New cultural Frontiers,* vol.2/2011, pp. 43-61.

Tine B. (2014), *les centres d'appels : mode d'emploi*, Paris, Ed. Publibook.

USAID[24]/ERA[25] et la mobilité des universitaires sénégalais aux États-Unis : quand les projets contribuent à redessiner les mobilités académiques

Jean Alain GOUDIABY

Université Assane Seck de Ziguinchor
ja.goudiaby@univ-zig.sn

Résumé

Les mobilités académiques sont aujourd'hui plurimodales et épousent plusieurs formes. Les projets dans lesquels s'inscrivent les universitaires africains peuvent subséquemment contribuer à redéfinir les pôles de mobilités ainsi que les pratiques professionnelles. Cet article analyse comment, par l'inscription du Sénégal dans le projet USAID/ERA, la mobilité académique intègre des destinations et des expériences qui contribuent à structurer les perspectives professionnelles des enseignants dans un contexte académique mondialisé. L'analyse issue des entretiens – réalisés avec des enseignants-chercheurs ayant bénéficié de cette mobilité, avec des responsables du projet USAID/ERA à Dakar, avec des responsables ayant une expérience sur le modèle du "land grant system" – montre également que les mobilités académiques sont porteuses d'une circulation de concepts et de savoirs qui s'incrémentent dans des configurations nationales contraignantes mais porteuses de changement.

Mots clés : mobilités académiques, Sénégal, USAID/ERA, carrière

Abstract

Academic mobility is today multi-modal and takes many forms. The projects in which African academics are involved can subsequently help redefine the poles of mobility as well as professional practices. This article analyses how, by enrolling Senegal in the USAID / ERA project, academic mobility integrates destinations and experiences which help to structure the professional prospects of faculty members in a globalized academic context. The analysis resulting from the interviews - carried out with faculty members having benefited from this mobility, with persons

[24] United States Agency for International Development (USAID) ou Agence des États-Unis pour le développement international.

[25] Education and Research in Agriculture ouÉducation et Recherche en Agriculture

in charge of USAID / ERA project in Dakar, with persons in charge with experience on the model of the "land grant system" - also shows that the academic mobility brings about a circulation of concepts and knowledge which are incremented in restrictive national configurations but which bring about change.

Keywords: academic mobility, Senegal, USAID / ERA, career

Introduction

Peut-on être un universitaire accompli sans être mobile ou l'avoir été ? Les mobilités scientifiques ou académiques ont toujours été des phénomènes inclus dans les processus de formation des élites et, par conséquent, ceux des universitaires. Toutefois, elles se sont plus ou moins accrues selon les périodes et selon les directions. Mais, d'une manière générale, comme le reconnaissent J. Gaillard et A.- M. Gaillard (1998), la mobilité des universitaires revêt un caractère universel. Par conséquent, la mobilité des élites africaines est, de ce point de vue, bien antérieure aux mouvements d'indépendance. Ces derniers vont par ailleurs permettre la redistribution des flux migratoires, notamment ceux des étudiants.

Lorsque nous utilisons le concept de mobilité, il est ici synonyme d'« aller-retour » et non de « migration ». On considérera alors, pour les acteurs, ici les universitaires, qu'ils ont un ancrage institutionnel dans une des universités sénégalaises, qu'ils effectuent un séjour à durée déterminée dans un autre pays ou une autre université et qu'ils reviennent dans le pays ou l'université de départ. Ces trois moments sont indissociables dans le cadre du projet qui fait l'objet de cette contribution. Il sera ainsi question de mobilités circulaires et temporaires qui dépassent très rarement la durée de deux mois et qui ne sont pas comparables à ce que l'on a appelé « la fuite des cerveaux » ou « *brain drain* », débats apparus dans les années 1960. Nous faisons cette distinction pour mieux asseoir les théories sur les mobilités académiques.

Les mobilités académiques prennent présentement plusieurs formes avec des temporalités et des modalités qui ne suivent pas seulement les canaux traditionnels. En effet, les universitaires sénégalais peuvent parfois s'inscrire dans des dynamiques de mobilité sur des temps courts (voyage d'étude, par exemple) ou dans le cadre de projets. Dans ce contexte spécifique, on pourrait davantage substituer le concept de migration par celui de mobilité. D'ailleurs, cette référence conceptuelle est devenue de plus en plus fréquente autant dans les sphères politiques que dans la recherche (H. Pellerin, 2011), sans pour autant que celle-ci ne signifie la même chose.

Cette contribution veut montrer comment, dans les projets portés par l'université et les échanges que cela induit dans le cadre des mobilités académiques, de nouvelles pratiques sont introduites ainsi que des référentiels pour l'action. C'est dans ce registre qu'il faut classer l'organisation de séminaires ou d'ateliers autour de la refonte des curricula, de l'analyse de l'offre et de la demande en formation ou même l'instauration de nouvelles filières de formation.

Partant du projet USAID/Éducation et Recherche en Agriculture (USAID/ERA) dont les universités publiques sénégalaises sont partenaires, nous montrons que les États-Unis, avec ses programmes de coopération, arrivent à attirer des universitaires et chercheurs sénégalais, en dépit des barrières linguistiques. De plus, cette attractivité ou mobilité modifie sensiblement les positionnements académiques. Ces projets de coopérations s'inscrivent aussi dans des parcours professionnels dans lesquels les mobilités académiques trouvent leur place et font sens.

Notre analyse s'appuie sur des enquêtes réalisées sur un temps discontinu entre janvier 2014 et juin 2016. Ce travail s'inscrit dans un programme de recherche plus global qui porte sur les mobilités académiques, celles des étudiants et des enseignants-chercheurs. Pour cette contribution, 15 entretiens semi-directifs réalisés avec des enseignants-chercheurs des universités Cheikh Anta Diop de Dakar et Assane Seck de Ziguinchor ont été mobilisés. Les thématiques abordées pendant les entretiens portaient, entre autres, sur l'implication dans le projet USAID/ERA, l'organisation de la mobilité, les activités et les implications pendant la mobilité, ce que les expériences de la mobilité ont occasionné ou changé. En plus de cela, 3 entretiens avec des responsables du projet USAID/ERA ont été menés ainsi que 2 autres avec des étudiants ayant bénéficié d'une mobilité. A l'occasion d'un voyage d'étude aux États-Unis, 2 derniers entretiens ont été réalisés avec des responsables de l'*Office for Global Research Engagement International Center* de l'Université de Floride, bâtie sur le modèle du “land grant system”. Pour ce travail, nous avons enfin analysé trois rapports de missions et d'ateliers organisés dans le cadre du projet USAID/ERA et qui sont en relation avec les mobilités académiques. Pour ce faire, nous avons pris en compte les objectifs affichés, les indicateurs de réalisation et les impacts mesurés, le cas échéant.

Notre contribution se structure en deux parties. Nous montrons d'abord que le projet USAID/ERA vient s'incrémenter dans des traditions de mobilités qui caractérisent, d'une certaine manière, le monde universitaire. Il s'agit de discuter la place des mobilités académiques dans la construction des universités sénégalaises. Ce sera aussi l'occasion de présenter le projet en question et de préciser que la dynamique des universités sénégalaises intègre une pluralité d'acteurs. Nous montrons, dans une deuxième partie, comment cette forme de mobilité introduit de nouvelles pratiques en élargissant l'univers des mobilités académiques. Il s'agira davantage de montrer que les mobilités académiques prennent aujourd'hui plusieurs formes et chacune d'elle introduit de nouveaux paradigmes dans le développement des universités.

1. Les mobilités académiques : une constante dans le parcours des universitaires sénégalais

La mobilité a toujours été considérée comme un phénomène normal, plutôt valorisée et valorisante, dans le monde académique et scientifique. Ainsi, loin d'être un phénomène récent, les mobilités scientifiques sont le produit de l'histoire des institutions supérieures de formation. Les mobilités auront ainsi contribué à renforcer la circulation des savoirs.

L'Université Cheikh Anta Diop de Dakar, première université de l'Afrique de l'Ouest francophone[26], dans son processus de maturation et d'expansion a longtemps utilisé, pour se construire une légitimité, des étudiants et enseignants issus de différentes mobilités successives. C'est dans ce contexte qu'il faut comprendre la mobilité des universitaires sénégalais comme relevant d'un processus inscrit dans une temporalité plus ou moins longue. Aujourd'hui, il existe des mécanismes mis en place pour encourager et faciliter les mobilités académiques.

Parallèlement, on assiste à une modification, plus ou moins conséquente, des formes et polarités de mobilité dans un contexte

[26] Fruit d'un long processus, cette université est née en février 1957. Il faut noter que les premières expériences d'enseignement supérieur remontent à janvier 1918 avec la création, par la France, de l'École africaine de Médecine. Le premier établissement était l'Institut des Hautes Études de Dakar qui fut créé par le décret 50-414 du 6 avril 1950.

mondialisé, dans lequel s'inscrivent les coopérations que nouent les universités sénégalaises. Ces modifications ne sont pas nécessairement des ruptures. Il faut davantage les lire comme une recomposition des espaces de mobilités académiques. En effet, l'espace de l'enseignement supérieur est actuellement traversé par une pluralité de réseaux plus ou moins hégémoniques (S. Marginson, 2008). On peut constater que ces différents réseaux entretiennent des liens assez ténus avec les systèmes de production (les entreprises, par exemple), ainsi qu'avec les bureaucraties académiques (les rectorats et décanats) et autres structures prescriptrices de normes et de valeurs (AUF, UNESCO, Banque Mondiale, etc.).

1.1. USAID/ERA et ses déclinaisons dans les universités sénégalaises

Le projet USAID/ERA est un appui au développement de la formation et de la recherche en agriculture au Sénégal. D'une durée de cinq ans, ce projet est né de l'initiative du Président des USA, Barack Obama, dans le cadre de la lutte contre l'insécurité alimentaire (Programme, Feed the Future). Ainsi, à travers un financement de l'USAID[27], le projet vise à mettre en place, selon ses promoteurs, une agriculture durable qui favorise la productivité, la rentabilité, la croissance économique et de surcroît l'amélioration nutritionnelle et la sécurité alimentaire au Sénégal. Il oriente son action vers le renforcement des capacités institutionnelles et humaines dans le domaine de l'éducation et de la recherche agricoles.

Prolongé sur trois ans (2015-2018), le projet USAID/ERA s'inscrit dans un cadre d'échange entre un consortium de 5 universités américaines et des universités et instituts de recherche sénégalais[28] qui travaillent dans le domaine de l'agriculture. Ce consortium a, à sa tête, Virginia Tech. Les quatre autres universités qui le composent sont celles du Connecticut, Michigan State, Purdue et Tuskegee.

De plus, le projet se présente comme une innovation dans la mesure où il ambitionne de favoriser la valorisation des résultats de recherches agricoles en direction du secteur privé et des communautés paysannes.

[27] En novembre 1961 naissait l'USAID, avec un esprit de progrès et d'innovation, sous l'égide du président John F. Kennedy. L'USAID est l'agence du gouvernement des États-Unis qui travaille à l'éradication de la pauvreté extrême tout en permettant aux sociétés démocratiques de se réaliser. A sa création, il a réuni plusieurs organisations et programmes existants pour l'aide étrangère.

[28] 4 Universités, 7 Centres de formation et 2 Centres de Recherche.

Dans cette dynamique, les femmes et les jeunes sont pris en compte, en vue de stimuler la croissance économique et d'inscrire le pays dans un processus durable de développement. Par ailleurs, cette croissance économique, suffisamment forte pour réduire le gap qui sépare le Sénégal des pays développés est sans nul doute l'une des conditions pour encourager les migrants qualifiés à investir le domaine de la Recherche-Développement. Ces actions viendraient renforcer la perspective de la politique étatique actuelle qui est d'orienter l'enseignement supérieur davantage vers les sciences, les techniques, l'ingénierie et les mathématiques. La satisfaction d'une des autres conditions se manifestera dans le financement de programme de recherches dans des filières prometteuses (mil, riz, maïs, aquaculture) et les possibilités qu'elles auront à construire des interactions durables avec le monde paysan et les structures non universitaires qui travaillent avec cet univers professionnel.

Le projet vient s'inscrire dans un long processus de coopération entre les USA et le Sénégal. En effet, les liens entre les USA et l'enseignement supérieur du Sénégal ne sont pas nouveaux, même si les actions de l'USAID ont davantage concerné les niveaux primaire, moyen et secondaire de l'éducation. On peut rappeler ici l'expérience de la Suffolk University, établissement privé américain, situé à Boston, dont l'un des campus était implanté à Dakar (J.A. Goudiaby, 2014a). On peut également évoquer, dans le domaine de la recherche, plusieurs projets dont "Africanenvironnement:expérience and control", financé par la fondation McArthur ou encore le projet "Training the Next Generation Africanists", financé par la Fondation Ford et impliquant des institutions comme le Conseil pour le développement de la recherche en sciences sociales en Afrique (CODESRIA)[29] (P. T. Zeleza, 2002).

Démarré en janvier 2011, le projet USAID-ERA se structure en trois composantes : éducation et formation ; recherche et vulgarisation ; politique et gestion. Dans sa mise en œuvre, il intègre un volet mobilité, aussi bien celle des enseignants que celle des étudiants. Certains acteurs de l'université sénégalaise ont bénéficié de voyages d'études vers les USA pour renforcer leurs capacités dans des domaines spécifiques et de voyages d'échanges et d'imprégnation dans certains pays d'Afrique de l'Est (Kenya, Bénin, Ouganda). En outre, le programme de bourses d'excellence développé par le projet a concerné 22 boursiers US (Master

[29] Le CODESRIA est une organisation panafricaine de chercheurs, né en 1973, avec l'idée de susciter et de développer des compétences scientifiques pour le progrès et le bien être des sociétés africaines (voir A.A. Barro, 2010)

2) et une centaine de bourses nationales pour les élèves et étudiants sénégalais. Un premier voyage d'étude a été organisé à Blacksburg[30] avec sept participants provenant de l'Université Gaston Berger de Saint-Louis, de l'Université de Thiès, de l'Université Assane Seck de Ziguinchor et de l'Institut de Technologie Alimentaire, pour la période du 26 juin au 11 juillet 2011. Pour les trois composantes du projet, le projet USAID/ERA a organisé un deuxième voyage d'études à Blacksburg (Virginie, USA) avec 32 participants de toutes les institutions partenaires du 08 au 30 septembre 2011.

La dimension du projet qui concerne la mobilité académique vient se fondre dans une tradition plus ou moins ancienne qui a conduit les universitaires sénégalais à inscrire la construction de leur carrière dans des mobilités académiques.

1.2. Les universitaires sénégalais se construisent aussi dans la mobilité

Beaucoup d'enseignants sénégalais du supérieur ont connu une mobilité dans le cadre de leur formation ou de leur carrière universitaire. En effet, plusieurs d'entre eux ont obtenu leur thèse dans un pays du Nord (France, Belgique, Canada, Suisse,...). Leur parcours de formation et parfois leurs premières pratiques professionnelles sont ainsi marquées par des expériences formatrices dans ces mêmes pays. Ils y ont, en effet, acquis des savoirs et des aptitudes professionnelles, voire des habitus de métiers.

À travers divers choix, ils se retrouvent à enseigner dans une des universités sénégalaises, sans pour autant avoir complètement coupé le lien avec les universités qui ont participé à façonner leurs savoirs. Les liens sont souvent gardés avec les laboratoires dans lesquels les thèses ont été effectuées. Cela se voit plus facilement dans le choix des destinations pour les voyages d'études (J. A. Goudiaby, 2014b).

Ces voyages d'études sont des programmes de mobilité, mis en place par l'État du Sénégal, pour apporter un soutien aux enseignants-chercheurs. Ce dispositif a pour principaux objectifs de contribuer à la formation des enseignants et chercheurs, d'une part, et d'autre part, de contribuer à développer des capacités de recherche et d'expertise utiles au développement du Sénégal, au travers d'une dynamique de travail et

[30] Cf. Rapport Voyage d'études à Blacksburg, 2011.

d'échange entre les communautés scientifiques internationales et les universitaires sénégalais.

Ces derniers reçoivent, tous les deux ans, un titre de transport et une bourse d'un million de francs CFA pour effectuer des travaux dans un laboratoire d'un pays étranger[31]. Pour certains de ces universitaires, cette mobilité a permis d'assoir de véritables connaissances théoriques, disciplinaires et pratiques, pour d'autres de finaliser des thèses de Doctorat d'État ou encore d'effectuer des recherches pour leur avancement ou finaliser des publications. Le plus souvent, les universitaires ont tendance à revenir dans les laboratoires dans lesquels la thèse a été soutenue : une sorte de retour à l'alma mater (dans une étude antérieure, nous avions montré que 24 % des enseignants interrogés affirment revenir toujours dans leur laboratoire de thèse, 31 % y reviennent très souvent, 28 % quelques fois et seulement 17 % n'y sont jamais revenu dans le cadre d'un voyage d'études).

Plusieurs facteurs peuvent conditionner les mobilités académiques, surtout étudiantes, parmi lesquelles l'affinité linguistique et historique, voir les conditions administratives mises en place par les pays accueillants. C'est ainsi que certaines destinations sont faiblement prisées et parfois, quand elles sont choisies, le retour et l'insertion professionnelle sont difficiles. C'est ce que l'on note pour certains intellectuels formés dans les pays de l'Est et dans les pays arabes, quand bien même leur nombre serait important. À ce sujet, un auteur comme M.Y.Sall, statistiques à l'appui, soutient l'idée selon laquelle l'Université Al - Azhar est la deuxième université ayant formé le plus de Sénégalais diplômés de l'équivalent du Master, après l'université Cheikh Anta Diop de Dakar (M. Y. Sall, 2009). Avec S. Bava, il montre également que le retour au Sénégal n'est pas facile lorsqu'il est choisi. Ces étudiants s'inscrivent moins, de ce fait, dans une mobilité, telle que nous l'avons défini. Ces retours sont d'ailleurs rares (S. Bava et M. Y. Sall, 2013, p. 556) d'autant plus « qu'au Sénégal peu de débouchés les attendent » (S. Bava et M. Y. Sall, 2013, p. 554). Autrement dit, les compétences acquises et les diplômes obtenus dans la mobilité ne correspondent pas toujours à la structuration et aux compétences exigibles du marché local du travail.

---

[31] Ces règles connaissent aujourd'hui des changements et adaptations selon les universités, notamment sur les coûts et les modalités de mise à dispositions des titres de transports.

De la même manière, des destinations historiquement hégémoniques, polarisent de moins en moins les mobilités académiques. Par exemple, « *les étudiants internationaux, nourrissant le sentiment d'être désormais rejetés par le système politico-administratif français multiplient les voies et moyens pour migrer ailleurs* » (P. Corréa, 2012, p. 534). Tous ces éléments contribuent à reconfigurer les mobilités académiques.

De même, la présence dans les universités de projets de partenariat contribue à redessiner les mobilités académiques et à remettre en cause la vision qui consiste à considérer la France comme principale destination de la mobilité des intellectuels francophones africains (A. Gueye, 2001). En effet, assistons-nous, depuis le tournant des années 90, à une repolarisation des espaces de mobilités qui s'inscrit dans une redéfinition ou un re-questionnement des motivations des enseignants-chercheurs. Cette situation vient remettre en cause les mobilités académiques, autrefois marqué, semble-t-il, par des rapports coloniaux antérieurs.

2. Ce que USAID/ERA introduit dans les mobilités académiques

La mobilité des universitaires sénégalais, et dans une autre mesure celle des étudiants, s'expliquent par plusieurs facteurs parmi lesquels le processus de dévalorisation de l'intellectuel « autochtone », les ressources limitées dont disposent les universités sénégalaises (expliquant souvent le manque de temps et de moyens financiers dédiés à la recherche), mais aussi la nécessité d'être mobile pour se construire un réseau scientifique et professionnel qui demeure un des soubassements dans la carrière professionnelle. Rappelons ici que la mobilité n'est pas synonyme de migration, encore moins de « fuite de cerveaux », elle est davantage liée à cette possibilité qui est donnée aux enseignants-chercheurs de progresser dans leur carrière professionnelle et de valoriser leur parcours scientifique.

Dans son volet mobilité, en effet, le projet USAID/ERA a organisé plusieurs séjours d'immersion, de recherche et de partage d'expériences avec des universités américaines.

Les objectifs spécifiques[32] de la mobilité effectuée en 2011 visaient :

---

[32] Cf. Rapport Voyage d'études à Blacksburg, 2011 élaboré par le responsable du programme.

- ✓ la contribution à l'amélioration des connaissances et des capacités d'enseignement dans les Facultés, UFR, Centres de formation et Instituts de recherche, partenaires du projet ;
- ✓ le lancement de la dynamique du pays sur la thématique du développement durable ;
- ✓ la découverte des expérimentations et réalisations américaines en matière de développement durable en vue d'adapter la méthodologie aux actions futures au Sénégal ;
- ✓ à s'appuyer sur ces expériences pour acquérir des connaissances et former de futurs porteurs de projets ;
- ✓ à réunir les enseignants, les chercheurs et les professionnels du secteur agricole autour du concept de développement durable.

In fine, ces séjours permettent aux universitaires sénégalais, d'une part, de s'approprier progressivement le modèle "land grant system" qui a permis aux pouvoirs politiques et intellectuels américains d'engager des transformations et de développer le domaine agricole (G. McDowell, 2003), et d'autre part, d'apprendre à intéresser et à intégrer le secteur privé[33], qui s'investit dans le secteur agricole, dans les différents travaux et réflexions des structures de formations et de recherche. Il s'agit donc d'une mobilité doublement ciblée. Elle va concerner d'abord des enseignants-chercheurs impliqués, d'une manière ou d'une autre, dans le projet, ensuite des recherches ayant un lien avec le domaine agricole. Ainsi, cette mobilité s'effectue dans un espace globalisé de connaissance et d'interconnaissance (M.Abélès, 2008). Ces espaces peuvent avoir des implications et des conséquences sur les modes de pensée des enseignants-chercheurs et sur les modalités d'action des organisations universitaires nationales.

Les mobilités académiques entre l'Afrique et l'Amérique ont davantage concerné les pays anglophones et très souvent dans le sens de l'Afrique vers l'Amérique (P. T. Zeleza, 2002). Avec ce projet, il y a sans doute une dynamique qui se met en place et qui est porteuse d'une certaine circulation des savoirs et savoir-faire qui intègre l'Afrique francophone, contribuant ainsi à briser les barrières linguistiques.

---

[33] Cette expression désigne, autant pour les universitaires que pour les porteurs du projet, les entreprises privées de production et de transformation, les groupements d'intérêt économiques, les associations de jeunes et de femmes.

2.1. Le "land grant system" comme prétexte de mobilité

Les mutations induites par la mondialisation entraînent une nouvelle lecture des mobilités académiques et dans une certaine mesure celle des migrants qualifiés à hautement qualifiés. Cette forme de mobilité introduit de nouveaux paradigmes qui peuvent contribuer à bouleverser l'univers des savoirs locaux en y introduisant de nouveaux concepts et de nouvelles pratiques. D'ailleurs et de plus en plus, « *on s'accorde en général à reconnaître que cette circulation internationale des personnes et compétences a des effets bénéfiques. Il s'avère qu'elle suscite un brassage d'idées et, en fin de compte, une optimisation cognitive globale* » (J.-B. Meyer, D. Kaplan et J. Charum, 2001, 345). La mobilité dans le cadre du projet USAID/ERA aura permis un renforcement des capacités des enseignants-chercheurs impliqués, mais également un changement de pratiques ou dirons-nous « une optimisation cognitive globale » car partageant des référentiels communs avec d'autres chercheurs situés dans d'autres univers. C'est en ce sens d'ailleurs que l'on va considérer que la science profite de la mobilité des scientifiques.

Ce prétexte pour la mobilité est un levier dans l'amélioration du capital humain, qui est présentée comme un facteur de croissance économique (B. Ndiaye, 2014). Il faut reconnaître que les universités sénégalaises continuent à investir dans le renforcement des capacités de leurs différents agents à travers des actions de formation, comme celles inscrites dans les différents contrats de performances (M. Sy, 2013). En effet, lorsque les 5 universités sénégalaises ont signé les contrats de performance (CDP)[34], elles y ont inscrit plusieurs actions de formation pour les enseignants. C'est dans cet esprit qu'il faut naturellement inscrire les actions de mobilités et séminaires de formation initiés dans la cadre de USAID/ERA.

> *« Mes capacités scientifiques, techniques et organisationnelles ont été renforcées (...).*
>
> *(...) Le "land grant system", qui a pour socle le triptyque Formation-recherche-vulgarisation, nous a incités à mieux mettre*

[34] Les CDP étaient l'instrument par lequel les universités et le ministère en charge de l'enseignement supérieur, sur financement de la Banque Mondiale, s'associent dans la mise en œuvre du réinvestissement accordé par le gouvernement du Sénégal. Les contrats traitent de l'efficacité interne de l'université, de l'utilisation des technologies de l'information et de la communication, de la qualité de l'enseignement, de l'offre de formation, des liens avec le marché du travail et de la gouvernance de l'université.

en adéquation nos thématiques de recherche avec les besoins des producteurs de la région naturelle de Casamance (...).

(...) Cette mobilité m'a permis également de mieux prendre en compte « les services à la communauté » dans les missions de l'Université et de renforcer l'enseignement de type expérientiel (...).

Extraits d'entretiens

En s'inscrivant dans cette mobilité, les universitaires sénégalais découvrent certaines composantes des universités américaines. L'une des plus importantes est sans doute le modèle du "land grant system" qui se base sur une collaboration étroite entre la formation, la recherche et la vulgarisation de la recherche par le secteur privé et par les producteurs dans le domaine agricole. En effet, dans le système agricole nord-américain, il existe une forte liaison institutionnelle entre l'enseignement, la recherche et les structures qui se chargent d'orienter la politique agricole. Ce modèle a favorisé le développement de son secteur agricole. Pour les universitaires sénégalais inscrits dans cette mobilité, il s'agissait de s'inspirer de ce modèle pour en développer un qui s'adapterait au contexte national. Ce système renforce assurément la territorialité des universités mais également ses relations avec le monde professionnel. M. Stephenson Jr. montre par exemple comment, à travers l'exemple de Virginia Tech, les universités construites selon le modèle du "land grant system" peuvent valablement assurer un changement social et économique qui s'inscrit nécessairement dans la durabilité (M. Stephenson Jr., 2011). C'est un aspect qui constitue un des maillons faibles de la recherche au Sénégal.

En effet, le transfert des résultats de la recherche vers les territoires et les populations connaît de véritables difficultés. Celles-ci peuvent se comprendre par l'individualisation de la recherche, la définition des problématiques de recherches qui ne sont pas toujours connectées à une demande locale renforçant ainsi la faible adaptation de l'enseignement aux besoins de la société (M. P. Bâ et J. A. Goudiaby, 2016). A cela s'ajoute la faible implication des structures de développement local dans l'identification des programmes de recherche, et par conséquent en limite l'appropriation des résultats. De plus, l'inexistence d'un cadre de promotion des innovations et de vulgarisation des résultats de recherche enraie les possibilités de valorisation des produits scientifiques mis au point par la recherche. Cette situation nuit à l'articulation entre la recherche, le territoire local et la participation des acteurs extra académiques au système de production.

La mobilité dans ce cadre, par la transformation des approches inspirées du “land grant system”, devrait permettre le développement de produits manufacturés qui constituent déjà la base de la consommation locale. Le Sénégal continuera ainsi à assimiler progressivement le mode en « triple hélice » de production de la recherche (H. Etzkowitz et L. Leydesdorff, 1997). La mobilité qui s’effectue dans la mise en œuvre du projet USAID/ERA travaille justement à améliorer cette perspective et à orienter la démarche vers un processus de développement encore plus efficace, pour répondre au mieux aux sollicitations des populations locales. A Ziguinchor par exemple, s’est mise progressivement en place des actions concertées entre le département d’agroforesterie de l’Université Assane Seck et un collectif de groupements féminins travaillant dans la transformation des fruits locaux. Cette coopération est portée et animée par des enseignants de ce département ayant bénéficié des mobilités dans le cadre de ce projet. Interrogé sur leurs expériences de la mobilité, ils affirment qu’elle aura facilité ce travail collaboratif. Il est évident que l’on ne saurait mettre sur le seul compte de la mobilité ce changement de posture, mais il semble qu’elle y a contribué. Les groupements de femmes sollicitent le département sur les procédures de transformation, de conservation et de commercialisation des fruits locaux. Le département produit l’expertise nécessaire à cette demande et qui permet à cette frange de la population de pouvoir produire et commercialiser le résultat de leur travail au-delà de la région.

Aux États unis, deux universités ont été visitées en 2012, Virginia Tech University et Tuskegee University. A ce niveau, les participants ont surtout noté que la formation agricole selon le modèle du “land grant system” intègre les différents acteurs du monde rural dans une chaîne de valeur (F. Gueye, 2012).

À travers ce projet, il y a une certaine circulation des savoirs qui vise ici à mettre en place un système agricole durable au Sénégal, tout en construisant un savoir partagé dans le domaine. D’ailleurs, la science ne repose-t-elle pas sur une circulation des hommes et des idées (J. Gaillard et A. M. Gaillard, 1997). Ne devrait-elle pas constituer un point d’ancrage pour le développement agricole du Sénégal, surtout en ce moment où le

Plan Sénégal Émergeant[35] doit se matérialiser ? La revitalisation de l'agriculture au Sénégal semble être essentielle pour assurer une autosuffisance alimentaire. Le pays importe encore 70 % de ses besoins en riz, alors que 75 % de sa population travaille dans le secteur agricole. Le savoir produit par la recherche devient, dans ce contexte précis, un pouvoir pour l'action (N. Stehr, 2000).

USAID/ERA entend ainsi créer au Sénégal des institutions fortes et des programmes intégrés de recherche, d'éducation et de vulgarisation. Il s'invite timidement, mais sûrement dans la gestion et la gouvernance des institutions de formation et de recherche. Il mettra en place des formations sur la gouvernance universitaire, sur l'élaboration de nouveaux curricula (notamment une licence et un master professionnel sur les semences) ou encore sur la conception de syllabus pour des formations en agroforesterie.

La mobilité n'est pas seulement une promesse d'un futur professionnel mieux valorisé, elle peut aussi mener à une adaptation passive face aux besoins spécifiques des territoires de départ, voire à une forme d'aliénation pour le modèle dominant qui n'est pas nécessairement le plus approprié pour le contexte local. Autrement dit, le modèle du "land grant system" qui s'est imposé dans certaines universités américaines en produisant des avancées jugées importantes saurait produire des effets similaires pour le Sénégal. Seulement, faudrait-il encore que le contexte local particulier soit suffisamment pris en compte et qu'un travail de traduction s'opère. Quoi qu'il en soit, dans l'espace universitaire sénégalais, les mobilités académiques permettent aux acteurs de se positionner différemment dans cet univers.

2.2. Des mobilités qui positionnent et repositionnent les acteurs dans l'échiquier local

La recherche a pu montrer que les mobilités académiques pouvaient obéir à un ensemble de règles d'attraction et de répulsion et s'effectuent selon des logiques de multipolarité (E. P. Eyebiyi et S. Mazzella, 2014). Toutefois, elles ne sauraient en résulter uniquement. Les mobilités

[35] Le Plan Sénégal Émergent (PSE) constitue le référentiel actuel de la politique économique et sociale du Sénégal. Il s'appuie sur trois axes : une transformation structurelle de l'économie, une amélioration significative des conditions de vie des populations, un renforcement de la sécurité, de la stabilité et de la gouvernance.

académiques actuelles peuvent être facilités ou contraintes par des médiateurs ou intermédiaires qui viennent structurer les dynamiques. Ce que le contexte académique mondialisé modifie en profondeur, c'est sans doute le nombre, le poids et le rôle de ces médiateurs. Le projet USAID/ERA est l'un de ces médiateurs qui, à travers ses différents programmes, tend à structurer non seulement les mobilités académiques mais également les pratiques académiques dans un des secteurs ou domaines de l'enseignement supérieur au Sénégal, pays de départ.

À travers les mobilités vécues, on voit se mettre en place des changements de pratiques qui permettent de se positionner différemment aussi bien dans l'échiquier académique local que dans les projets de développement local.

> *« Cette mobilité m'a poussé à changer ma façon d'enseigner (...). De plus, si je suis devenu aujourd'hui un Maître formateur sur la chaîne de valeur de l'anacarde, c'est grâce à la mobilité dans le cadre du projet USAID/ERA. Si je travaille en parfaite synergie avec les producteurs et surtout avec les femmes transformatrices des produits agricoles, c'est grâce aux connaissances acquises dans le cadre de la mobilité ».* Extrait d'entretiens

Les mobilités académiques favorisent ainsi un changement de perspectives et peuvent également permettre aux acteurs universitaires de se légitimer dans des espaces négociés de construction de projet qui dépassent le seul univers académique. En effet, dans la valorisation de la filière anacarde, les mobilités effectuées dans le projet USAID/ERA ont permis à des enseignants-chercheurs de l'Université Assane Seck de Ziguinchor de négocier valablement leur participation dans le projet, à côté de l'Institut Sénégalais de Recherche Agricoles et des groupements de femmes transformatrices de produits locaux.

La connaissance acquise dans la chaîne de valeur de l'anacarde – c'est-à-dire, l'ensemble des activités interdépendantes dont la poursuite permet de créer de la valeur identifiable et mesurable (qualitativement ou quantitativement) et qui permet à l'anacarde produit à Ziguinchor d'obtenir un avantage concurrentiel – aura été un atout. Les mobilités académiques ouvrent, de ce fait, un univers de possibles. Ceci est davantage visible pour les étudiants qui, dans le cadre des mobilités (cette fois-ci dans des temporalités plus longues), intègre cette composante comme une dimension d'un projet de vie (L. Ngwé, 2014).

Avec les projets comme USAID/ERA, l'universitaire qui y est associé semble davantage s'inscrire dans une logique de circularité des savoirs et des compétences. Cette circularité associe aussi bien les expériences accumulées dans le cadre de la mobilité, que les savoirs produits avec et par les acteurs locaux, impliqués dans le développement agricole. En effet, des savoirs se construisent aussi dans les pratiques et se disséminent au sein de milieux et de réseaux professionnels (J.-P. Darré, 1999). Il appartiendra alors à la sphère académique de les incorporer comme une composante de la production scientifique et pour l'action. Les mobilités académiques sont alors considérées comme une ressource qui permet de se positionner ou de se repositionner dans l'espace universitaire, tout en aidant à effectuer ce travail de prise en compte des autres niveaux de savoirs.

Ces mobilités demeurent dès lors importantes. Elles peuvent parfois concerner le top management des universités (Recteurs ou Directeurs de composantes). Elles permettent aux universitaires de découvrir les fondamentaux d'un « nouveau » modèle de management de la production scientifique, ainsi que la place primordiale qu'occupe l'université dans les services à la communauté. L'université pourrait de la sorte découvrir davantage son rôle d'intermédiation entre, la recherche, les petits et moyens producteurs agricoles et les grandes chaînes de supermarchés.

Toutefois, les expériences accumulées dans les mobilités académiques ne sont pas toujours mobilisables au niveau des institutions de départ. Il existe une certaine limite dans la circularité des savoirs. Celle-ci se lira dans les inégalités entre les systèmes nationaux d'enseignement supérieur, mais aussi dans le caractère contraignant des configurations institutionnelles nationales et locales. Ces configurations constituent, à ne point en douter, des facteurs bloquants.

> *« Oui ! Il y a certaines difficultés à mettre en application ce qui a été appris dans le cadre de cette mobilité. En effet, nous ne sommes pas dans le même contexte mais surtout nous ne disposons pas de moyens financiers pour être au contact des producteurs et des transformateurs (...) »*
>
> *« (...) Aussi l'exiguïté des salles de classe et le manque d'outils adéquats ne nous permettent pas d'appliquer les méthodes actives d'enseignement que nous avons appris dans le cadre de la mobilité ».*

Extraits d'entretiens

La prise en compte des contextes et des déterminants nationaux et locaux devrait participer à consolider la construction des réseaux, voire des « communautés épistémiques[36] » autour de cette relation entre l'université et ses territoires (J. A. Goudiaby, 2012), tout en repensant les politiques de mobilité académiques. Il faut, à ce moment-là reconnaître, avec H. Charton, que la notion de communauté épistémique vient donner un éclairage sur la manière avec laquelle s'élabore le consensus scolaire, et par extension quelques aspects des politiques universitaires (H. Charton, 2015).

Les politiques universitaires au Sénégal sont tributaires d'un ensemble d'interactions qui structurent sa dynamique. L'inscription des universités dans des projets tels que celui-ci contribue à façonner autant le modèle d'université que les pratiques qui organisent ses interactions avec la société. La création du Groupe de Réflexion sur l'Agriculture et l'agro-alimentaire au Sénégal (GRAAS) vient conforter cette idée. En effet, créé à la suite de l'atelier du projet USAID/ERA sur la conservation des sols d'avril 2011, le GRAAS a permis le développement d'une synergie entre structures d'enseignement, de recherche, de formation, de vulgarisation, et de conseil dans l'identification des contraintes et dans la recherche des solutions dans l'agriculture au Sénégal. Il aura également permis l'amélioration des curricula dans le domaine de la formation en agriculture et la construction de passerelles entre les écoles de formation et les établissements d'enseignement supérieur en vue de lever les cloisonnements et de jeter les bases d'un futur Pôle agricole.

De plus, la réalisation d'atelier participatif pour l'élaboration des programmes d'enseignement vient renforcer la création et la consolidation des réseaux. Par exemple, l'atelier qui a eu lieu en juin 2014 à Ziguinchor a consisté à impliquer un échantillon de parties prenantes dans les décisions importantes relatives aux programmes d'enseignement des universités ou des centres de formation ainsi que les services de conseil ou de vulgarisation. L'équipe conjointe a effectué des visites dans les Départements de Bignona, Oussouye et Ziguinchor pour rencontrer des producteurs, des Groupements d'intérêts Économiques, des communautés villageoises et des entreprises privées. Au total, trois fermes agricoles (Nialor, CLAIRE, Kafesse), une association de planteurs, une

[36] « Une communauté épistémique est un collectif de personnes ayant une expertise dans un domaine donné, expertise qui se traduit notamment par des compétences reconnues et par une légitimité et une autorité en matière de production de connaissances » (M. Morgan et S. Molyneux-Hodgson, 2011, 141).

unité de conditionnement de la mangue, un Centre de Promotion Agricole et Sociale (CPAS) et deux communautés villageoises (Djibélor, Dar Salam) ont été visités. Ces entités s'activent dans plusieurs maillons de la chaîne de valeurs (production, transformation, commercialisation). Dans ce cadre, l'évaluation des besoins en formation, suscité par le projet USAID/ERA et inspiré des mobilités vécues, permet d'avoir une meilleure connaissance des pratiques de gestion des agriculteurs et des contraintes qui doivent être abordées dans la zone où l'université voudrait prendre le leadership.

Conclusion

À travers ce projet, nous nous rendons de plus en plus compte que plusieurs facteurs expliquent les mobilités académiques. Elles ne peuvent plus tout simplement être comprises dans le cadre de l'héritage colonial qui pendant longtemps expliquait que les intellectuels des pays anciennement colonisés vont davantage fréquenter les anciennes colonies. Aujourd'hui, les mobilités semblent suivre des parcours fragmentés et multipolaires qui se fondent sur une pluralité argumentative : le projet professionnel ou la carrière de l'enseignant-chercheur, les opportunités scientifiques, l'appartenance à des réseaux de chercheurs, les projets dans lesquels s'inscrivent les universités, etc.D'où l'invitation à repenser les parcours migratoires des intellectuels et universitaires des pays du Sud. Dans les universités sénégalaises, ces parcours de mobilité peuvent être influencés par les projets que portent les institutions.

Le cas du projet USAID/ERA en est une bonne illustration. Certes celui-ci est ici présenté comme une opportunité pour les chercheurs (tant du point de vue du renforcement de la capacité de recherche que des mobilités académiques) mais il ne faut pas oublier que la recherche sénégalaise est contrainte dans ses orientations et son organisation (M. P. Bâ et J. A. Goudiaby, 2016). Elle s'effectue aussi dans un contexte d'asymétrie où les pays non-hégémoniques sont dominés dans la division internationale du travail scientifique (P. Losego et R. Arvanitis, 2008).

Il est vrai toutefois que ce projet met en relation, d'une part, un processus d'apprentissage d'un nouveau modèle de gouvernance de la recherche dans le domaine de l'agriculture et, d'autre part, une logique de coopération avec d'autres composantes dans la conduite de projets de développement local. Par conséquent, les mobilités académiques, inscrites dans ce projet, interrogent les postures professionnelles des universitaires sénégalais. Cette interrogation est favorisée par des opérateurs du développement tel que l'USAID. Ainsi, n'assistons-nous pas à la mise en place embryonnaire d'une communauté scientifique nationale et transnationale, autour de la recherche en agriculture ?

La mobilité temporaire, voire définitive, des personnes qualifiées apparaît être en expansion depuis quelques décennies. Il est évident que son ampleur et sa portée varient selon les situations des pays et selon les catégories concernées (J.-B. Meyer, 2012). C'est sans doute pour cette raison que S. M. Tall et A. Tandian suggèrent « *d'organiser la circulation des enseignants et des chercheurs, en fonction des intérêts, besoins et demandes du Sénégal (...). Cette circulation permet des échanges sans que cela ne débouche sur la fuite des cerveaux, c'est-à-dire une perte de substance au niveau des cadres universitaires* » (S. M. Tall et A. Tandian, 2010, p.11).

Tout compte fait, dans l'espace académique sénégalais, certains sont plus mobiles que d'autres. Quels sont alors les déterminants sociaux des mobilités académiques, si l'on considère qu'elles s'inscrivent aussi dans des registres de justification (des choix, des contraintes, des potentialités, de ressources ou encore des opportunités) ? Mais aussi, quelles sont les difficultés cognitives qui affectent les processus de transferts des connaissances acquises dans le cadre de mobilités ?

Références bibliographiques

ABELES, Marc, 2008, Anthropologie de la globalisation, Paris, Payot.

BA Mame Penda et GOUDIABY Jean Alain, 2016, Les sciences humaines et sociales au Sénégal : une évaluation critique, Dakar, CODESRIA.

BARRO Aboubacar Abdoulaye, 2010, « Coopération scientifique et débat sur les « sciences sociales africaines » au CODESRIA », Cahiers de la recherche sur l'éducation et les savoirs, 9, p. 53-72.

BAVA Sylvie et SALL Mamadou Youry, 2013, « Quête de savoir, quête d'espoir ? L'étrange destin des étudiants azharis sénégalais en Égypte » *In* Momar Coumba DIOP (éd.) *Sénégal (2000-2012). Les institutions et politiques publiques à l'épreuve d'une gouvernance libérale*, Dakar, CRES/Paris, Karthala, p. 541-559.

CHARTON Hélène, 2015, « Gouvernement de l'école et communautés épistémiques au Sénégal. Trajectoires d'acteurs et circulation des normes et des modèles d'éducation en contexte international », Revue Tiers Monde, 223, p. 49-66.

CORREA Patrice, 2012, « Paris et la mobilité des élites africaines : une page qui se tourne », Outre-Terre, 33-34, p. 527-535.

DARRE Jean-Pierre, 1999, La production de connaissance pour l'action. Arguments contre le racisme de l'intelligence. Paris, Éditions de la MSH-INRA.

EYEBIYI Elieth P.et MAZZELLA Sylvie, 2014). Observer les mobilités étudiantes Sud-Sud dans l'internationalisation de l'enseignement supérieur, Cahier de la recherche sur l'éducation et les savoirs, 13, p. 7-24.

ETZKOWITZ Henry et LEYDESDORFF Loet, 1997, Universities and the global knowledge economy. A triple helix of university-industry-government relations, London, Cassell Academic.

GAILLARD Jacques et GAILLARD Anne Marie, 1998, « Fuite des cerveaux, retours et diasporas », Futurible, 228, p. 25-49.

GAILLARD Jacques et GAILLARD Anne Marie, 1997, « The international mobility of brains: Exodus or circulation?",Science, Technology and Society, 2, 2, p. 195-228.

GOUDIABY Jean Alain, 2014a, L'université et la recherche au Sénégal. À la croisée des chemins entre héritages, marché et réforme LMD, Louvain-la-Neuve, Ed. Academia - L'Harmattancollection Thélème, n°14.

GOUDIABY Jean Alain, 2014b, « Apprendre au Nord et enseigner au Sud. Du travail d'incorporation des savoirs et d'adaptation aux contextes pour les enseignants sénégalais du supérieur », 3e rencontre des études africaines en France, Bordeaux, 30 juin – 3 juillet.

GOUDIABY Jean Alain, 2012, « Comment l'université sénégalaise se territorialise : modalités d'une cohabitation dynamique », Journal of Higher Education in Africa, 10,1, p. 73-94.

GUEYE Abdoulaye, 2001, Les intellectuels africains en France. Paris, L'harmattan.

GUEYE Fatou, 2012, Rapport des ateliers de restitution et de partage - Saint Louis – Ziguinchor –Saly. Dakar, Juillet, document projet - USAID/ERA.

LOSEGO Philippe et ARVANITIS Rigas, 2008, « La science dans les pays non hégémoniques », *Revue d'anthropologie des connaissances*, 2, 3, p. 334-342.

MARGINSON Simon, 2008, « Vers une hégémonie de l'université globale », Critique internationale, 39, p. 87-107.

MCDOWELL George, 2003, "Engaged Universities: Lessons from the Land-Grant Universities and Extension", The Annals of the American Academy of Political and Social Science,585, p.31-5.

Meyer Morganet Molyneux-Hodgson Susan, 2011, « « Communautés épistémiques » : une notion utile pour théoriser les collectifs en sciences ? », Terrains & travaux, 1,18, p. 141-154.

MEYER Jean-Baptiste, 2012, « La circulation des compétences dans un monde multipolaire », Repère-Campus France, n°11.

MEYER Jean-Baptiste, KAPLAN David, CHARUM Jorge, 2001, « Nomadisme des scientifiques et nouvelle géopolitique du savoir », Revue internationale des sciences sociales, 168, p. 341-354.

NDIAYE Babacar, 2014, Analyse économique de l'investissement en capital humain. Paris, L'harmattan.

NGWE Luc, 2014, « Globalisation et mobilités internationales des étudiants au Cameroun », Hommes et migrations, 1307, p. 77-84.

PELLERIN Hélène, 2011, « De la migration à la mobilité : changement de paradigme dans la gestion migratoire. Le cas du Canada », *Revue européenne des migrations internationales*, 27, 2, p. 57-75.

SALL MamadouYoury, 2009, Al-Azhar d'Égypte, l'autre institution d'enseignement des Sénégalais. Indicateurs statistiques, contributions explicatives et bases de données. Le Caire, Éditions Dar El Ittihad.

STEHR Nico, 2000, « Le savoir en tant que pouvoir d'action », Sociologie et sociétés, 32, 1, p. 157-170.

STEPHENSON Jr.Max, 2011, "Conceiving land grant university community engagement as adaptive leadership", *HigherEducation*, 61, 1, p. 95-108.

SY Mamadou, 2013, *L'enseignement supérieur public au Sénégal sous-contrat. La nouvelle gouvernance des universités à l'épreuve*. Dakar, Presses universitaires de Dakar.

TALL Serigne Mansour et TANDIAN Aly, 2010, La migration des personnes hautement qualifiées depuis et vers le Sénégal : historicité, actualité, et perspectives. *Série « CARIM AS »,* n°22, Robert Schuman Center for Advanced Studies, Institut universitaire Européen.

USAID/ERA (2011). Voyage d'études à Blacksburg. Rapport de mission. Dakar, USAID Grant Number : 685-A-00-10-00194-00

ZELEZA Paul Tiyambé, 2002, "Transnational Scholarship: Building Linkages between the U.S. Africanist Community and Africa", *African Issues*,30, 2, p. 69-74.

Tensions urbaines et conflits dans les quartiers spontanés en Casamance : le cas de Néma II à Ziguinchor

Mamadou Aguibou DIALLO

Enseignant-chercheur à l'Université Assane Seck de Ziguinchor, Laboratoire de Recherche en Sciences Economiques et Sociales (LARSES), Sénégal. madiallo@univ-zig.sn

Lamine TOURE

Doctorant à l'Université Assane Seck de Ziguinchor, ED-ESH, laboratoire LARSES, Sénégal, laminediula@gmail.com

Résumé

Cet article s'intéresse aux rapports sociaux dans les espaces urbains sénégalais et plus particulièrement aux tensions et conflits dans un quartier spontané (Néma II) de Ziguinchor (Sénégal). L'étude s'appuie sur une démarche combinant les méthodes qualitative (observation et entretien) et quantitative (enquête par questionnaire). Les résultats des enquêtes de terrain menées auprès des populations et des personnes-ressources indiquent que la structuration du quartier Néma II, l'absence d'assainissement, la délimitation informelle des parcelles et la cohabitation dans des espaces plus ou moins ouverts sont génératrices de tensions qui débouchent parfois sur des conflits. Cependant, ces derniers sont d'intensité faible et les résidents de Néma II arrivent à les dépasser en essayant de gérer les différends à un niveau local (famille, voisinage, quartier) tout en évitant de solliciter les institutions judiciaires.

Mots clés : tensions, conflits, quartier, spontané, Néma II, Ziguinchor.

Abstract

This paper focuses on social relations in senegalese's urban spaces and specifically on tensions and conflicts in a spontaneous neighborhood (Nema II) in Ziguinchor (Senegal). This study is based on methodology combining qualitative (observation, interview) and quantitative (questionnaire survey) methods. Results of field surveys with populations

and resource persons indicate that the structure of Nema II, the lack of sanitation, the informal demarcation of plots and cohabitation in more or less open spaces generate tensions that sometimes lead to neighborhood conflicts.
However, these conflicts have low intensity andNema II's residents manage them at a local level (family, neighborhood) without addressing to judicial system.

Key words: *tensions, conflicts, neighborhood, spontaneous, Nema II, Ziguinchor.*

Introduction

Cette étude est une réflexion sur la conflictualité (tensions et conflits) à Néma II, un quartier spontané de Ziguinchor. Notre question de départ est la suivante : quels sont les facteurs de conflictualité à Nema II ? On entend par conflit une opposition (lutte) marquée par un engagement (sous forme d'action) conscient et très manifeste des acteurs lors des interactions. La tension fait référence à une situation tendue entre des acteurs en interaction. Elle peut déboucher sur une confrontation et devenir un conflit ouvert ou ne pas s'exprimer et demeurer à l'état latent.

Sur le plan scientifique, les mutations de l'occupation de l'espace urbain provoquent des conflits qui intéressent particulièrement les sciences sociales (Torre et Kirat, 2008). En plus de modifier le cadre de vie, ces mutations changent les relations individu-espace et génèrent des tensions et des conflits, au niveau des territoires (Mélé, 2013). Ces derniers, en tant qu'éléments de la conflictualité, jouent un rôle majeur dans la constitution de la ville comme produit social (Castells, 1983).

La littérature sur la conflictualité montre que les géographes et les sociologues l'ont analysé en lien avec l'espace en s'intéressant à des domaines comme les résistances liées aux processus de périurbanisation et d'étalement résidentiel, la conservation des espaces naturels, des paysages ou de la biodiversité, les nuisances sonores ou celles des installations industrielles, etc. Ces éléments constituent autant de manifestations de tensions et de conflits portant sur ce qu'il est convenu d'appeler les usages des espaces. Toutefois, certains cadres urbains sont plus susceptibles que d'autres de générer des conflits (Joerin et al., 2005). En effet, les quartiers spontanés peuvent être considérés comme des territoires de tensions dans la mesure où les espaces ne sont pas objectivement affectés par les autorités locales et les modes d'occupation voire d'appropriation et de délimitation du foncier restent problématiques.

De nombreux chercheurs (Joerinet al, 2005 ; Caron et Torre, 2006 ; Sénégal, 2005 ; Cadoret, 2011) qui ont bâti un travail considérable ramènent les conflits de quartier à des problèmes d'ordre territorial. Autrement dit, les individus dans un quartier peuvent entrer en conflictualité pour des raisons liées à la cohabitation, à l'occupation des terres, à la délimitation des parcelles pour l'habitat ou les activités.

Partant d'une telle réflexion, nous posons la question suivante : les conflits à Nema II sont-ils liés à la configuration du quartier et au mode d'occupation de l'espace ou plutôt aux interactions quotidiennes ?

Dans cet article, nous avons étudié les conflits sous plusieurs angles. Du conflit de voisinage au conflit foncier en passant par les conflits interpersonnels, nous montrons que la conflictualité est inséparable du mode d'occupation de l'espace dans le quartier de Néma II.

1 Méthodologie

Pour ce travail, nous avons combiné la méthode qualitative et la méthode quantitative. S'agissant du recueil des données, nous avons mené une enquête de terrain (questionnaire et entretien) dans le quartier de Néma II. Concernant l'aspect quantitatif, nous avons soumis 152 questionnaires à des adultes dans les ménages avec une priorité accordée aux chefs de ménages. L'échantillonnage de commodité a été privilégié dans ce travail en raison de la difficulté de faire appel à des techniques d'échantillonnage de type probabiliste comme l'échantillon aléatoire ou par quotas. L'échantillonnage de commodité est une technique qui est choisie en l'absence de base de sondage et lorsqu'on est dans l'impossibilité de s'assurer d'une représentativité de la population globale. Les sujets sont choisis en raison de leur accessibilité.

Dans notre cas, nous nous sommes rendus dans le quartier et avons choisi les chefs de ménage en raison de leur disponibilité et de leur vécu dans le quartier.

Le traitement des données quantitatives est réalisé par le moyen du logiciel IBM SPSS 23. Ce traitement nous a permis de rechercher les doublons, d'identifier les valeurs extremes, de vérifier les incohérences et traiter les données manquantes.

Les enquêtés sont majoritairement de l'ethnie mandingue (40,1 %) et peule (28,9 %). L'âge moyen de notre échantillon est d'environ 39 ans. Par contre, un enquêté sur quatre est âgé de plus de 45 ans. Pour le volet qualitatif, nous avons effectué 06 entretiens individuels (un notable dans le quartier, un résident de Néma II, un responsable de jeunes, un délégué de quartier, agent à la maison de justice, un technicien du cadastre) et un focus group avec 8 personnes. Le choix des enquêtés s'est effectué sur la base de critères qui prennent en compte leur implication dans des conflits à Néma II.

Pour le traitement de ces données qualitatives, nous avons décidé de procéder à une transcription des entretiens puis à une analyse thématique. Ce qui nous a permis de reconstruire les situations conflictuelles dans ce quartier.

2 Résultats et discussions

Dans cette partie, nous présentons les résultats des enquêtes de terrain effectuées auprès des chefs de ménage et des personnes-ressources. Les données portent sur les relations dans le quartier et surtout sur la conflictualité (vécu, acteurs, cadre de gestion).

2.1 Espaces et conflits à Ziguinchor : Néma II un quartier « tensiogène » ?

Néma II est un quartier situé à la périphérie de la commune de Ziguinchor. Le quartier tient sa particularité à sa structure géographique et sociale. Les deux donnent lieu à un type de cohabitation que l'on rencontre fréquemment dans les zones rurales.

Nema II est situé au sud de la commune de Ziguinchor entre le boulevard des 54 mètres et l'aéroport d'une part, et les quartiers Néma Kadior et Kénia d'autre part (voir figure 1 suivante).

Figure 1 : carte de la commune de Ziguinchor

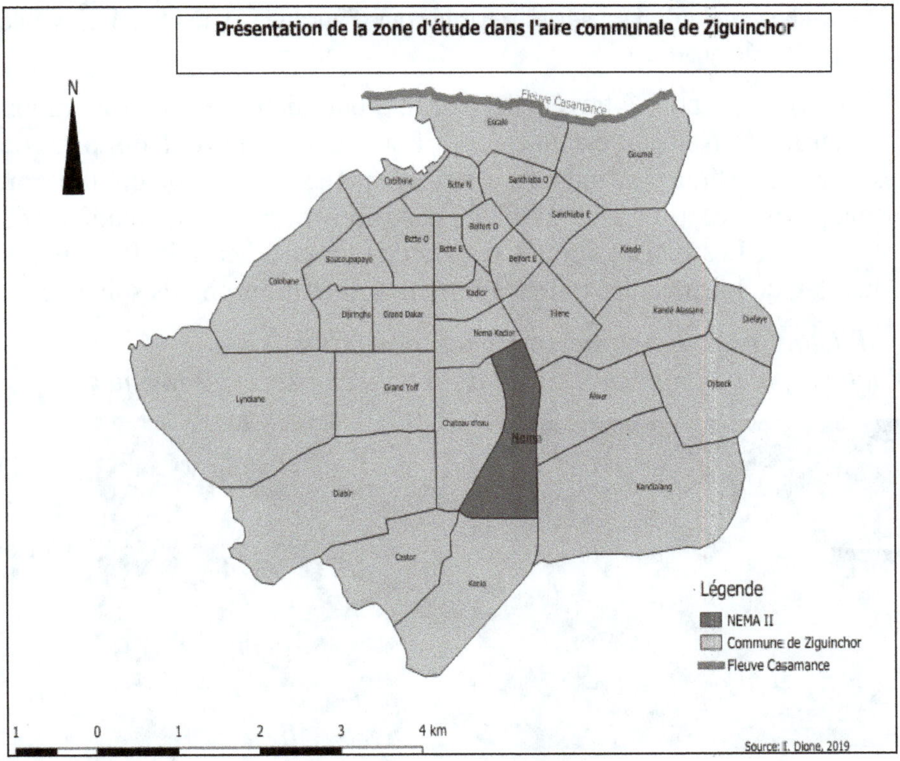

Source : Dione, 2019

L'absence de lotissement pour une partie et le non-achèvement dans l'autre partie laissent croire que c'est un quartier occupé à la va-vite. Même si actuellement une partie de Néma II, appelée *Néma II sapeur* est lotie, il n'en demeure pas moins que les deux se ressemblent tant sur la structure géographique que sur celle sociale. S'agissant de Néma II non loti, la configuration spatiale est assez particulière avec une sorte d'imbrication des espaces de vie et de mobilité.

Les propos suivants d'un notable résidant dans ce quartier permettent de mieux comprendre ce sous-quartier :

> […] La cour de la maison de l'un est les toilettes de l'autre parce que les eaux usées des toilettes de l'un ruissèlent dans la cour de la maison de l'autre et vice versa. Parce que si cet espace lui appartient et qu'il en fait des toilettes alors qu'à côté c'est la cour de ta maison, tu ne peux pas l'empêcher de faire ce qu'il veut. (…) Il y a des endroits ici à Néma II où les eaux usées des uns se retrouvent dans la cour de la maison de

> l'autre et il n'y peut rien ; j'en ai vu ici à Néma II. Et il en va aussi de même pour les ruelles. Ici à Néma II, tu ne peux pas sortir de chez toi sans passer par la cour de la maison d'autrui. Ici, tu ne peux pas aller chez quelqu'un sans passer par la cour d'autrui [...]. (M. Sadio, notable dans le quartier).

Nous comprenons à travers cet extrait d'entretien que la configuration du quartier de Néma II est assez spécifique. C'est une zone qui possède les caractéristiques d'un quartier spontané, d'un bidonville où l'occupation de l'espace n'obéit pas aux normes en matière de lotissement. Les maisons n'ont pas de clôture et de ce fait, les espaces d'habitat, de loisirs et les toilettes sont mélangés (voir photos suivantes).

Photographie 1 : vue de deux maisons à Néma II
Photographie 2 : aperçu d'une cour avec la maison et les toilettes

Source : enquête de terrain, juillet 2019

À Néma II, le seul justificatif prouvant qu'on est propriétaire du lot que l'on occupe est le papier délivré par le chef de quartier. De nombreuses parcelles à usage d'habitation acquises par don, legs, cession sont souvent source de conflits, car la délimitation informelle des parcelles rend difficiles une visibilité des frontières et une identification des propriétaires (voir extrait d'entretien suivant).

> [...] Il y'a des gens qui ne sont pas d'accord sur la position de la limite qui les sépare. Il y'a un espace et l'un pense que cet espace lui appartient et l'autre aussi pense que cet espace est pour lui, donc les conflits de ce genre sont très récurrents ici à Néma II [...]. (M. Sadio, notable dans le quartier).

Plusieurs problèmes du quartier sont liés à l'occupation de l'espace. Cette occupation a commencé en 1957 alors que le terrain appartenait à l'Agence pour la Sécurité de la Navigation Aérienne en Afrique et à Madagascar (ASECNA) et elle se poursuit aujourd'hui même si des négociations sont entreprises pour céder le quartier à la collectivité locale qui doit le restructurer. Mais, n'ayant pas été mis en valeur par l'ASECNA, ce quartier périphérique est finalement occupé par les populations des villages environnants déplacées par le conflit casamançais et attirées par la ville.

Toutefois, Néma II est l'exemple typique d'un quartier anarchiquement occupé. Dans ce quartier, les arbres, les premières habitations ont longtemps servi de repères, de limites de parcelles, à défaut de bornage, surtout du côté de *Néma II ASECNA,* non loti. Cette façon de délimiter l'espace est certes compréhensible pour des groupes ou des communautés pour qui les « cartes mentales » ont une importance dans l'appropriation du foncier, mais le problème c'est qu'une fois les objets de délimitation disparus sans que les propriétaires aient pu indiquer aux successeurs ou héritiers la limite de la propriété foncière, des conflits à soubassement foncier peuvent naitre entre les voisins.

Par ailleurs, dans cette localité, rares sont des maisons qui sont clôturées, sinon, correctement clôturées. La clôture comme moyen de créer un espace d'intimité individuelle ou familiale pose problème, car certains la considèrent comme restrictive de leur espace d'évolution et d'autres comme une appropriation d'une partie de leurs parcelles.

Des conflits peuvent ainsi naitre lorsqu'un résident essaye de construire un mur de clôture pour sa concession comme le relate l'extrait d'entretien suivant.

> [...] Lorsque j'ai commencé à construire (la clôture), j'ai appelé mon autre voisin et il est allé voir mon voisin et lui a dit que Cissé est en train de construire dans ta parcelle. Mon voisin est allé voir le chef de quartier et est venu avec lui jusque chez moi. On a failli se battre [...] (Cissé, un résident de Néma II).

Ces genres de situations créent des tensions entre voisins, mais aboutissent très peu à un affrontement physique.

Par ailleurs, avec le phénomène périurbain que connaît la ville de Ziguinchor, on note une extension de la ville vers l'Est (Kandialang, Alwar) et le Sud-ouest (Diabir, Kénia, Néma II, Castor, Kantène) et une arrivée de populations dans ces quartiers. Ces dernières années Néma II connaît une certaine croissance démographique (16254 habitants en 2002 et 24166 en 2013)[37] qui fait que le quartier est densément peuplé. En

[37] Ces données sont fournies par le service régional de l'ANSD à Ziguinchor (2019).

l'espace de dix ans, près de huit mille personnes sont venues s'ajouter à la population résidente. Dans ce contexte, il peut se poser un véritable problème de promiscuité dans le quartier d'autant plus que des conflits naissent de cette concentration humaine en interaction.

2.2 Analyse des relations dans le quartier

L'occupation de l'espace à Néma II est caractérisée par une promiscuité qui oblige les individus à fréquemment entrer en contact puisqu'étant dans des espaces semi-ouverts, à cause d'un déficit de murs de clôture (murs mitoyens). Pour sortir de sa maison, certains sont obligés de passer par la maison avoisinante, les ruelles traversent les vérandas d'autrui et les maisons ouvertes sur la rue et les cours des voisins.

Concernant les relations dans le quartier, majoritairement, les enquêtés déclarent en être satisfaits à tous les niveaux (interpersonnel, voisinage, communauté), à l'exception des relations avec les autorités municipales (voir tableau 1 suivant).

Tableau 1 : répartition de l'échantillon selon la satisfaction des relations par catégorie

Quel est votre niveau d'acceptation des cadres suivants pour la gestion du conflit ? (en %)					
Niveau de satisfaction	Interpersonnel	Voisinage	Communautaire	Autorités du quartier	Autorités municipales
Très insatisfait	0,0	0,0	0,0	0,7	7,2
Insatisfait	2,0	2,6	3,3	7,9	**38,2**
Neutre	3,3	1,3	3,3	8,6	21,1
Satisfait	44,1	42,1	**67,8**	28,9	25,0
Très satisfait	**50,7**	**53,9**	25,7	**53,9**	8,6
Total	100	100	100	100	100

Source : enquête de terrain, juillet 2019

Les relations avec ces dernières (autorités municipales) sont marquées par une insatisfaction du côté des résidents. En effet, le quartier a des problèmes de lotissement (les rues ne sont pas dégagées), d'assainissement (absence de réseau), d'éclairage public (absence de lampadaires dans le quartier) et d'adduction d'eau (les populations consomment majoritairement l'eau des puits). La plupart des habitants pensent que les autorités locales sont responsables des problèmes qu'ils vivent dans le quartier comme l'affirme cet agent du service régional de cadastre dans l'extrait suivant.

> [...] Il arrive que des gens, après le lotissement, viennent se plaindre ici, pour dire qu'ils ne sont pas d'accord de notre façon de procéder. Nous leur demandons de déposer des recours et la commission essaye d'étudier leur requête. Maintenant, il arrive que la commission ne parvienne pas à satisfaire leur demande et ils portent plainte. On a plusieurs fois porté plainte contre moi pour vol supposé de terres en tant que représentant du cadastre. Donc, je pars répondre. [...] (M. Diédhiou agent au service technique du cadastre de Ziguinchor).

Le lotissement d'une partie (*Néma II sapeur)* et l'absence de lotissement dans une autre (*Néma II ASECNA*) est à l'origine de frustrations collectives et d'incertitudes pour ce qui concerne la gestion du foncier, mais aussi d'une « vie décente » dans le quartier.

À ce niveau, les responsabilités sont partagées. L'occupation du quartier est spontanée et irrégulière et cette irrégularité peut fonder la posture de l'État d'éviter de cautionner l'illégalité en amenant les équipements sociaux de base. Le quartier a besoin d'une restructuration par le moyen d'un lotissement pour pouvoir accueillir des infrastructures et améliorer le quotidien des résidents.

2.3 Étude de la conflictualité : tensions et conflits à Néma II

Les données du terrain montrent l'existence de tensions et de conflits. Près d'un enquêté sur quatre (25,7 %) déclare avoir été en conflit avec un individu dans le quartier de Néma II.

Tableau 2 : répartition de l'échantillon selon l'existence d'un conflit les 12 derniers mois

Ces 12 derniers mois, vous est-il arrivé d'entrer en conflit avec un individu à Néma II ?	**Effectif**	**Pourcentage**
Oui	39	**25,7**
Non	113	74,3
Total	152	100

Source : enquête de terrain, juillet 2019

Lorsque nous nous intéressons à la conflictualité, nous observons que celle-ci porte principalement, sur le voisinage. En effet, sur les 39 personnes qui ont déclaré avoir vécu un conflit au courant de l'année, 69,2 % ont affirmé que le conflit portait sur la cohabitation avec le voisinage, 15,4 % sur les relations sociales dans le quartier.

La plupart des conflits de voisinage tiennent au fait que l'absence de clôture des concessions crée des interactions directes et un partage de la quotidienneté qui sont défavorables au bon voisinage et à la naissance de conflits, car des individus n'appartenant pas au même ménage partagent un espace ouvert. Ainsi, les enfants se retrouvent souvent ensemble et dans les jeux qu'ils organisent, parfois, ils s'affrontent et se battent. Mais ce qui est important à noter, c'est le transfert des tensions et des conflits vers les adultes qui s'en approprient pour en faire un conflit de voisinage qui peut impliquer plusieurs acteurs dans le ménage.

Par ailleurs, comme on peut le lire dans l'extrait suivant, des tensions autour de l'espace et du foncier existent dans le quartier. L'absence de limites fixes fait que certains voisins se disputent ou en viennent aux mains.

> […], Aujourd'hui sous mes yeux, j'ai un dossier de lecture, un terrain qui est morcelé en deux parcelles vendues à deux familles différentes. Le propriétaire vendeur est décédé et donc il n'y a pas une délimitation physique qui existe. Durant la vente ils ont procédé en disant toi tu prends tant de mètres, toi aussi tu prends tant de mètres, c'était leur manière de procéder. Ils ont cohabité jusqu'au moment où l'une des parties a voulu faire des toilettes dans son terrain et en même temps mettre une clôture. C'est là où le conflit a commencé. Les autres s'opposent à cette clôture et, disent-ils, que la fosse est trop proche d'eux. Ce qui fait qu'eux demain, ils ne pourront pas construire ici ; voilà ça c'est un cas de conflit. […]. (M. Touré, agent à la maison de justice de Ziguinchor).

Les conflits autour du foncier opposent donc les voisins à Néma II. Ils sont dus au mode d'acquisition de parcelles, à leur appropriation et à leur gestion. L'espace sur lequel se trouve le quartier est une propriété de l'ASECNA. Les premiers habitants (mandingues et peuls) sont venus occuper cette zone sans aucune autorisation de la part de l'ASECNA ou de la mairie. Ces « pionniers » se sont installés en définissant des limites entre eux, en dehors des normes établies en matière d'occupation du foncier urbain.

Par exemple, la sécurisation d'un espace domestique peut souvent déclencher des tensions voire des conflits. De nombreux résidents doivent traverser la cour de leurs voisins pour se rendre chez eux ou accéder à leurs toilettes.

En somme, des tensions entre les résidents sont observables dans le quartier et certaines aboutissent à des conflits. Comment les conflits sont-ils alors pris en charge dans ce quartier ?

2.4 La gestion des conflits à Néma II

Cette partie est consacrée à la manière dont les conflits sont gérés à Néma II. Partant des données du terrain (voir le tableau ci-dessous), il ressort de cela que différentes attitudes sont adoptées par les individus pour dépasser le conflit.

Tableau 3 : répartition de l'échantillon selon le comportement de l'enquêté face au conflit

Lorsque le conflit est survenu, quelle attitude avez-vous finalement adopté ?	**Effectif**	**Pourcentage**
J'ai fait comme s'il n'y avait rien (la négation du conflit)	22	56,4
Je suis entré (e) en conflit en insultant et en me battant (la confrontation violente)	8	20,5
Je l'ai convaincu sans insulter, ni me battre (l'approche non violente)	7	18,0
Autre	2	5,1
Total	**39**	**100**

Source : enquête de terrain, juillet 2019

Cependant, majoritairement, les personnes enquêtées adoptent un comportement d'évitement. En effet, plus de la moitié (56,4 %) de ceux qui ont déclaré avoir été en conflit affirme faire comme si de rien n'était (négation de la conflictualité) et près de deux enquêtés sur dix (18 %) adoptent une approche non violente. On peut donc retenir que si l'occupation spatiale de Néma II est favorable aux conflits, la cohésion sociale qui y règne fait que ces conflits demeurent à l'état latent.

Les entretiens qualitatifs ont montré que deux voisins peuvent entrer en conflit à cause du découpage arbitraire de l'espace, mais que ces mêmes individus se tendent la main lorsque le besoin se pose. C'est ce qui se lit aussi dans cet extrait d'entretien suivant avec ce notable résidant à Néma II.

> […] Ici, à part les conflits liés à la délimitation des parcelles, des concessions, et parfois des enfants, on n'enregistre pas d'absence de cohésion sociale. Si tu as un problème quelconque, les gens se joignent à toi et t'assistent comme cela se doit, dans le bonheur comme dans la joie. Donc, globalement, les conflits, même s'ils existent, ne sont pas importants plus que les bonnes relations entre les gens et n'ont pas de signification sur la cohésion sociale. […]. (M. Sadio, notable dans le quartier).

Pour la gestion ou le dépassement des conflits, l'enquête par questionnaire montre que plus de la moitié (52,63 %) des enquêtés ne souhaite pas porter la gestion de la conflictualité à un niveau judiciaire. Ils préfèrent globalement gérer les conflits à des niveaux proches (communautaire, familial) comme le montre le tableau 4 ci-après.

Tableau 4 : répartition de l'échantillon selon le niveau d'acceptation des cadres suivants pour la gestion du conflit[38]

Quel est votre niveau d'acceptation des cadres suivants pour la gestion du conflit ?	Effectif	Pourcentage
Communautaire	129	84,87
Familial	118	77,63
Judiciaire	31	20,39
Autre	1	0,66

Source : enquête de terrain, juillet 2019

Dans la gestion des différends, les entretiens individuels ont montré que les représentants des jeunes ont plusieurs fois été interpelés pour assurer la médiation sur des cas de malentendu dans le quartier. Le chef de quartier et un de ses adjoints ont eux aussi soutenu qu'à plusieurs

[38] Le total des pourcentages est supérieur à 100, et celui des effectifs, supérieur à 152 car le tableau est construit avec des données issues d'une question à choix multiple. Pour plus de pertinence, nous avons choisi la première réponse pour chaque enquêté.

occasions, ils ont mis fin à certains antagonismes remontés à leur niveau comme le montre l'extrait d'entretien suivant.

> [...]. Le chef de quartier a nommé des sous-délégués de quartier et chacun d'entre eux gère les problèmes de sa zone. Si par exemple vous êtes en train de faire du mal, c'est nous les sous-délégués qui vous convoquons pour essayer d'arranger. Et si on ne peut pas régler, on transfère le cas à la gendarmerie. Il y'a beaucoup de conflits, mais nous arrivons à arranger cela. [...] (M. Ba, responsable administratif à Néma II).

Ainsi, avant que le conflit n'arrive au tribunal, le plus souvent, le chef de quartier et les délégués constituent le premier échelon de gestion des tensions et des conflits. Toutefois, il arrive que la résolution des conflits et des tensions soit parfois portée au niveau judiciaire (tribunal). En effet, les entretiens avec les acteurs de la Maison de Justice[39] (voir extrait suivant), renseignent que lorsque les résidents décident de faire recours aux institutions sécuritaires ou judiciaires pour gérer des différends nés du quartier, ils sont redirigés vers cette structure pour une médiation et une issue à l'amiable.

> [...]. À la Maison de Justice, on parvient à trouver la bonne mesure afin que chacun y trouve son compte, qu'aucune des parties ne soit délaissée. C'est un peu difficile, mais nous utilisons notre tact, notre diplomatie pour résoudre tous ces problèmes-là. Aussi, tout en jouant sur cette technique de médiation, nous parvenons à trouver une situation acceptable pour tout le monde. [...]. (M. Touré, agent à la maison du justiciable de Ziguinchor).

Par ailleurs, nous avons cherché à comprendre l'importance des acteurs dans la gestion des conflits. Le tableau suivant renseigne qu'en cas de confrontations (conflit ouvert), majoritairement, les enquêtés estiment qu'il est utile de gérer le conflit à un niveau proche (protagonistes, parents, voisins, sages, délégués de quartiers). Seuls 19,7 % des enquêtés trouvent utile de gérer le conflit en ayant recours aux institutions judiciaires.

---

[39] La Maison de Justice est une structure de proximité instituée par le décret n° 99-1124 du 17 novembre 1999 et renforcée par le décret n°2007-1253 du 23 octobre 2007. Elle est rattachée au ministère de la Justice et a pour principal objectif de rapprocher le justiciable de la justice. La maison offre des services relatifs au droit, à la régulation des conflits, à la prévention et au traitement de la délinquance, à l'information des justiciables et à l'aide des victimes.

Tableau 5 : répartition de l'échantillon selon l'utilité des acteurs dans la gestion des conflits dans le quartier (en %)

Niveau d'utilité	des seuls protagonistes	des parents	des voisins	des seuls sages	des seuls délégués de quartier	des autorités administratives locales
Utile	**81,6**	**83,6**	**57,2**	31,6	**45,4**	19,7
Extrêmement utile	0,7	6,6	9,2	**59,2**	0,7	2,0
Ni utile ni inutile	1,3	1,3	16,4	2,0	15,8	27,0
Pas du tout utile	2,0	0,7	0,7	0	6,6	10,5
Pas très utile	14,5	7,9	16,4	7,2	31,6	**40,8**
Total	100	100	100	100	100	100

Source : enquête de terrain, juillet 2019

En somme, à Néma II, comme tout espace urbain, il y a des tensions liées le plus souvent à la cohabitation et à l'occupation de l'espace. Toutefois, les résidents s'accommodent de ces tensions et considèrent que le quartier est paisible. Ils sont satisfaits des relations qu'ils ont avec leurs voisins et la communauté. D'ailleurs, 76,3 % des résidents affirment qu'ils ne quitteront pas le quartier à cause des conflits.

Tableau 6 : répartition de l'échantillon selon l'intention de quitter le quartier à cause du conflit

À cause des conflits, vous souhaitez quitter Néma II ?	**Effectif**	**Pourcentage**
D'accord	3	2,0
Pas d'accord	29	19,1
Pas du tout d'accord	116	**76,3**
Tout à fait d'accord	4	2,6
Total	152	100

Source : enquête de terrain, juillet 2019

Les conflits sont donc minimisés, voire peu déterminants dans le choix ou l'intention de rester vivre à Néma II. Les résidents s'accommodent des tensions et des conflits et essayent de vivre ensemble, d'améliorer leur quotidien commun et font plus de place à la communauté pour gérer les conflits qui naissent entre eux.

Conclusion

Les études sur la conflictualité à Ziguinchor ont longtemps été portées sur le conflit armé casamançais, laissant de côté les différends liés à la cohabitation et à l'occupation de l'espace urbain. Cette étude en s'intéressant à la conflictualité dans le quartier populaire de Néma II, a pu montrer que les rapports sociaux y sont quelque part influencés par l'organisation de l'espace et l'environnement physique. Les relations sont parfois tendues entre les voisins à cause d'une absence de délimitation administrative du foncier et d'une appropriation informelle des espaces d'évolution. Les tensions relatées par les enquêtés débouchent parfois sur des conflits, mais, parfois, les populations arrivent à les gérer à un niveau local par le biais des parents, des notables ou des autorités du quartier.

Bibliographie

CADORET Anne, 2011, « Analyse des processus conflictuels. Le cas du littoral du Languedoc-Roussillon », *L'Espace Géographique*, Tome 40, n °3, pp. 231-244.

CARON Armelle et TORRE, André, 2006, « Vers une analyse des dimensions négatives de la proximité », *Développement durable et territoires,* 10 mai 2006, consultée le 12 juin 2019) sur l'adresse suivante, http://journals.openedition.org/developpementdurable/2641

CASTELLS Manuel, 1983, « The City and the Grassroots. A Cross-Cultural Theory of Urban Social Movements», Berkeley, University of California Press, 471 p.

FOUCHER Vincent, 2003, « Pas d'alternance en Casamance : Le nouveau pouvoir sénégalais face à la revendication séparatiste casamançaise ». Politique africaine, 91(3), pp.101-119.

JOERIN Florent, PELLETIER Mathieu, TRUDELLE Catherine et VILLENEUVE Paul, 2005, « Analyse spatiale des conflits urbains : enjeux et contextes dans la région de Québec », Cahiers de géographie du Québec, 49 (138), pp.319-342.

MARUT, Jean Claude, 2010, « *Le conflit de Casamance : ce que disent les armes* », Paris, Karthala Éditions, 420 p.

MELE Patrice, LARRUE Corinne et ROSEMBERG Muriel (dir.) 2013, « Conflits et territoires », Tours, PUF-R, 224 p.

MONROY Michel et FOURNIER Anne, 1997, « Figures du conflit. Une analyse systémique des situations conflictuelles », Paris, PUF, 232 p.

SENECAL Gilles, 2005, « Conflits de proximité et coopération : une géographie des acteurs et des interactions sociales », *Cahiers de Géographie du Québec*, vol. 49, n ° 138, pp. 277-285.

TORRE André et KIRAT Thierry, 2008, « Territoires De Conflits : Analyses des mutations de l'occupation de l'espace », Paris, L'Harmatan, 324 p.

TORRE André et CARON Armelle, 2005, « Conflits d'usage et de voisinage dans les espaces ruraux », in FILIPPI Maryline (dir), *Proximités et changements socio-économiques dans les mondes ruraux*, Éditions Quæ, pp. 297-314.

Déplacés et réfugiés du conflit casamançais : le paradoxe d'une hospitalité

Doudou Dièye GUEYE

Département de Sociologie
Université Assane Seck de Ziguinchor (Sénégal)
Laboratoire LARSES
dgueye@univ-zig.sn

Résumé

Cet article, axé sur les processus notés de reconfigurations sociales en Casamance cherche à répondre à la question ci-après : comment dans un contexte de crise politique et d'inaction de l'État, les populations s'organisent-elles pour accueillir des déplacés ? On essaiera d'une manière spécifique de répondre à la problématique de l'hospitalité en situation de crise. En filigrane, notre analyse saisira la reconfiguration des liens sociaux. Il nous sera ainsi donné d'observer que les logiques économiques et marchandes triomphent sur les logiques sociales et vident de leurs substances la solidarité parentale au profit de l'individualisme. Pour mener la présente recherche, nous avons entrepris une enquête qualitative dans une trentaine de villages de déplacés le long des frontières de la Guinée-Bissau et de la Gambie.

Mots clefs : Casamance, Déplacés, Réfugiés, Hospitalité, MFDC

Abstract

This article, focusing on the noted processes of social reconfigurations from the crisis in Casamance. How in a context of politicalcrisis, people organize themselves to welcome displaced people? Specifically, will be made to invest the problem of hospitality in crisis situations. In filigree, our analysis will capture the reconfiguration of social ties. We will thus observe that economic and commercial logics triumph over social logics and empty parental solidarity in favour of individualism. To test this research, a qualitative survey was conducted in some 30 displaced villages along the borders of Guinea-Bissau and The Gambia.

Key words : Casamance, Displaced, Refugees, Hospitality, MFDC

Introduction

La Casamance est située dans la partie sud du Sénégal et regroupe les régions administratives de Ziguinchor, Sédhiou et de Kolda. Cette partie sud du Sénégal est riche d'une grande diversité ethnique et culturelle qui fait d'elle la région la plus sénégalaise du pays. Pourtant, elle est traversée par un conflit qui date de 1982 et qui oppose l'État du Sénégal au Mouvement des Forces Démocratique de la Casamance (MFDC)[40] qui réclame l'autonomie de la région. Ce conflit, considéré comme le plus vieux de la sous-région africaine porte les germes d'une précarisation économique jusque-là jamais recensée en Casamance. En effet, si autrefois la Casamance pouvait se targuer d'une relative autosuffisance alimentaire grâce à la générosité de ses terres, aujourd'hui force est de constater que ce conflit a inscrit et maintenu les acteurs dans des parcours très précaires. Note-t-on ainsi un tableau chaotique fait d'abandons de villages, de présence de mines dans les champs et les vergers, de psychose réelle d'attaque des populations par des éléments armés supposés appartenir au MFDC, qui sont autant de facteurs qui freinent les potentialités d'une exploitation maximale de l'environnement naturel tout en limitant la mobilité des individus dans l'espace.

Le sentiment d'insécurité en Casamance, notamment dans les zones rurales a fini par saper le moral des populations et a entraîné leur déplacement vers des contrées relativement sécurisées. Lors de ces déplacements, les populations ne peuvent amener avec elles que l'essentiel vital, laissant sur place leurs outils et leurs moyens de production. Aussi, lorsqu'elles sont accueillies par la parentèle, leur arrivée et leur installation créent des besoins supplémentaires liés à l'exigence d'assurer le quotidien comme les besoins de terres, les besoins d'infrastructures de base fonctionnelles, les besoins de médicaments, d'eau, de nourriture, etc. Dans tous les cas, l'arrivée des populations déplacées dans une localité nécessite une réorganisation de l'espace d'accueil afin de répondre un tant soit peu aux diverses sollicitations des arrivants, ce qui n'est pas gagné d'avance.

Cet article s'intéresse aux processus de reconfigurations sociales avec les déplacés et réfugiés du conflit en Casamance.Concrètement, on

[40] Le MFDC est l'organe politique qui pilote cette velléité irrédentiste et sa naissance remonte à la période coloniale (1947). En 1954, le MFDC sera « sabordé » dans le Bloc démocratique sénégalais (Bds) qui deviendra l'Union progressiste sénégalaise (Ups) qui s'est muée à son tour en Parti socialiste (Ps).

cherchera à répondre spécifiquement à la problématique de l'hospitalité en situation de crise. Il s'agira de montrer comment, s'inscrivant dans des parcours étiquetés comme des parcours vulnérables, les déplacés du conflit sont sujets à une hospitalité considérée de paradoxale qui s'appuie sur les logiques de la parenté tout en misant sur une exploitation économique des déplacés. En filigrane, notre analyse saisira la reconfiguration des liens sociaux en lien avec la situation économique. Ainsi, il nous sera donné d'observer que les logiques économiques et marchandes triomphent sur les logiques sociales et vident de leurs substances la solidarité parentale au profit de l'individualisme. Parallèlement, un regard sera posé sur les leviers sur lesquels s'appuient les déplacés et les réfugiées dans l'objectif de s'arracher du parcours de vulnérabilité dans lequel ils sont inscrits.

1. Déplacés, réfugiés et retournés du conflit en Casamance

Les recherches pionnières sur la Casamance tournent autour de l'occupation de la Casamance par les différentes puissances coloniales et des rivalités et des transactions coloniales (E. Bocandé-Bertrand 1849, H. Brossard-Faidherbe 1889). Ces travaux de recherche seront suivis par des études monographiques comme les travaux de L.V. Thomas (1959), P. Pelissier (1966). Localement, certains pères jésuites[41] produisaient aussi des écrits sur le territoire. Depuis les années 1982, le contexte de la crise a réorienté les recherches avec en filigrane le questionnement ci : *comment en est-on arrivé là ? À* cette question, l'enclavement de la Casamance ainsi que sa position géopolitique sont souvent convoqués par plusieurs auteurs comme P. Meguelle (2013), M. L. Manga (2010), M. C. Diop (1990), Jean-Claude Marut (2010).

Concernant le conflit, les estimations sur le nombre de déplacés et de réfugiés varient et l'IDMC (Internal Displacement Monitoring Center) et le NRC (Norweigian Refugee Council) estiment dans un rapport de 2010 que le nombre total de personnes déplacées internes en Casamance est compris entre dix mille (10 000) et quarante mille (40 000). La ville de Ziguinchor compterait à elle seule entre dix-mille et quinze mille accueillis. Le Haut-Commissariat aux réfugiés (H.C.R.) estime plus ou

[41] C'est le cas du père François KIEFFER qui s'installe dans l'île à partir de 1880, où il œuvrera seul pendant deux ans avec un personnel de l'administration coloniale des plus réduits : un chef de poste des Douanes avec quatre employés, un artilleur, un caporal européen et six tirailleurs.

moins cinq mille cinq cents réfugiés en Gambie et six mille cinq cents en Guinée-Bissau, ce qui donnerait un total de douze-mille réfugiés. En Guinée Bissau, sur les six mille cinq cents (6500) réfugiés recensés le long de la frontière avec le Sénégal seul sept cents (700) sont dans un camp géré par le H.C.R. Sinon, tous les autres vivent de façon autonome soit dans des familles d'accueil auxquelles ils sont apparentés ou simplement installés sur des terres prêtées par les villages bissau-guinéens.

Par ailleurs, si précipité qu'il soit, le choix du lieu d'accueil du réfugié ainsi que du déplacé n'est pas dénudé d'une rationalisation a *priori* car il procède de la combinaison de plusieurs paramètres tels que la position frontalière des villages, la projection sur le territoire d'accueil en termes de possibilités économiques réelles de pouvoir y travailler, y produire, et y vivre. Mais aussi sur la base de certains faits objectifs tel que la parenté ou des liens sociaux qui relient les communautés.

Le réfugié est celui qui se trouve en dehors du pays dont il a la nationalité ou en tout cas en dehors du pays dont il a sa résidence habituelle. La Convention de Genève (1951) définit le réfugié en ces termes : « *(...) le terme de « réfugié » s'applique à toute personne : (...) qui (...) craignant avec raison d'être persécutée du fait de sa race, de sa religion, de sa nationalité, de son appartenance à un certain groupe social ou de ses opinions politiques, se trouve hors de son pays dont elle a la nationalité et qui ne peut ou, du fait de cette crainte, ne veut se réclamer de la protection de ce pays (...)* ». Ce déplacement en dehors de son pays est légitimité par une crainte fondée de persécution du fait de sa race, de sa religion, de sa nationalité, de son appartenance à un groupe social, ou de son opinion politique. Il se voit ainsi contraint de quitter son pays d'origine ou de résidence. Par contre, sont considérés comme déplacés les individus qui ont quitté leur localité d'origine vers une autre localité à l'intérieur des frontières nationales ou internationales. Le déplacé est d'abord victime d'une insécurité dans son environnement social immédiat due à des attaques ou à des affrontements entre belligérants. Ainsi, pour se soustraire de cette situation d'insécurité, il se déplace dans un endroit plus sécurisé en attendant un retour au calme dans sa zone d'origine afin de pouvoir y retourner. On constate que le déplacement vers l'international (un pays étranger) est un fait constitutif de la notion de réfugié. Cependant, il faut qu'il ait une demande de protection formulée par l'individu se réclamant réfugié. La différence entre le réfugié et le déplacé relève donc d'un changement de statut car le premier formule une demande de protection et d'assistance adressée au pays hôte ce qui n'est pas le cas avec le second qui, dans souvent des situations, demande simplement une aide ou une assistance mais pas une protection.

Ces définitions proposées trouvent des limites comme le révèle le cas spécifique du conflit en Casamance. En effet, dans les représentations mentales des populations victimes, ces notions sont loin d'être pertinentes lorsque l'on convoque les histoires sociales de la constitution des villages ainsi que les représentations des populations. En effet, des liens d'alliances séculaires et antérieurs à l'élaboration de ces définitions ont servi de socle social à ces communautés et ont toujours été fonctionnels. C'est par exemple le cas du village de Kasouh au Sénégal et Kasouh en Guinée, localités dans lesquels les cultes sont identiques et les acteurs ne peuvent s'identifier ni comme des déplacés et encore moins comme des réfugiés. Chez cette population, il y a une continuité de l'espace et dans ce contexte, les déplacés ne formulent pas de demande de protection. Dans le cas spécifique du conflit en Casamance, les liens de parenté qui unissent les familles de chaque côté des frontières combinés à l'extrême porosité de celles-ci rendent la notion de réfugié très vague, voire inopérante, car beaucoup d'entre eux se déplacent presque librement d'un côté à l'autre des frontières malgré le fait qu'ils aient obtenu le statut de réfugié du conflit soit en République de Guinée-Bissau ou en République de Gambie. D'ailleurs, selon les opportunités et les besoins, ils peuvent quitter un pays d'accueil, venir s'installer un temps dans la ville de Ziguinchor avant de continuer leur voyage vers la Gambie ou la Guinée Bissau. Aussi, selon les circonstances, il nous a été donné d'observer que des individus considérés comme déplacés effectuent des démarches pour se faire inscrire comme des réfugiés parce que simplement les conditions d'accueil au niveau des parents et/ou de la population hôte ne sont pas les meilleures. De ce fait, ils peuvent bénéficier gracieusement de l'aide et de l'assistance des organisations comme le HCR. Pour des raisons conceptuelles et pratiques, il ne sera pas fait de distinction dans ce présent article de « réfugié » et de « déplacé ». Il sera utilisé le terme de « déplacé » du conflit casamançais pour désigner ces deux catégories. Ce choix est volontaire et est justifié par le fait que le caractère paradoxal de l'accueil, considéré comme une épreuve, se manifeste sans distinction de catégories dans ce contexte de crise en Casamance.

2. Méthodologie de la recherche

Cette étude est basée sur une enquête qui a débuté en 2015 et qui visait à saisir le devenir des déplacés et des réfugiés du conflit en Casamance dont la présence perdurait dans les sites d'accueil. À cet effet, l'enquête s'était limitée dans un premier temps à quelques villages, le long des frontières nord et sud de la Casamance et les analyses avaient montré entre autres les parcours d'insertion professionnelle des réfugiés casamançais en Gambie et en Guinée Bissau dans leurs différentes variétés (D. Gueye, 2015). En 2018, profitant d'une accalmie notoire du conflit, nous sommes retournés sur le terrain en prenant la précaution d'élargir la carte des villages enquêtés. Les analyses de cette deuxième phase de l'enquête ont permis de saisir le quotidien des déplacés et des réfugiés soumis à l'épreuve de la vulnérabilité. Parallèlement, les stratégies de résilience ont été analysées (D. Gueye 2018) ainsi que les mobilisations mises en œuvre par les femmes[42] pour chercher une issue heureuse à ce conflit.

Globalement, pour mener cette recherche sur la situation des déplacés et des réfugiés du conflit en Casamance, il a été adopté une démarche qualitative à chaque fois que nous sommes intervenus sur le terrain. Déjà en 2015, un travail d'exploitation documentaire auprès des ONG, de la société civile et du mouvement associatif a été mené. Cette exploitation des documents détenus par ces structures était justifiée par le fait que beaucoup d'entre elles sont restées en Casamance pendant toute la durée du conflit alors que l'État du Sénégal était quasi absent dans la région, comme le rappelle H. Dramé (1998). Dans leur immense majorité, les rapports soumis décrivaient et analysaient les résultats atteints à travers les différents programmes déroulés par les ONG sur différents volets d'accompagnement des populations tels que le peace building, la sécurité alimentaire, les plaidoiries pour la paix, la sensibilisation autour des mines et des Restes Explosifs de Guerre (REG), les actions de reconstruction de villages abandonnés, l'aide et l'appui à la réinsertion socioprofessionnelle d'anciens combattants, etc. Par ailleurs, cette immersion auprès des structures a permis de nous rendre compte de la non-fiabilité[43] des

[42] A ce sujet, une communication a été faite sur la question de la mobilisation des femmes victimes du conflit. Doudou GUEYE., 2018, Marseille, 9 au 14 juillet, Colloque Réseau d'Études Africaines, Communication orale, « Femmes et activités citoyennes. L'Exemple de la Plateforme des femmes pour la paix en Casamance ».

[43] Cette absence de chiffres fiables était sans aucun doute la conséquence de la non existence de synergie des différents acteurs institutionnels qui intervenaient spécifiquement sur la question.

données statistiques sur les déplacés et les réfugiés du conflit en Casamance. En effet, chaque structure semblait se focaliser sur ses objectifs programmes ou projets au détriment d'un comptage efficace des personnes vivant la situation. De ce fait, les données sont éparses et ne reflétaient pas toujours les réalités du terrain. Pour autant, ces rapports des ONG avaient l'avantage de procéder à une tenue documentée des conséquences de ce conflit selon leurs champs d'intervention.

Ce travail d'exploitation des documents détenus par les ONG nous avait permis d'effectuer une cartographie réelle de la situation de référence des déplacés et des réfugiés tout en procédant à la localisation géographique de l'ampleur des sites concernés par le phénomène d'abandon de village et en même temps par des phénomènes de reconstruction de villages. Enfin, des entretiens exploratoires auprès des ONG et des structures étatiques avaient été faits et nous avaient permis de cerner doublement certaines logiques sous-jacentes du déplacement et du retour mais aussi d'appréhender comment en fonction des situations, les acteurs peuvent changer de statut en devenant tantôt des déplacés, tantôt des réfugiés et enfin des retournés.

Concernant la cible proprement dite, à savoir les déplacés et les réfugiés du conflit, des enquêtes qualitatives individuelles, des focus groupes et des séances d'observations ont été menés dans la ville de Ziguinchor et dans certaines zones rurales comme l'indique le tableau ci-dessous :

Zones	Villages/Quartiers	Méthodes et nombre
Ville de Ziguinchor	Lyndiane, Néma 2, Soukoupapaye, Kandialang, Diabir.	Entretiens individuels (21), Focus group avec les femmes maraîchères (1), observations de terrain.
Balantacounda (zone frontalière avec la Guinée Bissau)	Goudomp, Unjiew, Saint-Paul, Kanampar, Kadiompa, Sikoume, Bagnock, Sengher Diola, Akentou, Bantan-Kountou, Bindaban, Niéna, Missira, Bafata, Koubafor, Diougniky, Saliote, Kolonia, Sifassoutou, Diabane, Konakir, Bissine-Albondy, Djibanar, Boutoupa Camaracounda	Entretiens individuels (13), Focus group (1), observations.
Sindian (zone frontalière avec la Gambie)	Sindian, Bouyéme, Diagongue, Diédiel, Djinal, Djinéa-Sibogola Djiniper, Kagnarou, Kakène, Kourouck, Leufeu, Matankigné, Médiégue, Ouniock, Pendite, Sibogola, Silick, Sindian, Tankoron, Tendine.	Entretiens individuels (7), Focus group (1), observations.
Gambie	Kanilaye, Banjul, Bakau, Serrekunda.	Entretiens (8)
Guinée Bissau	Sao Domingo, Varella ; Bissau, Djendin.	Entretiens (5)

Tableau 3 : Zones d'enquête. Équipe de recherche

Le guide d'entretien et le focus group ont cherché à appréhender plusieurs questions telles que les conditions qui ont prévalu au déplacement ainsi que les motivations et les processus qui décident du retour. Les contraintes, les conditions de vie et les perspectives liées au retour ont été aussi saisies. La richesse des matériaux recueillis a montré que les perspectives de retour dépendaient en général de plusieurs facteurs corrélatifs. Aussi, les analyses ont montré que les déplacements des populations sont effectués dans souvent des cas naturellement vers le frère, le parent, l'oncle ou la sœur qui vit de l'autre côté de la frontière ou dans la ville d'accoté. Repli de survie, dira-t-on, guidé par la logique de trouver une assistance fondée sur « l'éternel hier », c'est-à-dire sur les liens séculaires entretenus par les familles et les communautés.

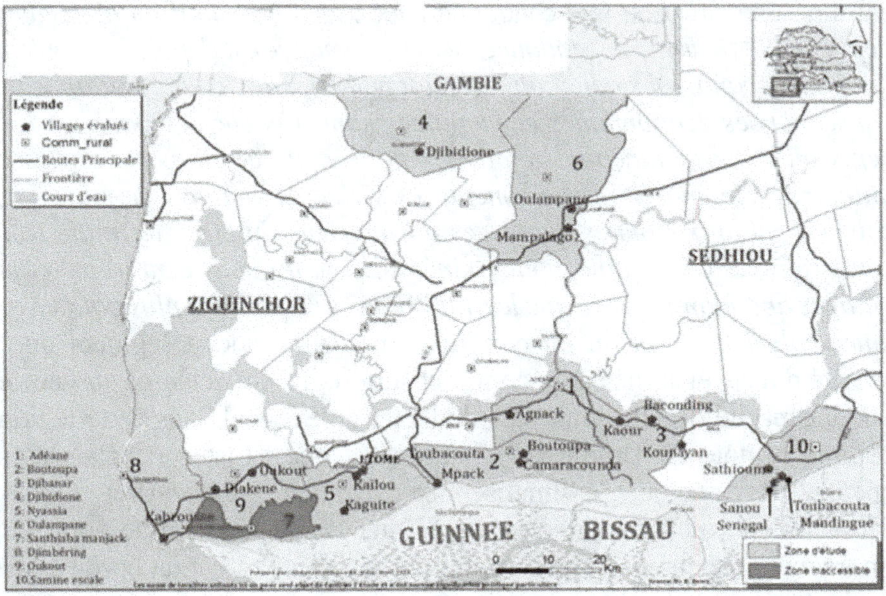

Figure 1 : Carte des zones d'enquête. Source Équipe de recherche.

3. Une absence d'inclusion totale de l'État

Défini par le juriste autrichien Hans Kelsen (1997) comme un *« État dans lequel les normes juridiques sont hiérarchisées de telle sorte que sa puissance s'en trouve limitée »*, l'État de droit, est donc entendu dans le sens d'un système institutionnel dans lequel la puissance publique est soumise au droit. Dans ce modèle, chaque règle tire sa validité de sa conformité aux règles supérieures. Un tel système suppose par ailleurs l'égalité des sujets de droit devant les normes juridiques et l'existence de juridictions indépendantes. L'État de droit est ainsi fondé sur le principe essentiel du respect des normes juridiques (ou "primauté du droit"), chacun étant soumis au même droit, que ce soit l'individu ou bien la puissance publique. Il est donc possible pour un particulier de contester les actions de l'État ou d'un dirigeant politique s'il les considère comme illégales. Partant de cette acception, on peut affirmer que la situation d'insécurité notée en Casamance est un fort indicateur du recul de l'État de droit qui y règne et témoigne parallèlement de la position de force qu'occupent les éléments supposés appartenir au MFDC dans le processus de retour des populations dans leurs villages d'origine. À ce sujet du recul de l'État de droit, une ONG locale, le ProCas[44] (2004) écrivait dans un de ses rapports qu'au-delà des déplacements de populations, le conflit a entraîné une situation très chaotique avec : « (…) *le conflit qui perdure depuis 1982 pour l'indépendance de la Casamance est depuis lors devenu le plus grand obstacle au développement de cette région. Ses conséquences économiques et humaines sont très élevées pour les huit cents mille Casamançais. Notons les mille deux cents morts civiles et militaires dénombrés officiellement, les six cents victimes de mines, les soixante mille personnes déplacées à l'intérieur du pays, les mille trois cents réfugiés en Gambie et en Guinée Bissau, les deux cent trente et un villages abandonnés ainsi que les 4.000 élèves ne pouvant plus poursuivre leur scolarité en raison du conflit* ». En réalité, aucun segment de la société n'a été épargné par le conflit et surtout il a été noté une absence et une incapacité d'inclusion totale de l'État du Sénégal dans cette région, comme le note H. Dramé (1998) qui écrit que l'État sénégalais n'est encore pas parvenu à imposer sa *"capacité d'inclusion totale"*, certainement, dit l'auteur, c'est parce que les structures traditionnelles imprègnent fortement l'espace politique et culturel et l'État éprouve des difficultés considérables à faire prévaloir ses prérogatives. Cette imperméabilité de l'État aux structures ou aux cultures casamançaises pose en filigrane la problématique de l'intégration de cette région dans l'espace national.

À l'épreuve du terrain, nous avons observé que seule une minorité de la population déplacée accorde un rôle important à l'État du Sénégal dans le processus de retour. En effet, elle pense qu'une autorisation d'un retour décidé par l'État sénégalais, combiné avec une protection de l'armée

---

[44] Il est constaté que le Programme de relance des activités économiques et sociales socioéconomique pour la paix en Casamance (ProCas) est fermé depuis 2014.

régulière sénégalaise seraient assez suffisants pour les faire retourner dans leur village d'origine. Seulement, les situations concrètes sur le terrain ont montré que la présence de l'armée n'a pas toujours été un moyen efficace de protection des populations car, à plusieurs reprises, des éléments armés supposés appartenir au MFDC ont eu à attaquer ces villages à cause de cette présence militaire. Il ne serait donc pas exagéré de soutenir que le MFDC pèse dans ce processus de retour et son poids ne doit pas être négligé. D'ailleurs, si beaucoup de zones minées n'ont encore pas bénéficié du déminage humanitaire en Casamance, c'est parce que le MFDC a décidé unilatéralement que cette activité doit cesser dans certaines zones, notamment celles qui sont proches de leur cantonnement. En conséquence, le retour des déplacés ne peut être effectif dans cette situation sans une intrusion du MFDC dans le processus.

Le MFDC décide de celui qui peut exploiter ou circuler librement : il interdit aux populations d'accéder dans les parties qui regorgent de ressources économiques de la zone. C'est le cas de l'exploitation de la noix d'anacarde qui est quasi-impossible dans certaines parties de la forêt casamançaise sous contrôle du MFDC. Pour le déminage tant souhaité par les populations afin de faciliter l'accès à certaines zones, le MFDC pose son véto, s'oppose et dissuade les démineurs qui ne peuvent agir sans un minimum de sécurité. Pourtant, seul le déminage humanitaire est censé apporter une garantie de circulation sans risque de sauter sur des mines par les populations civiles. En effet, le déminage humanitaire vise à éliminer toutes les mines et Restes Explosives de Guerre (REG) afin que la population civile puisse utiliser ces terrains sans danger alors que le déminage militaire, par contre a pour but de se frayer un chemin, de rendre un terrain utile à des fins militaires. L'accent est mis sur la rapidité. Le déminage humanitaire est ainsi la composante la plus importante contre les mines. La présence de l'armée combinée aux multiples interventions des ONG ou autres structures étatiques n'ont pas permis depuis plus de trente ans à créer un climat favorable au retour effectif des populations déplacées. L'agrégat de tous ces facteurs rend compte du pouvoir décisionnel détenu par les éléments du MFDC dans le processus du retour des populations déplacées. On dira ainsi que la capacité de nuisance du MFDC est avérée et est une conséquence de l'incapacité de l'État du Sénégal à pouvoir garantir le minimum de sécurité aux populations. En attendant un accord entre l'État et le MFDC qui tarde à venir, les déplacés se débrouillent tant bien que mal dans leurs zones d'accueil avec des conditions de vie qui sont de plus en plus difficiles et une présence de l'État jugée encore très timide.

4. La face cachée de l'hospitalité

S'intéresser à la situation économique des déplacés du conflit casamançais invite à faire une lecture de la spatialité dans les analyses. En effet, avant d'être déplacés, ils étaient d'abord sédentaires et ont eu à développer des histoires singulières dans leur territoire de départ. Leur situation nouvelle ne les a point empêchés de continuer à produire de l'histoire, certes singulière, mais pour autant une histoire générale qui est aujourd'hui inscrite dans l'histoire de la Casamance. De ce fait, en comparant leurs conditions de vie dans leurs terroirs de départ et dans leurs terroirs d'accueils, on s'apercevra que le tableau économique que présente le conflit casamançais laisse percevoir des situations d'injustices, d'exploitations et de misère dont le déplacé est victime.

Les conditions de vie déplorables dans les villes et les villages, pôles d'accueil de milliers de familles déplacées ont entraîné une augmentation de la taille des familles accueillantes avec pour conséquences la promiscuité, la faim consécutive aux difficultés réelles des chefs de famille à subvenir aux besoins d'alimentation. Cette situation est accentuée par le fait que les terres cultivables accessibles se réduisent fortement du fait des soupçons de présence des mines dans les champs et sur les terres de plateau combinée à la salinité des rizières de bas-fonds et de la démographie. Par conséquent, les familles qui tiraient l'essentiel de leurs revenus de l'exploitation des ressources forestières, de la commercialisation des produits agricoles et de la cueillette des fruits forestiers locaux ainsi que des plantations de mangues et d'agrumes, continuent à voir leur situation économique se détériorer. Les conditions de vie deviennent de plus en plus difficiles sous la combinaison de ces facteurs et les familles accueillantes doivent aussi assurer l'hébergement et la nourriture des déplacés dans ces conditions de vie très précaires. Pendant ce temps, leurs revenus n'augmentent pas et Nelly Robin, et al., (2006) de souligner le vide humanitaire et juridique dont les déplacés de l'intérieur, plus nombreux que les réfugiés sont victimes, car ne disposant d'aucune assistance ni de protection du HCR. Aussi, les effets combinés de la présence des mines et les déplacements précipités de populations ont été des facteurs qui ont accru le désir de terres et auront pour conséquence principale des spéculations foncières de plus en plus intenses.

Si dans l'histoire de ces communautés la parentèle sociale a joué son rôle fonctionnel pendant très longtemps, cette même parentèle s'est pliée à la logique marchande et économique avec le conflit en Casamance, car des situations abusives d'exploitations des déplacés sont relevées et mettent à nues les liens de la solidarité. Dans le contexte de la Casamance, l'engouement économique suscité ces dix dernières années par l'exploitation de la noix d'anacarde a introduit une exploitation éhontée des déplacés par les populations accueillantes. En effet, il a été constaté que les déplacés, une fois en terroir d'accueil bénéficient sous forme de prêt de terres cultivables. Des terres que l'on peut appeler terres vierges et se trouvant pour la plupart du temps dans des zones forestières où la végétation est très dense et donc difficilement exploitables. Au déplacé de les mettre en valeur, c'est-à-dire de les défricher et de les assainir. Lorsqu'ils finissent de rendre exploitables ces terres prêtées, les propriétaires leur demandent de n'y mettre que des cultures saisonnières, c'est-à-dire des céréales. Et, pendant ce temps, les propriétaires des champs en profitent pour planter des anacardiers. Au bout de trois années d'exploitation, lorsque les anacardiers atteignent la maturité, les propriétaires demandent aux déplacés d'arrêter l'exploitation et de leur rendre les terres prêtées, tout en leur proposant la possibilité de leur redonner d'autres terres à mettre en valeur ou simplement d'aller ailleurs chercher ailleurs. Un déplacé de la commune de Goudomp soutient ceci :

> *« Je n'ai jamais cru qu'une personne peut exploiter son parent aussi proche. Remarquez-vous, quelqu'un te prête son champ pour cultiver et en contrepartie, il vient planter des anacardiers dans ce champ. Au bout de trois ou de quatre ans, cette personne devient riche au moment où toi qui as préparé le champ tu vis dans la pauvreté et la misère ».*

En réalité, le vécu des déplacés a permis de comprendre que les liens de fraternité et de cousinage ne sont fonctionnels que si la situation du moment n'exige pas un partage des maigres biens et revenus que l'on possède. Devant la nécessité de produire et de consommer, il se met en place un jeu des acteurs qui se jouent des contextes, saisissent des opportunités et réinventent des activités économiques d'exploitation de la misère des déplacés.

Chez les populations accueillantes, les modestes productions agricoles ne pouvaient permettre de prendre en charge les arrivants. De ce fait, s'installe une vie de « misérable » comme le raconte cet enquêté :

> *« Nous vivons vraiment la misère ici. La souffrance est présente de façon quotidienne et nous manquons de nourriture en permanence. Nous sommes obligés de mendier pour survivre, et*

nous savons ce que représente la mendicité dans la société Casamançaise. Mais nous n'avons pas le choix ».

Cette situation a entraîné chez les déplacés la diminution du nombre de repas journalier dans souvent des cas. Ainsi, les souffrances combinées au ressentiment de constituer des charges ont amené certains déplacés à prendre le risque de retourner dans leurs vergers ou leurs champs pour exploiter les ressources forestières et se faire un peu d'argent. Souvent, ils sont victimes d'accidents par mines à défaut d'être pris en partie par des hommes armés supposés être membres du MFDC, qui n'hésitent pas à les tuer, s'il y a une quelconque résistance notée. Cette situation a créé dans la commune de Djibanar, la situation de « *déplacé* pendulaire », à l'image des migrations pendulaires ou horaires connues des grandes métropoles. En effet, il a été observé que certains déplacés retournent dans leur village qu'ils ont quitté pendant le jour pour se livrer à des activités agricoles et le soir venu, ils allaient à Djibanar, relativement mieux sécurisé pour y passer la nuit.

Ce système pervers d'exploitation des personnes accueillies a amené certains déplacés à se reconvertir dans d'autres activités. C'est ainsi que nos observations de terrain ont montré que le groupe ethnique Mancagne, exclusivement un groupe de cultivateurs, qui en réalité entretient un rapport distant avec la pêche est devenu progressivement un groupe de pêcheurs dans la zone de Goudomp et de Tanaff, alors que l'on sait que la pêche n'est pas leur domaine de prédilection. Après un long silence, un déplacé de ce groupe ethnique informe, le remord perceptible dans sa voix que :

> *« C'est une activité que nous avons connue ici à Goudomp, car chez nous, la pêche ne fait pas partie de nos activités, mais nous sommes obligés de le faire pour gagner un peu d'argent afin de faire vivre nos familles ».*

À côté de la pêche, il y a une autre activité de reconversion de ces populations déplacées, comme la menuiserie, la maçonnerie. La profession de maçon n'existait pas dans les villages des déplacés, car les villageois construisaient eux-mêmes leurs maisons en banco, autour d'un système de solidarité et d'entraide.

Les populations du village de Guidel Bambadinka déplacées à Sao-Domingo en Guinée Bissau ont connu des problèmes d'ordre culturel. En effet, ces réfugiés qui étaient de l'ethnie *diola* ont eu du mal à s'adapter aux habitudes alimentaires en vigueur dans leur nouvelle société. Le Diola appartient à un groupe ethnique qui est très attaché à la terre et la riziculture occupe une place essentielle dans ses réalités culturelles. Arrivés à Sao-Domingo, non seulement les terres mises à leur disposition pour leur survie n'étaient pas suffisantes, mais encore pire, ne répondaient pas aux normes de la culture du riz, car ce sont des champs et non des rizières. Ce décalage culturel a constitué un obstacle majeur à leur intégration en Guinée. La seule culture qu'ils étaient en mesure de faire était alors le mil ou le maïs, comme le raconte cette grand-mère :

''*Pour varier les plats, nous étions contraints d'aller dans les marchés hebdomadaires vendre nos récoltes afin de payer du riz. Car les enfants ne mangeaient presque pas. Ils n'ont pas l'habitude de manger des plats à base de mil. Quand on servait le repas, les enfants ne s'approchaient même pas du bol*''.

Les femmes déplacées ne sont pas en marge des conséquences de cette situation chaotique, car le conflit et la situation nouvelle générée vont accentuer leur rôle dans le dispositif de la production de l'économie domestique mais surtout dans la prise en charge des familles. Les observations et les données recueillies ont montré qu'avec le conflit, les femmes déplacées vont subir une surcharge des travaux de production à cause du déséquilibre de traitement des personnes qui sont arrêtées dans la forêt par les éléments supposés appartenir au MFDC ou bien par l'armée régulière. Lorsque c'est une femme qui est malencontreusement arrêtée par des bandes armées, elle est dépouillée des biens qu'elle a à sa possession, parfois tabassée et violentée avant d'être libérée. Alors que, s'agissant d'un homme, s'il n'est pas exterminé sur le champ il est dépossédé de ses biens et il subit les pires brimades qui souvent mènent à sa mort. Dans tous les cas, les hommes arrêtés portent pendant longtemps des séquelles physiques des tortures subies. L'exemple du village de Bindaba, survenu en 1995, raconté par le chef de village est une illustration : « *Un vieux est retourné cultiver ses champs avec son neveu. Les rebelles les ont trouvés sur place et ont pris tous leurs matériels, le neveu a voulu riposter et il a été abattu de sang-froid ainsi que le vieux* ». Cette insécurité qui règne dans les villages d'origine prive la population des activités et des biens dont ils disposaient, accentuant davantage leur situation de vulnérabilité.

Cette situation a amené de fait les femmes à prendre leurs responsabilités afin d'épargner la vie de leur homme, en leur demandant de rester à la maison et de les laisser prendre le risque d'aller loin, de plus en plus loin dans la forêt, pour y pratiquer des activités agricoles leur permettant de prendre la famille en charge. C'est ainsi qu'un homme nous raconte cette prise de risque des femmes en ces mots :

> *« Elles prennent chaque jour le risque d'aller dans la forêt avec toute l'insécurité qui y règne pour faire vivre leur famille. Les hommes ont surtout peur d'aller loin dans les champs, de peur de tomber sur les rebelles qui risquent de les tuer, alors que les femmes ont plus de courage d'aller en profondeur car les rebelles sont moins violents avec elles qu'avec les hommes ».*

Les violences faites aux hommes et surtout la peur d'être tué vont renforcer d'un poids supplémentaire la charge de travail des femmes. Elles vont s'ériger en porteuses de solution comme en témoigne ce père de famille du village de Saint Paul : *« Ma femme, quant à elle, quitte la maison à six heures du matin elle ne revient qu'à dix-neuf heures voir vingt heures. Chaque jour, elle marche plus de trois kilomètres pour aller dans leur jardin maraicher ».*

Les femmes vont ainsi se suppléer aux hommes et apportent désormais un grand soutien à l'endroit des familles et elles participent pleinement aux exigences de production quotidienne de la survie des familles. Les témoignages de cette déplacée du village de Bambadinka renseignent sur la situation difficile dans laquelle vivent les familles des déplacés :

« Parfois, je ne dors pas la nuit à cause des soucis. Mon mari est vieux il n'a plus de force et je dois tout faire. La maison qu'on nous avait prêtée a été récupérée. Nous sommes obligés de louer. Avec quel argent payer cette location ? C'est pour cela que nous prenons le risque de partir ramasser des noix d'acajou dans la forêt ».

À Ziguinchor, force est de constater que les déplacés évoluent encore et toujours dans une instabilité financière et sociale qui rendent difficile leur intégration dans la commune. D'abord, ils vivent une stigmatisation qui a tendance à limiter leurs actions en les confinant dans un sentiment d'infériorité. Le déplacé de Ziguinchor considère qu'il est regardé comme un rebelle, du fait de ces accusations infondées qui font de lui un complice des éléments du MFDC. Un déplacé du village de Barafe souligne, en ce sens : *« On est parfois indexé, soupçonné d'être en connivence avec le MFDC, mal vu mais surtout on nous taxe d'être villageois, donc de non évolué ».*

Les conditions économiques difficiles entraîneront dans souvent des cas, notamment chez les filles, des grossesses précoces. Fait nouveau dans la communauté de certains déplacés comme c'est le cas de cette famille de déplacés du village de Barafe. Le père de famille nous amène à deviner pourquoi des grossesses de toutes ses filles depuis qu'ils se sont installés à Ziguinchor : *« Nous parvenons difficilement à joindre les deux bouts malgré les diverses activités que nous exerçons. Regarde mes filles, elles ont toutes des enfants, chose jamais connue dans ma famille auparavant »*. Ne pouvant supporter ces souffrances certains déplacés ont entamé la démarche inverse après tant d'années d'errance entre la Guinée-Bissau, la Gambie et la ville de Ziguinchor. Ce retour qui apparaît aujourd'hui comme une nécessité pour la majorité des déplacés pose pourtant des problèmes. En effet, l'État du Sénégal qui devait être le premier à assister les déplacés est généralement le plus grand absent dans cette entreprise du retour comme le soulignent beaucoup de déplacés, qui constatent que l'État n'a encore pas réussi à mettre en place un cadre environnemental et social assaini de tout danger pour un retour effectif. On constate, cinq années après le début de cette enquête, que le MFDC décide encore des zones à déminer ainsi que de la réhabilitation des routes rurales et forestières.

Conclusion

Déplacées dans des conditions très difficiles et accueillies dans des situations très complexes, les populations déplacées du conflit en Casamance ont vécu des formes d'abus et d'exploitation de la part de leurs propres parents. Cette situation vécue de l'accueil des déplacés nous a offert la possibilité de comprendre que le système de solidarité et d'entraide qui a longtemps perduré dans ces communautés a perdu aujourd'hui de sa substance. La définition savante et usuelle de la notion de réfugié ne paraît pas fonctionnelle dans le contexte de la crise en Casamance car il nous a été donné d'observer une mobilité de cette catégorie entre l'espace du pays hôte censé la protéger et l'espace de départ censé être un espace à risque. L'État du Sénégal doit s'engager davantage dans l'accompagnement et la reconstruction des habitats des populations déplacées mais également créer les conditions d'une réintégration socio-économique, car, une paix définitive en Casamance ne pourra se faire tant que la lancinante question des déplacés et des réfugiés ne trouvent pas une conclusion heureuse. En effet, dans la représentation populaire et la conscience collective casamançaise, la fin du conflit est synonyme au retour des milliers de déplacés dans leur environnement naturel de production. Pour cela, les activités de dépollution des mines et autres engins de guerre doivent être la première entreprise à mener et ce sur toute l'étendue de la Casamance. En réalité, sans la dépollution de la Casamance, des milliers d'hectares ne seront pas mobilisables pour l'agriculture.

Bibliographie

BROSSELARD-FAIDHERBE Henri, 1889, *La Guinée Portugaise et les Possessions Françaises Voisines*, Paris, Hachette, p121.

DIOP Momar Coumba, DIOUF Mamadou, 1990, *Le Sénégal sous Abdou Diouf. État et Société,* Paris, Karthala, 440 p.

DRAMÉ Hassane, « Décentralisation et Enjeux Politiques. L'Exemple du Conflit Casamançais (Sénégal) », *Bulletin de l'APAD* [En ligne], 16 | 1998, mis en ligne le 27 octobre 2006, consulté le 16 octobre 2020. URL : http://journals.openedition.org/apad/538 ; DOI : https://doi.org/10.4000/apad.538

BARBIER-WIESSER François-Georges, 1994, « Introduction Générale », in Barbier Wiesser, F.G. (dir.), *Comprendre la Casamance : chronique d'une intégration contrastée,* Karthala, pp. 13-15.

GUEYE Doudou, 2018 « Réfugiés et Déplacés du Conflit Casamançais à l'Épreuve de la Vulnérabilité », in Vulnérabilité et territoires, Revue *Société Écologie Humaine*, pp 181-195.

GUEYE Doudou, 2018, « Parcours d'insertion professionnelle de réfugiés casamançais en Gambie et en Guinée Bissau », in *Conflit et Paix en Casamance. Dynamiques Locales et Transfrontalières*, Gorée Institut, pp.198-213.

Handicap International, 2006, *Rapport d'activités Sénégal et Cap Vert*, Document interne.

HASSANE Dramé, « Décentralisation et Enjeux Politiques. L'Exemple du Conflit Casamançais (Sénégal) », *Bulletin de l'APAD* [En ligne], 16 | 1998, mis en ligne le 27 octobre 2006, consulté le 16 octobre 2020. URL : http://journals.openedition.org/apad/538 ; DOI : https://doi.org/10.4000/apad.538

IDMC-NRC (2010), *Sénégal. De nouveaux déplacements et défis à l'obtention de solutions durables en Casamance*.

KELSEN Hans, 1997, *Théorie générale du droit et de l'État suivi de La doctrine du droit naturel et le positivisme juridique*, LGDJ - Bruylant, Paris, coll. La pensée juridique, 517 p.

KIEFFER François « journal de Carabane », document multigraphié.

MANGA Mamadou Lamine, 2012, *La Casamance dans l'histoire contemporaine du Sénégal*, Paris, L'Harmattan, 354 p.

MARUT Jean-Claude, 1994, « Les dessous des cartes casamançaises », in Barbier Wiesser, F.G. (dir.), *Comprendre la Casamance : chronique d'une intégration contrastée*, Karthala pp.19-27.

MARUT Jean-Claude, 2010, *Le conflit de Casamance. Ce que disent les armes*, Paris, Karthala, 420 p.

MEGUELLE Philippe, 2013, *Chefferie coloniale et égalitarisme Diola. Les difficultés de la politique indigène de la France en Basse-Casamance (Sénégal),* 1828-1923, Paris, L'Harmattan, 648 p.

PELISSIER Paul, 1966, *Les paysans du Sénégal. Les Civilisations du Cayor à la Casamance,* Fabrègue, Saint Yrieix, 941 p.

PROCAS/GTZ, (2009), *Sécu Alimentaire*, Rapport interne.

ROBIN Nelly, 2006, « Le déracinement des populations en Casamance. Un défi pour l'État de droit », *Revue européenne des migrations internationales*, vol. 22, n° 1, p. 153-181.

SADIO Idrissa, SONKO Lamine, SCHMIDT-SOLTAU Kai, 2004, *État des lieux de la situation socio-économique de la Casamance*, PROCAS/GTZ, document Interne.

THOMAS, Louis-Vincent, 1958, *Les Diola. Essai d'analyse fonctionnelle sur une population* de Basse Casamance, Dakar, IFAN, 343p.

Handicap acquis, affect traumatique et perception de soi : Le cas des victimes de mines en Casamance

Ismaïla SENE

Laboratoire de Recherche en Sciences Économiques et Sociales (LARSES)
Université Assane Seck de Ziguinchor
is.boursen01@gmail.com

Résumé :

L'usage des mines antipersonnel et antichars comme armes de guerre dans le cadre du conflit en Casamance a favorisé la multiplication des accidents de mines. Pour l'essentiel, ces accidents ont occasionné, chez les victimes ayant survécu, l'apparition d'un handicap acquis.

L'objet de cette étude est de démontrer que ce handicap acquis à la suite des accidents de mines a généré, chez les victimes de mines, un affect traumatique qui s'exprime à travers un sentiment d'impuissance et une perception négative de soi. L'étude s'appuie sur une méthodologie qualitative basée sur l'exploitation d'une série de témoignages recueillis auprès des victimes de mines à l'aide d'entretiens semi directifs et de récits de vie.

Mots-clés : handicap acquis, affect traumatique, perception de soi, victimes de mines, Casamance.

Abstract :

The use of anti-personnel and anti-tank mines as weapons of war in the context of the conflict in Casamance has encouraged the increase in mine accidents. For the most part, these accidents resulted in the development of acquired disability in the surviving victims.

The purpose of this study is to show that this handicap acquired as a result of mine accidents has generated, in mine victims, a traumatic affect which is expressed through a feeling of helplessness and a negative self-perception. The study is based on a qualitative methodology based on the exploitation of a series of testimonies collected from mine victims through semi-structured interviews and life stories.

Keywords: acquired disability, traumatic affect, self-perception, landmine victims, Casamance.

Introduction

Aborder la question du handicap nécessite, au-delà de l'étude des représentations sociales et de l'inclusion socioéconomique, d'interroger la complexité de l'univers psychologique des personnes handicapées. Cela passe nécessairement par l'analyse du vécu émotionnel de la différence en fonction du contexte de survenue de la déficience mais aussi des catégories de handicap. C'est pour cette raison que nous nous proposons d'aborder la problématique de l'affect traumatique et de la perception de soi chez les victimes directes des mines antipersonnel et/ou antichars[45] en Casamance. Ces dernières sont constituées des personnes qui, ayant été au contact de l'explosion d'une mine antipersonnel ou antichar, vivent avec les préjudices physiques et/ou psychologiques de cet accident.

L'objectif de cet article est de décrire les implications psychologiques du handicap acquis chez les victimes de mines. Il s'agit, en d'autres termes, de décrire la nature de l'affect psycho-émotionnel ainsi que la perception que le handicap acquis génère chez ces dernières.

Ainsi, grâce à l'analyse des émotions et des sentiments que génère la situation de handicap acquis du fait des mines, notre étude aborde de manière détaillée la problématique du trauma psychologique ; une question peu débattue par les spécialistes africains du handicap.

Cet article est structuré en plusieurs sections. Après un bref rappel du contexte sociopolitique de l'étude, nous avons procédé à une revue de la littérature sur le handicap avant de présenter la méthodologie de recherche. En dernier lieu nous avons présenté les résultats de la recherche tout en veillant à bien les discuter.

1. Le conflit en Casamance et la problématique des mines

Située dans la partie sud du Sénégal, la Casamance est, depuis 1982, le théâtre d'un conflit armé qui oppose l'État sénégalais aux rebelles membres du Mouvement des Forces Démocratiques de la Casamance (MFDC). Ce conflit, conséquence des revendications indépendantistes portées par le MFDC, a transformé une région jadis considérée comme le

[45] Les mines sont des armes explosives conçues et dissimulées dans le sol pour exploser du fait du contact d'une personne (mines antipersonnel), d'un char ou d'un véhicule (mines antichars).

poumon économique du Sénégal en une zone instable aux potentialités inexploitées (M. L. Manga, 2014). En plus des habitations détruites, des champs abandonnés et des forêts inexploitées, l'usage des mines comme armes de guerre dans le cadre de ce conflit, constitue l'une des problématiques majeures de la situation en Casamance.

Selon l'étude d'urgence sur l'impact des mines en Casamance (Handicap International, 2006), la contamination a atteint plus de 41 % du territoire régional de Ziguinchor, principal foyer des affrontements.

Malgré les efforts consentis dans le déminage humanitaire[46], les mines ont affecté l'activité de plus de 62 000 personnes causant ainsi d'importants préjudices au plan économique. La contamination a considérablement affecté le développement de la Casamance et notamment le secteur agricole. En effet, en raison de la présence des mines, des paysans des localités affectées n'ont plus accès à leurs rizières ni aux arbres fruitiers (orangers, anacardiers, citronniers, manguiers, etc.) sans oublier les arbres fruitiers sauvages qui constituaient des ressources importantes pour les familles. Les activités de collecte de bois et de cueillette ont également été perturbées. Aussi, les forêts et les bois de village se trouvent toujours dans un état sauvage et sans entretien. Certaines ressources ligneuses et non ligneuses ont fait l'objet d'un pillage systématique. La rizière est de moins en moins pratiquée par les populations locales qui optent parfois pour l'exode rural et la culture arachidière, qui constituait l'une des principales sources de revenu dans la région, semble avoir perdu son lustre d'antan. Le danger causé par les mines a aussi affecté le secteur du tourisme. Celui-ci a été particulièrement confronté au ralentissement de ses activités car la plupart des visiteurs étaient désormais retournés vers les zones plus stables. De même, le secteur du commerce a été également atteint par l'insécurité. Par exemple, le commerce des fruits tels que les mangues et la banane fut longtemps circonscrit autour des grandes villes.

D'un point de vue social, on assiste au déplacement de milliers d'individus au fil des années, surtout dans les zones rurales. En raison de l'insécurité liée aux mines et à la menace relative à la présence des forces armées, des populations n'ayant plus accès aux terres pour se consacrer pleinement à leurs activités agricoles ont été obligées de trouver refuge dans les pays frontaliers et dans les villes de Ziguinchor et Bignona. Le

[46] Jusqu'en 2012, 19 localités situées dans la région de Ziguinchor avaient été dépolluées.

nombre de personnes et de familles qui ont été forcées ou contraintes à fuir ou à quitter leurs foyers ou leurs lieux de résidence habituelle est énorme. Rien que pour la destination Ziguinchor, le nombre de personnes déplacées internes ayant trouvé refuge dans la ville serait compris entre dix mille (10 000) et quatorze mille (14 000) (IDMC-NRC, 2010).

Cette mauvaise conjoncture générale, favorable à l'émergence de la pauvreté et de la précarité sociale, a été aggravée par les dégâts humains causés par les explosions de mines. Bien qu'il soit difficile d'estimer le nombre de décès liés aux mines[47], un recensement effectué en 2009 par le CNAMS[48] situe le nombre de victimes directes blessées par les mines à 554 personnes dont 418 civils, sans oublier les milliers de morts et de personnes ou encore les familles indirectement impactées (victimes indirectes) par la profusion des mines. De nos jours, on dénombre parmi les victimes plus d'une centaine de survivants porteurs de handicap et confrontés à un cadre de vie social peu sain et/ou dégradé sans oublier les conséquences psychologiques du traumatisme des mines (I. Sène, 2018).

Cet état de fait rend légitime la conduite d'une recherche scientifique afin d'interroger le vécu du handicap lié aux mines comme un évènement traumatisant qui crée une relation bien particulière entre la personne handicapée et son corps.

Pour mieux situer cette recherche, une brève revue de la littérature sur le handicap semble nécessaire.

2. La pensée sur le handicap : un état des lieux

En dehors de quelques documents de pilotage qui définissent le cadre politique international et local d'intégration des personnes handicapées [*Classification Internationale du Fonctionnement de la Santé et du Handicap* (OMS, 2001), *Rapport mondial sur le handicap* (OMS, 2011), *La loi d'Orientation Sociale relative à la promotion et à la protection des Personnes Handicapées* (République du Sénégal, 2010), etc.], la réflexion sur le handicap s'est souvent appesantie sur l'analyse de son vécu au plan social et relationnel. En effet, l'exploitation de la littérature à laquelle nous avons pu accéder démontre deux cas de figure : d'une part, le handicap est perçu dans sa relation avec son environnement et d'autre part, il est abordé dans sa relation avec la personne porteuse de « déficience ». Dans

[47] Cela du fait de l'absence de données statistiques fiables.
[48] Centre National d'Action Antimine au Sénégal.

le premier cas il se présente comme un facteur de stigmatisation sociale alors que dans le deuxième il se décline sous la forme d'une problématique identitaire.

2.1. Le handicap : un facteur de stigmatisation sociale

Un pan entier de la littérature s'est focalisé sur l'analyse des implications sociales du handicap. Portant généralement sur les représentations sociales du handicap [(J.F. Chossy (2011), I. Diop (2012), P. Fougeyrollas (2001), etc.], l'inclusion scolaire [(M.Caraglio (2017) S. Ebersold, E. Plaisance et C. Zander (2006), etc.] ou encore l'intégration sociale et/ou professionnelle des personnes handicapées [(F.Weber (2011), J.P. Echivard (2009), D. Tonchev (2014), C. Prado (2014), etc.], les réflexions interrogent souvent la relation entre la personne handicapée et son environnement social et/ou physique.

Cette relation se caractérise, selon J.F. Chossy (2011), par la marginalisation sociale des personnes en situation de handicap. Une marginalisation qui, bien qu'elle ne soit ni délibérée, ni socialement admise, entraîne un processus plus ou moins brutal de rupture parfois progressive des liens sociaux. Cette rupture s'explique par la force des représentations sociales qui, aussi bien en Afrique qu'en Occident, considèrent le handicap comme le résultat d'un dysfonctionnement entre les humains et les forces spirituelles qui les régissent en assimilant le handicap à une sanction divine qui résulte d'une faute commise (I. Diop, 2012). Il s'agit donc d'une forme d'étiquetage qui jette un discrédit moral sur les personnes handicapées et leurs familles et les pousse à percevoir le handicap comme un « drame privé » (F. Weber, 2011). D'après J.P. Echivard (2009), de tels stéréotypes sociaux influencent même les pratiques d'accompagnement assurées par les professionnels et dont la portée est atténuée par des représentations sociales qui continuent à colorer leurs interventions. Généralement encadrées par des politiques catégorielles (D. Tonchev, 2014), incohérentes et trop cloisonnées (C. Prado, 2014), ces pratiques n'allègent pas le poids que représente le handicap car elles aboutissent généralement à des résultats mitigés pour des prestations elles-mêmes critiquées (F. Weber, 2011). D'après une étude menée par l'ASPH[49] (2015), le préjudice social subi par les personnes handicapées affecte doublement les femmes handicapées. En

[49] Association Socialiste de la Personne Handicapée.

réalité, elles subissent un traitement différentiel à la fois sur la base de leur handicap et sur le genre. Et lorsque ces deux critères se croisent, il apparaît une discrimination multiple. Cette discrimination s'observe notamment dans le domaine de l'emploi dans la mesure où ces dernières sont généralement sous-qualifiées et les engager nécessite des aménagements que les employeurs ne sont pas toujours prêts à mettre en place. De plus, la sphère professionnelle est également le domaine dans lequel les inégalités entre les genres sont les plus persistantes et perceptibles. Selon cette étude, « *ce sont toujours majoritairement les femmes qui héritent des emplois à temps partiel ou à durée déterminée, et elles gagnent toujours un salaire inférieur aux hommes pour un même poste* » (ASPH, 2015 : 29).

En définitive, ces réflexions mettent en évidence l'impact préjudiciable de la « psychologie populaire » (I. Ville, 2002) sur l'inclusion sociale des personnes handicapées.

Elles interrogent donc les implications sociales du handicap ainsi que les facteurs environnementaux qui concourent au processus de production du handicap (P. Fougeyrollas, 2001). Ce faisant, elles n'insistent pas sur la spécificité des différentes catégories de handicap ou sur le vécu différencié de la situation en fonction de ces catégories ou même du contexte de survenue du handicap (inné ou acquis). Elles ne permettent donc pas d'aborder, de manière approfondie, la dimension psychologique du handicap et notamment ses implications identitaires.

2.2. Le handicap et la problématique identitaire

Les travaux d'auteurs comme J.T. Richard, P. Boquel, T. Bokanowski, G. Perren-Klinger, etc. se sont largement focalisés sur l'analyse de la nature de l'affect chez la personne handicapée en fonction du contexte de survenue de la déficience.

Mettant le focus sur l'expérience psycho-émotionnelle du handicap acquis chez la personne victime de déficience, J.T. Richard (2006) soutient que le handicap acquis qui s'oppose au handicap congénital s'avère beaucoup plus traumatisant et entraîne des conséquences psychologiques assez dramatiques. C'est pour cette raison qu'il l'assimile au traumatisme en ce sens qu'il survient de manière brutale et violente à la suite d'un accident ou d'une maladie et oblige la victime à vivre avec « un avant et un après ». D'après T. Bokanowski (2009), cet événement violent entraîne, en plus des séquelles physiques, une perturbation massive du fonctionnement psychique et des défenses établies jusque-là ; perturbation qui peut aller, dans les cas extrêmes, jusqu'à l'effondrement. Pour J.T. Richard (2006), cette situation provoque, chez la victime, des émotions particulièrement délicates car l'image du handicap acquis draine un sentiment d'étrangeté et d'oppression lié à des conflits névrotiques chargés d'angoisse, de culpabilité, de honte, de dépression, d'évitement et/ou de surprotection. Du fait de la soudaineté et de l'intensité de l'évènement et surtout de la rupture identitaire qu'il engendre, le handicap acquis entraîne une perturbation du psychisme de la victime qui se trouve paralysée en se focalisant totalement sur le « trauma » (J.T. Richard, 2006). En d'autres termes, la survenue brutale du handicap pousse la personne à développer des réactions adaptatives qui se caractérisent par un état d'hyperexcitation et de tension physique, une attitude de vigilance accrue, une instabilité et des troubles du sommeil, une perte de sensibilité au niveau émotionnel, physique et psychologique (G. Perren-Klinger, 2008). Chez certains handicapés, cette situation perdure pour déboucher sur un état de stress post-traumatique qui se manifeste par une série de symptômes durables tels que l'irritabilité, des bouffées d'angoisse, des troubles de la mémoire, des perturbations du sommeil, la reviviscence hallucinatoire, le souvenir forcé, la rumination mentale, l'agir réactionnel et l'impression de réactualisation de l'événement traumatique (P. Boquel, 2009). Des tels symptômes reflètent les difficultés d'assimilation de l'événement inattendu, c'est-à-dire la survenue du handicap. De cette situation découle, bien évidemment, une sorte de clôture identitaire car le sujet s'enferme dans son statut de « handicapé » (J.T. Richard, 2006). Cela dans la mesure où la comparaison identitaire l'oblige à sentir le contraste entre son état de « validité » avant la survenue de la déficience et sa situation actuelle de « handicapé ».

Ces réflexions centrées sur la relation entre la personne handicapée et son handicap démontrent que celui-ci (le handicap) mérite d'être pensé dans sa diversité mais également dans sa dimension psychologique pour appréhender la multiplicité des expériences vécues en fonction des différentes catégories de handicap. C'est pour cette raison que notre travail s'inscrit dans la continuité de ces études centrées sur l'analyse de la relation particulière que le handicapé entretient avec son handicap. Cela d'autant plus que, dans le cas des victimes de mines, la perception que ces personnes ont de leur situation se situe à la marge des rares travaux qui ont porté sur le handicap au Sénégal.

3. Méthodologie de recherche

Les données présentées dans cette étude ont été recueillies grâce à une série d'entretiens semi directifs et de récits de vie réalisés (entre janvier et avril 2018) avec vingt-sept (27) victimes de mines. Les entretiens ont duré entre 30 et 35 minutes en moyenne. Toutefois, les rencontres répétées que nous avons pu avoir avec ces victimes nous ont permis d'établir une relation de confiance avec elles et d'inscrire notre approche méthodologique dans une démarche itérative. Cette démarche nous a permis de recueillir des témoignages des victimes vivant dans la région de Ziguinchor, principal foyer du conflit en Casamance et qui abrite l'écrasante majorité de la population de victimes de mines[50]. Nous avons également effectué des entretiens avec des spécialistes de la relation d'aide (un médecin psychiatre, deux assistants sociaux et deux psychologues-conseillers) impliqués dans la prise en charge psychosociale de ces victimes.

Ainsi, grâce à une approche alliant diversification et recherche de la saturation empirique, nous avons pu interroger le vécu psycho-émotionnel de la situation de victime de mine grâce à des échanges axés, entre autres, sur les circonstances de l'accident de mine, le traumatisme lié à l'accident de mine, les implications cognitivo-comportementales du handicap acquis, etc.

Les diverses informations recueillies ont été exploitées grâce à une analyse de contenu qui a mis en exergue les variables relatives aux réactions émotionnelles et celles liées à la perception du handicap acquis par les victimes de mines elles-mêmes.

4. Résultats et discussion

Les réactions causées par les accidents de mines et la situation de handicap qui en découle sonnent comme l'expression d'un affect traumatique. Tel que le suggèrent les données de terrain, l'émergence de cet affect démontre la difficulté que certaines victimes ont à vivre avec leur différence.

[50] Un recensement effectué par le CNAMS (2009) fait état de 151 victimes directes vivant dans la région de Ziguinchor sur un total de 182 recensées en Casamance (soit un taux 82,96 %).

4.1. Réactions émotionnelles et problématique d'une rupture identitaire

Pour la plupart des victimes, c'est à l'occasion de voyages par véhicules, de collecte de bois et d'activités agricoles (désherbage de vergers, culture de champs, récolte ou acheminement de produits agricoles) que les accidents de mines ont été subis ; cela à la suite de contact entre les mines, majoritairement dissimulées dans la forêt (pour préserver une zone de repli stratégique) et dans des espaces à forte fréquentation humaine, et des véhicules (mines antichars) ou des personnes (mines antipersonnel).

Les explosions de mines ont causé, en plus des préjudices physiques (troubles visuels, brûlures corporelles, blessures physiques, amputations des pieds et des mains), de lourds dommages psychologiques. En effet, de par leur caractère brutal et l'étendue des préjudices physiques qu'ils ont causés, les accidents de mines constituent des évènements traumatisants qui ont suscité plusieurs formes de réactions émotionnelles immédiates que nous pouvons classer dans le registre de l'affect primaire. Celui-ci désigne les sentiments et émotions ressentis lors des premiers instants de l'accident ou durant les jours qui ont suivi la prise de conscience du handicap.

Le récit des expériences traumatiques démontre que le stress était l'émotion la plus représentative. La majeure partie des victimes que nous avons interrogées a décrit le stress comme étant la principale réaction dans le contexte post-accident. Pour d'autres, la réaction dominante était la colère. De manière générale, cet état d'alerte traumatique s'est notamment exprimé par des cauchemars répétitifs, la peur excessive et des insomnies sévères.

Ces affects expriment l'apparition d'un traumatisme psychologique primaire qui s'associe à la douleur causée par les préjudices physiques liés à l'accident. L'apparition de pensées « parasites » constitue également un dommage collatéral. En effet, plus d'un tiers des victimes affirment avoir pensé à se suicider après avoir pris conscience du handicap. Cette situation découle généralement d'une comparaison identitaire qui pousse les victimes de mines à éprouver des difficultés quant à l'acceptation du handicap acquis.

Ce constat résume bien le récit de C. G :

« Dans les jours qui ont suivi l'accident, mon principal problème c'était l'angoisse. J'ai beaucoup pensé à ma situation d'avant et en me regardant, je me disais dans ma tête que j'aurais dû éviter l'accident. Je ne sais pas comment mais c'est ce que je me disais (...). J'ai eu du mal à accepter ma situation car, à mes yeux, j'étais quelqu'un d'autre ».

Les propos de cette victime renseignent sur la douleur émotionnelle ressentie et sur les difficultés d'intégration immédiate de l'évènement dans la structure psychique de l'individu. Une telle situation démontre, comme le soutient J.T. Richard (2006), que le handicap acquis entraîne une rupture identitaire qui pousse bon nombre de sujets à s'enfermer dans leur statut de personne handicapée.

Glbalement, dans le récit de l'histoire traumatique, on s'aperçoit que la perte d'un membre apparaît comme un élément déterminant de l'affect.

C'est ce que suggère le témoignage de P.S :

« C'est quand je suis sortie de l'hôpital que j'ai senti que ma vie avait définitivement basculé. J'avais régulièrement des insomnies. Des fois j'oubliais que j'étais amputée et quand j'essayais de marcher je tombais immédiatement. J'avais du mal à croire que mon pied n'était plus là. Ces moments ont été les pires moments de ma vie. C'était insupportable. J'avais envie de me suicider car je ne pouvais pas supporter ma situation. Je pleurais régulièrement jusqu'à avoir les yeux enflés ».

Chez d'autres victimes, c'est le sentiment de dépendance qui constituait le facteur catalyseur de la comparaison identitaire. Cela a entraîné le développement d'un sentiment d'inutilité sociale mais aussi la perception d'une certaine forme d'altérité qui pousse la personne « nouvellement » handicapée à se percevoir comme différente voire anormale.

Cet état d'esprit s'illustre bien à travers les propos de S.D :

« A mes yeux, je suis quelqu'un d'autre. L'accident a complètement changé ma vie. Je dépends presqu'entièrement des autres. Je ne peux rien faire pour moi-même. Avant l'accident je me débrouillais bien mais aujourd'hui je ne sers plus à rien car je ne peux ni travailler pour gagner ma vie, ni aider mes proches pour me rendre utile. Tout le monde pouvait compter sur moi avant mon accident mais actuellement je suis obligée de dépendre des gens. Je

suis toujours célibataire alors que je suis une femme âgée. Personne ne veut de moi parce que je suis différente des autres ».

Les informations présentées dans cette section permettent de comprendre l'accident de mine comme une expérience traumatisante qui bouleverse la structure cognitive et le schéma émotionnel des victimes de mines. En effet, les émotions et sentiments développés par ces dernières, à la suite de l'accident, démontrent les difficultés d'acceptation et d'intégration du handicap dans leur schéma cognitif. Cet état de fait reste lié au sentiment de rupture identitaire que provoque le handicap acquis. Comme l'a démontré P. Boquel (2009), cette rupture ébranle la cuirasse caractérielle de la victime et provoque une sorte d'« impasse événementielle d'origine traumatique ».

Toutefois, comme le soutient un Psychiatre (impliqué dans la prise en charge de ces victimes) :

> « *Ces réponses émotionnelles sont plus ou moins éphémères et doivent disparaître quelques jours ou quelques semaines après l'accident. Si elles persistent au-delà d'un délai relatif de deux semaines voire deux mois, la situation devient problématique. On parlera alors de traumatisme second qui se caractérise par l'apparition des symptômes plus sévères et qui entrent dans le registre des troubles de stress post-traumatique* ».

En d'autres termes, l'affect primaire, en tant qu'expression immédiate de sentiments et d'émotions négatifs liés à l'accident de mine, est une réponse émotionnelle « normale ». Elle requiert, cependant, un temps d'adaptation qui, bien que variable, ne devrait pas dépasser deux mois environ.

Pourtant, le travail de terrain que nous avons effectué nous a permis de nous rendre compte que c'est moins d'un tiers des victimes de mines interrogées qui a pu vivre cet affect dans ce délai dit « normal ». Pour la majeure partie des cas, certaines réactions, notamment la colère ou la peur, se sont prolongées au-delà de deux mois. À l'état actuel, ces émotions se conjuguent avec la persistance d'un sentiment d'impuissance chez une forte proportion de victimes. Un tel sentiment exprime une perception négative de soi, en ce sens que la situation de handicap est perçue par ces victimes comme un blocage à la réalisation des ambitions et à l'atteinte des objectifs personnels et professionnels.

4.2. Le développement d'un sentiment d'impuissance chez les victimes de mines

Les perceptions liées au handicap acquis rendent compte des images cognitives que les victimes de mines dégagent sur leur handicap et qui, pour la plupart des cas, expriment une certaine résignation. Celle-ci trouve son fondement dans la perception du préjudice physique lié au handicap, ici perçu à travers son caractère lésionnel. Ce qui entraîne chez les victimes une focalisation sur la déficience physique qui, bien que surmontable, est perçue comme un fardeau dont les personnes affectées ne peuvent se décharger.

C'est donc pour cette raison que plus de la moitié des victimes rencontrées considèrent que le handicap constitue un obstacle majeur à la réalisation de leurs ambitions alors que d'autres estiment avoir nécessairement besoin d'aide pour améliorer leur situation. Cet état d'esprit se comprend mieux quand on s'intéresse à la nature des projets professionnels que certains handicapés ont pu avoir avant la survenue de l'évènement traumatique.

Le témoignage de B.D. peut nous servir d'illustration :

> *« J'étais un très bon footballeur. A 12 ans je jouais dans l'équipe cadette de mon village. Je me voyais être un footballeur professionnel dans le futur, je disais toujours que j'aurais une carrière de footballeur car j'étais bien et j'aimais vraiment le foot. Avec le handicap ce projet est tombé à l'eau. Je ressens de la colère en voyant les autres jouer sans que j'en sois capable. C'est à cette situation que le handicap m'a condamnée ».*

On constate, à la lecture de ces propos, que l'attachement au rêve vocationnel développé avant la survenue du handicap bloque la personne handicapée dans une situation où elle considère que son propre destin lui échappe. Ainsi, le handicap est porté comme une sorte de bouc émissaire. Il est vécu en termes de rupture de vie, de bouleversement radical qui empêche l'affirmation optimale de soi. Ce sentiment de rupture génère des émotions et des sentiments négatifs qui rendent l'acceptation du handicap difficile, voire impossible.

Chez la plupart des victimes, cette rupture s'exprime notamment en termes de comparaison entre le moi ancien et le moi actuel ; le premier étant perçu comme le moi idéal alors que l'autre est vu comme dégradant. Cette comparaison débouche sur le développement d'un sentiment d'impuissance et sur la persistance d'une image cognitive qui remettent en question le sentiment d'auto-efficacité et qui démontrent les difficultés à surmonter le handicap acquis.

Le cas de S.S. permet de bien comprendre la déception née du décalage perçu entre l'ambition précédemment nourrie et la situation actuellement vécue :

> *« Je ne peux pas m'empêcher de penser à l'accident. Et quand j'y pense, j'éprouve de la haine pour ces gens. Je ne sais pas qui a posé cette mine, mais il a bousillé ma vie. À cause de lui je n'ai pas réussi dans la vie. (...). J'étais un brillant élève et je sais que si j'avais poursuivi mes études, j'allais réussir à devenir un cadre. Mais après l'accident je suis resté une année sans étudier car il fallait que je m'adapte à la prothèse. Et quand j'ai repris les études, j'avais constamment des problèmes de concentration et des difficultés de mémorisation. J'ai commencé à avoir de mauvaises notes. Et, en fin de compte, j'ai abandonné les études ».*

Le témoignage de cette victime exprime un ressenti très négatif. Les mots utilisés dans son discours (« *il a bousillé ma vie* », « *j'éprouve de la haine* », etc.) sont forts et les larmes qu'elle a versées au cours de l'entretien expriment un désespoir bien réel. Pourtant, cette personne a subi son accident il y a environ dix-huit (18) ans. Mais la persistance de l'affect traumatique dans son schéma cognitif l'oblige, à l'image de la plupart des victimes rencontrées, à s'approprier des qualificatifs négatifs et à projeter sur le handicap une image dévalorisante.

Il faut dire que le sentiment d'impuissance exprimé, çà et là, par les victimes interrogées est consécutif à la déception générée par l'échec des projets professionnels et au bouleversement introduit par la limitation de certaines activités jadis développées. Ce sentiment repose également sur un manque de confiance en ses potentialités. Ce qui fait que le handicap est porté comme un fardeau chez plusieurs victimes de mines qui semblent se résigner à l'idée que l'accident de mine constitue un événement préjudiciable qui porte à jamais une entrave incontournable à leur épanouissement et à la réalisation de leurs ambitions personnelles.

C'est cette forme de résignation que laisse paraître le témoignage de M. K :

> *« Pour ma part, je considère que c'est le destin qui m'a réservé ce sort. Je suis condamnée à vie à rester dépendante car je ne peux*

rien faire. Je n'en suis pas ravie mais il faut se rendre à l'évidence. Sans aide, je ne pourrais m'en sortir car je suis amputée des deux pieds, je suis toujours sur un fauteuil et je ne vois pas quelle activité je pourrais développer pour me sortir d'affaire. Je sais que je suis une charge pour ma famille, c'est très difficile à vivre mais je m'en remets au bon Dieu ».

De manière générale, il se développe chez les victimes de mines un sentiment d'inutilité qui favorise le développement d'une image négative et dévalorisante d'elles-mêmes. Cette image négative confirme l'idée que le handicap acquis constitue un facteur d'apparition d'un traumatisme second. C'est-à-dire un traumatisme qui, au-delà de la souffrance physique générée par les séquelles physiques, désigne un état de mal-être psychologique alimenté par des sentiments d'incapacité et d'infériorité.

Comme le soutient un Psychologue-conseiller impliqué dans l'assistance aux victimes de mines :

> *« C'est le caractère brutal du handicap qui altère les capacités de résilience de certaines victimes de sorte qu'elles deviennent incapables de faire le deuil de leur handicap. Cela est notamment lié au fait que beaucoup d'entre elles sont permanemment dans la comparaison et perçoivent le handicap acquis comme un bouc-émissaire. Le manque de confiance et le développement d'un sentiment d'impuissance sont des réalités bien connues. Mais ce sont, avant tout, des problèmes d'ordre psychologique car beaucoup se focalisent sur le handicap qu'elles perçoivent comme une barrière insurmontable ».*

Cette forme de focalisation sur la différence montre que la survenue brutale du handicap dépasse les capacités d'intégration des victimes qui, s'inscrivant dans une démarche de comparaison identitaire, sont confrontées à un problème d'assimilation du handicap qu'elles perçoivent comme un facteur de dégradation. La comparaison identitaire renvoie ainsi à une comparaison entre la situation d'avant l'accident et la situation survenue à la suite de l'accident. Le contraste entre l'état de validité physique antérieur et la situation actuelle de handicap entraîne un problème d'acceptation identitaire chez des victimes qui, vivant avec un « avant et un après » (J.T. Richard, 2006), éprouvent ainsi des difficultés à faire le deuil de leur handicap. Cet état de fait concrétise l'idée d'une image négative que les victimes de mines projettent sur leurs propres personnes. Cette situation les confine, par conséquent, dans une sorte de repli identitaire en ce sens qu'elles semblent s'enfermer dans les limites induites par le handicap.

Pour certains spécialistes, c'est le caractère brutal du handicap et la comparaison avec la situation d'avant l'accident qui poussent les victimes à développer une vision négative de leur personne. C'est l'argument que développe un assistant social que nous avons interrogé :

> *« Ce sont des gens qui se réveillent d'une seconde à l'autre et se rendent compte qu'ils n'ont plus leurs pieds. C'est la manière dont survient le handicap qui provoque une rupture brutale et immédiate. Le malade du diabète quand il doit être amputé, par exemple, bénéficie d'une préparation psychologique bien avant. On le prépare à vivre avec un pied en moins mais les victimes de mines n'ont pas ce temps de préparation. L'accident survient brutalement et quand on se réveille, on se rend compte qu'on est amputé d'un membre ».*

On comprend donc à la suite de ces analyses que le handicap acquis, du fait de sa brutalité et de la rupture qu'il provoque, génère un choc psychologique qui remet en cause les capacités de résilience des victimes interrogées. En effet, la perception du handicap acquis en termes de coupure identitaire et d'image sociale dévalorisante démontre évidemment que cette forme de handicap entraine « une perturbation massive du fonctionnement psychique » (T. Bokanowski, 2009). Ce constat confirme l'idée que le handicap acquis constitue un facteur de vulnérabilité psychologique.

Conclusion :

Les résultats de notre étude démontrent que l'accident de mine, de par son caractère brutal, violent et inattendu, constitue un évènement traumatisant qui met les victimes de mines dans un état affectif délicat. Il provoque des réactions émotionnelles et des sentiments qui bouleversent la structure psychique de ces dernières. Chez certaines victimes, cet affect génère un sentiment de rupture identitaire qui renforce leur vulnérabilité psychologique et provoque une coupure relationnelle. Dès lors, la focalisation sur la déficience et la comparaison entre la situation actuelle et celle d'avant génèrent un sentiment de dégradation et d'impuissance qui annihile leurs capacités de résilience.

Cette étude, axée sur l'analyse des implications psychologiques de la situation de victime de mine, constitue une contribution significative à la réflexion sur la problématique du conflit casamançais. Elle permet de comprendre, au-delà des dommages économiques et sociaux, les implications psychologiques de l'usage des mines comme armes de guerre dans le cadre du conflit casamançais. Son intérêt réside également dans le fait d'étoffer la littérature sur le handicap à travers une perspective d'analyse qui interroge le vécu du handicap et sa perception par la personne handicapée elle-même. L'étude démontre, de ce point de vue, la nécessité de penser le handicap à travers une approche qui interroge l'univers psychologique du handicapé à la fois comme acteur et objet du regard perceptif.

Bibliographie :

ASPH, 2015, *Les femmes handicapées perçoivent-elles une double discrimination liée au genre et au handicap* ?
URL:http://www.asph.be/Documents/Analyses%20et%20etudes%202015/Femmes%20handicap%C3%A9es%20discrimination%20sur%20le%20genre%20et%20le%20handicap.pdf.

BOKANOWSKI Thierry, 2010, « Du traumatisme au trauma : les déclinaisons cliniques du traumatisme en psychanalyse », *Revue Psychologie clinique et projective*, n° 16, 9-27.
URL :https://www.carin.info/revue-pschologie-clinique-et-projeective-2010-1-page-9.htm.

BOQUEL Pierre, 2009, *Handicap, traumatisme et impasse*, Paris, Éditions EDK.

CARAGLIO Martine, 2017, « Les élèves en situation de handicap : inclusion, encore un effort », *Actes de communication*, 39ème colloque national de l'AFAE.
URL :https://cache.media.eduscol.education.fr/file/Formation_continue_enseignants/97/3/Les_eleves_en_situation_de_handicap-M._Caraglio_au_colloque_AFAE_978973.pdf.

CHOSSY Jean-François, 2011, *Évolution des mentalités et changement du regard de la société sur les personnes handicapées : passer de la prise en charge à la prise en compte*, Paris, La Documentation française.

CNAMS, 2009, *Plan d'Action National pour l'Assistance aux Victimes 2010-2014,* Document de Travail.

DIOP Idrissa, 2012, « Handicap et représentation sociale en Afrique occidentale », *Revue le Français aujourd'hui*, n° 177, 19-27.
URL :https://www.carin.info/revue-le-francais-aujourd'hui-2012-2-page-19.htm.

EBERSOLD Serge, PLAISANCE Ericet, ZANDER Christophe, (2006), *École inclusive pour les élèves en situation de handicap : accessibilité, réussite scolaire et parcours individuels*, Rapport de recherche CNESCO, halshs -01445378.

ECHIVARD Jean Pascal, 2009, « Représentations du handicap et pratiques d'accompagnement », *Revue Empan*, n ° 74, 45-49.
URL: https://www.carin.info/revue-empan-2009-2-page-45.htm.

FOUGEYROLLAS Patrick, 2001, « Le processus de production du handicap : l'expérience québécoise », dans De Riedmatten Raphael (dir.), *Une nouvelle approche de la différence : comment repenser le handicap ?* Genève, Médecine et Hygiène, pp.101-122.

GARDOU Charles, 2011, « Se refaire une culture », dans Chossy J.F (dir.), *L'évolution des mentalités et changement du regard de la société sur les personnes handicapées : passer de la prise en charge à la prise en compte*, Paris, La documentation française, 5-9.

HANDICAP INTERNATIONAL, 2006, *Étude d'urgence sur l'impact des mines en Casamance*, Rapport de recherche. URL:http://www.franco-mines.com.

IDMC-NRC (2010), *Sénégal. De nouveaux déplacements et défis à l'obtention de solutions durables en Casamance*.

MANGA Mouhamadou Lamine, (2014), *La Casamance dans l'histoire contemporaine du Sénégal*, Paris, Harmattan.

OMS, 2001, La classification internationale du fonctionnement, du handicap et de la santé, Genève, Suisse. http://dcalin.fr/fichiers/cif.pdf.

OMS, 2011, *Rapport mondial sur le handicap.*
URL: https://www.who.int/disabilities/world_report/2011/fr/

PERREN-KLINGER Gisela, (2008), « L'intégration psychologique de traumatisme - Une affaire de culture ? », *Institut Psychotrauma Schweiz.*

PRADO Christel, 2014, *Mieux accompagner et inclure les personnes en situation de handicap : un défi, une nécessité,* Paris, Les Éditions des journaux officiels.

REPUBLIQUE DU SENEGAL, 2010, *Loi d'Orientation Sociale* n° 2010-15 du 6 juillet 2010 *relative à la promotion et à la protection des Personnes Handicapées.*
URL: http://www.jo.gouv.sn/spip.php?article8267.

RICHARD Jean Tristan, 2006, *Psychanalyse et Handicap*, Paris, Harmattan.

SENE Ismaïla, 2018, *Vulnérabilité et action publique dans un contexte de conflit arme : analyse de la politique d'assistance pour l'insertion socioprofessionnelle des handicapes victimes de mines en Casamance*, Thèse de doctorat en Sociologie, Université Gaston Berger de Saint Louis.

TONCHEV Dima, 2014, *Les politiques du handicap*, Paris, Éditions ASPH.

VILLE Isabelle, 2002, « Identité, représentations sociales et handicap », dans APF (dir.), *Déficiences motrices et situations de handicaps.* 48-52.
URL: *www.moteurline.apf.asso.fr/IMG/pdf/identite_hp_IV_48-52.pdf.*

WEBER Florence, 2011, *Handicap et dépendance : Drame humain, enjeux politiques*, Paris, Éditions Rue d'ULM.

La place et le rôle du griot manding dans les baptêmes : cas du village de Maroncounda[51]

Lamine TOURE

Doctorant en sociologie, ED- ESH
Laboratoire LARSES
Université Assane Seck de Ziguinchor
laminediula@gmail.com

Résumé : Le griot Manding, qui a longtemps exercé toutes les fonctions sociales dans la société traditionnelle, se trouve aujourd'hui réduit à un simple quémandeur. Pourtant, malgré le changement social et le regard méprisant sur sa personne, il est toujours sollicité pour jouer son rôle social, moment qu'il transforme en pouvoir dans la mesure où il impose le don à son public contre son service. Ce qui fait de lui un personnage craint qui dénigre publiquement tous ceux qui refusent de lui donner quelque chose.

Mots-clés : Tradition, Griot manding, Fonction sociale, Don, Casamance.

Abstract : The Manding griot, who has long held all the social positions in his traditional society, is now reduced to a simple begger. Yet, despite of the fact of this social change as well as this contemptuous look on his social character, he is always asked to play his social role, a moment that he transforms into power in so far as he imposes the donation on his audience against his role. Something that turns him into a feared character that denigrates those who refuse to give him something.

Keywords : Tradition, Manding griot, Social function, Donation, Casamance.

---

[51] Maroncounda est un village à quatre kilomètres de la commune de Bambaly, région administrative de Sédhiou dans la Casamance au Sud du Sénégal. Ce village est essentiellement composé de Manding, de Mankagne et de Balante. Mais, les Manding y sont majoritaires.

Introduction

Les Manding de Casamance[52] ont un important répertoire culturel qu'ils ont su garder, malgré les vicissitudes liées au vent de la modernité. De cette liste, figure les *jali*[53] et leur art. Le changement social induit par la modernité a lourdement affecté la fonction sociale des griots qui exercèrent au côté des souverains. Malgré cela, il n'en demeure pas moins qu'aujourd'hui encore, ils continuent d'assurer leur rôle et leur fonction sociale. Dans les villages manding de Casamance, il n'est pas rare de rencontrer quelques familles de griots restées fidèles à leur art. Mais, quand nous parlons du griot et de son rôle aujourd'hui, nous ne parlons pas du griot qui exerça au côté des souverains. Le griot d'hier est différent du griot actuel pour plusieurs raisons. En effet, les souverains n'existent plus et les conditions sociales d'antan se différencient nettement de celles d'aujourd'hui. Ainsi, si le griot était lié à une famille de guerriers qui assurait sa survie, il n'en est pas ainsi aujourd'hui.

C'est là les limites des travaux qui ont jusque-là considéré le griot comme assurant aujourd'hui encore sa fonction sociale d'antan. J. Jansen (2004) et S. Camara (1992) font partie de ceux-là qui ne voient aucun impact du changement social sur la fonction sociale du griot. Si pour J. Jansen (2004, p. 26) le griot gardait les secrets et transmettait fidèlement les généalogies de génération en génération, il n'en demeure pas moins que rares sont ceux d'entre eux qui parviennent encore à assurer cela. Et pour S. Camara (1992, p. 110), le griot assure toujours sa fonction sociale. Or, il ne reste présentement pas grand-chose de celle-ci dans la mesure où les souverains auprès desquels ils exercèrent n'existent plus. Les griots de la famille Konté de Maroncounda, à l'image des autres griots restés fidèles à leur art doivent leurs fonctions sociales aux différentes cérémonies. C'est là la particularité de cette étude qui se soustrait aux analyses précédentes sur le griot. Elle se propose ici de comprendre la place actuelle du griot dans la société manding à travers des cérémonies comme le baptême. Si nous parlons de fonction sociale du griot, nous entendons la mettre en rapport avec les cérémonies, car ce sont elles qui rendent possibles l'exercice de ces fonctions. Et nous ne parlons pas des autres

---

[52] M. Tamba (2020, p. 23), mentionne que « Les Manding de Casamance au sud du Sénégal tiennent leur origine de l'actuelle République du Mali. Depuis le Moyen Âge, ce fut à la suite de longues pérégrinations qu'ils se retrouvèrent au Sénégal [...] ».

[53] *Jali*, mot manding, signifiant « griot ». Pour ce qui est de l'usage et de la transcription des mots manding, nous avons utilisé le *Lexique mandinka*de D. Creissels et P. Sambou (2013).

griots qui, comme le souligne Lilyan Kesteloot (1994, p. 109), « [...] célèbrent [...] la richesse [...] que la seule naissance qui est en passe d'être supplantée ».

Ce travail qui cherche à appréhender l'existence du griot à travers les cérémonies s'articule autour de trois points. Le premier point aborde la possibilité qu'offre une cérémonie de baptême au griot pour élargir son champ d'exercice. Le second point montre en quoi la venue au monde d'un nouveau-né rend possible une telle action. Le troisième et dernier point fait état de l'interaction entre le griot et son public durant la cérémonie de baptême.

1. Approche méthodologique

Dans cette étude, nous avons essentiellement utilisé la méthode qualitative. Ce choix repose sur la nature de l'information recherchée. En effet, il s'agit là d'appréhender la signification que les acteurs donnent à leurs comportements, à savoir identifier la nature des rapports entre le griot et son public. Aussi les Manding sont un groupe social et ethnique très hiérarchisé. Cette structuration conditionne les rapports entre les membres.

Ainsi, pour comprendre les griots manding, il est impératif de les observer durant les cérémonies, chose que nous avons faite le 14 septembre 2013 à Maroncounda. L'observation participante utilisée à cet effet a consisté à prendre part à l'événement en cours. Concrètement, nous avons été acteur lors de ladite cérémonie au même titre que le public. Ce qui nous a permis de décrire les scènes qui se sont offertes à nous tout au long de la cérémonie. La grille d'observation conçue à cet effet comporte des thèmes focalisés sur l'interaction entre le griot et le public. Il s'agit de voir à travers les rapports de pouvoir, de domination, de solidarité, de loisir entre autres autour de la fonction sociale du griot lors de cette cérémonie de baptême. Lorsque la signification d'une action qui suscite la réaction du public nous échappe, nous interpelons nos interviewés là-dessus. Ainsi, nous avons utilisé l'entretien direct avec 13 griots et 4 griottes avant et après le baptême et 12 entretiens libres après la cérémonie avec 3 femmes et 9 hommes tous de Maroncounda. Aussi, avons-nous décidé de garder l'anonymat de toutes les personnes-ressources citées dans la mesure où certains pensent que nous allons monnayer le contenu de ce travail.

2. Le griot dans la société manding d'aujourd'hui

Pour parler du griot manding d'aujourd'hui, il convient tout d'abord de souligner les mutations historiques et sociologiques qu'ont connues la fonction et le rôle assignés à cette corporation sociale. Chez les Manding, le griot jouissait du prestige qu'il tirait de sa fonction. La société ne pouvait se passer de lui étant donné qu'il était le généalogiste, le poète, le médiateur, le communicateur des guerriers. Il était généralement lié à une famille de guerriers qui assurait ses besoins. Il détenait ainsi les secrets sur celle-ci et était appelé à la défendre à travers des louanges. Il était ainsi craint d'autant plus qu'il pouvait dénigrer publiquement ses protagonistes en souillant leur honneur. Son manque de pudeur faisait de lui un personnage atypique. Tout cela jouait en sa faveur.

Cependant, avec la colonisation qui a introduit le changement social, le *jali* voit tout son prestige voler en éclat. Le griot resté fidèle à son art n'est plus lié à une famille et est appelé à vivre de son art, faisant ainsi de lui un quémandeur de plus en plus méprisé. Avec l'école moderne et l'écriture, l'histoire que racontait le griot est désormais recueillie et publiée à travers des ouvrages. Or, comme le soulignaient I. Sarr et I. Thiaw (2008, p. 137), le jeune griot « [...] [fait son apprentissage [...] auprès de parents ou de proches et opère dans une société où sa fonction et son statut social lui donnent la capacité de jouer les rôles de généalogiste, de porte-parole [...] ». Mais aujourd'hui, cette éducation de jeunes griots est supplantée par la reconversion : des fils de griots préfèrent devenir couturiers, maçons, enseignants, plutôt que d'aller apprendre le métier de griot auprès de maîtres réputés comme ce fut le cas dans le passé. Les griots de la famille Konté de Maroncounda n'échappent eux aussi pas à ce changement social. En effet, le défunt père de cette famille, S. K. avait quitté Binako[54] pour venir s'installer à Maroncounda. Aujourd'hui, c'est son fils M. J.[55], les femmes de ce dernier et certains de leurs enfants qui assurent la perpétuité de la tradition. Les frères et demi-frères de J. M., comme S. K et T. K. sont devenus des menuisiers à Dakar où ils se sont installés. D'autres, comme V. K. qui a été apprendre le coran ailleurs n'a jamais pratiqué le griottisme. Malgré ce changement, on se rend compte qu'à Maroncounda, ces griots restés fidèles à leur art sont les porte-parole, ceux qui prononcent le nom des nouveau-nés lors des

[54] Binako est un village manding qui se situe sur la rive droite du Fleuve Casamance en Moyenne Casamance.

[55] M. J. est âgé d'environ 65 ans, polygame et père de plusieurs enfants.

baptêmes. Ce sont eux qui informent les habitants de la tenue de certains événements. Voilà autant d'éléments que nous cherchons à élucider.

2.1 Le griot : acteur social de la stabilité des rapports sociaux à Maroncounda

Ce travail part de ce processus de mutation historique et sociologique décrit ci-dessus pour cerner le griot dans la société manding actuelle à travers le baptême. Nous sommes partis de l'idée selon laquelle les Manding ont toujours besoin de leurs griots pour l'exercice de certaines activités traditionnelles dont les *jali* passent toujours pour les maîtres. La méthodologie utilisée, comme détaillée ci-dessus nous a permis de décrire cette cérémonie de baptême objet de cet article. Le 14 septembre 2013 à Maroncounda, nous avons assisté au baptême de l'enfant d'O. C. et de N. D[56]. Tôt le matin, la famille commence à recevoir essentiellement des femmes en visite de courtoisie. Les résultats issus des entretiens et observations nous ont permis de comprendre que Maroncounda est ce village où les voisins de longue date entretiennent des rapports quasi parentaux. Lorsqu'une famille voisine vit un événement particulier (un décès, l'accouchement d'une femme, etc.), ce sont d'abord les habitants des alentours qui compatissent et annoncent la nouvelle aux autres. Ce qui en fait une affaire du village tout entier. C'est dire que les rapports entre cohabitants génèrent une solidarité telle que le bonheur des uns est aussi celui des autres, il en va de même pour le malheur.

Ce qui nous amène à conclure que ce baptême est une affaire du village. Le plus important est l'intervention des griots. Lorsqu'une femme accouche, que tout le monde soit au courant ou non, les griottes de la famille Konté sont sollicitées pour répandre la nouvelle dans le village. L'exercice de cette fonction trouve son origine dans le passé. En effet, la hiérarchie sociale de la société manding d'antan mettait en relation les guerriers et les esclaves. Les auteurs comme Jan Jansen (2001, p. 123) sont tombés, à ce niveau, dans le piège colonial en reproduisant l'idée selon laquelle la société manding est divisée en « nobles, esclaves et gens de caste ». D'abord, une société à une seule caste n'existe pas. Ensuite,

---

[56] O. C. et de N. D. sont les parents de l'enfant. O. C. est le père de l'enfant et M. M. la mère de l'enfant. Nous avons choisi l'initial du prénom et du nom de chacun des deux pour garder l'anonymat. O. C. est un homme qui, lors de cette enquête, pouvait avoir 45 ans environ. Sa femme M. M. elle devait avoir 31 ans environ. L'homme est cultivateur et sa femme est ménagère. Ils sont tous deux des Manding.

comme l'ont souligné J. L. Amselle et E. M'Bokolo dans la préface de *Au cœur de l'ethnie* (1999, p. VIII), « la tripartition hommes libres/esclaves/gens de castes était une construction coloniale ». Pour effacer cette fallacieuse tripartition, il convient de rappeler la vraie relation qui est celle qui existait entre les guerriers et les esclaves et dont dérivaient les *jali*, les *nùmú*[57] et les *káráŋkee*[58]qui sont, par méconnaissance et abus de langage, qualifiés de « *gens de caste* ». Leur particularité réside dans le fait qu'ils rendent service aux membres de la société. Ce fait les a réunis sous l'appellation de *ñamala*. Ils contribuent ainsi au renforcement des liens de parenté entre les populations, et peuvent résoudre les différends entre les gens comme le mentionne J. Johnson, P. Bryant, M. Bacou et B. Biebuyck, (2004, p. 19) lorsqu'ils soutiennent qu'« en effet, ils arrivent à établir une précieuse communication indirecte entre familles, entre personnes, ou entre des anciens qui se disputent au village ». Et lorsque nous avons interrogé M. F. sur les rapports sociaux à Maroncounda et sur l'apport des griots dans les relations sociales, elle nous a expliqué :

> *[...] depuis mes premiers jours à Maroncounda, je n'y ai trouvé qu'une seule chose, c'est l'union, c'est l'entraide, et finalement nous sommes tous devenus parents les uns des autres. Moi je suis griotte comme tu le sais. Donc, s'il y'a une manifestation dans n'importe quelle maison du village, nous sommes là pour ça, pour accompagner les gens. D'abord, si un enfant vient au monde, trois ou quatre jours après, ses parents ou un membre de la famille viennent nous trouver à la maison. Ils payent des bonbons sucrés, ou parfois rien du tout, puis nous disent que « telle femme, l'épouse de tel homme a mis au monde un enfant. Nous décidons de faire le 'ñáŋbo' ou le 'kuŋlíyo'*[59] *et nous vous chargeons de répandre la nouvelle dans tout le village » [...].*

M. F. est griotte de Maroncounda et est une femme analphabète, âgée d'environ 55-60 ans. Comme son nom de famille (Faty) l'indique, elle est issue d'une famille de *káráŋkee* c'est-à-dire les artisans de la peau. Elle est devenue griotte par alliance. Mais dans certains endroits, l'union entre

[57] Les *nùmú* sont les forgerons.

[58] Les *káráŋkee* sont les artisans de la peau de bêtes, les tisserands, les cordonniers.

[59] ''*Kuŋlíyo*'' est le vrai baptême. C'est pendant le *kuŋlíyo* que l'on sacrifie un animal au nom de la tradition musulmane. Le *ñáŋbo* ne se fait que quand les conditions du *kuŋlíyo* ne sont pas réunies. Il consiste à prononcer simplement le nom du nouveau-né sans un grand festin.

káráŋkee et griots était interdite. C'est ce que nous a confié D. Cissokho, un griot d'environ 60 ans, militaire à la retraite depuis 2013. Il est de la famille Cissokho de Ziguinchor et grand frère du défunt musicien Solo Cissokho. Il nous a dit ceci :

> *La première femme que je voulais épouser était káráŋkee. Moi je ne le savais pas. Mais dès que mes parents ont commencé à faire les démarches, une femme était venue souffler à mon père en le renseignant sur l'origine sociale de cette fille. Alors mon père m'a demandé d'abandonner ce projet parce que nous les griots on ne se marie pas avec les káráŋkee. On considère que les griots sont socialement supérieurs aux káráŋkee même si nous sommes tous des ñamala* […].

En effet, la consistance de ces interdits varie selon les zones géographiques dans la mesure où M. F. est *káráŋkee* elle aussi, mais s'est mariée à un membre de la famille Konté de Maroncounda.

Les griots, comme leurs voisins *ñamala* restés fidèles à leur rôle social assurent l'organisation des événements. Ainsi, comme le témoigne cet extrait d'entretien ci-dessus, les griots jouent un rôle considérable dans le village de Maroncounda. Si la technologie de l'information et de la communication à l'image des téléphones portables, des radios, des télévisions, etc. fait que l'on se passe de plus en plus du griot et de ses services, il est cependant à remarquer que dans les villages manding de Casamance, ces nouveaux éléments n'ont pas pu ôter au griot ses fonctions. Ainsi, les services rendus par le griot ont une signification sociale. Et c'est là tout le contraire de ce qu'ont affirmé I. Sarr et I. Thiaw (2008, p. 138) pour qui « après la conquête française et l'émergence d'une nouvelle forme de communication […] recourant à des médiateurs et à des canaux plus modernes, les griots de l'espace sénégambien […] ont perdu le monopole de l'information […] ». Contrairement à ces propos, les griots continuent toujours d'assurer ce rôle dans les villages manding de Casamance. S'il est vrai que le changement social a affecté la fonction sociale du griot, ceux de Maroncounda sont toujours les communicateurs privilégiés lors des cérémonies. Ils parlent au nom des personnalités et du public durant les grands événements. D'ailleurs, c'est ce qu'a fait comprendre K. F.[60]:

[60] K. F. est une femme *ñamala*. Elle est aussi connue par le fait qu'elle assiste les griottes Konté de Maroncounda dans ces tâches.

Je connais beaucoup de choses de ce village, beaucoup d'histoires, beaucoup de secrets de différentes familles parce que c'est nous qui organisons les événements des gens, c'est nous qui sillonnons ce village pour informer les gens. Donc dans cette activité, les gens partagent avec nous beaucoup de secrets aussi bien sur la famille que sur les dépenses, les participations financières des uns et des autres. J'ai toujours dit et je le redis, Maroncounda est un village où les gens se complètent, je ne dis pas qu'il ne se passe pas comme ça ailleurs, mais je veux dire que Maroncounda est un village qui est très rare à voir […][61].

À l'image de cette femme *ñamala*, le griot est le témoin oculaire des faits. Par cette pratique, les griots peuvent se souvenir de la date de naissance des gens, ils peuvent raconter à une personne le jour de sa venue au monde et lui donner les détails de son baptême. Dans les villages, comme le témoigne ce qui précède, le griot rend service à son peuple durant les cérémonies. Ces fonctions, essentiellement dévolues à eux, leur permettent de jouer leur rôle social, de construire les rapports sociaux et de veiller à leur maintien. D'ailleurs, les naissances donnent lieu, comme mentionnées dans ce point suivant, à de forts moments durant lesquels les griots jouent pleinement leur rôle.

2.2 La venue au monde d'un nouveau-né : réjouissance collective et assistances mutuelles

Chez les Manding, comme c'est le cas dans toutes les sociétés musulmanes, l'imposition du nom au nouveau-né se fait le huitième jour après la naissance. C'est ce qui s'est passé à Maroncounda[62] ce jour-là. Et comme le souligne I. Leymarie (1999, p. 73), « Les griots sont parmi les premiers à rendre visite aux parents après la naissance et à les féliciter. Le baptême, qui marque l'intégration de l'enfant dans le clan, a lieu le huitième jour après la naissance ». À Maroncounda, ce sont d'abord les habitants, surtout les femmes des maisons voisines, qui se sont empressés ce jour-là pour manifester les premiers signes d'attachement à la famille

[61] Entretien réalisé le 14 septembre 2013 à Maroncounda. Nous avons revérifié ces informations avec la même personne le 18 septembre 2019 à Maroncounda lors de nos recherches dans le cadre de notre thèse. Elle est revenue sur les mêmes propos.

[62] Lorsque nous menions des enquêtes dans le cadre de notre mémoire de Master sur les griots, nous avions passé trois mois (du 15 aout au 18 novembre 2013) dans les villages en Moyenne Casamance pour étudier et comprendre le griot et son monde.

concernée et formuler les premières prières de bienvenue au nouveau-né en apportant des cadeaux[63]. Quelques jours plus tard, ce sont les '*jalimusu*'[64]qui sillonnent les maisons pour annoncer la décision définitive prise par la famille concernée entre le ''*kuŋlíyo*'' ou ''*ñáŋbo*''. C'est le '*kuŋlíyo*' que la famille C. a décidé d'organiser. La nouvelle fut bien répandue dans le village.

Chez les Manding, comme le témoignent nos entretiens, il existe quelques moments qui marquent la vie d'un individu. Ainsi, lorsqu'un individu vient au monde, un baptême lui est organisé. S'il est un garçon, le jour de sa circoncision marque un moment important pour sa famille, mais également pour les proches et la communauté toute entière. Le jour de son décès marque également un moment de tristesse commune. Ainsi, il est obligatoire pour tous les membres de prendre part et de témoigner leur attachement à la famille concernée. Ces moments sont des instants d'intense communion. Pour le cas particulier des événements festifs comme le baptême, les femmes se chargent d'apporter leur soutien en nature. Ce geste, comme le témoigne cet extrait d'entretien avec A. K.[65] est d'une obligation symbolique.

> *[...]. C'est une obligation, sinon 'maló le bi je'*[66]*. Nous vivons ensemble, on baptise ensemble nos enfants, on s'enterre, bref on partage tout. Par ce geste, celle qui vient de mettre au monde un*

---

[63] Quand nous avons cherché à comprendre les raisons de ces pratiques, les femmes interrogées ont donné toutes la même réponse, « *L'entraide et l'assistance mutuelle sont les fondements de la vie sociale au village de Maroncounda* ». Et A. N., une vieille maman d'environ 87 ans nous a expliqué ceci : *« [...] Vous savez, c'est maintenant que les choses ont changé, mais auparavant, ce n'était pas comme ça. Oui, c'est vrai que jusqu'à présent l'objectif n'a pas changé, c'est-à-dire apporter du soutien. Mais avant, les choses étaient très compliquées et pour trouver des pagnes c'était pas du tout facile. Les gens étaient obligés de rester solidaire, pour que quand tu mettes au monde un enfant, que tu puisses trouver quelqu'un qui te rende la monnaie. Donc, c'était vraiment du donner et du recevoir. C'est pour cela que j'ai dit que les choses ont changé [...] ».* (Entretien informel réalisé le 14 Septembre 2013 à Maroncounda le jour du baptême).

[64] *Jalimusu,* signifie griotte en manding, et *jalikee* signifie griot. En effet, chez les griots, il existe aussi une hiérarchisation des tâches. Les hommes jouent à la kora, les femmes quant à elles utilisent leurs instruments en fer appelés*ne* en manding. Aussi, à Maroncounda, ce sont elles qui sont chargées de véhiculer les informations sur les cérémonies comme le mariage, le baptême, et autres événements.

[65] A. K. est griotte de la famille Konté de Maroncounda âgée d'environ 55 ans. Elle est la femme de M. J. cité ci-dessus. Entretien réalisé le 12 septembre 2013 avant le baptême du 14 septembre.

[66] Signifiant : 'c'est une honte'.

enfant se sent réconfortée. On n'a que ça. Mais si tu ne le fais pas, c'est comme si tu as contracté une dette et si jamais tu ne la rembourses pas, tu as toujours du mal à regarder en face la personne concernée. Et qui sait, quand arrivera ton tour, elle peut t'offrir plus que ce que tu ne lui as jamais donné [...]. Donc c'est une obligation. Sauf pour les griots. [...] Nous les griots, nous ne sommes pas obligés de donner aux autres [...]. Nous avons trouvé que les choses se passent de cette sorte, donc nous ne faisons que reproduire ce qui a préexisté. [...].

En effet, le don affaiblit la position de celui qui reçoit et fortifie la position de celui qui donne. Or, le griot ne fait que recevoir sans donner objectivement. Pour S. Camara (1992), l'échange en termes d'économie n'implique pas autant de signification que celui des dons. Le don et le contre-don donnent naissance à des rapports de soumission et de domination, d'égalité et d'affranchissement. Mais le griot lui, comme le montre A. K. ne donne pas matériellement. Si on le compare aux autres membres de sa caste, les cordonniers font payer les gens dans l'immédiat pour les services qu'ils rendent, à savoir : coudre les chaussures, les gris-gris, etc. Les *númú* monnayent leur service en vendant aux membres de la société les instruments qu'ils fabriquent. Mais le griot, quant à lui ne peut imposer aux gens de le payer lorsqu'il leur rend service durant les cérémonies de baptême ou de circoncision. Tout ce qu'il fait, c'est tendre la main et demander qu'on lui offre quelque chose. Donc le griot reçoit. Il demande quelque chose et on est obligé de le lui donner. S. Camara écrit à ce sujet :

> Nous savons maintenant qu'au cours de toutes les manifestations sociales (...), les familles concernées ont coutume de recevoir de la part de leurs parents, alliés, amis et voisins des dons. (...). Derrière cette réciprocité se jouent l'honneur et le prestige des individus et des groupes ; c'est une honte que de se retrouver à court de cadeaux. (S. Camara, 1992, p. 139).

La venue au monde d'un nouveau-né permet aux membres de la société d'apporter assistance mutuelle à travers le don. Mais le griot lui ne donne pas. Qu'en pense-t-il ? On ne saurait chercher loin sa réponse. En vérité, comme mentionnés ci-dessus, les griots ne donnent pas et rompent la chaine du don et du contre-don. Si le don implique le contre-don objectivement, les griots eux ne se situent pas dans cette logique de réciprocité. Pour trouver la réponse à cette question, nous avons pris le temps de les observer et de décrire leurs gestes lors de cette cérémonie de baptême à Maroncounda.

2. Le *jali* et son public lors de la cérémonie de baptême à Maroncounda : entre mépris, crainte et pouvoir

À Maroncounda, nous avons assisté à un baptême le 14 septembre 2013. En effet, lors d'une cérémonie quelconque, les griots ne font pas de distinction entre les organisateurs et ceux qui y sont invités. Lors de cette cérémonie de baptême durant laquelle nous les avons observés interagir avec le public, nous avons pu comprendre les logiques qui sous-tendent la nature du rapport entre le griot et son public. Bien avant le jour de cette cérémonie, ces *jali* ne cessent de rappeler aux tantes, frères, sœurs, cousines, cousins, du nouveau-né qu'ils attendent d'eux des récompenses le jour du baptême. Parfois, ils vont jusqu'à s'approprier les objets de valeur portés par ces gens, sans même attendre le jour du baptême. Cette situation pousse certaines personnes à croire que les gens ont peur des griots et qu'ils reculent devant eux parce qu'ils ne leur refusent rien en de pareilles circonstances. Sory Camara (1992, p. 188) fait comprendre à ce sujet que « les griots […] ne manquent point d'agressivité. Exigeant des gens des efforts qui sont au-dessus de leurs forces et sachant avec justesse toucher le point sensible, ils en arrivent à tyranniser leurs hôtes ». Mieux, le jour du baptême, les griots élargissent ce comportement à toutes les personnes liées directement ou indirectement à la famille du nouveau-né. Rappelons que lors de ce baptême chez les C. de Maroncounda, M. J., ce griot « *maître de la cérémonie* », avait « dépouillé » sans complaisance l'assistance à sa manière. Pendant que les *jalimusu* étaient de l'autre côté de la maison où se trouvaient les femmes, M. J. et ses autres hôtes *jali* mettaient la pression sur la foule composée d'hommes pour leur soutirer quelque chose.

M. J., dès sa prise de parole, informe le public de la présence des personnalités, sans lesquelles la cérémonie du baptême ne pourrait commencer. Puis avec ces personnalités et quelques membres de la famille C, M. J. se retire dans la chambre du vieux S. C.[67] Le but de ce

[67] S. C. est le père d'O. C. papa du nouveau-né. Il voue un profond attachement aux valeurs islamiques. Il est âgé environ de 75 ans, monogame, cultivateur et père de plusieurs enfants.

retrait est de montrer aux personnalités présentes les cadeaux réunis. C'est ce que veut la tradition en milieu manding. Selon M. J.[68].

> *[...]. Nos grands-parents procédaient ainsi. Donc nous ne faisons qu'assurer la continuité. Le fait de se regrouper dans la chambre signifie beaucoup de choses. D'abord, tu ne peux pas inviter des gens à un baptême et ne rien leur dire sur la décision de la famille qui a conduit à la tenue de ce baptême. Ensuite, ceux qui s'y présentent, qui ne sont pas de la famille, leur présence signifie le respect que la famille témoigne à leur égard et vice versa. Enfin, c'est le lieu et le temps de présentation des différentes participations qui ont conduit à la réalisation du cadeau que l'on voudrait présenter aux invités. Au-delà de ces trois aspects, c'est aussi un signe d'attachement. Si c'est un deuil, là il ne s'agit pas de montrer en vérité qui a fait quoi, même si on le fait, mais en de pareilles circonstances, ce regroupement témoigne de l'attachement, et plus encore, d'un signe de compassion. Durant les cérémonies de mariage, on procède également de la même sorte. Ce n'est pas tout le monde qui participe à cette petite réunion, mais quelques-uns seulement. [...].*

Aussi bien le baptême que les obsèques, ou même pendant la levée mortuaire, les notables de la famille concernée, les proches parents et les amis, se retirent dans la chambre du plus vieux de la famille pour discuter de ce que les uns et les autres ont apporté comme cadeaux. Ce geste témoigne de l'union de la famille, du lien fort des proches et amis. C'est au griot que tout est confié, et qui, une fois dehors, se charge d'informer la foule. S'il s'agit d'un baptême, c'est également dans cette chambre que l'on révèle au griot le nom du nouveau-né qui le communique par la suite à la foule. Analysant cette situation, Sory Camara (1992, p.12), mentionne qu'« en effet, la vie sociale et la culture malinkée sont telles qu'elles rendent le dialogue direct impossible dans bien des cas. D'où le développement extraordinaire des structures de méditation qui rétablissent la communication ». Or, les Manding ont aussi de la considération pour les personnes âgées et avec l'islamisation, une plus grande place est faite aux imams et aux érudits du coran dans les instances de méditation. Mais puisqu'il s'agit d'événement mêlé de folklore, les griots passent pour les maîtres en de pareils moments. I. Leymarie

[68] Entretien réalisé avec M. J. le jour du baptême après la cérémonie.

(1999, p.66) affirme en ce sens qu'un proverbe mauritanien soutient que le griot « n'est pas l'ami du marabout parce qu'il transgresse tous les tabous dont le marabout est le garant et le gardien ». Ainsi, ce jour-là, juste après l'annonce du nom du nouveau-né, toute cette catégorie de marabouts a immédiatement rebroussé chemin pour faire place aux griots.

Nous avons pu assister à ce huis clos dans la chambre du vieux S. C. en nous faisant passer pour quelqu'un qui est chargé de vider le sac de riz qui s'y trouve. S. C. est le premier à prendre la parole en s'adressant à M. J. :

> *Je salue tous ceux ici présents. C'est nous qui vous avons appelé au nom de cette cérémonie de baptême. Comme il est de coutume, nous vous avons réuni ici, dans cette chambre, pour vous présenter les quelques petites choses (les biens au sens de cadeaux) que la famille, les parents proches ou lointains et les amis ont pu réunir. Il s'agit de ''muŋkusawuŋdaŋfula*[69]*''. Il y a aussi quelque dix kilos de cola, des sachets de biscuits, plus une somme d'argent de la part des proches venus assister à la cérémonie. [...].*

Chacun des membres de ce groupe apprécie ce discours à sa juste valeur en y ajoutant des contributions pour magnifier sa joie d'être là. En ce moment, le griot M. J. ne fait qu'écouter attentivement ce que disent les uns et les autres à cette petite réunion qui n'a duré qu'une quinzaine de minutes et qui se termine par la formulation de « *dua* »[70].

Aux mêmes moments, les autres griots divertissent l'assistance en attendant que le groupe de huis clos sorte de la chambre. Ils jouent de la kora en faisant l'éloge du père et de la mère de l'enfant. Souvent, un membre de la famille ou un proche peut-être ému par cet éloge se lève lever pour manifester sa joie tout en récompensant les griots avec de l'argent. Les *jalimusu*, de leur côté, tentent de soutirer des sommes aux femmes de l'assistance. Elles crient en frappant leurs instruments de musique composés de bouts de fer conçus à cet effet. Parfois, si ce huis clos se prolonge, les *jalimusu* continuent leur trêve en envahissant la place

[69] Farine de riz d'une part et de mil d'autre part, mouillée et mélangée avec du sucre, constituée en petits tas dont on remplit la vanne et qu'on distribue à l'assistance. C'est une tradition bien connue en milieu manding. Il est fréquent d'entendre en milieu manding : « nous avons consommé ton '*muŋku*' de baptême », histoire de rappeler à quelqu'un qu'on l'a vu naitre.

[70] Prière formulée individuellement ou en cœur pour demander secours à Dieu.

des hommes. Dans cet exercice, elles n'épargnent personne, plus encore si elles tombent sur un membre de la famille concernée. Par leurs gestes et leurs cris, elles attirent l'attention de toute la foule sur ce dernier. Sory Camara (1992, p. 140) a raison d'écrire à ce sujet que « lorsqu'ils rendent visite à une personne, ils ne se contentent pas toujours de ce que celle-ci leur offre. Ils en demandent souvent davantage et ils continuent à chanter, criant jusqu'à ce qu'ils aient trouvé satisfaction ». C'est ce qu'ont fait ces griots et griottes lors de ce baptême jusqu'au moment où le groupe de huis clos est sorti de la chambre. Ainsi, tout le monde se calme, les griottes arrêtent leurs manières et toutes écoutent le discours du griot « maître de la cérémonie ». Ce dernier, M. J., commence par attirer l'attention de la foule par un « *Alusalamualeykum* »[71]. Ce qui signifie que la cérémonie du baptême est ouverte. Il se met à crier très fort en reprenant tous les discours tenus dans le huis clos avant de prononcer le nom du nouveau-né qui se termine par la '*alfatiya*[72]'. À l'entame de ses propos, M. J. dit :

> *'Alusalamualeykum'. Les parents, hommes et femmes je vous salue tous par votre nom et prénoms. Eh ! Ce sont les Cissé et parents, proches et amis qui nous ont appelés ici aujourd'hui. Ils disent que c'est leur fils O. C. qui vient d'avoir un enfant. C'est sa femme N. D. qui a mis au monde un enfant, et c'est une fille. Comme le veut l'Islam, c'est de trouver un ' taamiso'*[73]*. Et ils nous ont appelés dans la chambre pour nous montrer le peu qu'ils ont pu trouver pour que cette cérémonie puisse se tenir. Choses que les parents de la femme d'O. C. ont approuvées et appréciées. Ils ont eux aussi apporté leurs petites contributions, montrant que cette cérémonie est aussi la leur. [...].*

La fonction psychologique essentielle que le griot remplit lors de cette prise de parole consiste à déclencher des émotions, à libérer des forces affectives. Dans leur discours tout comme dans leur manière de jouer les instruments de musique, les *jali* cherchent toujours à émouvoir le public. Ainsi, ce jour-là, M. J. n'a pas raté son public sur ce plan. Pour reprendre I. Sarr et I. Thiaw (2008, p.137), on peut dire que « dans les « *civilisations de l'oralité* », la parole joue un rôle important, ce qui explique la

---

[71] Mot arabe signifiant « que la paix de Dieu soit sur vous », couramment utilisé par les musulmans et en milieu manding en de pareilles circonstances et d'autres.
[72] *Alfatiya* est égale à *dua (formulation de prières)*.
[73] *Taamiso* désigne l'animal comme le mouton ou la chèvre, le bouc ou la brebis que l'on égorge au nom du nouveau-né le jour du '*kuŋlíyo*'.

prépondérance des griots, considérés comme les « maîtres de la parole ». V. Zanetti abonde dans le même sens lorsqu'il mentionne :

> [...] La société africaine étant fondamentalement fondée sur le dialogue entre les individus et la palabre entre communautés ou ethnies, les *diéli,* ou griots, sont les agents actifs et naturels de ces palabres. Autorisés à avoir "deux langues dans leur bouche", ils peuvent éventuellement se dédire sans qu'on leur en tienne rigueur, ce que ne pourrait faire un noble à qui il n'est pas permis de revenir inopinément sur sa parole ou sur une décision. Il arrive même aux griots d'endosser une faute qu'ils n'ont pas commise afin de redresser une situation ou de sauver la face des nobles. (V. Zanetti, 1990, p.164).

Face à ces gestes de M. J., le père de l'enfant O. C. se lève et lui tend la main. Tous les frères et sœurs d'O. C. se lèvent pour lui donner quelque chose. Dès qu'il voit venir O. C., il augmente la force de ses cris en le louant, mais aussi, en se moquant de lui :

> *[...]. Je sais que tu m'offriras quelque chose, je sais que tu viendras me trouver ici. Toi, le père de l'enfant, toi qui as fait un travail énorme dont le fruit nous a conduits à ce baptême d'aujourd'hui. Tu es un homme, même en te voyant marcher. Je sais que tu n'es pas parmi ceux qui me rempliront la main de pièces de cinq francs seulement. Tout le village te connait, tu es sérieux, tu es courageux, tu es un exemple, mais je doute de tout cela. Ce que je veux c'est que tu le manifestes aujourd'hui, là, ici entre toi et moi, devant toute cette foule [...]*[74].

À ce sujet, A. Kedzierska-Manzon (2016, p. 30) soutient que « [...] des habitants de l'aire culturelle manding [...] reconnaissent à la parole la capacité d'influer sur le destin personnel et sur le cours de l'univers ». Sory Camara (1992, p.188), analysant le rôle et la fonction sociale des griots dans la société malinké, mentionne, lui aussi, que « les gens de la parole sont, en quelque sorte, les parents à plaisanterie de tous. Non seulement ils peuvent exprimer les choses les plus déplacées en public, mais encore, ils peuvent s'adresser à n'importe qui en des termes très familiers ». Ainsi, du fait que les Manding accordent une signification

---

[74] J. M., s'adressant ainsi à O. C., père de l'enfant, a suscité des réactions d'humour de la part du public. Tout le monde sait qu'il le loue, mais qu'il se moque aussi de lui, et personne n'a pu le lui dire. Au contraire, tout se passe comme si cela plaisait à tout le monde.

importante à la parole qui, prononcée autrement peut être maléfique, se plient aux exigences des griots qui font bon ou mal escient de la parole. Ce qui charge le griot de pouvoir en de pareilles circonstances. Lorsqu'une personne lui offre quelque chose, il se tourne vers les autres. Chacun doit lui donner quelque chose sous peine de se faire remarquer par tout le monde, car il continue à demander sans cesse en criant :

> *Offre-moi. Il faut que tu m'offres quelque chose et tu vas m'offrir sinon je ne bougerai pas d'ici et tu vas retarder les gens parce que si tu ne m'offres pas je ne vais pas donner le nom de l'enfant. Et tout cela sera de ta faute. Offre-moi si tu veux que j'avance [...].*

Cette attitude fait que certaines personnes éprouvent du mépris à l'endroit des griots qui obligent les gens à donner sans merci. Et S. Camara (1999, p.191) mentionne à ce sujet que « [...] les griots sont pour les nobles les représentants d'un groupe de référence négatif ». Les comportements et les conduites du griot sont évités par les autres membres de la société. C'est parce que leurs attitudes paraissent souvent contraires aux normes que les griots sont vus inconsciemment comme des « anormaux ». Or, pour J. Jansen (2001, p. 166) « le *Jeli* peut alors [...] être d'un grand secours ; concernant une personne, il est capable de déclarer publiquement que c'est un être d'une grande moralité. Il va de soi qu'un tel secours mérite une récompense, un don ». En d'autres termes, on peut dire que les gens donnent aux griots pour parfois échapper aux railleries que ces derniers peuvent leur adresser publiquement. Ainsi, M. J., « le maître de la cérémonie » du jour reprend la parole comme pour prononcer le nom de l'enfant en criant :

> *Maintenant, il semble que ma voix est claire, maintenant, il semble que je suis à mesure de donner enfin le nom du nouveau-né ! Mais jusque-là je n'ai pas vu se manifester les mères du nouveau-né. Où sont-elles ? Ou peut-être que l'enfant n'a pas de mères ? Jusque-là je ne les ai pas du tout identifiées des autres personnes. Si jusque-là le nom de l'enfant tarde à être révélé, c'est parce que nous ne connaissons pas ses mamans. Manifestez-vous, mères de l'enfant !*

Les griots manifestent intensément leur avidité pour les dons même en dehors de ces moments. Cette situation a poussé les sœurs, tantes, cousines et grands-mères du nouveau-né à s'aligner devant le griot M. J.

pour lui donner quelque chose. On voit circuler des billets de banque et des tissus. M. J. crie encore :

> *[...] C'est maintenant que je viens de sentir que le baptême est en train de se dérouler normalement. [...]. Le bébé s'appelle 'ismuhu[75]'. Ils ont confié le nom du bébé à Dieu et à son Prophète (Mohamed PSSL), à sa mère et à son père ; il s'appelle 'ismuhu' S. C. Que Dieu célèbre son nom, qu'il soit un fervent musulman, qu'il défende les causes de la religion, qu'il vive et meurt musulman. [...]. C'est ce qu'on m'a chargé de vous transmettre. Wasalam !*

Des prières sont formulées avec la foule. Mais c'est le griot M. J. qui crie à haute voix. Pendant ce temps, les autres griots, aussi bien du côté des « *jalimusu* » que du côté des autres « *jalikee* »[76], mettent davantage la pression sur l'assistance en exigeant ce qui, selon eux, « *leur revient de droit* ». Selon nos entretiens, cela a empêché certaines personnes d'entendre le nom du nouveau-né qu'ils ont demandé aux autres après la cérémonie. Ainsi, le nom de l'enfant enfin révélé, la foule se disperse. Beaucoup de personnes décident de se retirer, tandis que d'autres, la majorité d'ailleurs, préfèrent rester et attendre sagement le repas composé de viande du ''*taamíso*'' tué à cet effet. Pour les griots, pas question de rentrer. Ils attendent le repas. Ils sont même les mieux considérés, car en attendant, ils jouent de la kora en divertissant le public. Dans la plupart des cas, avec les changements intervenus, on utilise une stéréo[77] pour diffuser la musique jusqu'au petit soir avant la prière du ''*fitiro*''[78]. Mais ce jour-là, il n'y avait pas de stéréo « chaine à musique » parce que, nous dit un interviewé, membre de la famille, le père de l'enfant est très attaché à la religion musulmane. Alors ce sont les griots qui avaient assuré la musique avec leurs instruments traditionnels comme la kora et le ''néo''[79].

Ainsi, à première vue, tout semble croire que les griots rompent la chaine du don et contre-don dans la mesure où ils reçoivent sans jamais

---

[75] '*Ismuhu*', mot emprunté à l'arabe, signifiant « son nom ». Les griots s'en servent pendant les baptêmes.

[76] *Jalikee* signifie homme griot.

[77] Dispositif d'amplificateur de son.

[78] ''*Fitiro*'' chez les Manding, ''*Timiss*'' chez les Wolof, et ''*Maghrib*'' en arabe est la prière qui se fait chez les musulmans vers 19 h.

[79] Un fer conçu pour frapper le dos de la kora, donnant ainsi de la musique traditionnelle bien connue et très appréciée chez les Manding.

donner objectivement. S. Camara, analysant profondément les relations qu'entretiennent les griots avec les membres de la société, écrit :

> Tout se passe donc comme si les griots étaient parfaitement indifférents à cette valeur sociale et morale qu'est la réciprocité chez les Malinké. […].Mais […] le type d'échange dans lequel il est engagé est autre : il vient proposer en quelque sorte un service dont on ne peut apprécier objectivement la valeur. (S. Camara, 1992, pp.140-141).

Conclusion

Comme on peut le voir, les griots ont assuré la continuité de la tradition durant cette cérémonie de baptême, malgré le changement social. Par les instruments traditionnels de musique, l'art de la parole, ils ont su exercer les fonctions qui sont les leurs durant cette cérémonie de baptême. Par leurs interactions avec le public, ils ont montré qu'ils sont les maîtres lors des cérémonies en exigeant du public un don. En quelque sorte, on peut retenir que le griot vient imposer son service à un client qui n'a d'autre choix que d'accepter.

Bibliographie

AMSELLE Jean-Loup et M'BOKOLO Élikia, 1999, « Préface à la deuxième édition », *in* AMSELLE Jean-Loup *et al.*, *Au cœur de l'ethnie,* 2ème édition, Paris, La Découverte, pp. I-X.

CAMARA Sory, 1992, *Gens de la parole. Essai sur la condition et le rôle des griots dans la société malinké*, Paris, Karthala.

CREISSELS Dénis et SAMBOU Pierre, 2013, *Le mandinka. Phonologie, grammaire, textes*, Paris, Karthala.

JANSEN Jan, 2001, *Épopée, Histoire et Société, Le cas de Soundjata (Mali, Guinée)*, Paris, Karthala.

JANSEN Jan, 2004, « Les griots Diabaté de Kéla : des paroles qu'on devrait entendre », Africultures, Numéro 61, Volume 4, pp. 23-36.

JOHNSON John, BRYANT Peter, BACOU Mihaela et BIEBUYCK Brunhilde, 2004, « Griot mandingues : caractéristiques et rôles sociaux », Africultures, numéro 61, Volume 4, pp. 13-22.

KEDZIERSKA-MANZON Agnieszka, 2016, « Fortes paroles. Le pouvoir des mots en pays mandingue (et ailleurs) », Genèses, Numéro 104, Volume 3, pp. 30-50.

KESTELOOT Lilyan, 1994, « Les Mandingues de Casamance : Kankourang, castes et kora », in François-George Barbier-Wiesser (dir.), *Comprendre la Casamance : chronique d'une intégration contrastée*, Paris, Karthala, pp. 97-117.

LEYEMARIE Isabelle, 1999, *Les griots wolof du Sénégal*, Paris, Maisonneuve.

SARR Ibrahima et THIAW Ibrahima, 2008, « Les griots journalistes du Sénégal « Les maîtres de la parole » wolof entre tradition et modernité », Médiamorphoses, numéro 24, pp. 137-144.

TAMBA Moustapha, 2020, *1300 prénoms et surnoms traditionnels des Manding de Casamance : cas de la région de Sédhiou*, Dakar, L'Harmattan.

ZANETTI Vincent, 1990, « Le griot et le pouvoir Une relation ambigüe », *Cahiers d'ethnomusicologie*, Volume 3, pp. 161-172.

Pensée complexe et théorie quantique : implication pour l'objet de connaissance en sociologie

Dr. Serigne Momar SARR

Université Assane Seck de Ziguinchor

serigne-momar-sarr@univ-zig.sn

Résumé

Cet article porte sur l'implication en sociologie de la consécration du principe du tiers inclus à travers la pensée complexe et la théorique quantique dans la conception de l'objet de connaissance. Même en sciences sociales, ce principe a été mis en exergue. En effet, les communs ont ouvert une « troisième voie » par la contribution des individus, comme ensemble, à bien gérer les ressources naturelles, au-delà de la dualité de l'État et du marché. Ils indiquent ainsi que le tiers inclus est tout à fait admissible comme mode de raisonnement. Il en est ainsi de la dualité onde/corpuscule sous le rapport du principe de contradiction qui admet l'opposition depuis la révolution des quanta. Même si la complexité demeure sous l'emprise de l'imprévisibilité du mouvement et sous l'influence de l'incertitude des phénomènes, elle est malgré tout mieux fondée à saisir la réalité sociale dans son épaisseur et suivant sa dynamique, ainsi que l'évolution de l'environnement où se confrontent les facteurs humains et non-humains. L'approche systémique offre ainsi un modèle d'appréhension et d'analyse des interactions à l'œuvre dans l'environnement et la société. Cette présente perspective inspire et appelle, en dernier ressort, à une reconsidération de l'objet de la sociologie à cause des rapports du sujet épistémique à l'objet de connaissance et de leur nature mouvante et dynamique, loin donc de toute réification. D'une base théorique, notre démonstration se veut réaliste en s'appuyant sur des faits et des exemples concrets pour une finalité didactique et propédeutique.

Mots-clés : pensée complexe, systémisme, théorie quantique, sujet, objet de connaissance, sociologie, Afrique.

Abstract

This article deals with the implication of the consecration of the principle of included middle in sociology, through complex thinking and quantum theory in the conception of the knowledge object. Even in social sciences, this principle has been emphasized. Indeed, the commons have opened a "third way" through the contribution of individuals, as a group, to the good management of natural resources, beyond the duality of the State and the market. They thus indicate that the included middle is quite admissible as a mode of reasoning. This is the case of the wave/corpuscle duality in relation to the principle of contradiction, which has admitted opposition since the quantum revolution. Even if complexity remains in the grip of the unpredictability of movement and under the influence of the uncertainty of phenomena, it is nevertheless better founded to grasp social reality in its depth and according to its dynamics, as well as the evolution of the environment where human and non-human factors confront each other. The systemic approach thus offers a model for apprehending and analyzing the existing interactions in the environment and society. This perspective inspires and ultimately calls for a reconsideration of the object of sociology because of the relationships between the epistemic subject and the knowledge object and their moving and dynamic nature, far from any reification. From a theoretical basis, our demonstration is intended to be realistic, relying on facts and actual examples for a didactic and propaedeutic purpose.

Keywords: complex thinking, systemism, quantum theory, subject, knowledge object, sociology, Africa.

Introduction

À partir d'une perspective néo-institutionnaliste, E. Ostrom (2010 [1990]) a formulé un problème de recherche pour mettre en lumière une théorie empirique des processus d'auto-organisation et d'autogouvernance des ressources naturelles par les individus. Depuis l'attribution du Prix Nobel d'Économie à E. Ostrom, le 12 octobre 2009 à Stockholm, les communs suscitent un engouement qui n'est plus à démontrer. Il s'agit des systèmes d'irrigation, des forêts communales, des pêches littorales et des territoires de pâturage et de chasse. E. Ostrom se propose de dépasser les théories de l'action collective de première génération avec les trois modèles devenus classiques, que sont la tragédie des biens communs de G. Hardin (1968), le jeu du dilemme du prisonnier et la logique de l'action collective de M. Olson (1965). Ces modèles ne comptent que sur le Léviathan (régulation centrale par l'État) et le marché (la privatisation par l'octroi de droits de propriété) pour gérer les communs. Or, l'intégration des normes sociales dans l'analyse économique permet de reconsidérer la rationalité de l'acteur qui traverse de bout en bout la tradition économique orthodoxe. Quand bien même ces modèles classiques sont encore valides, il n'en demeure pas moins qu'ils ne soient pas les « seules solutions ». De l'avis d'E. Ostrom, et comme elle va le démontrer en s'appuyant sur beaucoup de travaux sur des terrains différents, il existe une « troisième solution ». Celle-ci est portée par les individus ou appropriateurs, et qui désignent une communauté adoptant un mode de gestion sur le principe de la propriété commune sans exclusion des ayants droit. C'est parce qu'ils sont capables de réussir un changement institutionnel en réglant notamment les trois problèmes que sont la mise en place d'un nouvel ensemble d'institutions, les engagements crédibles et la surveillance mutuelle. Toutes les institutions d'auto-organisation et d'autogouvernance des ressources communes par des individus « … sont confrontées à des environnements incertains et complexes » (E. Ostrom, 2010 [1990], p. 112). Il restera toujours, cependant, la disponibilité de l'information sur le comportement à tenir ; ce qui est le propre de l'imprévisibilité et de l'incertitude dans toute action sociale et déjà, dans tout environnement. Mais il en résulte que les individus sont capables de bien gérer les communs. E. Ostrom et ses collaborateurs insistent sur la diversité des terrains et la combinaison croissante des méthodes d'analyse afin d'éviter les dichotomies, qu'elles soient disciplinaires, conceptuelles ou méthodologiques et procèdent à une association, autant des acteurs individuels et collectifs, que des disciplines relevant des sciences sociales et des sciences de la nature (M. D. McGinnis et E. Ostrom, 2014 ; M. A. Janssen et *al.*, 2011 ; M. D. McGinnis, 2011 ; A. R. Poteete et *al.*, 2010). Ainsi, la dichotomie État/marché est dépassée en matière de gestion des ressources naturelles. En conséquence, on est en face d'un tiers inclus qui, dans ces circonstances, renouvelle les modes de raisonnement de la logique. Certes on n'a pas attendu la fin du XXe siècle pour le savoir, mais la vision positiviste ne permettait pas de percevoir cette troisième possibilité qui devient d'ailleurs une solution de fait. Ceci est rendu possible par le rapport dialectisé entre deux éléments ou états de fait dans une apparente contradiction. C'est grâce à la physique quantique chez N. Bohr (1991) qu'une telle possibilité a été entrevue par la résolution du paradoxe de la dualité onde/corpuscule.

Ce long exposé empirique montre l'existence du tiers inclus pour aborder cette contribution qui se veut théorique. Opéré il y a très peu à côté de l'histoire bimillénaire des trois types de raisonnement aristotélicien, la dérisoire reconnaissance du « paradigme » de la complexité est vite appelée à faire de grands bonds en avant, sans marge de régression, compte tenu de la nature profondément complexe des sociétés actuelles, avec des contextes rudes et inextricables à comprendre. Le fait est que « … les modes simplificateurs de connaissance mutilent plus qu'ils n'expriment les réalités ou les phénomènes dont ils rendent compte » (E. Morin, 1990, p. 9). Le « paradigme » de la complexité demeure actuel. E. Morin (2015) est largement revenu sur les problèmes du réductionnisme et du holisme. Son influence demeure manifeste dans la perspective d'un « penser global » que M. Wieviorka et *al.* (2015) place dans un ensemble thématique qui charrie les enjeux et défis mondiaux sur la mondialisation, les humanités, le développement, les utopies, la démocratie représentative, la transition écologique, la vie, la santé mondiale, les grands récits, la géopolitique, la population mondiale, la religion, le savoir, la culture, la complexité, etc. L'actualisation de cette pensée est sans doute liée à la crise des idéologies et aux limites des paradigmes anciens à voir le monde en face et surtout dans sa profondeur. Cela est lié à l'incertitude qui est déjà le moteur des contextes mais en plus interdit tout déterministe comme les sciences d'inspiration positiviste tentent de prévoir l'a-venir. La COVID-19 a par exemple montré l'emmurement des modèles de prédication si bien que E. Morin (2020) lui-même qualifie cette expérience humaine et planétaire de « festival d'incertitudes » comme il n'en a jamais imaginé. Un tel contexte était vécu différemment et peut encore être vécu. Le monde cherche déjà comment à se préparer dans le futur. Il est permis de penser légitimement que le « paradigme » de la complexité offre une meilleure chance de trouver les voies qui mènent à la prospective sans verser, encore une fois, dans le déterminisme. Par conséquent,

> « … Nous ne cherchons pas à être complexes pour le plaisir d'être complexes, mais nous devons dépasser notre manie de la simplification. À l'évidence, nos théories seront toujours plus simplistes que les mondes que nous étudions, à moins d'essayer de reproduire ces mondes plutôt que de les théoriser. Compte tenu du caractère complexe et imbriqué des systèmes du monde biophysique, nous avons donc besoin de développer une science sociale de la complexité et de l'imbrication des systèmes. (E. Ostrom et X. Basurto, 2013, p. 16).

À titre de lemme, le dépassement de l'opposition binaire par l'acceptation du tiers inclus est le moment crucial de l'histoire de la pensée, de la logique et du raisonnement. L'implication de cette réflexion se trouve dans la conception de l'objet de connaissance, d'abord dans les sciences expérimentales, ensuite dans les sciences sociales, notamment en sociologie où E. Durkheim s'accroche à la tradition positiviste. C'est ainsi que la pensée complexe que nous livre l'impressionnante production d'E. Morin est un cadre paradigmatique qui porte des références clés plus à même d'élucider et d'éclairer les ambivalences du positivisme. De la portée épistémologique, la pensée complexe est aussi une vision. En plus de cela, elle est un état d'esprit, un art et une attitude qui ne promeut pas une rupture avec la logique aristotélicienne mais, qui révèle les limites de la simplification et de la disjonction promues par le cartésianisme pour appréhender le réel. Or, pour bien comprendre la réalité sociale, il faut la situer dans la complexité du réel.

Le livre coordonné par J. B. Joinet (2007) offre un bel exemple du débat sur l'objet et le sujet par rapport aux disciplines scientifiques, aux traditions ontologiques et au temps et à l'espace. Si les philosophes, mathématiciens, informaticiens et physiciens s'y mettent, les sociologues doivent à leur tour revoir les fondements de l'objet de la sociologie en l'accordant à l'épistémologie et non en intentant un procès contre la discipline elle-même. Tout en donnant l'impression d'intégrer la complexité dans des domaines aussi nombreux que diversifiés des sciences que de la robotique, de la didactique et de l'architecture, ce que Berthoz et *al.* (2014) appellent la « simplexité » s'intègre et s'applique de manière ambivalente à la complexité. C'est comme si on veut se décrocher de la simplification mais en l'accordant malheureusement mal à la complexité. Si les systèmes complexes méritent une attention soutenue et renouvelée, il est avéré qu'il n'y a pas encore de consensus sur l'approche systémique. Dès lors, on ne peut plus se suffire à E. Durkheim (2002 [1895]) qui, sous le prétendu essentialisme de l'holisme, assujettit la conscience individuelle à la conscience collective. M. Weber (1967 [1920]) s'offre de meilleures chances en définissant la sociologie par une causalité discontinue de l'activité sociale qui lui permet d'expliquer l'éthique protestante dans le développement du capitalisme moderne. L'un comme l'autre, reste attaché à la méthode historique ; ce qui est bien. Mais E. Durkheim, dans ses règles relatives à l'explication des faits sociaux, soutient que la société n'est pas une simple somme d'individus, le système formé par leur association représente une réalité spécifique qui a ses caractères propres. L'occasion se présente ainsi de voir ce que le raisonnement sociologique veut dire dans le présentisme négro-africain.

Les objets scientifiques de cette contribution se retrouvent dans la problématique de la production de connaissances en sciences humaines et sociales avec un accent marqué sur le contexte négro-africain. Le savoir ethnoanthropologique en Afrique a été défini dans le rapport à la colonialité et donc avec une extraversion du cadre épistémologique. Déjà que l'épistémologie fondatrice du positivisme est discutable en raison de l'ontologie qui constitue son soubassement, tenue par un mode de raisonnement qui privilégie, par exemple, la dualité au détriment de la relation. En transitant par l'étude des communs, on a compris que le principe du tiers exclu est inopérant face à certaines situations. L'approche systémique permet de mieux percevoir les relations d'interdépendance et d'interaction qui intègrent plus qu'ils n'excluent. C'est pourquoi les postulats durkheimiens s'accordent mal à la réalité sociale dans d'autres contextes. De plus, notre contemporanéité, la pensée complexe s'impose mieux dans les contextes d'incertitude. C'est pourquoi on verra dans la théorie quantique les germes d'une conception renouvelée de l'objet de connaissance qui ne laisse pas les autres disciplines indifférentes. À titre d'hypothèse de travail, nous avançons que l'esprit négro-africain est tel qu'il peut se mouvoir plus facilement d'un domaine à l'autre, avec des ouvertures surprenantes, alors que la raison occidentale pêche par son excessive compartimentation au cours des derniers siècles. Encore faut-il se fixer comme objectif contribuer à lever le piège de l'enseignement des sciences humaines et sociales à partir de modèles d'extraversion qui renforce une méconnaissance de soi. Ce problème n'a rien de nouveau, puisse que B. Ly (1989) en son temps avait observé des réserves du genre ; tout comme G. Gurvitch (1968) observait un peu plutôt les errements de la sociologie naissante sous l'emprise, entre autres, de la fausse opposition individu-société. L'objectif de cette contribution est alors didactique en posant un questionnement lucide sur l'objet de la sociologie d'une part, et d'autre part, en cherchant à aiguillonner une pensée efficace dans le régime d'historicité qui revient à l'Afrique dans sa relation au monde. Cela justifie, par ailleurs, certains aspects abordés de manière scolaire. La pensée complexe, en plus de se révéler au grand jour, servirait de cadre de référence pour engager le débat. Sans avoir la prétention d'épuiser le débat, nous insistons sur des points qui semblent importants, ne serait-ce à titre conservatoire, pour recentrer les épistémès à partir des cultures auxquelles ils répondent et qui leur donnent ce sens si *sui generis* qui fait la différence dans l'acte de connaître. En se basant sur une revue documentaire, il est aussi et surtout question de réflexivité à notre niveau pour opérer un retour prospectif et une propédeutique.

Nous commencerons par présenter la pensée complexe. C'est le lieu de discuter de relation de connaissance entre le sujet épistémique et l'objet de connaissance. Ensuite, la mention de l'approche systémique permettra de voir sa solubilité dans la complexité mais aussi la difficulté à étudier les systèmes anthropo-sociaux du fait notamment de la modélisation qui s'invite dans des faits circonstanciels ou aléatoires qui refusent tout isolat ou segmentation. En rendant compte de l'ordonnancement du sujet, il est apparu plus clair que l'objet de la sociologie en appelle à une reconsidération pour être plus en phase avec l'épistémologie elle-même et l'ontologie des sociétés. Cette dernière perspective permet de situer la pensée négro-africaine dans cette problématique.

1. La pensée complexe : itinéraires et avenue

1.1 – Le sujet connaissant : le niveau du problème et la solution au problème par le tiers inclus

Il est naturel d'associer la pensée complexe au nom d'E. Morin, défenseur enthousiaste de ce « paradigme » conforme, à bien des égards, au réel et à la réalité. Philosophe et sociologue, profondément transdisciplinaire, *La Méthode*, constituée de six volumes écrits de 1977 à 2004, est son œuvre majeure. Cette méthode est surtout une voie pour la manière de penser et d'agir. C'est pourquoi ses dernières œuvres ont notamment porté sur des dialogues et des essais pour informer et trouver la voie vers un humanisme recouvré et un futur vivable. Sa démarche fustige la simplification et le réductionnisme, le morcèlement et la disjonction, entre autres, et le dualisme qui conduisent à une cécité intellectuelle desservant la profondeur de la nature humaine et provoquant une désertion scientifique enrayant la diversité du monde. C'est pourquoi il convient de procéder par la reliance dans le jeu multiple des interactions et rétroactions et non plus par la simplification de la réalité, la fragmentation du réel et la compartimentation des savoirs ou découpage des disciplines (E. Morin, 1995). Une pensée disjonctive produit des connaissances mutilées ; et toute mutilation entraîne des manquements pour atteindre des connaissances intégrales. Le problème demeure entier quant à la simplification. En effet, pour comprendre le réel, l'esprit humain a tendance à y recourir presque instantanément. Or la connaissance s'accorde avec la compréhension et mieux encore, toute compréhension se baserait sur un procédé comparatiste qui lui-même isole un modèle de référence qui risque d'éloigner de l'objet que l'on veut connaître. Ce qui fait qu'on ne connait qu'en comparant, et que cette comparaison se fait arbitrairement en vertu de modèles mentaux subjectivés.

Depuis Aristote, trois principes de raisonnement en logique formelle sont admissibles, à savoir le principe d'identité (A est A), le principe de non-contradiction (A est non-A) et le principe du tiers-exclu (pas de milieu entre A et non-A). La pensée complexe accepte, cependant, la contradiction, en incluant le tiers qui était exclu. Morin (1991) est toutefois conscient qu'on ne peut fonder une logique en dehors de celle classique, mais le principe dialogique bouleverse les principes d'identité et de non-contradiction par l'inspiration du principe du tiers inclus chez S. Lupasco (1951). Le tiers inclus est ainsi porté sur les fonts baptismaux du principe dialogique là où une frivolité y verrait une contradiction comme s'il s'agit du jour et de la nuit ou de l'homme et de la femme. Le *ying* et le *yang* interdisent justement ce genre de contradictions[80]. Ce principe admet alors, concomitamment, le même et l'autre, en excluant, de ce fait, toute alternative disjonctive. Des thèmes qui seraient alors tout à fait contraires sont alors pris en considération en même temps. Il nous rassure de l'obsession à rechercher l'identité des choses et à bannir les contradictions.

En effet, le cartésianisme disjoignit la chose pensante (*rescogitans*), le sujet, et, la chose étendue (*resextensa*), l'objet de connaissance. Or, le sujet épistémique et l'objet de connaissance cheminent ensemble vers la connaissance. Le fond du problème se trouve dans la conception cartésienne du sujet pensant, seul maître à bord du processus de production de connaissance, réduisant du coup les unités d'enquête en sciences sociales en tout cas, au statut d'objet. En définitive, même si « Pour Descartes, l'homme est sujet, et il l'est pour ainsi dire trois fois : *conscient de ce qu'il est, maître de ce qu'il fait, auteur de la science* » (Wolf, 2010, p. 91), il ne faut pas oublier que la connaissance gagne mieux à être co-construite. Non seulement on ne peut pas être sûr que ce sujet pensant sait quelque chose — comme si on n'en oublie l'enseignement de Socrate qui préfère ne rien savoir même s'il peut

[80] Lao Tseu et Zhuang Zi sont les principaux représentants de ce courant qui a longtemps concurrencé le confucianisme. Ils ont appartenu vraisemblablement au IV et III siècles avant notre ère. La cosmologie chinoise est façonnée par ces deux principes en unité dans la dualité.

effectivement savoir —, ou du moins, qu'il connaît bien ce qu'il sait, encore que dans le domaine des sciences sociales, l'objet de connaissance est un sujet à part entière et, de ce point de vue, a une conscience et une conscience de soi qui encourage fortement sa subjectivité dans les représentations sociales.

Depuis J. Piaget (1967), on sait que la connaissance est un processus construit de diverses connaissances en présence avant d'aboutir à un résultat et, dans toute cette activité cognitive, le « sujet épistémique » ne peut se séparer du connaissant. Il faut préciser qu'E. Morin en appelle simplement à un « renversement cartésien » et non pas un abandon du cartésianisme. Pour preuve, le doute subsistera toujours, notamment dans l'incertitude qui est une condition *sine qua non* du fonctionnement au sein des organisations et de la prise de décision en fonction de la qualité et de la disponibilité des informations. Il faudrait donc compléter le *cogito ergo sum* cartésien en un *cogito ergo computo ergo sum* morinien. L'auto-computation réconcilie ainsi le sujet épistémique à l'objet de connaissance. C'est pourquoi I. P. Lalèyê (2002) milite pour une connaissance subjectale à la place des connaissances de type objectal dont nous disposons plus à l'heure présente. Enfin, G. Bachelard (1999 [1934]) a soutenu depuis longtemps que la véritable pensée scientifique est inductive pour fuir tout ce qu'exige le cartésianisme et que sacralise le positivisme. De ce point de vue, une épistémologie non cartésienne s'impose quoi que l'on puisse faire au regard de la complexité dans notre contemporanéité. Les sciences sociales n'en sont pas à leur premier coup d'essai. J. C. Passeron (1991) évoquait un espace non poppérien du raisonnement sociologique à partir de la sociologie wébérienne, plus encline à étudier les interactions que la sociologie durkheimienne. Au vrai,

> « … La structure nécessairement typologique des théories sociologiques et, partant, du langage de leurs énoncés de base, exclut une définition stricte des « conditions initiales » (universalité des concepts) d'une observation, opération nécessaire à l'instauration de tout protocole « falsificateur » » (J. C. Passeron, 1991, p. 385).

1.2 – L'interaction : base de l'objet de connaissance axé sur le sujet

Trois principes sont à la base de la pensée complexe[81]. Il s'agit des principes dialogique, récursif et hologrammatique. Le premier principe rend compte de l'antagonisme de deux notions qui sont indispensables pour la compréhension de la réalité comme l'ordre et le désordre ; le deuxième principe rend compte de l'interaction comme les individus qui produisent la société qui les produit de manière rétroactive ; et le troisième principe montre que non seulement la partie est dans le tout, mais le tout dans la partie. Le principe hologrammatique offre un cadre favorable au raisonnement sociologique. Cette idée est elle-même récursive et tient en partie du principe dialogique. En clair,

> « … L'idée donc de l'hologramme dépasse, et le réductionnisme qui ne voit que les parties et le holisme qui ne voit que le tout. C'est un peu l'idée formulée par Pascal : « Je ne peux pas concevoir le tout sans concevoir les parties et je ne peux pas concevoir les parties sans concevoir le tout. » » (E. Morin, 1990, p. 100).

La relation est le principe premier du vivant et un fondement majeur de tout échange, qu'elle soit sociale ou physique, matérielle comme immatérielle, immédiate comme médiate. E. Morin (1977) doit beaucoup au *Ying* et au *Yang*, représentés par le *taijitu* (faîte suprême), qui sont les principes du *Tao* (« La Voie ») dans la pensée chinoise et basés sur une relation antagoniste et complémentaire. Dans la pensée négro-africaine, ils correspondraient à une ontologie relationnelle qui unit les humains et les humains aux non-humains. Selon Lao Tseu, « le tout est plus que la somme des parties ». Il s'inspire ensuite des thermodynamiciens et des biophysiciens (L. von Bertalanffy, N. Wiener, J. von Neumann, I. Prigogine…) et de Blaise Pascal qui s'oppose à la conception déterministe de la causalité qui dit que dans les mêmes conditions, les mêmes causes produisent les mêmes effets. C'est pourquoi, depuis la découverte de l'irréductibilité du désordre dans les sciences physiques et les développements en mécanique quantique, les vues sont bouleversées sur la causalité linéaire et le principe de contradiction. Le rapport de l'onde et du corpuscule en physique tient d'un rapport dialogique plus que du principe de contradiction.

---

[81] E. Morin et J. L. Le Moigne (1999) identifient sept grands principes qui guident la complexité : systémique et organisationnel, hologrammatique, boucle rétroactive, boucle récursive, d'auto-éco-organisation : autonomie-dépendance, dialogique, réintroduction du connaissant dans toute connaissance.

En effet, les physiciens W. Heisenberg (1998) et N. Bohr (1992) ont montré que dans l'infiniment petit le déterminisme ne valait plus. N. Bohr a admis la contradiction à travers le mouvement des particules des ondes et des corpuscules. De cette contradiction, il aboutit au principe de complémentarité pour résoudre le paradoxe de la dualité onde/corpuscule, suite à l'influence du principe d'indétermination ou relation d'incertitude de Heisenberg, comme approche philosophique aux phénomènes apparemment contradictoires de la mécanique quantique. Ici, il s'agit de comprendre qu'un objet quantique ne peut se présenter que sous un seul de ces deux aspects (onde et corpuscule) à la fois. La théorie des quanta initiée par M. Planck en 1900 a offert cette avancée. Ainsi, le déterminisme est rompu, la perception unique annihilée et la contradiction acceptée dans une forme complémentaire et non plus dualiste. Qui plus est, à partir du principe d'indétermination ou de la relation d'incertitude, c'est tout simplement la mesure de l'objectivité du scientifique qui régresse inexorablement ; la précision ayant des limites infailliblement malgré l'acceptation de marge d'erreurs. La mécanique de la physique quantique (G. Birkhoff et J. Von Neumann, 1936) offre une nouvelle chance aux sciences sociales comme la méthode de la biologie expérimentale de C. Bernard avait, en son temps, inspiré E. Durkheim.

Les développements de la thermodynamique — notamment le second principe à propos de l'entropie, qui comptent la convergence entre les notions d'ordre et de désordre —, accroissent l'entrain à la rupture d'avec la forme classique de la science. À l'évidence, les sciences économiques n'ont pas retenu la leçon. N. Georgescu-Roegen (1976) a particulièrement mis en exergue les travers de la science économique à travers la fonction thermodynamique de l'entropie. Le principe d'irréversibilité du temps fait naître une manière nouvelle de concevoir le rapport au temps et à la causalité (I. Prigogine, 1968). Les notions d'organisation et d'interaction sont décisives car l'imprévisibilité est une caractéristique fondamentale de tout environnement. En effet, la causalité circulaire s'est révélée sous l'impulsion de la cybernétique avec N. Wiener (1950), où l'effet revient à la cause et ainsi de suite. Cette donne est d'autant plus intéressante que lorsqu'E. Morin (1990) suggère le principe de la boucle de rétroaction ou *feedback*, on constate l'existence d'une organisation et son lot informationnel ; ce pourquoi, il parle sans cesse d'auto-organisation de récursivité.

2. L'approche systémique : une brève histoire de l'opérationnalisation et des réserves en sociologie

Née aux États-Unis dans les années 1950 (L. von Bertalanffy, 1968 ; N. Wiener, 1950) avant de s'illustrer en France dans les années 1970 (J. de Rosnay, 1975 ; J. L. Le Moigne, 1977, 1990), le systémisme s'applique à partir de la vision globale qui met le focus sur l'état du contexte, les différents éléments et les situations d'actions et d'interactions entre ces éléments. Ces derniers sont dans des réseaux de communication denses avec des finalités assignées. Cette totalité défie les parties qui la composent. L'approche systémique ou la systémique s'intéresse aux interrelations entre les différents éléments d'un système. Trois principes fondamentaux permettent d'apprécier comment se fait une analyse allant dans ce sens. C'est lorsque tous les éléments interagissent entre eux, qu'il existe des feed-back pour la régulation du système et que le tout forme un ensemble qui polarise l'ensemble des éléments constituants. Chaque système est organisé entre l'ordre et le désordre, ce dernier étant nécessaire à une réorganisation. C'est là qu'une crise présente bien souvent une opportunité qu'une fatalité.

Suivant G. Donnadieu et M. Karsky (2002), l'approche systémique repose sur les concepts suivants : système, interaction (plus que cause à effet), rétroaction (variables d'entrée du fait de l'environnement et traitement interne pour des variables de sortie ; deux types de boucles : positives ou explosives — dynamique du changement — et négatives ou stabilisatrices — l'équilibre et la stabilité), régulation (stabilité du système et adaptation aux évolutions de l'environnement), organisation, finalité (ou but, projet), vision globale (ou globalité, le tout est plus que la somme des parties), évolution. À ceux-là, on peut ajouter l'information nécessaire aux échanges dans le système, la causalité circulaire et les rétroactions qui rendent difficiles la distinction entre l'effet et la cause, etc. Partant, cette approche sied à la pensée complexe pour étudier les phénomènes par nature complexe ou voués à l'incertitude. La modélisation, son outil privilégié, émane de la construction de modèles qualitatifs sur une carte ou quantitatif à partir d'un ordinateur par une simulation opérationnelle en usant du langage graphique. Les définitions du système sont toutefois peu opératoires pour l'action et la richesse du concept ne se dévoile en effet que par l'utilisation qui en est faite. À ce niveau, il est utile de développer une systémique sociale plus en phase avec la sociologie ou du moins, avec le champ social[82].

Comme nous l'avons vu au tout début, E. Morin (1977) expose son projet d'émancipation du paradigme de la simplification abondé par la science classique occidentale depuis Galilée, Newton et Descartes, tout en y demeurant d'une certaine manière. Au vrai, la complexité n'est pas encore un paradigme au sens kuhnien. En effet, l'emploi du « paradigme » de la complexité pose des problèmes d'articulation entre conceptions épistémologiques et pratiques méthodologiques. Sur ce point, en étudiant les rapports entre le « paradigme de la complexité » et la sociologie, A. Malaina (2012) montre que la possibilité d'une « sociologie complexe » reste entachée par une division et un divorce entre les approches plutôt épistémologiques de la complexité et les approches plutôt méthodologiques, à cause notamment des méthodes de la science des systèmes complexes adaptatifs. Or, la « vision du monde » que véhicule un paradigme s'accompagnant nécessairement avec des « modèles de réalisations scientifiques » (Kuhn, 1970 [1962]), ce paradigme n'a pas encore d'existence propre. Pourtant, R.Boudon (1979, p. 113) qui est d'un certain establishment en sociologie soutient qu' : « En réalité, les sociétés doivent être considérées comme des enchevêtrements complexes de systèmes d'interaction. Certains de ses systèmes doivent être classés sous l'étiquette d'idéal-typique des « systèmes fonctionnels », d'autres sous l'étiquette des « systèmes d'interdépendance » ».

Dans la préface de l'ouvrage d'A. Malaina (2012), E. Morin lui-même confie que la complexité humaine qu'il avait abordée dans des ouvrages tels que le cinquième volume de *La Méthode. L'humanité de l'humanité*, se perdrait en grande partie dans les modélisations et simulations de la « science des systèmes complexes » qui opèrent à partir d'algorithmes et qui laissent de côté de notables dimensions des systèmes sociaux et humains. Voilà que le problème de l'approche systémique comme des modèles mathématiques et économétriques demeurent entiers : le choix et l'intégration des variables pour aboutir à une vision nette de la situation. En effet, « Les modèles de systèmes sociaux complexes opèrent à partir d'« agents » qui suivent exclusivement des mécanismes behavioristes dont le sens est exclu et où le mécanisme exclusif créateur de complexité est l'adaptation » (Malaina, 2012, p. 21). Le caractère systémique de l'adaptation est avéré (A. Taché, 2003 ; G. Simonet, 2009). Mais le

[82] Cf. J. C. Lugan (2009).

concept présente un lot de controverse tant le positivisme uniformise et standardise les expériences vécues. Le courant fonctionnaliste en est une illustration.

Enfin, la difficulté à modéliser les systèmes anthropo-sociaux est un fait mais son inspiration est importante pour assoir une analyse de la complexité. Eu égard à toutes ces critiques, il n'empêche que Malaina (2012) avoue l'intérêt de la modélisation en ce sens qu'elle permet des expérimentations sur le terrain à partir des simulations en laboratoire et qu'elle permet également d'entrevoir l'objectivité qui peut exister dans les systèmes anthropo-sociaux. Mais nous ne le suivons pas sur ce point. Ce qu'il y a lieu de faire, c'est d'incorporer dans cette modélisation, la subjectivité quelle que soit sa proportion dans le phénomène étudié en veillant au contrôle de l'intersubjectivité, d'autant plus que la méthode de recherche qualitative qui offre plus de chance pour saisir la réalité sociale commande et assume cette même subjectivité, faite d'implication et d'empathie, à la limite de l'objectivité. Ainsi, la sociologie a encore du travail à ce niveau.

3. Ordonnancement du sujet et conception nouvelle de l'objet de la sociologie

Les liens entre la théorie quantique et les sciences humaines demeurent une préoccupation constante. La théorie relationniste de l'espace chez A. N. Whitehead (1916)[83] débouche sur une construction de la réalité sociale qui donne beaucoup de la place aux échanges permanents entre plusieurs objets dans la Nature. Il ne saurait ne pas en être de même dans le monde social où les sujets, acteurs et agents coopèrent sur des contenus pratiques malgré les contraintes de l'action collective et des structures sociales. Dans une introduction magistrale, M. Bitbol (2009) replace le débat à partir d'un prétendu « physicalisme » proposé par O. Neurath vers 1930 qui ferait de la physique la « reine des sciences », mais il est plus utile de voir l'inspiration que les sciences humaines et sociales peuvent tenir de la théorie quantique pour mieux asseoir leur posture épistémologique. Dans l'espace français où l'influence d'E. Durkheim demeure manifeste, A. Touraine a pourtant eu une préoccupation constante sur le sujet. A. Touraine et F. Khosrokhavar (2020) abordent le sujet dans une perspective du soi qui s'émancipe de l'ontologie dualiste individu-société.

[83] Le texté a été présenté au premier Congrès de philosophie mathématiqueà Paris en avril 1914.

L'enjeu de cette préoccupation est moins lié à l'épistémologique qu'une conception et un fonctionnement des sociétés modernes du point de vue de la culture. Et c'est ainsi que les préoccupations scientifiques gardent un ancrage dans le monde social ; d'où les contributions décisives de la sociologie américaine. Par conséquent, en replaçant les ontologies au centre de l'épistémologie, on peut mieux pratiquer les sciences sociales dans leurs contextes respectifs, en vue de fines analyses et de résultants concluants.

Le rapport à l'objet a, par exemple, été abordé par M. N. Schurmans (2014), de manière on ne peut plus convaincante. L'auteure propose une épistémologie ternaire et interactionniste qui permet de repenser les fondements et les pratiques de la phase de restitution des recherches. Cela conforte le projet d'une connaissance subjectale en plus de situer l'objet de la sociologie même dans les interactions, quoi qu'elles soient, non seulement entre acteurs dans la vie sociale mais aussi entre la société et l'environnement. Cette perspective a des conséquences sur la tradition canonique héritée d'E. Durkheim. Car, non seulement il ne convient guère « de traiter les faits sociaux comme des choses », même si l'idée d'une opération mentale pour un impératif décentrement fait sens pour l'objectivité, mais aussi « le social [ne] s'explique [plus que] par le social ». Pour le premier postulat, même si les faits sociaux sont des choses dans leur entièreté, nul ne peut y avoir accès que par des unités d'enquêtes qui ne sont rien d'autre que des sujets à part entière, parce qu'il faut transiter par la conscience pour avoir accès à la réalité sociale. Pour le deuxième postulat, la sociologie de l'environnement offre un cadre d'étude des interactions entre la société et l'environnement qu'on ne peut plus ignorer depuis la voie ouverte par R. Dunlap et W. Canton (1979). Selon E. Ostrom et X. Basurto (2013, p. 16), « Compte tenu du caractère complexe et imbriqué des systèmes du monde biophysique, nous avons donc besoin de développer une science sociale de la complexité et de l'imbrication des systèmes ».

Déjà, S. Moscovici (1961) opéra une reconstruction par la promotion de l'approche psychosociologique, en plaçant au centre et de manière nouvelle le concept de représentions sociales, celui-là même fondateur et fédérateur dans la sociologie durkheimienne. Cette approche allait suffire à montrer le caractère conscienciecux de l'objet de connaissance en tant que sujet, même s'il faille remettre en cause le rude travail abattu par Durkheim pour autonomiser la sociologie de la psychologie. D'ailleurs, E. Durkheim n'ignore pas les comportements individuels à travers les pratiques sociales dans les institutions. Dans un échange épistolaire avec C. Bouglé en date du 14 décembre 1895, E. Durkheim reconnaît d'une certaine manière les liens contigus entre la sociologie et la psychologie ; étant entendu, comme le suggérait C. Bouglé, que la sociologie est une psychologie, certes distincte de l'aspect individuel. E. Durkheim lui-même affirme qu'il n'est pas de conformisme social qui ne comporte toute une gamme de nuances individuelles.

Pour terminer sur ce point, nous ne pouvons pas ne pas mentionner la problématique de la sociologie en Afrique. « ... Il faut ici une véritable révolution copernicienne qui sera d'abord sémantique et qui, sans nier les exigences de la science universelle, récupère toute la coulée historique de ce continent dans des moules nouveaux » (J. Ki-Zerbo, 1980, p. 39). En effet, s'il avait fait l'effort de s'orienter en fonction des dynamiques sociales justement déterminées par la « situation coloniale » (G. Balandier, 1951), en y tirant toutes les conséquences par rapport aux psychés, organisations, productions et collectivités des peuples négro-africains, alors nous aurions, à notre sens, des sociologies non loin des types allemandes et américaines, fortement ancrées dans la consistance des relations sociales et dans l'instant du quotidien. Cette légitime présomption, nous vient du fait que la pensée africaine étudiée par A. Ndaw (1997)[84] laisse voir un ancrage dans les cosmogonies et les échanges où se tissent et se défont d'authentiques expériences du vécu, telles « les impondérables de la vie quotidienne » (B. Malinowski, 1922). Ces manquements se sont transportés par un pas de temps qui s'est abattu sur les jeunes praticiens de la sociologie en Afrique.

Conclusion

Toute réflexion scientifique d'ordre épistémologique est un exercice difficile qui hérisse plus qu'elle ne lisse la communauté d'appartenance à cause des transgressions dont elle est potentiellement porteuse. Même si l'on admet que la critique nourrit la science, l'ordre établi est si rigide que certains philosophes de sciences sont apparus comme des dadaïstes

[84] À ce niveau, nous nous demandons qui de A. Ndaw ou de son préfacier, il faut se suffire. Le préfacier, n'étant rien d'autre que L. S. Senghor, a fait un exposé magistral, rarement aussi vivant que vibrant et autant inspiré qu'inspirant, sur les fondements et le déploiement de la pensée négro-africaine en termes de tradition, de complexité et de dialogue entre les penseurs d'ici et d'ailleurs. On retrouvera ainsi dans la revue *Éthiopiques* une perspective pareille.

cautionnant du coup l'excentricité de ses promoteurs comme étant des anarchistes attitrés. Loin de nous cette prétention ; il s'agit plutôt de situer notre manière d'être sociologue et de pratiquer la sociologie. C'est ainsi que la pensée complexe s'impose à nous pour trouver une ficelle dans les modes de raisonnement afin de mieux se mouvoir dans « le rythme toujours plus précité du devenir social » et « les sinuosités mouvantes de la réalité sociale », selon les mots de G. Gurvitch (1968).

Il nous a paru important d'exposer la pensée complexe, dans sa tradition comme dans ses défis, pour assoir une posture épistémologique qui reflète notre contexte. La voie s'ouvre pour bien comprendre la réalité sociale, tant la disjonction entre sujet épistémique et objet de connaissance, dessert la compréhension du réel complexe. Il apparaît ainsi pertinent de discuter l'objet de la sociologie, en plus de toutes les conséquences attachées aux interactions entre l'homme et l'environnement que l'on retrouve dans beaucoup de sociétés. La sociologie qui, à tout point de vue, est cette science sociale comportant par excellence le « fait social total » et l'« homme total » envisagé sous ses aspects à la fois biologique, psychologique et sociologique dans la perspective de M. Mauss (2012 [1925],) se doit d'emprunter définitivement la discontinuité des formes et l'indétermination causale pour étudier mieux les systèmes adaptatifs complexes. La perspective est d'autant plus innovante qu'il lui a fallu s'interesser à une société autre que la sienne pour remarquer un recentrage du « fait social » initialement défini par E. Durkheim (2002 [1895]). Au vrai, la sociologie a été prostrée par le positivisme, plus par mégarde que par ignorance, mais son projet sur la question sociale demeure, à laquelle il faudrait ajouter la question naturelle. Or, la nature de l'objet d'étude et le rapport à cet objet méritent une attention renouvelée notamment avec le climat et le numérique.

Contre la réification et le raisonnement extraverti, on peut légitimement penser à la proposition d'une phénoménologie évocative pour se libérer de la pensée atomisante dans la manière de penser en Afrique et de l'Afrique (I. P. Lalèyê, 1986, 2019). On comprend mieux l'idée de la nécessité d'une « connaissance directe », selon le mot de C. A. Diop. Le problème reste actuel car jusqu'à date, A. S. Diop (2020) appelle à une désaliénation des études africaines. C'est tout l'intérêt d'étudier la réalité sociale dans la pensée négro-africaine, qui offre un réservoir incommensurable pour une sociologie à l'image des sociétés africaines qui souffrent encore, malheureusement, de déni, dans tous les segments de la vie, des plus évidents au plus improbables. Des chercheurs se sont déjà employés, avec des contributions considérables, à repenser les sciences sociales dans une perspective postcoloniale et culturelle (et non culturaliste), mais il reste une systématisation pour rendre possible l'horizon d'attentes. Plus près de chez nous, on pense aux publications d'A. Niang (2000a, 2000b, 2003, 2010), pour qui la société wolof est une source théorique extraordinaire et une ressource méthodologique incontournable. Il ne s'est pas privé d'une étude clinique et prospective sur les impondérables et les astuces que lui offrent la société wolof à travers notamment les proverbes et les interactions sociales. Il en est de même de M. Diagne (2005) sur l'oralité.

Il ne s'agit pas, pour nous, du problème de l'Afrique conçu comme objet mais plutôt d'une entreprise scientifique beaucoup plus large et qui se doit d'avoir la poigne pour un recentrage épistémologique universel qui n'aurait de pôle, si pôle il y a encore, que l'humanité qui a un profond attachement au collectif où qu'il soit. L'exercice sera certes très délicat, convenons-en, mais la compréhension de la complexité exige un travail sur de nouveaux frais avec et en dehors du cartésianisme. Le projet d'une sociologie différentielle de G. Gurvitch (1968) contient des ressorts et des ressources inestimables en plus de la thermodynamique et autres comme l'Homme sera toujours ainsi devant la science à la quête des bonnes pratiques de méthodes et techniques de recherche en adéquation avec les contextes socioculturels. En réalité, le contexte tient les faits en otage. Cela veut dire par ailleurs que les faits sont affairés de situation et de circonstance et qu'à un certain état, il y a lieu d'y revenir pour mieux prendre en compte le contexte structurant. De plus, les états de représentations surdéterminent les modes d'investigation et d'action dont s'émancipe une certaine temporalité toujours objective, indépendante et inaliénable. La sociologie se replace à travers la discontinuité des évènements de la vie et des situations historiques. Ainsi, la pensée complexe révèle notre manière d'être sociologue et de pratiquer la sociologie dans le présentisme négro-africain et dans la controverse de l'Anthropocène.

Références bibliographiques

BACHELARD Gaston, 1999 [1934], Le nouvel esprit scientifique, Paris, Quadrige / PUF.

BALANDIER Georges, 1951, « La situation coloniale : approche théorique », Cahiers internationaux de sociologie, 11, p. 44-79.

BERTHOZ Alain, PETIT Jean-Luc (dir.), 2014, Complexité-Simplexité, Paris, Collège de France.

BIRKHOFF Garrett, VON NEUMANN John, 1936, « The Logic of Quantum Mechanics », Annals of Mathematics, 37, p. 823-843.

BITBOL Michel, 2009, « Introduction », *In* M. BITBOL (dir.), Théorie quantique et sciences humaines, Paris, CNRS Éditions, p. 1-37.

BOHR Niels, 1991, Physique atomique et connaissance humaine (trad. de l'anglais par Edmond BAUER et Roland OMNES, revue par Catherine CHEVALLEY, éd. établie par Catherine CHEVALLEY), Paris, Gallimard.

BOUDON Raymond, 1979, La logique du social. Introduction à l'analyse sociologique, Paris, Hachette.

BRONISLAW Malinowski, 1922, Les Argonautes du Pacifique occidental (trad. de l'anglais et présenté par André et Simonne DEVYVER), Paris, Gallimard.

De ROSNAY Joël, 1975, Le Macroscope. Vers une vision globale, Paris, Seuil.

DIAGNE Mamoussé, 2005, Critique de la raison orale. Les pratiques discursives en Afrique noire, Paris, Karthala.

DIOP Amadou Sarr, 2020, Pour une désaliénation des études africaines. Repenser l'africanisme postcolonial, Dakar, L'Harmattan.

DONNADIEU Gérard, KARSKY Michel, 2002, La systémique, penser et agir dans la complexité, Paris, Éditions Liaisons.

DUNLAP Riley E., CATTON William R. Jr., 1979, « Environmental Sociology », Annual Review of Sociology, n° 5, p. 243-273.

DURKHEIM Émile, 2002 [1895], Les règles de la méthode sociologique, Paris, Quadrige/PUF.

GEORGESCU-ROEGEN Nicholas, 1976, Energy and Economic Myths : Institutional and Analytical Economic Essays, New-York, Pergamon Press.

GURVITCH Georges, 1968, La vocation actuelle de la sociologie – Tome 1 : Vers la sociologie différentielle, Paris, PUF.

HARDIN Garett, 1968, « The tragedy of the commons », Science, Vol. 162, n° 3859, p. 1243-1248.

HEISENBERG Werner, 1998, Philosophie. Manuscrit de 1942 (trad. de l'allemand par Catherine CHEVALLEY), Paris, Seuil.

JANSSEN Marco A., BOUSQUET François, OSTROM Elinor, 2011, « A Multimethod Approach to Study the Governance of Social Ecological Systems », Natures Sciences Sociétés, Vol. 19, p. 382-394.

JOINET Jean-Baptiste, (dir.), 2007, Logique, dynamique et cognition, Paris, Éditions de la Sorbonne.

KI-ZERBO Joseph, 1980, « Introduction générale », in J. Ki-Zerbo (dir.), Histoire générale de l'Afrique, Tome I. Méthodologie et préhistoire africaine, Paris, UNESCO, p. 20-43.

KUHN Thomas, 1970 [1962], La structure des révolutions scientifiques, Paris, Flammarion.

LALÈYÊ Issiaka Prosper L., 1986, « La restitution phénoménologique. Portée méthodologique pour une pensée africaine efficace », Recherches Philosophiques Africaines, n° 9, p. 13-35.

LALÈYÊ Issiaka Prosper L., 2002, « Le même et l'autre de l'homme. Le savoir aux prises avec la différence », Rue Descartes, n° 36, p. 73-91.

LALÈYÊ Issiaka Prosper L., 2019, Penser l'Afrique : Tâches philosophiques au cœur d'une tradition, Independently published.

LE MOIGNE Jean Louis, 1977, La théorie du système général. Théorie de la modélisation, Paris, PUF.

LE MOIGNE Jean Louis, 1990, La modélisation des systèmes complexes, Paris, Bordas.

LUGAN Jean Claude, 2009, La systémique sociale, Paris, PUF.

LUPASCO Stéphane, 1951, Le principe d'antagonisme et la logique de l'énergie. Prolégomènes à une science de la contradiction, Paris, Hermann.

LY Boubacar, 1989, Problèmes épistémologiques et méthodologiques des sciences sociales en Afrique, Dakar, CODESRIA.

MALAINA Alvaro, 2012, Le paradigme de la complexité et la sociologie. Possibilité et limites d'une sociologie complexe, Paris, L'Harmattan.

MAUSS Marcl, 2012 [1925], Essai sur le don. Forme et raison de l'échange dans les sociétés archaïques, Paris, PUF.

McGINNIS Michael D., 2011, “An Introduction to IAD and the Language of the Ostrom Workshop: A Simple Guide to a Complex Framework for the Analysis of Institutions and Their Development”, Policy Studies Journal, 39, n° 1, p. 169-183.

McGINNIS Michael D., OSTROM Elinor, 2014, “Social-ecological System Framework : Initial Changes and Continuing Challenges”, Ecology and Society, 19, 12 p., consulté le 09 juillet 2019, [En ligne], URL : http://dx.doi.org/10.5751/ES-06387-190230.

MORIN Edgar, 1977, La Méthode. La Nature de la nature. Tome 1, Paris, Seuil.

MORIN Edgar, 1990, *Introduction à la pensée complexe*, Paris, ESF éditeur.

MORIN Edgar, 1991, La Méthode. Les Idées, leur habitat, leur vie, leurs mœurs, leur organisation, Tome 4, Paris, Seuil.

MORIN Edgar, 1995, « La stratégie de reliance pour l'intelligence de la complexité », Revue Internationale de Systémique, 9, n° 2, p. 105-112.

MORIN Edgar, 2015, « Au-delà du réductionnisme et du holisme : la complexité du global », *In* M. WIEVIORKA, L. LÉVI-STRAUSS, G. LIEPPE (dir.), Penser global. Internationalisation et globalisation des sciences humaines et sociales, Paris, Éditions de la Maison des sciences de l'homme, p. 441-447.

MORIN Edgar, 2020, Un festival d'incertitudes, Collection Tracts, Série Tracts de crise (n° 54), Paris, Gallimard.

MOSCOVICI Serge, 1961, La psychanalyse, son image et son public, Paris, PUF.

NDAW Alassane, 1997, La pensée africaine. Recherches sur les fondements de la pensée négro-africaine, Dakar, Les nouvelles éditions africaines du Sénégal.

NIANG Abdoulaye, 2000a, « Settlu ou l'observation « dissimulée » : une technique traditionnelle d'observation du social qui ne perturbe pas son objet », Afrique-sociétés-Recherches (AFRISOR), n ° 1, p. 156-191.

NIANG Abdoulaye, 2000b, « Le sociologue, les réalités socioculturelles du milieu d'étude et les problèmes posés par l'emploi du questionnaire : le dialogue méthodique, une alternative culturelle », Annales de la Faculté des Lettres et Sciences Humaines, n° 30, p. 83-117.

NIANG Abdoulaye, 2003, « La science, l'homme de science et le social : l'implication cognitive et éthique dans l'entreprise scientifique », Revue Sénégalaise de Sociologie, n° 6, p. 7-46.

NIANG Abdoulaye, 2010, « Le rôle de l'affect dans la construction du lien social : analyse à partir d'un proverbe wolof » *In* V. NGANDONGO et E. KAMDEM, La sociologie aujourd'hui : une perspective africaine, Paris, L'Harmattan, p. 87-108.

OLSON Mancur, 1965, The Logic of Collective Action. Public Goods and the Theory of Groups, Cambridge, Massachusetts, Harvard University Press.

OSTROM Elinor, 2010 [1990], Gouvernance des biens communs. Pour une nouvelle approche des ressources naturelles, Bruxelles, De Boeck Supérieur.

OSTROM Elinor, BASURTO Xavier, 2013 [2011], « Façonner des outils d'analyse pour étudier le changement institutionnel », Revue de la régulation [En ligne], 14, 26 p., consulté le 02 mai 2019, URL : http://regulation.revues.org/10437.

PASSERON Jean Claude, 1991, Le raisonnement sociologique. L'espace non-poppérien du raisonnement naturel, Paris, Nathan.

PIAGET Jean, 1967, Biologie et connaissance : essai sur les relations entre les régulations organiques et les processus cognitifs, Paris, Gallimard.

POTEETE Amy R., JANSSEN Marco A., OSTROM Elinor, 2010, Working Together. Collective Action, the Commons and Multiple Methods in Practice, Princeton (NJ), Princeton University Press.

PRIGOGINE Ilya, 1968, Introduction à la thermodynamique des processus irréversibles, Paris, Dunod.

SCHURMANS Marie-Noëlle, 2014, Restitution et épistémologie, SociologieS [En ligne], consulté le 18 avril 2017, URL : http://sociologies.revues.org/4716.

SIMONET Guillaume, 2009, « Le concept d'adaptation : polysémie interdisciplinaire et implication pour les changements climatiques », Natures Sciences Sociétés, 17, n° 4, p. 392-401.

TACHE Alain, 2003, L'adaptation : un concept sociologique systémique, Paris, L'Harmattan.

TOURAINE Alain, KHOSROKHAVAR Farhad, 2020, La recherche de soi. Dialogue sur le sujet, Paris, Fayard.

VON BERTALANFFY Ludwig, 1968, General Systems Theory, Foundation, Development, Applications, New York, G. Braziller.

WEBER Max, 1967 [1920], L'Éthique protestante et l'esprit du capitalisme, Paris, Plon.

WHITEHEAD Alfred North, 1916, « La Théorie relationniste de l'espace », Revue de métaphysique et de morale, XXIII, mai, p. 423–454.

WIENER Norbert, 1950, Cybernetique and Society: The Human Use of Human Beings, Boston, Houghton Mifflin.

WIEVIORKA Michel, LÉVI-STRAUSS Laurent, LIEPPE Gwenaëlle (dir.), 2015, Penser global. Internationalisation et globalisation des sciences humaines et sociales, Paris, Éditions de la Maison des sciences de l'homme.

WOLF Francis, 2010, Notre humanité. D'Aristote aux neurosciences, Paris, Fayard.

Perceptions et réadaptations de la loi sur le Domaine national en milieu *seereer* (Joal-Fadiouth/ Sénégal)

Dr. Aminata DIOP, sociologue

Chercheure au Laboratoire LASAP
Tel : 77 795 20 85/ 70 861 46 27
Email : aminadiop184@gmail.com

Résumé :

L'accès à la terre dans les pays en développement demeure un enjeu crucial dans le sens où le droit moderne cohabite avec le droit coutumier. Au Sénégal, la loi sur le Domaine national, en voulant supprimer le droit coutumier, a créé des pratiques foncières « métissées ».

Notre étude analyse la perception de la loi sur le Domaine national et les pratiques foncières actuelles en milieu *seereer* sénégalais, particulièrement, à Joal-Fadiouth. Située sur la Petite Côte, avec 60 % de superficie inondable, cette commune fait face à un manque d'espace habitable, une démographie croissante et des limites territoriales contestées. Il s'en suit une gestion foncière locale guidée par les logiques d'acteurs. En ce sens, la loi sur le domaine national est diversement perçue suivant les expériences de l'entourage, les affinités relationnelles et le clientélisme.

Les pratiques foncières qui en découlent sont aussi bien empruntées du droit moderne que du droit coutumier. S'il y a des acteurs « conformistes » qui respectent la procédure juridique d'accès à la terre, d'autres utilisent des stratégies des plus rusées aux plus réfléchies. Il s'agit des acteurs « débrouillards » qui allient les deux types de droit et des acteurs « pragmatiques » qui usent de leur relation ou position sociale pour s'offrir des privilèges. Ainsi, la loi sur le Domaine national, en tant qu'innovation, est réadaptée en milieu *seereer*. Les populations procèdent à une appropriation sélective des textes et ne prennent que ce qui les arrange !

Mots clés : appropriation, pratiques foncières, loi, perceptions, droit coutumier, *seereer,* Joal-Fadiouth.

Abstract :

Access to land in developing countries remains a crucial issue in the sense that modern law coexists with customary law. In Senegal, the law, by wanting to remove customary law, has created mixed land practices.

Our study analyzes the perception of the law on the national domain and current land practices in Senegalese *seereer* environment, in particular, in Joal-Fadiouth. Located on the Petite Côte, with 60% of floodable area, this municipality faces a lack of habitable space, an increasing demography and disputed territorial limits. This is followed by local land management guided by the logic of actors. In this sense, the law on the national domain is variously appreciated according to the experiences of those around them, relational affinities and clientelism.

The resulting land practices are as much from modern law as from customary law. If there are "conformist" actors who respect the legal procedure of access to land; others use strategies from the most cunning to the most thoughtful. These are "resourceful" actors who combine the two types of law and "pragmatic" actors, who use their relationship or social position to offer themselves privileges. In this respect, the law on the national domain, as an innovation, is readjusted in the *Seereer* environment. In short, the populations proceed to a selective appropriation of the texts and only take what suits them!

Keywords : appropriation, land practices, law, perceptions, customary law, seereer, Joal-Fadiouth.

Introduction

En Afrique subsaharienne, les représentations sociales autour de la terre renvoient à trois dimensions : la terre est inaliénable, collective et à droit d'usage. L'ignorance de cette conception a amené les Occidentaux à instaurer dans les territoires africains des systèmes de tenure foncière qui ont précipité le bouleversement des repères des populations locales (E. Le Roy et al.1991). Au Sénégal, le colonisateur a, d'abord, introduit le Code civil dont l'objectif était la renonciation au droit coutumier et l'adoption du droit moderne permettant la propriété individuelle. Après son échec et celui de l'immatriculation, le régime de la constatation des droits coutumiers est institué en 1956[85].

Suivant le modèle colonial, l'État sénégalais décrète, par la loi 64-46 du 17 juin 1964, être le « propriétaire immanent » de près de 95 % des terres du pays. L'objet de la loi portant le nom de domaine national (D.N.) est l'unification du droit foncier afin de répondre aux exigences de modernité et aux réalités socio-juridico-coutumières. L'État définit le D.N. par élimination :

> « Constituent de plein droit le domaine national, les terres non classées dans le domaine public, non immatriculées, ou dont la propriété n'a pas été transcrite à la conservation des hypothèques à la date d'entrée en vigueur de la présente loi. Ne font pas non plus partie de plein droit du domaine national les terres qui à cette même date, font l'objet d'une procédure d'immatriculation au nom d'une personne autre que l'État ». (Loi 64-46 du 17 juin 1964, article 1er).

Au regard de cette énumération, seules les terres de possessions coutumières sont converties en D.N. En effet, l'État se substitue aux « maîtres des terres » et aux pouvoirs coutumiers comme énoncé dans l'exposé des motifs de la loi. Les terres du D.N. sont classées en quatre catégories en fonction de leur vocation :

- Les zones urbaines regroupent les terres du D.N. situées sur le territoire d'une commune ou des groupements d'urbanisme et doivent servir de réserves pour le développement urbain ;
- Les zones classées constituent les réserves écologiques et forestières.
- Les zones des terroirs correspondent aux terres situées dans le territoire des communautés rurales et régulièrement exploitées pour l'habitat rural, la culture et l'élevage ;
- Les zones pionnières reçoivent les programmes d'aménagement et de développement ruraux.

Hormis cette classification, la loi n'a pas cartographié de manière exhaustive et claire les différentes zones du D.N. Seules, les zones classées sont matérialisées par les forêts classées et les réserves écologiques. La délimitation des zones urbaines est assujettie aux décrets

---

[85] Il s'agit des décrets n° 55-580 du 20 mai 1955 et n° 56-704 du 10 juillet 1956.

fixant les limites territoriales des communes. Elles sont gérées par les communes en collaboration avec l'État et constituent des lieux d'affectation aux populations locales au même titre que les zones des terroirs. Quant aux zones pionnières, la loi sur le D.N. entretient un « flou » sur leur délimitation. L'article 7 dans son alinéa 3 stipule que « *les zones pionnières correspondent aux autres terres* ». Elles semblent se confondre avec les zones des terroirs qui couvrent les territoires des communautés rurales[86].

À notre avis, cette délimitation non spécifique et « ambigüe » est une des causes des conflits constatés dans l'accès à la terre. L'État semble laisser, dès le départ, aux populations le soin de gérer à leur convenance certaines ressources foncières. Si non, comment peut-on comprendre que depuis l'avènement de la loi sur le D.N. jusqu'à nos jours aucune démarcation n'est faite entre les terres des zones pionnières et des zones des terroirs. Il s'agit d'une sorte de gestion concertée où l'État s'octroie des superficies au besoin, le conseil rural également, l'essentiel étant de justifier leur usage, parfois même au détriment des populations locales.

De ce fait, les conflits fonciers ne cessent de secouer l'actualité sénégalaise notamment le long du littoral, à Mbane, à Ndengler, à Tobène, à Diass, ou encore à Nguéniène… où les populations crient au scandale, à la dépossession, à la spoliation voire à l'accaparement des terres de leurs « ancêtres ». En fait, les populations locales vivent sur la terre et de la terre, depuis des générations, impliquant le développement (socio-culturel, affectif, économique) d'une certaine identité à la terre. Si les populations ont eu les terres à leur disposition (même si c'est un droit d'usage) depuis des générations, il semble légitime qu'elles tiennent à ces terres et se disent « propriétaires » dans la mesure où leurs parents et arrières-parents l'étaient. D'autant plus que l'État joue la carte du « laisser aller » et du « laisser faire », n'intervenant qu'au dernier moment afin d'apaiser la tension. Il faut dire que les populations n'ont jamais vraiment renoncé à leur droit coutumier malgré la réforme foncière de 1964. Il en résulte un pluralisme juridique (E. Le Roy et al.1991) et un déficit de sécurisation foncière (E. Le Roy et al. 1996).

---

[86] L'article 192 du code général des collectivités locales de 1972 définit la communauté rurale comme un certain nombre de villages vivant en solidarité et partageant des intérêts communs. La liste des villages est précisée mais aucune précision n'est apportée sur sa délimitation territoriale.

Les conflits fonciers éclatent, généralement, entre l'État et les populations lors des projets d'aménagement de grandes superficies où les populations se réclament déjà « propriétaires des terres ». L'un cherchant à le soustraire et l'autre à le défendre, avec des arguments juridiques ou par la force (E. Le Roy et al.1986, p.20). En fait, la différence des usagers explique souvent la manifestation d'intérêts divergents (E. Le Roy et al.1991, p.165) et la faible implication des populations reste un biais dans les projets de l'État[87]. Certains projets de développement apparaissent comme des « opérations chirurgicales » de grande ampleur dans le tissu social et spatial des campagnes et rappellent l'intérêt national face à l'intérêt local, les préoccupations macro-économiques face aux impératifs locaux de survie (G. Courade, 1991, p.218)[88], créant ainsi des frustrations. De plus, le non-encadrement de l'État accentue la précarité juridique des paysans et des pasteurs, l'excès des procédures d'expropriation et la spéculation foncière sans régulation (P. Lavigne-Delville et al. 2000). Certes, l'aménagement d'espaces dédiés à l'agrobusiness est un impératif de développement mais il faut également penser à l'intérêt des populations. Ces dernières dont les ressources dépendent habituellement de ces terres sont condamnées à devenir des « ouvriers » agricoles. En ce sens, la reconnaissance des droits fonciers locaux et l'adoption de la recherche-action dans les projets de développement interpellent l'État pour une sécurisation foncière des populations (P. Lavigne-Delville et al.2000).

Pour rappel, les terres du D.N. sont de nature incessible et confèrent un droit d'usage à toute population ayant démontré son appartenance à la terre et sa capacité de mise en valeur[89]. Le régime du D.N. est l'affectation ou la désaffectation par délibération du conseil communal. La désaffectation reste exceptionnelle est prononcée pour cause d'utilité publique ou pour sanctionner l'affectataire. Seul, l'État a la possibilité d'immatriculer les terres du D.N. afin qu'elles soient cessibles et/ou servent d'assiettes à des projets socio-économiques. Au regard de ces dispositions, on peut se demander comment est-on arrivé à un stade où l'exception est presque devenue la règle ? Est-ce dû à la boulimie foncière

[87] Les populations apprennent souvent les projets sur le tas et les personnes conviées durant le processus ne sont généralement pas légitimées à la base.

[88] Georges COURADE, 1991, « Grands aménagements et agro-industries » in Le Roy et al.*L'appropriation de la terre en Afrique noire. Manuel d'analyse, de décision et de gestions foncières,* Paris, Karthala, pp.218-228.

[89] Décret n° 72-1288 du 27 octobre 1972 relatif aux conditions d'affectations et de désaffectation des terres du domaine national.

des pouvoirs locaux, au laxisme de l'État, ou à un marchandage de la terre qui ne dit pas son nom ? Quoi qu'il en soit, l'émergence d'un marché foncier est une réalité irréfutable qui s'est forgé « en contrebande » par des biais (les « petits papiers » délivrés çà et là) et des médiations (pas toujours légitimées) rendant les pratiques opaques et incertaines (E. Le Roy, 2013)[90].

Cet article est tiré de nos travaux de thèse intitulée *« les modes d'appropriation de la terre chez les Seereer de Joal-Fadiouth (Sénégal) »*. Il tente de mettre en exergue la perception de la loi sur le D.N. en milieu seereer notamment à Joal-Fadiouth et les réadaptations sur son application dans un contexte de manque de réserve foncière. En effet, la commune de Joal-Fadiouth ne dispose presque plus de réserve foncière (190ha dont 134ha déjà projeté pour le lotissement de Caritas extension[91]). L'extension territoriale demeure un défi dans la mesure où elle n'est possible que sur les terres de culture situées dans les villages de la commune de Nguéniène notamment à Mbodiène, Ndianda et Ndiarogne. Ces terres du droit coutumier, représentent des espaces agricoles où les populations de Joal cultivent régulièrement en période hivernale. Les terres des autochtones dépassent les limites territoriales. Ce constat alimente souvent les litiges fonciers entre les collectivités locales dans le sens où les autochtones revendiquent les terres et l'administration locale tente d'appliquer ses prérogatives. La situation est d'autant plus problématique que la commune de Nguéniène effectue des lotissements à la périphérie de ces villages afin de stopper l'extension urbaine de Joal-Fadiouth.

Face à ce contexte de rareté des terres et de l'épineuse question de l'extension urbaine, comment la loi sur le D.N. est-elle appliquée dans la commune de Joal-Fadiouth ? Répondre à cette question consisterait à revenir aux fondements de la loi et à son application au plan local. La loi sur le D.N. est-elle bien connue des Seereer ? Quelle perception les Seereer ont-ils de son application ? La loi est-elle adoptée dans sa totalité, refusée catégoriquement, réadaptée ou contournée ?

L'objectif général de cette étude est d'analyser la perception de la loi en milieu seereer et les pratiques foncières actuelles. Il s'agit d'abord de

---

[90] https://www.cairn.info/revue-techniques-financieres-et-developpement-2013-3-page-81.htm

[91] Données du Plan directeur d'urbanisme de la commune de Joal-Fadiouth, horizon 2022, réalisé en 2013 par le cabinet Architecture & Climat.

décrire les perceptions des populations sur la loi ; ensuite de les mettre en lien avec ses facteurs explicatifs ; enfin d'analyser les pratiques foncières actuelles dans la commune.

L'hypothèse générale de recherche est : l'application de la loi sur le D.N. en milieu seereer est déterminée en grande partie par la perception que les populations en ont et des enjeux fonciers locaux. Cette étude se fonde sur deux hypothèses spécifiques. D'une part, nous allons démontrer que les expériences de l'entourage, les affinités relationnelles et le clientélisme sont des facteurs explicatifs de la perception des populations. D'autre part, nous allons montrer l'adoption sélective de la loi sur le D.N. et ses implications dans les pratiques foncières locales.

L'approche théorique retenue dans cette étude est la théorie de l'innovation défendue par J-P. Olivier De Sardan dans son ouvrage *Anthropologie et développement* (1995). L'innovation est une greffe inédite, elle n'est ni invention pure, ni emprunt fidèle. Elle est un processus qui assure son ancrage au fil du temps tout en subissant des dérives (appropriation sélective, résistances, compromis...) (J.-P. Olivier De Sardan, 1995, p.78).

Cette théorie, appliquée à la loi 64-46 sur le domaine national, peut-être pertinente dès lors que la loi a trouvé sur place d'autres modes de gestion foncière qu'elle a voulu supplanter. Certes la réforme date de 1964 mais, elle n'en demeure pas moins une innovation dans la mesure où durant tout ce processus, elle est sujette à diverses contradictions et pratiques ambivalentes. Les fondements de la réforme sont liés aux considérations générales du pays et des besoins de développement socio-politico-économiques ignorant les réalités spécifiques à chaque groupe. Pourtant, les modes de penser, d'appropriation et de gérer la terre varient d'une ethnie à une autre (E. Le Roy, 1986), même si tous partagent le territoire national. L'État impose souvent ses propres règles en muselant certaines pratiques autochtones. Cependant, les populations locales, suivant leurs propres logiques développent des stratégies en fort décalage avec la vision et la logique étatique. À cet effet, nous pouvons convoquer la théorie de l'innovation de J-P. Olivier De Sardan pour comprendre comment les pratiques foncières sont négociées au niveau local.

L'analyse stratégique de M. Crozier intègre aussi notre problématique, car elle montre la part de liberté irréductible des acteurs dans toute relation de pouvoir. En fait, selon Crozier, la relation de pouvoir n'est jamais neutre ; quel que soit le statut de l'acteur dans le système, il a toujours une part de liberté. L'organisation aussi cohérente et rationnelle soit elle est guidée par le caractère « opportuniste » des stratégies des acteurs. Chaque acteur agit pour améliorer sa capacité d'action suivant ses marges de manœuvres et tirer son épingle du jeu. Cette théorie peut nous aider à mieux analyser les relations de pouvoirs et les stratégies des acteurs dans la gestion foncière locale.

De même, la sociologie juridique de J. Carbonnier peut nous servir car elle analyse l'action juridique sous l'angle des faits sociaux. En effet, J. Carbonnier montre, dans son ouvrage *Flexible droit* (1983), qu'à côté des lois constitutionnelles, il y a des règles (normes) mieux appliquées et respectées dans la société. Ces règles sociales qui sont parfois contradictoires avec la règle de droit semblent légitimées à la base. L'analyse de Carbonnier nous semble pertinente parce qu'elle permet d'expliquer la persistance du droit coutumier malgré l'interdiction de la loi sur le D.N.

La combinaison de ces théories va nous permettre d'analyser la gestion foncière locale, la perception des populations sur l'application de la loi sur le D.N., mais aussi son appropriation sélective et ses effets sur les pratiques foncières locales. Par ailleurs, l'analyse du cadre d'étude nous apprend davantage sur la situation de la commune.

1. Le cadre d'étude

La commune de Joal-Fadiouth est localisée dans la Petite côte, notamment dans la pointe sud de la région de Thiès, dans le département de Mbour. Située à 114 km de Dakar, à 82km de Thiès et à 30 km de Mbour, elle est entre deux importants pôles touristiques du Sénégal : la zone de Saly-Portudal, Mbour, Nianing et la zone des îles du Saloum (Palmarin, Samba Dia). Les villages les plus proches sont Mbodiène (au nord), Ndianda (à l'Est) dans la commune de Nguéniène, Samba Dia, et Palmarin (au sud) dans la région de Fatick. La commune de Joal-Fadiouth a une superficie de 5035 hectares et regroupe trois villages : Fadiouth (12 ha), Joal (4 523) ha et Ngasobile (500 ha). Entourée par l'Océan Atlantique et le bras de mer de Mama Ngej, la commune a 60 % de terres inondables (3 021 hectares) et ne peuvent guère être habitées, ni cultivées[92].

Carte 1 : L'occupation du sol de la commune de Joal-Fadiouth en 1999

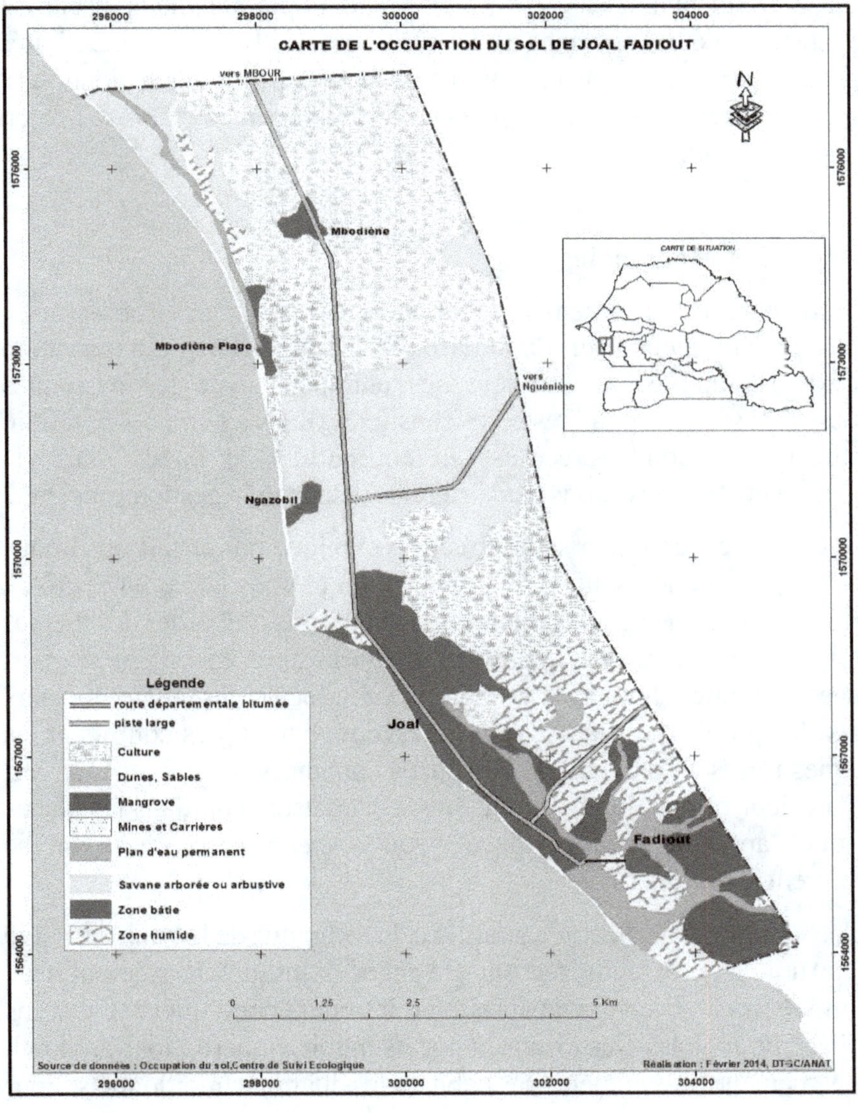

Source : DTGC/ANAT, février 2014

[92] Direction de l'urbanisme et de l'architecture, Décembre 2003, *Plan Directeur d'urbanisme de la commune de Joal-Fadiouth : Analyse et synthèse des données départementales et urbaines*, Source : « A&C » (Architecture et Climat), p.54

L'essentiel des terres habitées se situe à Joal la seule assiette de lotissements de la commune, Fadiouth étant une île et Ngasobil, une réserve (avec un titre foncier) du diocèse. Ce manque d'espace est d'autant plus apparent que la croissance démographique de la commune est forte. L'estimation de la population est passée de 33.147 habitants en 2002à 48 481 habitants en 2015[93]. Une vague importante de migrants est notée avec le développement de la pêche artisanale et de ses activités connexes (mareyage, transformation artisanale des produits halieutiques, commerce, etc.). Près de la moitié de la population (42 %) est née en dehors de celle-ci.[94]

2. Méthodologie

La démarche est purement qualitative et privilégie l'observation directe, les entretiens semi-directifs et les récits de vie. L'observation directe est pratiquée au moment des entretiens avec les personnes ressources et sur le terrain. Les notes consignées dans les carnets de terrain constituent des données écrites qui ont permis de mieux situer la perception et les motivations des différents acteurs à la gestion foncière.

Le choix de l'entretien semi-directif s'explique par le fait qu'il nous offre une plus grande souplesse d'application et nous laisse un degré de liberté important. Les guides d'entretien ont permis d'aborder des thèmes comme la perception de l'appropriation de la terre en milieu *seereer*, l'usage du droit coutumier, la gestion foncière locale, les enjeux fonciers locaux, les problèmes d'accès à la terre, le règlement des conflits et les stratégies mises en œuvre. Les personnes enquêtées ont été rencontrées, soit dans leur milieu de travail ou dans leur maison, soit dans les places publiques appelées « Grand-Place » (ou « *ngel* » en *seereer*) où se rencontrent les adultes.

L'échantillonnage aléatoire stratifié et la technique de la boule de neige ont été utilisés. Les enquêtes ont été menées jusqu'à la saturation de l'information et ont concerné aussi bien les chefs coutumiers et anciens du village de Joal, les élus locaux et agents municipaux (de Joal-Fadiouth et de Nguéniène), les autochtones habitant les quartiers traditionnels. Pour

---

[93] ANSD, Janvier 2003, « Répertoire des localités, recensement de la population et de l'habitat (RGPH-2002) ». ANSD, 2018, Situation Économique et Sociale de la région de Thiès en 2015

[94] Direction de l'urbanisme et de l'architecture, Décembre, (2003 : 59).

les besoins de la triangulation, les allochtones sont également interrogés. Cette répartition permet d'avoir une appréciation diversifiée et de croiser les regards sur la problématique.

Les récits de vie ont été utilisés surtout avec les personnes âgées. Les populations ont souvent recours à la généalogie (histoire du village et de son peuplement) pour justifier la propriété des terres. De par leurs expériences, l'histoire de vie des anciens permet la compréhension de l'appropriation de la terre en milieu *seereer* et ses représentations sociales en termes de coutumes, de mythes mais également la relation entre l'homme, la terre et les richesses. Les discours recueillis sont passés au crible d'une analyse de contenu. L'ensemble de ces techniques nous semblent les mieux adaptées afin d'accéder à la bonne information permettant d'analyser la perception de la loi en milieu *seereer*.

3. La perception des populations sur l'accès aux terres du D.N.

La perception des populations sur l'accès à la terre dépend généralement des expériences de l'entourage, des affinités relationnelles, du clientélisme dans la gestion foncière.

3.1. Les affinités relationnelles et la parenté : un atout dans la gestion foncière locale

Au Sénégal, le réseau relationnel facilite généralement l'accès au service public. De même, en milieu *seereer*, la parenté accorde une certaine solidarité et attention dans les relations de travail. Dans la gestion foncière, les affinités relationnelles et la parenté semblent être un avantage dans l'acquisition de terres. Bien évidemment, les ressources financières sont importantes pour avoir une parcelle. Mais, la proximité sociale, relationnelle peut être un atout. En effet, lorsque l'usager a des « relations » au sein de l'administration, les postures sont empreintes d'égard et de sollicitude. La personnalisation de la relation (« *diiwmomaboleakyow (un tel m'a mis en rapport avec vous* ») est très importante du moment qu'elle est gage d'un espoir plus grand. L'avis de Pape à ce sujet est illustratif :

> « Nous voulions régulariser notre terrain acheté chez un propriétaire coutumier. Notre frère nous a mis en rapport avec un agent municipal très sollicité. Mais quand nous nous sommes vus, il

nous a bien accueilli et a pris en charge notre dossier. Quelques semaines plus tard, il nous appelle. Notre demande a été traitée avec diligence » (un homme âgé de 35 ans, enquêtes personnelles, avril 2013).

Cet exemple montre que les affinités relationnelles peuvent profiter aux usagers. Dès fois, le manque d'empathie et de sollicitude des agents est dénoncé. Saly, une dame allochtone âgée de 45 ans explique :

> « Il est difficile de demander un service dans l'administration surtout si on n'y connait personne. L'accueil reste à désirer : les uns vous renvoient sous prétexte qu'ils sont occupés, les autres papotent avec leurs amis préférant les servir en premier. Nous avons toujours voulu avoir une maison. Depuis 2008, nous avons introduit une demande de parcelle et payé les frais de bornage. Mais, hélas, il faut avoir un bras long pour avoir un acte de délibération. Nous sommes une femme divorcée, locataire travaillant dans le micro-mareyage. Notre métier n'est pas toujours rentable, parfois nous traversons des périodes difficiles. Nous cherchons un terrain à bas prix ; mais à cause des arnaques on ne sait plus à qui se fier. » (Saly, une femme âgée de 45 ans, enquêtes personnelles, avril 2013).

Les affinités relationnelles faussent les rapports de pouvoir dans la gestion foncière. S'il crée des heureux grâce au « bras long », d'autres malheureux s'insurgent contre ce système. La loi sur le D.N. risque fort de servir certains intérêts et d'en contrarier d'autres. Il est d'ailleurs constaté une sorte d'acceptation de ces pratiques dans la gestion foncière locale. Ce dicton wolof sert souvent de justification « kuyxalamdisajayu (autrement dit, la position sociale doit servir) ». Doudou, un homme âgé de 60 ans nous affirme :

> « Charité bien ordonnée commence par soi-même. « O kiin, o pogum », « les parents d'abord ». Il est normal d'accompagner nos connaissances dans l'acquisition de terres. Notre travail et nos relations doit servir à nos parents, nos amis proches et relations. C'est un moyen de les aider, car la procédure est tellement longue, coûteuse et parfois périlleuse pour ceux qui n'ont pas de ressources. De ce fait, nous aidons à régler certains détails à l'interne. Les dossiers sont à l'aide de nos relations. » (Doudou, un élu local âgé de 60 ans, enquêtes personnelles, avril 2013).

Pourtant, les populations locales ont leur propre idée d'une bonne gouvernance foncière, transparente et équitable. De leur avis l'attribution de parcelles devrait suivre le calendrier d'enregistrement des demandes, et de payement des frais de bornage. Sidy, un professeur âgé de 47 ans assure que : « *la gouvernance foncière doit respecter les exigences de transparence et d'équité* » (enquêtes personnelles, avril 2013). Dans le même ordre d'idée, Saly déclare que : « *l'attribution de parcelles devrait suivre le calendrier d'enregistrement des demandes selon l'ordre d'arrivée. De ce fait, l'affectation des parcelles va se passer de manière transparente et quelqu'un qui n'a pas un terrain n'aura pas de frustrations* » (Saly, une micro-mareyeuse âgée de 45 ans, enquêtes personnelles, avril 2013).

Au regard de ces propos, il faut dire que les pratiques foncières locales contribuent à donner une mauvaise image au droit moderne et s'opposent à l'idéal wébérien de la séparation de l'affectif des affaires. Cependant, les règles sont loin d'être parfaites et objectives, et la posture des acteurs dans l'administration est idéalisée. En réalité, l'administration est un jeu de pouvoir où chaque acteur contourne les règles pour satisfaire ses intérêts (M. Crozier, 1977). C'est à ce titre que le clientélisme politique est dénoncé dans la gestion foncière locale.

3.2. Le clientélisme politique dans la gestion foncière

Le jeu politique a ses propres règles et implique de récompenser les fidélités politiques. À défaut de pouvoir donner un emploi à chacun, il est de mise de leur accorder des privilèges dans la gestion administrative notamment l'affectation des terrains. Dans ce cadre, la terre peut servir d'appât aux populations. Comme une arme politique, elle est utilisée pour asseoir des objectifs prédéfinis. De l'avis des populations, les lotissements s'effectuent, généralement, à l'approche des élections locales dans le but de saper l'électorat.

Une enquêtée révèle que : « *les élus locaux surveillent de près les échéances politiques. Quand les élections locales approchent, ils sont prêts à tout pour plaire aux populations. Ils savent que la terre est un besoin commun. Mais nous ne sommes pas dupes, nous savons leur jeu* » (Fatou, une femme âgée de 35 ans, enquêtes personnelles, avril 2013). Ces images que les populations ont des élus locaux influencent à bien des égards leurs postures dans l'appropriation foncière. De ce point de vue, la gestion foncière risque d'être biaisée et instrumentalisée à l'échelle locale. Pourtant, la nationalisation des terres avait pour but l'accès à la terre pour tous. Mais, elle semble davantage profiter à une élite. Ces propos de Talla, très réputé dans la gestion foncière locale, sont illustratifs :

> « On nous accuse très souvent de faire des fraudes dans la gestion foncière ; pourtant ce sont les usagers qui nous proposent de l'argent pour avoir un terrain. Certaines personnalités passent par le maire pour avoir une parcelle. C'est pourquoi, beaucoup de parcelles échappent à notre contrôle durant les lotissements. Il y a des arbitrages à faire à ce niveau. Nous insistons pour que les populations locales aient une part considérable des terres. Mais ce n'est pas toujours aisé à cause de la boulimie des élus locaux qui veulent coûte que coûte satisfaire leur clientèle politique » (Talla, un homme âgé de 58 ans, enquêtes personnelles, avril 2013).

De même, les chefs coutumiers entretiennent une affinité avec l'administration locale. En fait, la commune est souvent impliquée dans le processus de conversion des terres agricoles en lots de terrain habitables en connivence avec les propriétaires coutumiers. Il s'agit là d'un moyen, pour la commune, de grignoter les terres des villages environnants. Ces pratiques sont, d'ailleurs, officieuses et concernent les intéressées en collaboration avec la mairie.

> Selon Badou, un notable du village de Joal : « la possession de terres par le droit coutumier est reconnue par les autorités locales. Nous sommes le doyen de la famille mais nous rendons compte pour toutes décisions de ventes. Nous collaborons avec les élus locaux qui nous facilitent l'obtention de papier. La terre nous l'avons héritée de nos ancêtres. L'État nous a trouvés en train de gérer notre patrimoine. Les représentants étatiques savent que les terres sont les nôtres avant même l'indépendance du Sénégal. Ils nous assurent les papiers permettant de rester dans la légalité. Ainsi, nous entretenons de bonnes relations » (Badou, un notable, âgé de 77 ans, enquêtes personnelles, avril 2013).

La relation entre les chefs coutumiers et les élus locaux est empreinte de médiation, de dialogue (parfois même de complicité), chacun cherchant à ne pas affronter à l'autre. De plus, certains chefs coutumiers sont assez influents et ont le pouvoir de détourner l'action des élus locaux. En fait, quelles que soient les vertus démocratiques attachées aux élections locales, les chances d'élection dans les organes délibérants et exécutifs dépendent de l'assise sociale du prétendant. Ce clientélisme explique souvent les concessions du pouvoir local. Les populations le condamnent ainsi que les mauvaises pratiques vécues.

3.3. La perception de la loi guidée par les expériences de l'entourage

Les expériences positives ou négatives des proches construisent également la perception que les populations ont de la loi moderne. En effet, si les demandes d'affectations de terrain demeurent plus nombreuses que les attributions de parcelles, il est légitime de se questionner sur la gestion foncière locale. La lenteur des procédures de lotissements est généralement mise en cause. En fait, après l'enregistrement et le paiement des frais de bornage, le demandeur qui reçoit son ticket attend l'attribution de son lot. En revanche, la procédure suit son cours dans les services administratifs et techniques (l'urbanisme, impôts et domaines, cadastre). A ce niveau, les projets de lotissement peuvent trainer des années pour diverses raisons (lourdeur administrative, volonté politique, etc.). Il faut savoir que même si le pouvoir local a la volonté d'effectuer un lotissement, l'approbation du projet revient à l'État. Dans tous les cas, la lenteur de la procédure d'attribution de parcelles est diversement appréciée. S'il y a des acteurs qui ont une bonne perception de la loi, d'autres en ont une mauvaise perception. De l'avis de Sokhna,

> « L'acquisition de terrain par le droit moderne est la meilleure des solutions. Le titre de propriété est garanti et fiable. Seulement, il est mieux de se rapprocher des promoteurs immobiliers car la procédure est longue et parfois sans suite. Nous avons acquis notre terrain auprès de connaissances qui nous ont recommandé un promoteur immobilier. C'est cher, mais l'accès à la propriété est rapide pas comme à la mairie » (Sokhna, une femme âgée de 35 ans, enquêtes personnelles, avril 2013).

L'expérience de Sokhna démontre une bonne perception de la loi du point de vue de sa garantie. Devant le besoin d'avoir une parcelle habitable et la difficulté d'en disposer par le biais de la mairie, l'intelligence des actes posés s'impose aux acteurs pour voir leur désir se réaliser.

Par ailleurs, les enquêtes ont révélé que beaucoup de personnes ont payé leurs frais de bornage sans être attributaires de parcelles. Un enquêté témoigne que « *la procédure d'obtention de terres à la mairie est de plus en plus difficile. Nous attentons depuis 2007. Finalement, nous avons négocié un terrain chez un chef coutumier à un coût abordable. Nous avons convaincu notre frère et un ami de faire pareil* » (Adama, un homme âgé de 56 ans, enquêtes personnelles, avril 2013. Ces expériences transmises « de bouche à oreille » déterminent parfois le choix d'un mode d'accès à la terre.

Ainsi, les avis des connaissances permettent de minimiser les disgrâces. Des acteurs de la gestion foncière sont souvent indexés, à tort ou à raison, d'être « *corrompus, habiles dans la vente illégale de parcelles* ». L'exemple de Saly est bien illustratif : « *nous sommes très prudente à cause des arnaques. Une amie a été victime de corruption. Un agent lui a demandé 500 000 FCFA pour lui vendre une parcelle déjà attribuée à un autre. Jusqu'à présent, il n'a pas été remboursé* » (Saly, une micro-mareyeuse âgée de 45 ans, enquêtes personnelles, avril 2013). Il faut avouer que l'expérience a une position centrale dans la décision ou le choix des acteurs de se rapprocher de tel ou tel acteur pour l'acquisition de terres. Un usager témoin d'une mauvaise expérience de ses proches est plus tenté d'investir d'autres modes d'accès à la terre.

En somme, la posture des élus locaux détermine, dans une large mesure, l'image que les populations ont de la gestion foncière. Par conséquent, cette image forge leur opinion sur la loi et engendre des jugements qui s'étalent jusque dans leur cercle de connaissances. Elle (image) guide également le choix et la stratégie d'accès à la terre des acteurs.

4. L'appropriation sélective de la loi et ses implications dans les pratiques foncières

L'analyse des interactions dans la gestion foncière locale révèle une appropriation sélective des principes fondamentaux de la loi sur le domaine national. Les acteurs peuvent être regroupés en trois typologies : les acteurs conformistes, les acteurs débrouillards qui anticipent sur la procédure et les acteurs pragmatiques qui exploitent les zones d'ombre de la loi.

Les acteurs conformistes respectent plus ou moins les procédures d'acquisition de terrains. La loi est reconnue et respectée autant dans les discours que dans les conduites.

« La loi c'est la loi. Nul n'est censé l'ignorer. Il est plus rassurant de la respecter. L'achat illégal de terres nous rattrape à long terme. Le droit moderne assure plus de sécurité avec des garanties et possibilités de transactions. La lenteur des procédures et le coût élevés ont ses inconvénients. Notre parcelle est un droit de superficie. Nous l'avons acheté chez un promoteur immobilier » (Sokhna, une femme âgée de 35 ans, enquêtes personnelles, avril 2013).

Cette appréciation favorable de la loi s'explique par la garantie du titre. En fait, le titre d'occupation attesté par l'État est garant de la sécurité du logement. À l'image de Sokhna, les acteurs conformistes décrient souvent le coût élevé de l'accès à la terre. En cela, ils sont nostalgiques du droit coutumier. Le droit d'usage conféré à tous, le coût relativement bas des transactions foncières et leur rapidité deviennent des arguments de taille dans l'éloge du droit foncier coutumier. Pour les acteurs plus habiles, la meilleure manière de pallier à ces insuffisances de la législation moderne, est d'utiliser des stratégies d'anticipation.

Les acteurs débrouillards se singularisent par leur capacité d'anticipation de la procédure d'accès à la terre. S'appuyant sur leurs connaissances, les acteurs choisissent de devancer les procédures d'attribution de terres. Ils achètent des parcelles dans le droit coutumier et déposent la demande de régularisation. L'alliance des deux types de droit demeure un moyen de légitimation de sa parcelle. À ce sujet, Moustapha nous dit : « *l'argent ouvre toutes les portes. « xaalis bu teewlobëgamko ». Nous avons beaucoup de parcelles négociées par des achats directs. Généralement, nous nous rapprochons d'un propriétaire coutumier qui a déjà ses lots. Nous achetons à notre convenance et un agent nous facilite la régularisation* » (Moustapha, un commerçant âgé de 53 ans, enquêtes personnelles, avril 2013).

La vente des terres est relativement informelle dans la commune. En fait, les propriétaires coutumiers, de connivence avec le pouvoir local, effectuent des opérations de lotissement en s'attachant les services d'un géomètre. Les lots ainsi constitués sont vendus individuellement et l'acheteur se charge de payer les frais de bornage à la mairie ; ce qui lui permet d'avoir une attestation d'attribution signée par le maire. Toutes sortes de tactiques est mise en œuvre, l'essentiel étant de réussir.

L'occupation anarchique est aussi considérée comme un moyen stratégique d'accéder à la terre. Ce type d'appropriation est moins soucieux des règles de droit, mais confère à ceux qui y réussissent la possession d'une parcelle. La création de quartiers spontanés vient du besoin d'être aux abords de la commune lié notamment à l'élevage ou l'agriculture. Baba explique :

> « Le métier d'éleveur nous pousse à habiter en dehors de la ville et à se déplacer souvent. Nos troupeaux sont dans la brousse et nos familles à la lisière de la commune. Nous passons la journée près des troupeaux et rentrons le soir dans nos familles. Beaucoup d'entre nous travaillent pour des notables de la commune. On parle d'occupation anarchique, mais le plus important est de travailler en paix. Nous nous sommes installés les premiers. D'autres sont venus après. Le quartier est devenu vaste ; nous attendons les lotissements pour avoir un papier. Il est hors de question d'être déguerpis » Baba, un éleveur âgé de 45 ans, enquêtes personnelles, avril 2013).

Les habitants de ces quartiers spontanés confrontés à leur situation de précarité créent toutes sortes de ruses pour échapper aux sanctions. Il s'agit d'une « stratégie de la dérobade » selon J.-P. Olivier De Sardan (1995, p.69). Elles sont individuellement calculées et ne visent ni à « changer le système » ni à le réformer, elles cherchent simplement à minimiser la sanction (risques d'expropriation), et ce au moindre coût.

Par ailleurs, d'autres acteurs « pragmatiques » exploitent la loi en leur faveur tout en restant dans la légalité (stratégie de contournement). En effet, il est tout à fait illusoire de penser que les réformes sont introduites en terrain neutre et que les populations locales restent passives à celles-ci. Les règles, aussi cohérentes soient-elles, demeurent imparfaites et permettent des marges de manœuvres (M. Crozier). De plus, l'État n'a pas le monopole de la règle de droit (J. Carbonnier, 1983). Les populations sont imbues d'une certaine connaissance sur la question foncière et réclament plus ou moins de légitimité dans leurs pratiques. Face à une loi muette sur certaines pratiques, les populations locales usent de pragmatisme pour accéder à la terre. L'essentiel étant d'atteindre son objectif en toute conformité avec la loi (M. Crozier, 1977).

Sous cet angle, des autorités coutumières ont, notamment, intégré les partis politiques. Ils font désormais partie des instances de délibération de la mairie. Ce notable en est un exemple :

> « Depuis notre jeunesse, nommes avons milité au parti socialiste. Nous n'avons pas fait d'études poussées. Nous ne sommes pas candidat à la mairie. Notre combat a été la restitution

de nos droits traditionnels sur les terres. Certes, la loi nous a dépossédés de nos terres, mais nous collaborons avec les élus. Nous sommes chef coutumier et membre du conseil municipal ; ce qui nous vaut certains privilèges. Notre avis est sollicité sur les délibérations du conseil municipal » (Lamine, un homme âgé de 75 ans, enquêtes personnelles, avril 2013).

Loin d'enfreindre la loi, ces autorités coutumières exercent une stratégie de réadaptation des normes officielles à leur profit. Elles concilient leur statut de chefs coutumiers et d'élus locaux pour trouver une légitimité à leur pratique. En outre, les promoteurs immobiliers restent pragmatiques face aux lenteurs de la procédure d'appropriation foncière moderne. Paul explique :

« Nous achetons des terres auprès des propriétaires coutumiers et introduisons une demande d'immatriculation. Au lieu d'attendre la procédure normale, nous donnons le numéro de dossier à nos contacts dans les différents services. Quand, le traitement est terminé, nous payons l'agent selon le service rendu. La discrétion et la confidentialité sont obligatoires. Cette procédure simplifiée nous permet de disposer plus tôt de notre titre. L'ensemble des frais consentis vont être reversés sur le prix de vente des lots ».

Ces propos illustrent la stratégie des promoteurs immobiliers pour contourner les règles officielles et accéder rapidement aux terres. Il faut dire que l'appropriation de la terre à Joal-Fadiouth révèle des pratiques foncières hybrides. Si certains acteurs se conforment aux dispositions de la loi sur le D.N., d'autres les anticipent ou les détournent en leur faveur.

L'avantage de la loi sur le D.N. est de permettre à tout citoyen de vivre et de travailler la terre. La nationalisation avait pour but de sécuriser la terre de tout accaparement ou privatisation. Cependant, la prérogative d'immatriculation accordée à l'État a engendré des dérives dans son application au niveau local et central. Certes, l'État a le contrôle de la terre mais elle est revendiquée par les populations à l'échelle locale et doit servir de support aux investisseurs nationaux et internationaux. Ainsi, il semble nécessaire de repenser le droit d'accès à la terre. Faut-il une nouvelle réforme foncière ? Pourquoi, pour qui et comment doit-on réformer ? L'État sénégalais a entamé un projet de réforme foncière toujours à l'état de balbutiement[95]. Seules, des décisions ponctuelles ont été prises pour régler des problèmes jugés cruciaux[96].Quelle que soit la démarche retenue, l'équité dans la gestion foncière ne saurait se résoudre par le seul instrument normatif et nécessite la mise en place de procédures et d'espaces de négociations.

Conclusion

L'avènement de la loi sur le D.N. a engendré une nouvelle vision de l'appropriation foncière. Dans ses principes, les terres du D.N. sont inaliénables, avec un droit d'usage exclusif et une immatriculation strictement réservée à l'État. Toutefois, entre la théorie bien construite et la pratique constatée sur le terrain, il existe un grand fossé. L'application de la loi a généralement posé des problèmes. L'analyse des pratiques foncières dans la commune de Joal-Fadiouth révèle que la loi sur le D.N. est diversement perçue et est domestiquée à la base. Les affinités relationnelles, le clientélisme politique sont constatés dans la gestion foncière locale. Si ce constat fait des heureux, les malheureux le dénoncent. Il en résulte une appropriation sélective de la loi. Les stratégies varient ; chacun, selon ses moyens, essaye de tirer son épingle du jeu. Ainsi, les pratiques foncières en cours dans la commune demeurent imbriquées. La loi n'est pas adoptée dans sa totalité ni le droit coutumier d'ailleurs. Les pratiques foncières sont plus guidées par l'atteinte d'objectifs personnels.

En somme, l'accès à la terre pose la légitimité des pratiques. En tant que patrimoine destiné à de multiples vocations (habitat, production agricole, support de divers projets) et source de richesse, la terre représente un objet de valeur que les populations ne laissent pas au simple contrôle de l'État, ni de l'administration locale. Elle révèle la revendication d'une légitimité d'appropriation à la base qui demande d'être prise en compte (« *la terre nous a vu naître ; c'est la terre de nos*

---

[95] Vers le milieu des années 90, l'État a senti la nécessité de lancer une nouvelle réforme foncière. Plusieurs travaux ont été initiés sans qu'aucun n'aboutissent à un nouveau projet de réforme.

[96] Le droit de la femme à la terre dans la constitution de 2001, la loi agro-sylvo-pastorale en 2004 et celle de l'urbanisme en 2008. Il a aussi remplacé la loi fixant le barème du prix des terrains nus et des terrains bâtis, applicable en matière de loyer (il s'agit du décret n°2010-439 du 6 avril 2010 qui abroge et remplace le décret n°88-74 du 18 janvier 1988), et opéré un toilettage des textes de loi sur le régime de la propriété foncière (loi 2011- 07 du 30 mars 2011 portant régime de la propriété foncière).

ancêtres »). Comme l'a souligné J. Carbonnier (1983, p.19) « l'abrogation juridique ne coïncide pas toujours avec l'abrogation sociologique, et la loi que le législateur a voulu supprimer peut très bien continuer à vivre, très vivante, dans la conscience de l'individu ». En ce sens, la réalité sociologique impose une nouvelle réforme foncière.

Références bibliographiques

CARBONNIER Jean, 1983, Flexible droit, 5e éd. LGDJ.

CAVERIVIÈRE Monique, DÉBÈNE Jean-Marc 1988, Le droit foncier sénégalais, Paris, Berger-Levraut, (Mondes en devenir, série « Manuel B.L »).

CROUSSE Bernard ; LE BRIS Émile ; LE ROY Etienne, 1986, Espaces disputés en Afrique noire, pratiques foncières locales, Paris, Karthala.

CROZIER Michel ; FRIEDBERG Erhard, 1977, L'acteur et le système, Paris, Seuil.

HESSELING Gerti, 1992, Pratiques foncières à l'ombre du droit, l'application du droit foncier urbain à Ziguinchor, Sénégal, African Studies Center, Leinden, The Netherlands.

HESSELING Gerti, 1994, « La terre à qui est-elle ? Les pratiques foncières en Basse-Casamance », 500, Comprendre la Casamance, Paris, Karthala.

LAVIGNE-DELVILLE Philippe ; TOULMIN Camille ; TRAORÉ Samba, 2000, Gérer le foncier rural en Afrique de l'Ouest. Dynamiques foncières et interventions publiques, Paris, Karthala.

LE BRIS Émile, LE ROY Etienne, MATHIEU Paul, 1991, L'appropriation de la terre en Afrique noire. Manuel d'analyse, de décision et de gestions foncières, Paris, Karthala.

OLIVIER DE SARDAN Jean-Pierre, 1995, Anthropologie et Développement. Essai en socio-anthropologie du changement social, Paris, éd. APAD-Karthala.

OLIVIER DE SARDAN Jean-Pierre, 2004, « La rigueur du qualitatif. L'anthropologie comme science empirique », Espaces temps, 84-86, p.38-50.

Formes et enjeux de l'épargne dans l'économie informelle en Côte d'Ivoire

Fabrice TANOH,

Doctorant en sociologie à l'Université Félix Houphouët Boigny

Dali Serge LIDA,

Maître de conférences en sociologie à l'Université Félix Houphouët Boigny

Jean-Louis LOGNON,

Maitre-assistant en sociologie à l'Université Félix Houphouët Boigny

Résumé

Cette étude revisite les résultats de travaux de sociologie sur l'épargne. Ces travaux, émanant pour la plupart, de chercheurs du Laboratoire de Sociologie Économique et d'Anthropologie des Appartenances Symboliques (LAASSE), analysent les pratiques sociales liées à l'économie et à la microfinance, dont principalement l'épargne, sous l'angle de la relation sociale. Sous ce rapport, celles soumises à l'analyse dans le cadre de cette étude s'intéressent, d'une part, aux formes de l'épargne et d'autre part, aux implications sociales des formes d'épargne, notamment en termes de sens et d'enjeux. De nature essentiellement qualitative, ces recherches aboutissent à la conclusion que bien plus qu'une activité individuelle, l'épargne se révèle être une activité collective : elle se fabrique, s'ancre dans la relation à soi sans jamais se démarquer de la relation au groupe d'appartenance/référence (ménage, famille, interconnaissances…)

Mots-clés : Économie informelle, épargne, relation à soi, relation au groupe, Côte d'Ivoire

Abstract: This study revisits the results of sociology work on savings. This work, mostly by researchers from the Laboratoire de Sociologie Economique et d'Anthropologie des Appartenances Symboliques (LAASSE), analyses social practices related to economics and microfinance, mainly savings, from the perspective of social relations. In this respect, those subject to analysis in the context of this study are concerned, on the one hand, with the forms of saving and, on the other, with the social implications of forms of saving, particularly in terms of meaning and stakes. Essentially qualitative in nature, these researches lead to the conclusion that much more than an individual activity, savings turn out to be a collective activity: it is made, it is anchored in the relation to oneself without ever distinguishing itself from the relation to the group of belonging/reference (household, family, inter-relationship, etc.)

Keywords: Informal economy, Savings, relationship to self, relationship to group, Ivory Coast

Introduction

Épargner est l'une des activités sociales les plus partagées. L'épargne prend, en effet, diverses formes et traverse le temps et les sociétés, quelles qu'elles soient. De fait, la vie des institutions, des organisations, des groupes sociaux en général, des ménages, des ménages et des individus, en particulier oscille en permanence autour de l'épargne. L'épargne constitue de ce fait une catégorie de l'action sociale et n'est donc pas un choix rationnel réductible à la seule dimension instrumentale et économique (Giraud, 2008). De plus en plus, l'épargne des ménages suscite un intérêt scientifique pour la sociologie parce qu'elle représente un objet particulièrement marqué par des productions idéologiques (Lida et Kra, 2014), un opérateur de structuration des rapports entre les individus et les groupes sociaux (Tanoh, 2014 ; N'Doly et Tanoh, 2017), un mécanisme de regroupement et d'organisation sociale autour d'un enjeu de développement (Améthier, 1989), voire un instrument d'assujettissement et de domination dans les rapports entre les entités plus grandes comme les État-nations (Dedise, 2001).

Cette configuration spécifique de l'épargne traduit en réalité des catégories de rapports d'interconnexion au monde et des pratiques spécifiques participant à la production des rapports politiques, économiques et culturels. Dans ce sens, Lida (2015) affirme que « l'objet de la sociologie de l'épargne consiste à rendre intelligible le système de relations qui se traduit en pratiques, usages et rapports qui s'y réfèrent. En d'autres termes, faire de la sociologie de l'épargne c'est traduire, par une démarche propre, fondée en théorie et en pratique, les usages et rapports à l'épargne en système de relations qui les supportent ou les engendrent ».

Les postures, ci-haut, évoquées font également écho à des travaux de contemporains qui analysent l'épargne comme un fait social spécifique. Ces travaux, pour la plupart, empiriques inscrivent le comportement d'épargne des acteurs sociaux dans trois perspectives. D'abord, dans une dimension institutionnelle et symbolique en rapport avec une logique de la diversification des risques (Dromain, 1990 ; Servet, 1995 ; Soko, 2001), ensuite dans une dimension informelle et communautaire (Soko, 2012 ; Dieng, 1998) et enfin dans une dimension idéologique et relationnelle (Lida, Op.Cit) traduisant ainsi une mise à l'épreuve de l'épargne dans les structures sociales.

C'est également le cas de Morrisson (2005) et Morisson & De Laiglesia (2006), qui démontrent que l'épargne est un fait social dont les formes reflètent les diversités culturelles et les structures sociales des épargnants. En d'autres termes, plusieurs facteurs sociaux influencent l'épargne des ménages, notamment la perception qu'ont les individus de la situation économique dans laquelle se trouvent leur ménage, leurs croyances religieuses, l'influence familiale, la situation matrimoniale et la taille du ménage. Aussi, Sindzingere (2005a, 2005b), dans une étude sur la pauvreté multidimensionnelle montre que l'appartenance à un groupe social de parenté peut empêcher ou favoriser la formation de l'épargne et aussi que les structures familiales induisent des formes diverses d'épargne.

Giraud (Op.Cit) quant à lui, dans son ouvrage intitulé « *De l'épargne et de la dépense* », analyse le fonctionnement des entreprises publiques françaises dans une perspective de la sociologie des organisations. Il postule que l'épargne et la dépense y sont des catégories de l'action. Les modalités de l'investissement, autant que la gouvernance de ces organisations se comprennent à travers ces deux (2) catégories. Il considère que l'épargne et la dépense sont au centre de toutes les logiques d'action portée par les organisations. Alors que la dépense est « visible », l'épargne quant à elle reste « cachée ». Il y a donc là, une forme de relation sociale d'un côté et une forme de mise à distance sociale de l'autre. Dans cette logique, Giraud admet une double régulation de l'épargne. Celle qui permet de constituer un capital comme dans le cas de « l'épargne forcée ascétique » mise en évidence par Max Weber (1964, p.237) et celle de l'économie cognitive, c'est-à-dire de la mise à distance de la dépense, la préservation de soi, la constitution de réserves stratégiques, le refus de l'affrontement et la dissimulation. Pour Giraud donc, l'épargne s'inscrit dans des dimensions à la fois symboliques, cognitives et relationnelles.

Par ailleurs, Soko (2010), en abordant les comportements d'épargne et des usages possibles de l'épargne des familles et des communautés du secteur informel montre que les comportements d'épargne sont évolutifs et les formes d'épargne reflètent la situation socio-économique et culturelle des contextes sociaux étudiés. Il met donc en évidence une détermination des cadres institutionnels et symboliques de l'épargne qui tiennent compte des spécificités contextuelles. Il démontre que les communautés religieuses, les associations urbaines ou villageoises forment des groupes sociaux d'appartenance différenciés dont la nature et le fonctionnement normatif induisent diverses formes d'épargne.

En outre, Kei et Gahié (2017), en traitant de la question de l'épargne chez les migrants ouvriers des entreprises de la zone industrielle de Yopougon en Côte d'Ivoire affirment que l'épargne des migrants est fortement déterminée par la nature et les objectifs assignés par les migrants à leur projet migratoire. À ce propos, l'étude démontre plus spécifiquement que l'épargne est mobilisée à titre altruiste c'est-à-dire en vue d'être transférée au groupe social d'appartenance resté au pays. Les envois de fonds participent ainsi, d'une part à l'amélioration du niveau de vie des groupes sociaux d'appartenance et d'autre part, à l'entretien et à la consolidation des liens sociaux dans les groupes sociaux d'appartenance du milieu d'origine.

Enfin, dans une réflexion théorique et empirique sur l'épargne, Lida et Kra (Op.cit.) analysent les logiques sociales d'épargne chez les entrepreneurs de l'ACN-Sud. Ils montrent comment les comportements d'épargne des entrepreneurs sont structurés par des représentations sociales et les cadres relationnels et institutionnels dans lesquels ils sont insérés. En effet, les auteurs soulignent que l'épargne est associée à une double représentation ambivalente, c'est-à-dire à la fois comme ressource sociale d'entretien des liens sociaux (socialités primaires) et une ressource d'investissement économique (socialités secondaires).

En considérant l'ensemble des approches, plus haut mentionnées, la présente étude qui s'appuie sur les travaux empiriques de chercheurs du LAASSE (dont certains sont cités dans les lignes précédentes), prolonge et accentue l'analyse de l'épargne comme une variable dépendante de la relation sociale. En d'autres termes, l'objectif visé ici est de rendre davantage intelligible, à partir des travaux à l'étude, la dimension relationnelle mais surtout collective de l'épargne (décision d'épargner, la décision de l'usage de l'épargne, en passant par les formes de l'épargne), notamment chez les acteurs de l'économie informelle. Plus spécifiquement, l'on s'évertue à : i) décrire les formes d'épargne en cours ; ii) analyser le sens et les enjeux associés à l'épargne et iii) mettre en évidence les leçons théoriques qui en découlent.

Méthodologie

L'étude s'appuie essentiellement sur des données secondaires de type qualitatif. Les données sont issues de travaux du Laboratoire de Sociologie Economique et d'Anthropologie des Appartenances Symboliques. Les travaux concernés sont des études de cas réalisés dans le cadre de son programme intitulé « Structures sociales des dépenses et de l'épargne ». Ce sont, entre autres, les travaux de Lida et Kra (2014), Kra et Kouassi (2019), Lida (2015), Kei et Gahié (2017), N'Doly et Tanoh (2017), Tanoh et Lida (2019). Il s'est agi plus concrètement d'une analyse documentaire des pratiques d'épargne portant sur certaines couches sociales ou catégories d'acteurs telles que les ménages de cacaoculteurs, les ouvriers migrants, les femmes en association et les commerçants du secteur informel. L'analyse de contenu thématique a été mobilisée pour séparer les textes à l'étude en unités significatives et articulables selon l'objectif visé par l'analyse. Ce procédé a permis de mettre en évidence le résultat ci-après : une diversité de pratiques pour une épargne considérée comme une ressource conditionnée par et orientée vers l'entretien du lien social (la relation à soi et aux autres) chez les acteurs du secteur informel en Côte d'Ivoire.

1. Analyse structurale des formes d'épargne en cours chez les acteurs à l'étude

Cette analyse des différents travaux autour des formes d'épargne met en perspective une différenciation et une diversité des formes et des pratiques sociales d'épargne associée à certaines catégories sociales telles que les ouvriers migrants, les femmes en association, les ménages de producteurs et les commerçants suivant des espaces sociaux et des contextes bien définis de l'économie informelle ivoirienne. Autrement dit, l'analyse fait ressortir trois (3) catégories spécifiques de formes d'épargne selon les acteurs précités à savoir : i) les modes d'épargne informelle comme typologie dominante ; ii) les modes d'épargne formelle comme catégorie périphérique et iii) l'entraide coopérative et la participation associative comme formes d'épargne sociale chez des acteurs à l'étude.

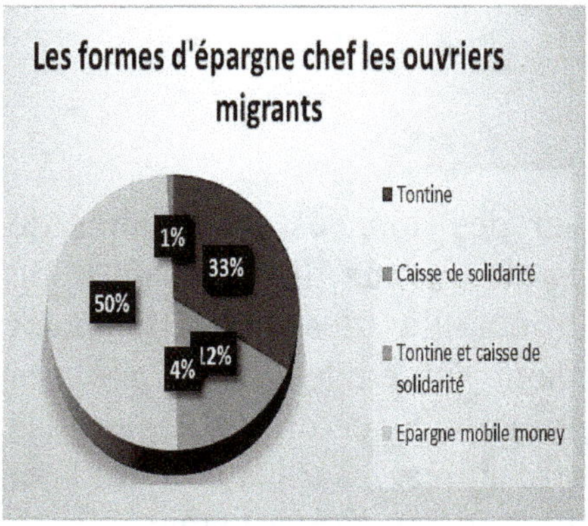

Figure 1 : Les formes d'épargne chef les ouvriers migrants, Kei et Gahié (2017)

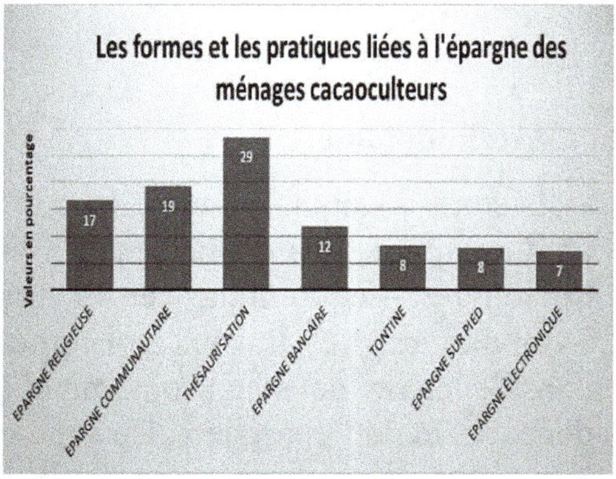

Figure 2 : Les formes d'épargne chef les ménages de cacaoculteur, N'Doly et Tanoh (2017)

1.1. Les modes informels d'épargne comme typologie dominante

Il existe plusieurs formes ou pratiques sociales liées à la mobilisation de l'épargne chez les ouvriers migrants et les ménages cacaoculteurs. Quelles que soient la catégorie sociale étudiée, les pratiques d'épargne informelle se présentent sous deux (2) principaux types : l'épargne individualisée et l'épargne en réseaux constitués ou épargne collective (N'doly et Tanoh, 2017 ; Tanoh et Lida, 2019).

Tout d'abord, il résulte de tous les travaux sur les formes d'épargne qu'environ 49 % des catégories sociales précitées pratiquent des formes d'épargne individuelle. Elle se présente sous la forme de thésaurisation, d'épargne sur pied et de collecte quotidienne et informelle de fonds, etc. Ces formes d'épargne constituent non seulement des réserves matérielles et économiques que les ménages utilisent pour faire face aux incertitudes de la vie (pauvreté, famine, cherté de la vie, maladies, calamités…), mais au-delà, d'envisager certaines dépenses de participation sociale. Il en est ainsi, de la thésaurisation qui est constituée d'objets matériels (bijoux, vêtements d'apparats, etc.) et/ou d'espèces d'argent destinés à honorer des engagements sociaux. Cette pratique d'épargne est différente de l'épargne bancaire qui est la forme classique de réaliser des économies en plaçant des fonds dans une entreprise bancaire.

Ensuite, l'ensemble de ces travaux réalisés auprès de ces catégories sociales indique que plus de 50 % d'entre elles s'adonnent à l'épargne en réseaux constitués c'est-à-dire l'épargne religieuse, la tontine et les caisses de solidarité ou épargne communautaire/intergénérationnelle. Concernant les pratiques d'épargne religieuse développées par les acteurs, elles se caractérisent par des versements de deniers de culte, des collectes de fonds (essentiellement constitués d'offrandes et de quêtes) organisées pendant les moments de cultes, des cotisations mensuelles de dîmes, etc. Cette épargne est destinée à faire l'œuvre de Dieu.

L'importance de cette forme d'épargne trouve sa justification dans un double caractère : elle est à la fois un élément de participation et d'intégration à la vie d'une communauté. En d'autres termes, les dons ou autres cotisations mobilisés par les acteurs sociaux subissent un processus de transformation tendant à une dématérialisation symbolique de l'épargne reconvertie en rites religieux c'est-à-dire en des prières. Ceux-ci sont réinterprétés comme un processus de sacralisation et de sanctification de l'épargne, lui accordant ainsi, toutes les propriétés de la divinité.

En ce qui concerne l'épargne communautaire ou tontinière, elle symbolise des dépenses de détermination sociale. En effet, ces acteurs, de par leur contribution financière au sein des regroupements affinitaires, participent aux dépenses de financement des actions qu'organise le groupe de référence. Il s'agit d'évènement communautaire autour duquel se développe un système de solidarité et d'entraide. Cette forme d'épargne se fait de façon rotative pour institutionnaliser les pratiques d'épargne. Elle prend donc une valeur symbolique car l'épargne des acteurs au sein de ses institutions, traduit un attachement au lien social.

Ainsi, la centralité des formes d'épargne informelle dans la représentation sociale de l'épargne chez les acteurs à l'étude met en perspective le caractère dominant des socialités primaires. Ces socialités primaires et ces liens sociaux participent à la mobilisation de l'épargne. De fait, le fait que ces acteurs construisent leur épargne à travers des systèmes d'informalité traduit une double réalité ambivalente. D'une part, une forme de mise à distance sociale de l'épargne, sorte de logique sociale de dissimulation afin d'éviter tout conflit social pouvant résulter du caractère formel de l'épargne. Mais d'autre part, les modes d'informalité de l'épargne réaffirment avec primauté la coercition des groupes d'appartenance et de référence sur les individus dans des contextes sociaux où les pesanteurs culturelles sont encore prégnantes (Tanoh et Lida, op cit).

1.2. Les modes formels d'épargne comme systèmes de représentations périphériques

En ce qui concerne les modes formels d'épargne, l'analyse transversale des corpus de données des travaux rend compte de deux formes d'épargne formelle : l'épargne classique qui consiste à l'ouverture d'un compte d'épargne dans une banque classique et l'épargne mobile money qui désigne un compte d'épargne à partir d'un numéro de téléphone mobile (Kéi et Gahié, op cit).

L'épargne bancaire classique apparait la moins utilisée chez les acteurs à l'étude à cause des procédures administratives qu'elle exige. L'autre déterminant de la faible inscription à l'épargne bancaire réside dans la nature des activités économiques des acteurs sociaux. En effet, les emplois sont souvent informels et précaires, voire secondaires. Ce qui ne contraint pas les acteurs à posséder des comptes d'opération auprès des structures bancaires et financières afin de réaliser les transactions financières telle qu'imposé à des emplois formels. Toutefois, cette infime catégorie d'acteurs s'inscrivant à ce mode d'épargne formel traduit d'une part, une responsabilité à la professionnalisation de l'activité informelle en s'inscrivant dans un processus plus formel par l'effet d'imitation sociale, caractéristique d'une adoption de pratiques nouvelles diffusées au sein des communautés de référence et d'autre part, une stratégie financière visant la régulation les dépenses de consommation du ménage par la constitution d'une réserve de précaution ou encore tout simplement.

Contrairement à l'épargne classique, l'e-épargne (mobile money) est quasiment utilisée par l'ensemble des enquêtés. L'intérêt des acteurs pour ce type d'épargne formelle s'explique par la souplesse de ce système. Nonobstant la souplesse de ce type d'épargne, elle demeure toujours une épargne formelle en ce sens qu'elle s'inscrit dans le champ des socialités secondaires (Lida et Koffi, 2014). L'inscription à l'e-épargne (mobile money) des acteurs traduit des rapports spécifiques aux autres dans les cadres sociaux respectifs. Elle est donc considérée par les acteurs à l'étude comme un facteur d'effritement des liens sociaux, à cause des difficultés d'accès en termes de quantité et de temps ainsi qu'au regard des problèmes techniques liés au réseau internet.

1.3. L'entraide coopérative et la participation associative considérées comme des formes d'épargne chez des acteurs à l'étude

L'analyse des données des ménages de cacaoculteurs et des femmes en association montre que la participation associative ou coopérative constitue une forme d'épargne chez ces acteurs sociaux. Les institutions sociales, traditionnelles et les autres groupes sociaux d'appartenance ont toujours pratiqué l'épargne sociale sous l'angle de la relation. Ainsi, les ménages de cacaoculteur et les femmes en association estiment que des formes d'épargne fortement pratiquées concernent l'entraide coopérative (Tanoh, 2014) et la participation associative (Kouassi et Camara, 2019).

Dans les communautés cacaoyères, on constate un investissement social, des uns et des autres, à tour de rôle, dans le défrichement d'une parcelle nouvellement acquise par un membre, à une assistance sociale au cours de la récolte cacaoyère ou encore une aide physique à la construction d'une maison, etc., au sein des groupements de femmes, des coopératives cacaoyères, le voisinage et même la parenté. Cette habitude des ménages d'épargner du social met en relief un investissement social « caché », une constitution d'une réserve d'actions et d'anticipation stratégiques ou encore du refus de l'affrontement social qui façonne cette épargne sociale en ressource économique.

Chez les femmes en association, l'épargne sociale prend la forme d'une participation sociale. La participation des femmes aux activités associatives apparaît sous plusieurs aspects, en l'occurrence les réunions, les cotisations, les activités d'intérêt collectif. Quelle que soit la forme de participation envisagée, elle se caractérise par l'investissement matériel et immatériel en temps et en argent aussi bien du point de vue individuel que du point de vue collectif. L'inscription des membres des associations dans les différentes formes de participation permet d'accéder à diverses ressources tant au niveau relationnel, matériel que financier. Ces activités ne sont pas exclusives mais interdépendantes.

Que ce soit l'entraide coopérative dans les tâches agricoles ou la participation sociale des femmes aux activités associatives, ces formes d'épargne sociale participent à la construction et à l'affirmation de leur appartenance au groupe. De cette manière, en s'appuyant sur l'investissement des ressources temps et argent, ces acteurs montrent que l'épargne sous toutes ces formes est au cœur des relations sociales.

2. Les enjeux de l'épargne : dans et pour la relation sociale chez les acteurs à l'étude

Dans ce chapitre, nous analysons les enjeux de l'épargne c'est-à-dire comment les formes d'épargne produisent des capitaux (social et immatériel ; financier et matériel) et comment ces capitaux structurent les chaînes de relation (liens familiaux, liens professionnels, liens amicaux, liens de filiation, liens matrimoniaux...) dans les espaces sociaux des catégories d'acteurs à l'étude. En effet, au regard des observations statistiques de ces différents travaux, certains types particuliers de liens sociaux sont corrélés à la mobilisation de l'épargne des ménages. Ainsi, l'interaction entre ces liens sociaux et l'épargne dans des espaces déterminés produit des formes particulières de rapports sociaux.

Les formes d'épargne des acteurs à l'étude : de la conversion du capital économique en capital social/relationnel et vice-versa.

Chaque déclinaison de formes d'épargne produit des types particuliers de capitaux chez les acteurs sociaux. La figure 3 ci-dessous met en perspective la conversion des formes d'épargne en capitaux instrumentalisable par les acteurs à l'étude.

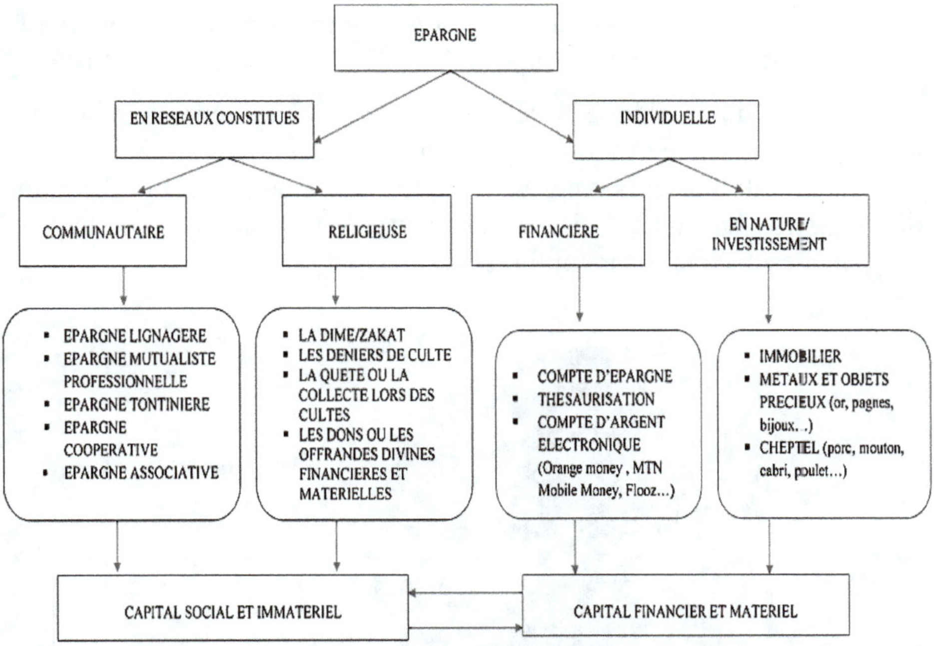

Figure 3 : Typologie des formes d'épargne associées à l'acquisition de capitaux des acteurs à l'étude : source TANOH 2020

L'analyse du schéma montre que l'épargne individuelle des ménages tend à produire et à consolider le capital financier et matériel des acteurs épargnant et l'épargne en réseaux constitués renforce quant à elle, le capital social et immatériel des ménages. Toutefois, ces deux catégories de capitaux s'interpénètrent et s'interconnectent selon que les formes particulières d'épargne s'investissent les uns dans les autres. Ces capitaux (social, économique relationnel) constituent des instruments d'intégration et de reconnaissance sociale d'une part au sein des groupes d'appartenance. Toutefois, parmi ces capitaux, le capital relationnel accord l'interface symbolique le plus significatif dans la construction de l'intégration ou le retour sur l'investissement social des acteurs sociaux.

Sur cette base, les différentes formes d'épargne qu'elle soit individuelle ou en réseaux constitués, cimentent la structure des capitaux des individus et de leurs groupes d'appartenance. Ces formes d'épargne sont converties selon l'enjeu social en capital social, économique ou relationnel. Ainsi, la multiplicité des formes d'épargne montre que les comportements d'épargne s'intègrent avant tout dans un système complexe de relations, lui-même déterminé par des cadres sociaux spécifiques.

2.1. Les formes d'épargne comme instrument d'entretien des liens sociaux chez les acteurs à l'étude

L'analyse du graphique ci-dessus montre qu'un système de relations complexes s'articule autour de l'épargne des acteurs à l'étude. Autrement dit, plusieurs types de relations participent à la mobilisation de l'épargne. La figure 4 ci-dessous montre le type de lien pour lequel les ménages cacaoculteurs mobilisent de l'épargne.

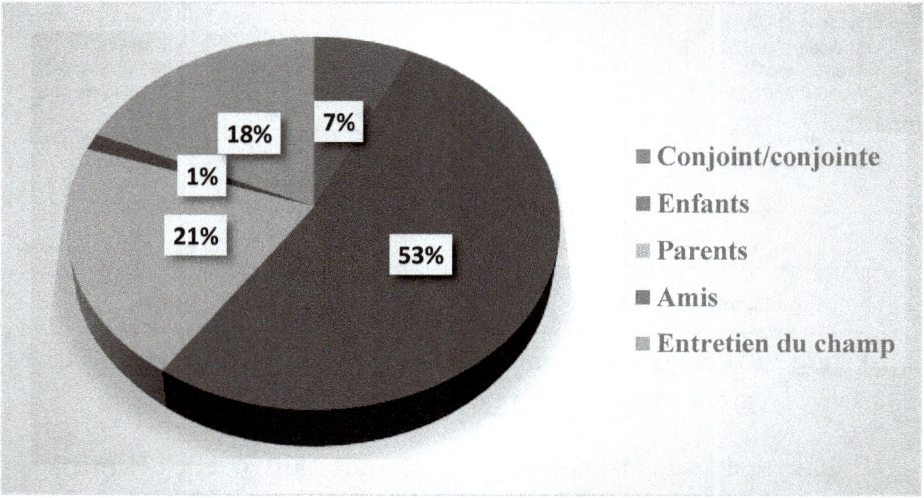

Figure 4 : Proportion des liens sociaux associés à mobilisation de l'épargne des ménages de cacaoculteur : source TANOH, 2020

Tout d'abord, les liens de filiation c'est-à-dire les liens de procréation (père, mère, fils, fille) et les liens de consanguinité (parents) constituent les ressources relationnelles les plus importantes dans la motivation des ménages quant à la mobilisation de leur épargne. Ces liens de filiation représentent respectivement 53 % et 21 % des liens sociaux légitimant la mobilisation de l'épargne. Ensuite, à côté des liens de filiation, une catégorie de liens sociaux justifie dans une moindre mesure, la mobilisation de l'épargne. Ce sont les liens professionnels (18 % des enquêtés) les liens matrimoniaux (7 %) et les liens d'amitié (1 %).

Ainsi, les formes d'épargne formelle, informelle, l'entraide coopérative ou encore la participation associative des acteurs à l'étude peuvent être examinées comme des ressources d'entretien et de consolidation des liens sociaux au sein des différents groupes sociaux d'appartenance. En effet, ces formes d'épargne considérées par les acteurs à l'étude comme une ressource, comme un facteur perturbateur des liens sociaux au sein des groupes sociaux d'appartenance. Autant l'épargne formelle peut générer des conflits au sein des relations de parentés, autant l'épargne informelle peut occasionner des conflits au sein de l'association. Le fonctionnement de l'épargne (formelle/informelle) peut ainsi bouleverser les liens sociaux dans les différents groupes sociaux d'appartenance des entrepreneurs. Certains récits, comme ceux ci-après, donnent à voir des rapports conflictuels cristallisés autour de l'épargne (formelle/informelle).

2.2. Les relations sociales : vecteur et finalité de la mobilisation de l'épargne chez les acteurs à l'étude

La figure 5 ci-dessous nous montre quatre (4) types de relations constituant la serve nourricière d'entretien des liens sociaux par la mobilisation de l'épargne des ménages de cacaoculteur. Ce sont : les relations d'obligation, les relations de solidarité, les relations d'investissement et les relations de collaboration. Ces catégories de relations sociales articulant et participant à la mobilisation de l'épargne se construisent dans des espaces sociaux bien définis. Le premier concerne l'espace *''endo-ménage'',* c'est-à-dire au sein de la sphère du ménage du cacaoculteur qui est le plus souvent constitué uniquement des membres de la famille nucléaire et élargie. Le second renvoie à l'espace *''exo-ménage''* qui met en relief tous les espaces sociaux en dehors de la sphère du ménage auxquels participe l'épargnant. Le troisième espace social d'articulation des liens sociaux autour de l'épargne met en évidence *''l'espace à soi''* (l'exploitation agricole, l'activité professionnelle, les projets d'investissement...) de l'épargnant.

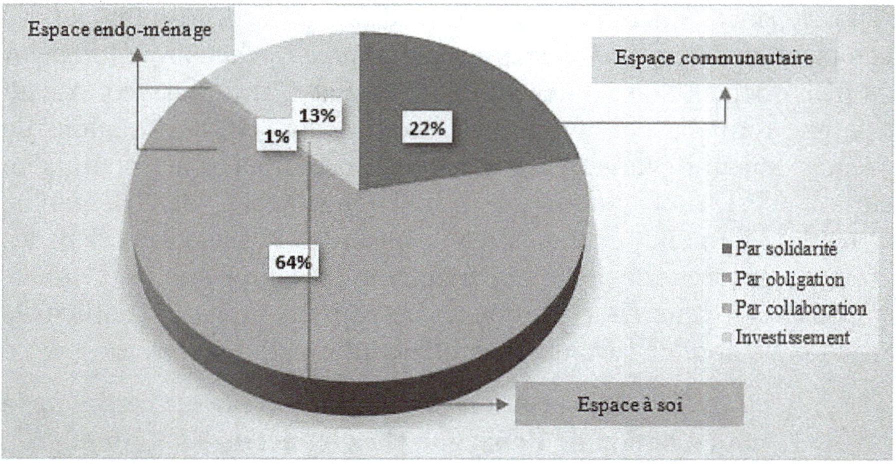

Figure 5 : Les espaces sociaux et la nature des rapports associés à la mobilisation de l'épargne des ménages de cacaoculteur : TANOH, 2020

L'espace endo-ménage est le cadre privilégié d'expression de deux types de catégorie de rapports sociaux liés à la mobilisation et à l'utilisation de l'épargne chez certains acteurs à l'étude. La première catégorie de rapports sociaux au sein des ménages s'articulant autour de l'épargne concerne principalement les rapports d'obligation (scolarisation des enfants, achats d'équipements de la maison, nourrir les membres du ménage, dépenses d'électricité, dépenses de santé...) qui représentent 64 % des interactions relationnelles dans l'espace social des enquêtés.

Cette forte proportion des rapports d'obligation autour de l'épargne met en perspective le caractère contraignant des pratiques d'épargne. Ce rapport d'obligation est essentiellement adossé au statut social de chef de ménage qui impose des rôles et des fonctions pour la plupart ayant un pouvoir coercitif dans les choix des acteurs sociaux. A ce titre, cette obligation associée à la mobilisation de l'épargne au sein des ménages pour la satisfaction des membres, accorde à l'épargnant un pouvoir dominant dans la prise de décision ou les choix d'orientation des dépenses du ménage.

À côté des rapports d'obligation dans la sphère du ménage, on observe une autre catégorie de rapports sociaux moins prégnante : ce sont les rapports de collaboration. Ils représentent seulement 1 % dans le système de rapports sociaux s'articulant autour de l'épargne au sein des cadres sociaux des ménages enquêtés. Le décryptage des données montre que les rapports de collaboration sont principalement entretenus par les conjointes du chef de ménage afin d'apporter leur aide en cas de difficulté. Toutefois, la faible proportion des rapports de collaboration autour de l'épargne au sein des ménages met en évidence deux réalités relationnelles.

Tout d'abord, de manière pratique, l'épargne au sein du ménage représente moins un objet de discussion entre les conjoints comparativement aux autres postes de dépenses de consommation. Le conjoint comme la conjointe préfère garder secrets la nature, le montant et aussi le lieu où se trouve son épargne. Ensuite, dans une logique sociale, cela dénote de la lutte stratégique ou des conflits latents entre conjoints dans le contrôle des postes de dépenses afin d'asseoir un pouvoir de participation à la vie du ménage. A ce titre, l'épargne représente un instrument de domination, un marqueur d'autorité au sein du ménage.

L'espace communautaire est l'apanage de la structuration des rapports de solidarité autour de l'épargne. 22 % des rapports sociaux associés à la mobilisation et à l'utilisation de l'épargne des acteurs sont mis au profit de l'entretien des liens de solidarité au sein du lignage familial, du voisinage et de certains groupes d'appartenance sociale tels que les associations, les coopératives villageoises. En effet, au sein des communautés, la proximité entre les individus, les ménages, les groupes sociaux, les collectivités organisées est très forte.

Les acteurs sociaux participent en dehors de la vie de leur ménage, à une multitude d'activités sociales et communautaires nécessitant des engagements matériels et financiers. Ainsi, le poids du groupe est très important sur les individus en ce sens où cette conscience collective véhicule des valeurs et des normes sociales solidaires auxquelles les membres sont astreints. Dans cette perspective, l'épargne mobilisée et utilisée hors du ménage sert à la construction des rapports de solidarité dont l'objectif principal est de maintenir la cohésion sociale au sein de la communauté.

Quant à l'espace à soi, c'est-à-dire dans le cadre professionnel des acteurs, les rapports à l'investissement se structurant autour de l'épargne constituent les rapports dominants de cet espace. Dans cet espace, des rapports d'investissements sont faits en grande partie dans les secteurs de l'agriculture et du commerce mais aussi dans l'immobilier. En effet, les acteurs épargnent pour investir dans du matériel d'exploitation, acheter des intrants agricoles et mobiliser de la main-d'œuvre afin de développer leur exploitation agricole ou encore construire une maison afin de bénéficier de rente immobilière.

Discussion

De nombreuses études (Granovetter, 1985 ; Soko, 2010 ;) corroborent l'influence des structures sociales (famille, religion, secteur informel...) et de système de relation sur les formes et la nature de l'épargne. Celles-ci revêtent dans de nombreux contextes sociaux le caractère de la structure dans laquelle les épargnants sont intégrés. Elle prend la forme la plupart du temps de tontine quand c'est un regroupe d'épargne féminin (Dromain, 1990 ; Anderson et Baland, 2002), d'épargne religieuse lorsqu'elle est mobilisée dans les communautés religieuses (Soko, 2010) ; de transfert de fonds quand ce sont les migrants qui la pratique (Kei et Gahié, 2017 ; Dieng, 1998) ou encore d'épargne sociale ou solidaire dont le fondement repose sur le principe de solidarité familiale (Dedise, 2001 ; Morrisson, 2005 ; Morrisson et De Laiglesia, 2006). En tout état de cause, toutes ces formes d'épargne montrent clairement le besoin de ces acteurs de s'inscrire dans des dynamiques d'entretien et de consolidation des relations sociales.

Conclusion

Au terme de notre étude, nous pouvons retenir qu'il existe une multitude de formes d'épargne (informel/formel, matériel/immatériel, etc.) catégorisable en deux (2) modalités : individuelle et en réseaux constitués. Ces formes d'épargne qu'elles soient individuelles ou en réseaux constitués, produisent d'une part des types particuliers de capitaux chez les acteurs sociaux et cimentent d'autre part, la structure des capitaux de ces acteurs ainsi que de leurs groupes d'appartenance. Ces capitaux leur permettent de négocier leur intégration au sein des groupes d'appartenance. Dans cette perspective, les relations sociales c'est-à-dire les liens de filiation précisément ceux de la procréation et de la consanguinité, les liens professionnels, les liens matrimoniaux et les liens amicaux constituent le vecteur et la finalité de la diversité des formes d'épargne constatée.

Références bibliographiques

Améthier J.B., *Mobilisation de l'épargne en milieu rural : l'exemple ivoirien*. Edition CEDA, p.36

Dedise S., 2001. *L'épargne financière des ménages dans les pays en développement : le cas du Pérou*, Thèse de Doctorat, université Paris/ Panthéon-Sorbonne.

Dieng S.A, (1998), « Le comportement financier des migrants maliens et sénégalais de France ». Revue d'Économie Financière, volume 49, numéro 5, pp.103-134

Dromain M., 1990. « L'épargne ignorée et négligée : les résultats d'une enquête sur les tontines au Sénégal », *in La tontine pratique informelle d'épargne et de crédit dans les pays en voie de développement.*

Giraud, C. (2008). *De l'épargne et de la dépense. Essai de sociologie de l'organisation et de l'institution.* Collection logiques sociales, Éditions L'Harmattan.

Kei, M., & Gahié, T. (2017), « L'épargne chez les ouvriers migrants des entreprises de la zone industrielle de Yopougon (Côte d'Ivoire) ». Cross-Cultural Communication, 13(1), 53-60

Lida D. S. et Koffi K.V., 2014, « Les logiques sociales d'épargne chez les *entrepreneurs* de l'Association des Commerçants de Niangon Sud (ACN-Sud) ». Revue Sociétés & Economies, LAASSE, N°2.

Lida D. S., 2015, « L'épargne comme objet de la sociologie : une analyse cursive et empirique ». Revue Économie et Société, Les Annales du LAASSE, n°01-2015.

Morrisson C., 2005, « Structures familiales, Transferts et Épargne : examen », Centre de Développement de l'OCDE, Document de travail N°. 255, http://www.oecd.org/dev/wp

Morrisson C. et De Laiglesia J. R., 2006, « Culture, liens familiaux et épargne », Centre de Développement de L'OCDE, Repères, N°35, www.oecd.org/dev/reperes

N'Doly, A.C. et Tanoh, T.F.O. (2017). « Les logiques sociales de la mobilisation d'épargne par les ménages ruraux d'Akwè-Djèmin dans la commune de Bingerville (Côte d'Ivoire) ». Revue Note Scientifique, homme et société N°7 de décembre, ISSN : 2409-9791.

Servet J-M., 1995, « Épargne et liens sociaux : études comparées d'informalités financières », *cahiers Finance*, éthique, confiance, p 305.

Sindzingere, A. (2005a). « The Multidimensionality of Poverty: An Institutionalist Perspective », mimeo, Paris.

Sindzingere, A. (2005b). « Explaining Threshold Effects of Globalization on Poverty», Research Paper N° 2005/53, WIDER, Helsinki.

Soko C., 2010, « Évolution des comportements d'épargne et des usages possibles de l'épargne des familles et communautés vivant dans les secteurs informels en Côte-d'Ivoire », Itineris Plus Vol 8 N°8, Les Éditions du Cenarest.

Soko C., 2001, *Finance informelle, microfinance et financement du développement à travers la mobilisation de l'épargne et l'organisation du microcrédit. Pratiques des acteurs et viabilité des institutions*, Thèse unique de Doctorat, Université de Paris 1 Panthéon Sorbonne.

Tanoh T.F.O., 2014, *Epargne et dépenses de consommation des ménages en milieu rural : cas du village d'Adjamé Bingerville dans la commune de Bingerville.* Mémoire de Master 2, Institut d'Ethno-sociologie (IES), UFR des Sciences de l'Homme et de la Société (SHS), Université Félix Houphouët Boigny.

Tanoh et Lida (2019) (en cours de publication) « Analyse structurale de la représentation sociale de l'épargne des ménages de cacaoculteurs », Cahier de l'IREA, Éditions L'Harmattan.

Tanoh T.F.O., 2020 (en cours), Fonctions sociales de l'*épargne et dépenses de consommation des ménages de producteurs de cacao de l'Est de la Côte d'Ivoire.* Thèse de doctorat, Institut d'Ethno-sociologie (IES), UFR des Sciences de l'Homme et de la Société (SHS), Université Félix Houphouët Boigny.

Weber M., 1964, *L'éthique protestante et l'esprit du capitalisme*, Plon, Paris, p.237.

Réseaux de commerce et intégration : approche par les pratiques socioéconomiques aux dyades en Afrique extrême occidentale

Ibrahima Demba DIONE

Enseignant-chercheur
Département de sociologie
Université Assane Seck de Ziguinchor
idione@univ-zig.sn
00221 78 198 47 49

Résumé

En Afrique, les initiatives de coopération transfrontalière dans les espaces de partage, mises en évidence à travers les « régions frontières », butent sur la divergence des logiques nationales héritées de la colonisation et confirmées aux indépendances. En Afrique extrême occidentale, le constat est clair que les différents États ne s'associent pas dans une continuité de politiques socio-économiques au-delà des frontières alors que les populations vivent l'espace sous régional en faisant fi de l'appartenance nationale, du moins dans les dynamiques économiques impulsées par les marchés ruraux. Les propos de cette contribution sont orientés vers une analyse de la construction des réseaux socio-économiques « informels » autour des marchés ruraux qui attirent des populations d'origine diverse. Dans une approche rétrospective, cette étude revient sur la pratique de l'espace post colonial, colonial et post indépendance pour revisiter les stratégies d'intégration afin de reposer le débat sur les politiques communautaires. Elle promeut la mise à profit d'une « intégration par le bas » ou « intégration naturelle » à travers le vécu de l'espace par les populations de part et d'autre des dyades. L'idée est ainsi de permettre une lecture sur la façon d'imaginer une coopération transfrontalière localisée en fonction des rapports de proximité socio-économiques établis par les marchés ruraux transfrontaliers.

Mots clés : intégration, marchés ruraux, frontières, coopération, dyades, Afrique extrême occidentale

Summary

In Africa, cross-border cooperation initiatives in sharing spaces, highlighted through the "frontier regions", are facing the divergence of national logics inherited from colonization and confirmed at independence. In far-western Africa, the observation is clear that the different states do not have integrative socio-economic policies across borders while the populations living in the sub-regional space are ignoring the nation state logics of identity in the economic dynamics driven by cross-border rural markets. The final perspective of this paper is to reflect on how the construction of "informal" socio-economic networks around rural markets that attract people of diverse origins. In a retrospective approach, this study revisits the practice of post-colonial, colonial and post-independence space to revisit integration strategies in order to rest the debate on Community policies. It promotes the use of "integration from below" or "natural integration" through the experience of space by populations on both sides of the dyads. The idea is to allow a reading on how to imagine localized cross-border cooperation based on the socio-economic proximity relationships established by cross-border rural markets.

Keywords: integration, rural markets, borders, cooperation, dyads, Far West Africa

Introduction

Beaucoup de théories panafricanistes reviennent sur l'homogénéité socioculturelle du continent africain pour porter des critiques sur les mutations territoriales survenues au cours de la colonisation. Ces dernières sont parfois perçues comme étant un frein à la réalisation de l'intégration africaine à cause de l'éclatement des anciennes[97] sociétés politisées, de la formalisation des frontières à la colonisation (conférence de Berlin) et de l'instauration de nouvelles stratégies de gestion de l'espace politico-économique. Mais aujourd'hui, l'évolution des sociétés dans un monde globalisé permet un changement de paradigmes sur le vécu de la frontière indépendamment des soubresauts dus à son édification. La mondialisation réduit les distances et uniformise les rapports socioéconomiques et spatiaux même si le contrôle des frontières a toujours une prégnance au regard de l'évolution des logiques géopolitiques tendant à un repli identitaire, du moins dans un sens

[97] Il s'agit d'empires ou de royaumes comme le Ghana, le Mali, Songhaï, le Dahomey, le Cayor, le Mossi etc. caractéristiques d'un système politique construit sur la base d'une organisation sociale assimilable à ce qu'il est convenu de définir comme Nation aujourd'hui avec une constitution (constitution Mossi, Cayor).

géostratégique de préservation d'une intégrité territoriale surtout en Afrique.

Dans ce contexte, si poser le débat sur la question de l'intégration africaine ne peut fondamentalement occulter une analyse fondée sur l'histoire coloniale, il est aussi indéniable qu'une approche prenant en compte de nouvelles logiques socioéconomiques faisant fi des constructions nationales et trouvant son expression dans la porosité des frontières serait intéressante à appréhender. En effet, les réseaux de commerce situés le long des dyades en Afrique extrême occidentale ou Sénégambie méridionale c'est-à-dire l'espace compris entre le Sénégal, la Gambie, la Guinée Bissau et la Guinée, fortement ancrés dans l'utilisation séculaire des espaces de partage, favorisent la création de centralités économiques unificatrices à partir desquelles une construction « unioniste » peut être sérieusement envisagée.

Cet angle de vue permettrait certainement de voir que l'intégration africaine passerait nécessairement par des coopérations transfrontalières localisées le long des dyades au sens où l'Afrique extrême occidentale n'est pas si homogène qu'on pourrait le penser au regard de l'évolution du concept de frontière après la colonisation et au moment des indépendances. En effet, ce que l'on pourrait appeler « poche d'intégration naturelle » dans les espaces de partage relativement aux activités économiques impulsées par les marchés ruraux constitue sans doute une solution de déblocage dans les constructions de l'intégration africaine, jusque-là inachevées.

Trois axes thématiques articulent le développement de cette problématique : d'abord, une approche conceptuelle sur la frontière avec l'idée de revisiter sa perception et son vécu en Afrique, ensuite une analyse sur le processus de création et d'organisation des marchés ruraux transfrontaliers et enfin un regard sur la manière dont ces derniers peuvent être les leviers d'une intégration localisée ou éclatée.

I. Dynamiques frontalières en Afrique extrême occidentale

Frontière : continuité et/ou discontinuité en Afrique extrême occidentale

Réfléchir sur la question de l'unité ou de l'intégration africaine en général revient à aborder les continuités et/ou discontinuités territoriales suivant le sens donné au concept de frontière. Extrémité territoriale limitative cadrée et encadrée ou territoire socialement et culturellement fédérateur, toujours est-il que la frontière en Afrique, comme partout ailleurs, demeure « vivante » au regard des multiples échanges qui s'y passent (Dione, 2013). La coupure et/ou la couture qu'elle implique découlent doublement des actions réciproques, des États aux populations locales, dans ce qu'il y a de part et d'autre de la ligne symbolique et juridictionnelle de séparation.

Ainsi, nos propos dans cette contribution considèrent la frontière comme une zone de partage et un espace à cheval sur plusieurs entités territoriales avec des fonctionnalités complémentaires. Cette zone permet une attraction par rapport à des logiques de satisfaction des besoins exprimés par les populations dans une hiérarchisation fonctionnelle de l'espace frontalier.

Néanmoins, la prise en compte des espaces communs n'a de sens que dans l'existence d'une limite encadrante et/ou dissuasive car, la « *frontière totalement ouverte pour tous n'est plus une frontière* » (Renard, 2007). Donc, il ne s'agit aucunement de repenser la frontière ou de la remettre en cause[98], mais de l'aborder en fonction de son aspect changeant ou figé, large ou linéaire, continu ou discontinu, social et/ou politique en rapport avec l'histoire de son édification, les complexités géopolitiques qui la définissent à un moment donné et la perméabilité constante qui la caractérise. Autant de facteurs associés qui permettent d'importantes mobilités donnant naissance à des centralités frontalières structurantes sous l'effet des pratiques locales.

Construction de la frontière en Afrique extrême occidentale : approche diachronique

La matérialisation de la frontière en Afrique a connu des vicissitudes au cours de son histoire entre constructions autochtones et cadrage colonial. Cette évolution est ainsi caractérisée par une triple tendance qui s'articule sur la conception des populations d'abord, sur l'organisation des sociétés politisées précoloniales ensuite, sur les logiques territoriales coloniales et post indépendances enfin. L'influence de ces trois déterminants majeurs a conditionné l'existence des frontières actuelles (physiques) dans leur représentation géopolitique. Dans les faits, si les présentes limitations de souveraineté sont héritées de la colonisation et

[98] En partant du principe de « l'intangibilité des frontières » tel que proposé par l'Organisation de l'Unité Africaine en 1964 (OUA, aujourd'hui Union Africaine - UA).

confirmées à la décolonisation, sa conception et son vécu par les acteurs locaux peuvent être liés aux représentations séculaires de l'espace et des constructions politiques du passé comme les empires et es royaumes.

Comme partout ailleurs, l'Afrique ancienne a produit des sociétés politisées bien organisées. Cependant, ces dernières n'étaient pas inscrites dans une logique de traçage d'une ligne de séparation, mais de « *rapports socioculturels dans une relation de groupe qu'il s'agisse de villages ou d'un ensemble de villages liés de façon horizontale et non sur une hiérarchisation verticale* » (Coquery-Vidrovitch, 1999). La frontière était perçue dans une structuration essentiellement déterminée par l'établissement d'une zone de contact, d'échanges et de rivalités. Ainsi, elle revêt une limitation aux multiples fonctions dont la construction a toujours échappé aux pouvoirs considérés comme centraux de l'époque. L'emprise de ces derniers ne renvoyait pas à un territoire physique délimité et intangible. Ce territoire symbolisait plutôt un rapport de contrôle entre ces pouvoirs et des dépendants. Ces derniers n'étaient pas forcément rattachés à l'espace physique de domination des pouvoirs centraux, une relation politique, sociale et géographique entre « pluralisme et unité » (Kaba, 1981). A ce titre, Lansana Kaba (1981) rapporte que « de l'Atlantique aux chutes de Barrakounda, le Gabou[99] comprenait un grand nombre de petits royaumes tributaires, plus ou moins centralisés, dont chacun avait son roi (*mansa*) et sa dynastie éligible à la royauté provinciale (*mansaya*). En partant de l'Atlantique, sur la rive méridionale, il y avait Kombo, Fogny, Kiang, Jarra, Nyamina, Wuropina, Jimara, Toumani, Kantora et le Kabou ; au nord, Niumi (Barra), Baddibou, Pakala, Niani et peut-être Wouli ». Il est sans doute important de voir ici que, ce sont les actes d'allégeance des différentes chefferies selon l'identification ethnique ou religieuse qui permettaient de cerner les territoires d'influence des différents pouvoirs centraux dans une discontinuité de l'espace politique. Cette situation de discontinuité politico-territoriale marquée également par l'aspect irrégulier du peuplement a rendu invisibles les frontières de ces sociétés politisées. Par conséquent, les frontières des anciens royaumes ne peuvent être placées avec exactitude dans le sens où elles sont inscrites dans une pratique territoriale continue. Ainsi, l'identité territoriale en Afrique extrême occidentale ancienne se résume à un conglomérat de relations imbriquées de façon horizontale dans une logique d'alliances socio-ethniques

---

[99] Le Gabou, situé entre les fleuves Casamance et Gambie en Sénégambie méridionale.

indépendamment d'un cadrage fermé imposé à la colonisation par la diversité des colonisateurs et les implosions dans le cadre de la loi cadre pour ce qui concerne l'Afrique Occidentale Française (AOF). Boubacar Barry (1999) soutient ainsi que la fragmentation des territoires politisés a porté un coup à l'homogénéité socio-spatiale en particulier en Afrique extrême occidentale où « *Au sud, les Diola, les Manding et les Peul appartenant à l'ancien territoire de Gabou sont partagés entre les deux Guinée, la Gambie et le Sénégal. Et encore pire la situation de la Gambie qui coupe la colonie du Sénégal en deux, créant ainsi entre le sud et le nord de ce pays un déséquilibre majeur qui est une des causes de la rébellion Diola en Basse Casamance* ». Cependant, il faut préciser qu'aujourd'hui cette reconnaissance d'une identité territoriale plus élargie que les contours actuels des États constitués à la décolonisation n'est pas l'objet d'une contestation identitaire allant dans le sens d'une couture des territoires précoloniaux. En effet, la frontière comme séparation est intégrée par les populations. Ce sont l'utilisation de l'espace et les pratiques de vie qui remettent passivement en cause le cadrage frontalier actuel.

Dans ce contexte, les espaces communs en Afrique extrême occidentale sont configurés dans une logique d'homogénéité socio-ethnique de fait au regard du passé précolonial. De ce point de vue, les faits qui s'y passent restent liés à l'identification des individus par rapport à des pratiques de vie qui éliminent les clivages physiques créés par les frontières d'aujourd'hui. Mais au-delà, les dynamiques territoriales des zones de partage frontalières et les mutations qui les accompagnent dépassent le simple cadre d'un vécu de l'espace par les populations locales. Fondamentalement, l'empreinte des dynamiques géopolitiques (instabilité politique, rébellion, construction nationale inclusive) introduit une inertie des périphéries frontalières et bouleverse sans cesse les pratiques socio-économiques homogènes vécues par les populations de part et d'autre des frontières. On le constate entre la Gambie et le Sénégal où les initiatives de développement « s'arrêtent aux contours frontaliers » alors que les populations de part et d'autre ont les mêmes vécus et pratiques de l'espace et s'insèrent dans une globalité socioéconomique. C'est d'ailleurs le principal blocage à l'intégration africaine au sens où la frontière est prise non pas comme un espace de transition dans les constructions nationales mais comme une vulnérabilité, une extrémité limitative où tout ce qui est entrepris doit nécessairement tourner le dos au territoire souverain mitoyen.

II. Les réseaux commerciaux le long des dyades : localisation opportunités d'échange et intégration « naturelle »

Contextualisation des réseaux de commerce

L'histoire de l'Afrique extrême occidentale est marquée par l'existence de deux sociétés politisées, le Gabou et le Fouladou qui se sont succédé respectivement sur les mêmes contours. Le premier regroupait les actuelles républiques de Guinée Bissau, du Sénégal, de la Gambie jusqu'en Guinée. Le deuxième couvrait les actuels départements de Kolda et Vélingara (Sénégal), Bassé (Gambie) Farim et Bafata (Guinée Bissau).

Carte de localisation des royaumes de Gabou et Fouladou

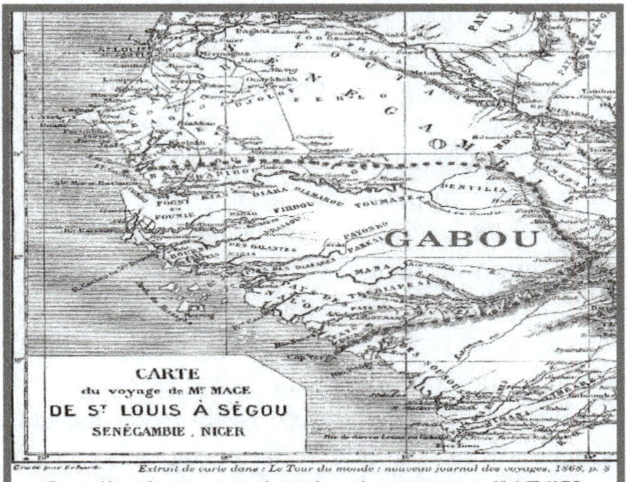

Localisation approximative du royaume GABOU

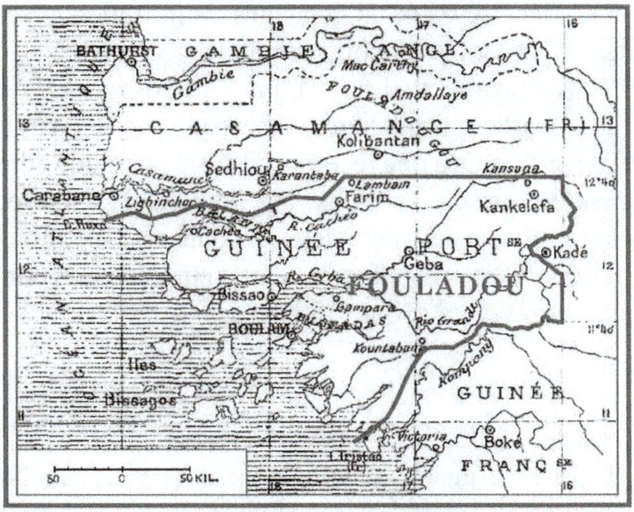

FOULADOU : dernier royaume, XIXème siècle, règne d'Alpha Molo Baldé

Ces sociétés politisées ont su fédérer les composantes socio-ethniques dans une pratique de l'espace économique au sein duquel les échanges se passaient à la croisée des voies reliant les zones de production de la savane, de la forêt, du sahel et du littoral. Ce schéma est aujourd'hui visible à travers les marchés ruraux qui ont connu un essor fulgurant au début des années 80 en Afrique extrême occidentale.

Pour comprendre cette prise d'importance, il faut remonter à la mise en place de la stratégie économique coloniale mettant en avant la promotion de la monoculture de l'arachide dont la commercialisation était exclusivement gérée par des grandes maisons de commerce contrôlées par la métropole. Cette dynamique a été perpétuée aux indépendances avec la création de sociétés nationales comme l'ONCAD (Office Nationale de Coopérative et d'Assistance au Développement), au Sénégal par exemple, qui assurait l'exclusivité de la commercialisation de l'arachide. La conséquence en est le « repli des grandes maisons de commerce vers Dakar. Le vide commercial laissé dans les campagnes n'a pas été comblé par les structures mises en place par l'État » (Ninot, 2003). Également, cette politique de l'État, axée sur la monoculture de l'arachide, n'a pas connu l'ambition qu'on lui prêtait, et très vite, avec la crise économique des années 70[100], la faillite de cette stratégie a remis en cause les réseaux de commercialisation des produits agricoles gérés par l'État. Cela a abouti à la libéralisation survenue au début des années 80. Il s'est agi essentiellement d'un désengagement de l'État avec une entrée de plein pied dans le néolibéralisme. Associé à d'autres facteurs tels que l'évolution du commerce avec de nouveaux acteurs (grands commerçants) et la redynamisation des réseaux d'échanges « informels » du fait de l'augmentation des besoins de consommation que proposent les milieux urbains, le développement des marchés ruraux implique un effet structurant des marges frontalières. L'espace rural, particulièrement frontalier, est ainsi soumis à une recomposition systémique complexe avec le foisonnement des circuits « informels » de collecte et de redistribution des produits agroforestiers et manufacturiers dans une situation d'émission et de réception de flux de marchandises au cœur des points de rupture de charges comme Diaobé, Pata, Saré Yoba etc.

---

[100]Les années 70 ont été marquées en Afrique par une sècheresse à l'origine d'une crise économique partie de la chute de la production agricole en générale (Adebayo, 1988).

Centralités socioéconomiques : des marchés hebdomadaires internationalisés

Plusieurs points de rencontre économique existent dans les dyades en Afrique extrême occidentale. Ces derniers sont construits dans des logiques de pratiques locales avant d'intégrer un vaste ensemble transfrontalier hétérogène avec une complémentarité des différents marchés (en termes de spécialisation par le type de produits proposés) qui le composent. Ce chapitre s'intéresse particulièrement aux marchés de Diaobé, Pata, Saré Yoba en Haute Casamance.

Diaobé, un hub commercial

Plus que tout autre marché, celui de Diaobé constitue, dans l'ensemble transfrontalier de la Haute Casamance, un *hub* commercial structurant les réseaux d'échanges dans un rôle centralisateur. Diaobé est un village de l'arrondissement de Kounkané intégrant le Département de Vélingara dans la région de Kolda en Haute Casamance au sud du Sénégal. Sa prise d'importance comme l'un des marchés ruraux les plus importants de l'Afrique extrême occidentale est en rapport avec les changements qui se sont opérés dans les États frontaliers. A ce propos Fanchette (2001) soutient que le marché de Diaobé « a su profiter, durant les premières années de son existence, de l'accession de la Guinée Bissau à l'indépendance, pour étendre une partie de ses flux commerciaux vers ce pays en cours de reconstruction ». Le volume des transactions a ainsi connu une évolution croissante et aujourd'hui sa polarisation atteint toute l'Afrique de l'Ouest.

Le marché est organisé en « syndicats » (Diallo, 2020) bien structurés avec une hiérarchisation verticale sur fond de régulation locale du cours des produits échangés et un système de contrat exclusivement bâti sur des normes traditionnelles relatives à la tradition orale. Ces « syndicats » peuvent être qualifiés d'associations coopératives selon le pays d'origine du produit commercialisé. Le constat est clair que ces « syndicats » ont un fonctionnement établi sur des bases solides d'entente entre les opérateurs économiques de la collecte au stockage en passant par le transport des produits échangés. Cette manière de construire des logiques économiques (qui n'envient en rien certainement les normes économiques et juridiques nationales et/ou communautaires) amène sans doute à reconsidérer l'utilisation abusive du qualificatif « informel ». Le sérieux des opinions voudrait ici que l'on prenne en compte, dans un contexte de désengagement des États dans l'aménagement des espaces frontaliers, l'idée d'une « intégration naturelle ». Les acteurs exclusifs en sont les populations, de part et d'autre des frontières, inscrites dans des réseaux commerciaux mis à profit par les opportunités d'échanges impulsées localement en usant des richesses naturelles disponibles à travers les « syndicats ». Il en existe quatre à Diaobé. Le « pack guedj » spécialisé dans la commercialisation du poisson séché en provenance du Sénégal, pays ancré dans l'activité de la pêche artisanale avec ses 700 km de littoral du nord-ouest au sud-ouest. Il s'agit du premier « syndicat » créé et au fur et à mesure de l'élargissement du marché, d'autres « syndicats » y sont mis en place notamment celui dénommé « Guinée » avec comme produit phare l'huile de palme d'une origine partagée entre la Guinée, le Sénégal et la Guinée Bissau. Puis sera créé celui de « kong fumé » ou poisson fumé venant du Sénégal et de la Guinée Bissau et enfin celui de « Guinée Bissau » tourné vers les noix de cajou et les huitres séchées. Par ailleurs, il existe des produits hautement commercialisés à Diaobé sans étiquetage national autour d'un « syndicat » comme les céréales et les légumes d'une origine diversifiée. Tous ces produits occupent les acteurs du marché qu'ils soient, commerçants ou paysans de diverses localités de part et d'autre des frontières. Ils sont destinés à la consommation des grandes villes et par le port de Banjul et celui de Dakar sont exportés à l'étranger. Également, des produits manufacturiers sénégalais et ceux frauduleusement importés de l'étranger via la Gambie sont proposés pour le marché de consommation locale (Fanchette, 2001). Les nombreuses transactions associent divers acteurs ; du petit producteur au grand négociant en passant par l'intermédiaire collecteur et le transporteur dans un vaste ensemble territorial commercial. S'agissant du transport de marchandises, les pays tels que les deux Guinées, la Gambie et le Mali par le biais de leur « syndicat » ont su organiser un système d'acheminement depuis leurs sources d'approvisionnement (Guinée, Mali, Guinée-Bissau, Mali, Gambie, Sierra-Léone, Côte-d'Ivoire, Burkina). Dans le même sens, à Diaobé, des gares routières dédiées sont érigées selon la provenance. Certains pays comme la Sierra-Léone et le Burkina Faso font acheminer leurs marchandises via respectivement la Guinée et le Mali. Les produits sont stockés dans des « maisons entrepôts » avant d'être disséminés dans les endroits spécialisés de commercialisation.

La conséquence en est que le caractère ponctuel de la tenue hebdomadaire du marché disparaît. Avec ces « maisons entrepôts », l'approvisionnement et les transactions sont réguliers pour tous les jours de la semaine. Certains commerçants jadis itinérants se sédentarisent en s'inscrivant également dans le développement d'autres offres de service comme dans l'immobilier. Les structures bancaires, à l'image du crédit mutuel du Sénégal, le pionnier dans la couverture rurale et frontalière de l'offre bancaire, s'installent. De surcroît, avec la généralisation des transactions par la téléphonie mobile grâce à « Orange Money », « free money », « Wari », « wave » dans toute l'Afrique de l'Ouest, le payement marchand et le transfert d'argent, on assiste à une fluidité relative et une sécurisation dans la circulation de l'argent.

Des marchés ruraux secondaires de collecte et de redistribution

La polarisation effective du marché de Diaobé inclut d'autres marchés secondaires frontaliers de moindre envergure. Le marché hebdomadaire de Pata dans le département de Médina Yoro Foulah à 9 km de la frontière avec la Gambie est spécialisé dans les produits manufacturiers et le textile. Interface socioéconomique entre la ville de Brikama Ba (Gambie) et Kolda (Sénégal), il est le lieu de mouvements transfrontaliers intenses dans le double rôle de collecte et de redistribution de produits provenant de Diaobé et ceux de contrebande distillés à partir de la Gambie. Le marché hebdomadaire de Pata est tenu le samedi et draine des populations de la Gambie, du Sénégal et de Guinée, avec au cœur des transactions le textile et les produits tropicaux.

Saré Yoba, au sud de Kolda à 10 km de la frontière bissau-guinéenne, accueille un marché hebdomadaire le jeudi. Au nombre des transactions économiques qui s'y opèrent, Saré Yoba se particularise par le commerce de bétail. Les commerçants qui séjournent le mercredi au marché international de Diaobé prolongent le plus souvent leur parcours jusqu'à Saré Yoba.

Hormis les logiques économiques, ces marchés hebdomadaires sont le lieu où des dynamiques socioculturelles intégratives complexes se créent. Également, les mobilités à sens multiples entre les pays limitrophes finissent de faire de la localité de tenue de marché un ensemble intégré et homogène. Ainsi, les localités abritant les marchés hebdomadaires se positionnent en centralités transfrontalières couvrant un arrière-pays de part et d'autre des frontières en Afrique extrême occidentale. Cependant, le caractère « informel » construit sur la base des réseaux de commerce sans intervention et organisation de l'État sénégalais ne permet nullement d'intégrer les prédispositions nationales dans la gestion de l'économie (le contrôle des mouvements de personnes et de biens par exemple) perçues très contraignantes par les acteurs.

Dans ce contexte, l'une des questions à laquelle devront répondre les stratégies ouest-africaines d'union économique et monétaire est : comment concilier réseaux de commerce transnationaux dits « informels » et encadrement socio-juridique formel tout en facilitant la circulation aisée des personnes et des biens ?

III. De la nécessité d'une union intégrative localisée

L'analyse des imbrications culturelles dans la pratique de l'espace par les populations de part et d'autre des frontières en Afrique extrême occidentale montre qu'il existe une continuité territoriale pouvant constituer une base solide à la réalisation de l'intégration sous régionale. L'exemple de l'Afrique extrême occidentale n'est pas unique en son genre puisque les mêmes schémas se retrouvent un peu partout ailleurs sur le continent à l'image de l'espace frontalier compris entre « le Sud-Cameroun, le Nord-Gabon et la partie continentale de la Guinée Équatoriale caractéristique d'une intégration sociospatiale grâce à la transnationalité de l'ethnie Fang, à l'implantation des marchés frontaliers et à la coopération décentralisée amorcée par les collectivités locales » (Messe Mbega, 2015). La zone comprise entre le Mali, la Côte d'Ivoire et le Burkina Faso à travers le triangle Sikasso-Korhogo-Bobo Dioulasso (SKBo) offre également l'exemple de la construction d'un territoire commun façonné entre construction nationale et dynamiques transfrontalières sous forme d'échanges et de vécus de l'espace.

Également, dans l'espace européen ces types de territoires sous l'appellation « Grandes Régions » présentent les mêmes caractéristiques socio spatiales. Cependant, ces dernières ont su construire une coopération transfrontalière éclatée en fonction des problèmes communs vécus au-delà de l'appartenance nationale. Les exemples à ce propos sont multiples notamment dans la gestion commune de la santé à travers le cas de la Grande Région englobant la Wallonie (Belgique), la Lorraine (France), le Luxembourg, la Sarre et la Rhénanie-Palatinat (Allemagne). Ici, la « polarité hospitalière et l'intégration européenne » sont abordées par Christian Lamour (2010) dans le cadre du Pôle Européen de Développement (PED) sous l'angle des mobilités transfrontalières de soins facilitées par des stratégies communes en termes par exemple d'uniformisation de la sécurité sociale. La santé se présente ici comme une puissante révélatrice de la coopération transfrontalière. Il y a également les espaces communs des Alpes du sud entre le département français des

Alpes Maritimes et les provinces italiennes de Cuneo et Impéria (Perez et Balli, 2010). A la différence des régions frontières en Afrique extrême occidentale, il existe une coopération transfrontalière pragmatique où l'essentiel est de permettre une offre de service qui prend en considération les constructions territoriales au-delà des frontières. Il s'agit ainsi de voir qu'il existe concrètement une coopération transfrontalière éclatée où les collectivités territoriales mitoyennes définissent les règles et appuyées en cela par une politique volontariste ancrée dans une stratégie européenne de gestion commune. Certes, en Afrique, l'Union Africaine est dans la même posture au regard des intentions communautaires, mais plusieurs facteurs bloquants entament la réalisation effective d'une coopération transfrontalière en rapport avec le dynamisme des territoires.

Les réalités sociopolitiques à la décolonisation, différentes suivant la manière dont l'indépendance est acquise et l'héritage sur les formes d'organisation territoriale, présentent des situations complexes faciles à saisir, mais difficiles à résorber au regard des spécificités socioéconomiques et politiques des États composant particulièrement l'Afrique extrême occidentale. D'abord, les discontinuités et les continuités dans les espaces communs ne sont pas perçues dans le contexte d'une « multiplication et d'une superposition de territoires d'une part et d'autre part, d'une variation dans la manière dont le territoire est vécu par les planificateurs et les acteurs » (Bioteau et al. 2010). Concrètement, en Afrique extrême occidentale, les différents États composant cet espace ont sans doute des aspirations économiques divergentes et une manière différente de concevoir le libre-échange. Dans cette logique, « certains États privilégient les importations du marché mondial à bas prix, qu'il s'agisse, pour la Gambie, d'une stratégie de développement basée sur la réexportation, ou pour la Guinée (en 1984) comme pour la Guinée-Bissau (en 1986), de faire suite à des périodes de pénurie chronique et de marché noir. D'autres pays comme le Sénégal privilégient au contraire le développement de l'agriculture ou de l'industrie en se protégeant des produits du marché mondial. Le Sénégal impose ainsi de très lourdes taxes à la plupart des marchandises importées qui accroissent les prix de 50 % à 70 %, non comprise la fiscalité interne au pays » (Fanchette, 2002).

Toutefois, de multiples réseaux commerciaux « informels » structurent les espaces frontaliers au point de voir éclore des centralités périphériques dont le dynamisme implique une sorte de « privatisation des campagnes » (Ninot, 2003) face au désengagement des États dans ce qu'il convient d'appeler les marges périphériques frontalières.

C'est tout l'intérêt d'aborder la question des dyades en Afrique extrême occidentale sous l'angle d'une intégration décentralisée, localisée ou éclatée en rappelant ici le concept d'« intégration naturelle ».

Pourtant, l'organisation économique entretenue par les réseaux sociaux d'échanges à travers les marchés frontaliers prédispose cette partie du continent africain à une union économique durable. Mais aujourd'hui, malgré les politiques volontaristes supranationales dans le cadre de l'UEMOA et de la CEDEAO, une intégration sérieuse et effective tarde à voir le jour. En Afrique de l'Ouest, l'idée a été abordée concrètement en 2000 par l'ancien président malien Alpha Oumar Konaré qui a intégré la notion de « Pays Frontières » pouvant être définis comme un espace géographique à cheval sur les lignes de partage de deux ou plusieurs États limitrophes où vivent des populations liées par des rapports socio-économiques et culturels. Ceci marque, en Afrique de l'Ouest, le début d'un processus tendant à aborder les zones frontalières dans un cadre de gestion concertée qui inclut tous les acteurs de la vie socio-économique au regard de l'espace partagé. Cependant, ces initiatives restent des déclarations d'intentions sans aller plus loin dans la concrétisation.

Pour cette raison, une autre forme de gestion de l'espace économique, social, politique et culturel en Afrique extrême occidentale devrait être au premier plan des préoccupations dans la marche vers une unité économique et monétaire. Ce qui est incontournable comme première démarche est sans doute de permettre que les États frontaliers s'associent là où les populations vivent l'espace en commun, au-delà d'une appartenance nationale pour une coopération transfrontalière franche. En Afrique extrême occidentale, si on prend l'exemple de la Haute Casamance comprise entre la Guinée et le Sénégal francophone, la Gambie anglophone, la Guinée Bissau lusophone, on imagine aisément des différences dans l'administration territoriale et les réglementations commerciales. Par ailleurs, on relève également dans cette logique d'administration différenciée, des orientations politiques divergentes, car les différents États composant cet espace ont des aspirations économiques différentes et une manière différente de concevoir le libre-échange. Le Sénégal, relativement « protectionniste[101] » ne peut avoir la même

[101] « De son indépendance politique (1960) au milieu des années 1980, le Sénégal a renforcé son système de protection en matière de substitution aux importations. Les mesures protectionnistes ont toujours constitué une source importante de revenus pour l'État (plus de 40 % des recettes budgétaires au début des années 1990) » (Diagne, 2006)

conception sur le contrôle douanier que la Gambie, « ultra-libéral ». Par ailleurs, l'instabilité politique « endémique », entre rébellions et guerres civiles, qui frappe l'Afrique extrême occidentale finit d'établir une situation d'isolement et de méfiance tant les enjeux de préservation d'une intégrité territoriale poussent les États à un repli national.

Conclusion

La particularité de l'Afrique extrême occidentale comme territoire global (en référence au passé précolonial) réside sur le fait qu'elle soit frappée d'une contradiction entre couture de l'espace socioculturel et coupure de l'espace géopolitique. Les réalités de pratiques commerciales autour des marchés ruraux frontaliers en font un espace homogène, continu et intégratif où les relations ancestrales sur fond d'échanges entre différents foyers de production primaire (littoral, savane, forêt, sahel) prévalent aujourd'hui d'une part. D'autre part, la construction des États a imposé des discontinuités de fait avec des politiques nationales limitatives alors que des stratégies d'une coopération transfrontalière franche n'existent pas. A l'heure où les débats remuent l'idée d'un regroupement économique et monétaire en abandonnant le Franc CFA, il est sans doute nécessaire de prendre en considération cette double problématique. Qu'elle soit par le haut ou par le bas, l'intégration en Afrique extrême occidentale a toutes les chances d'être réalisée si les bases partent des constructions locales dans les pratiques socioéconomiques de part et d'autre des frontières. Il s'agit ainsi de promouvoir une coopération transfrontalière localisée en insistant sur le règlement conjoint des problèmes et besoins entre les collectivités locales mitoyennes.

Bibliographie

ADEBAYO, A. (1988). La situation économique de l'Afrique : vers une reprise ? in : *Politique étrangère*, n° 3 – 1988 – 53ème année. Pp. 621-638. DOI : https://doi.org/10.3406/polit.1988.3797.

BARRY, B. (1999). « Histoire de la perception des frontières en Afrique aux XIXe et XXe siècles : les problèmes de l'intégration africaine». Dans UNESCO (dir.). *Des frontières en Afrique du XIIe au XXe siècle*. Bamako (Mali). p. 55-72

BIOTEAU, E., FLEURET, S. (2010). « Territoires, santé et discontinuités ». Dans Duhamel S.,

COQUERY-Vidrovitch C. (1999) « Histoire et perception des frontières en Afrique du XII au XXème siècle » dans UNESCO (dir.). *Des frontières en Afrique du XIIe au XXe siècle.* Bamako (Mali). p. 39-54

DIAGNE, A. (2006). Politiques commerciales, intégration régionale et distribution des revenus au Sénégal. *Mondes en développement*, n° 135(3), 101-129. https://doi.org/10.3917/med.135.0101

DIALLO, A. (202O). Mobilités, genre et vulnérabilité : l'exemple des réseaux de femmes commerçantes du marché de Diaobé, Université Assane Seck de Ziguinchor, mémoire de master 2.

DIONE, I. (2013). Santé et territoire en Haute Casamance : Logiques socio-économiques et territoriales d'accès aux soins dans un espace commun à la Gambie, la Guinée Bissau, le Sénégal et la Guinée. *ESO, Travaux & Documents*, *36*, 67-77.

DIONE, I. (2013). Polarisation des structures de soins de la Haute Casamance : entre construction nationale des systèmes de santé et recours aux soins transfrontalier. Géographie. Université d'Angers, France, thèse de doctorat.

Fanchette, S. (2001). « Désengagement de l'État et recomposition d'un espace d'échange transfrontalier : la Haute-Casamance et ses voisins », *Autrepart*, vol. 19, no. 3, 2001, pp. 91-113.

KABA L., (1981). Des aspects de l'histoire du Gabu au XIXème siècle. Ethiopiques, numéro 28, numéro spécial, Revue de culture négro-africaine.

MOULLE, F., (dir.) *Frontières et santé. Genèse et maillages des réseaux transfrontaliers* Paris l'Harmattan, collection « Géographie et cultures ». p. 69-81.

LAMOUR, C. (2010). « Polarisation hospitalière et intégration européenne. Le cas de l'Agglomération du Pôle Européen de Développement », Dans Duhamel S., Moullé F., (dir.) *Frontières et santé. Genèse et maillages des réseaux transfrontaliers.* Paris, L'Harmattan, collection « Géographie et cultures » p. 97-107

MESSE MBEGA, C., Y. (date de consultation : 31 août 2019). *Les régions transfrontalières : un exemple d'intégration sociospatiale de la population en Afrique centrale ? Éthique publique* [En ligne], vol. 17,

n° 1 | 2015, mis en ligne le 30 juin 2015.
URL:http://journals.openedition.org/ethiquepublique/1724 ; DOI : 10.4000/ethiquepublique.1724

NINOT, O. (2003). « Pour une lecture critique des circulations entre villes et campagnes dans les pays du Sud : l'exemple du Sénégal », Communication faite au colloque *Rural – urbain : les nouvelles frontières – Permanences et changements des inégalités socio-spatiales*, Poitiers, juin, 4-6, 15p.

PEREZ, S. (2010). « L'accessibilité aux soins dans l'espace frontalier des Alpes du Sud » Dans Duhamel S., Moullé F., (dir.). *Frontières et santé. Genèse et maillages des réseaux transfrontaliers*. Paris L'Harmattan, collection « Géographie et cultures » p.43-47

RENARD, J. (2007). « Frontières et aménagement. Le point de vue du géographe ». Université d'Artois, EA 2468. *Dynamiques des réseaux et des territoires*.

Le foyer amélioré PADES : un moyen de lutte contre le changement climatique dans le département de Dogondoutchi au Niger

Ibrahim MALAM MAMANE SANI,

Enseignant-chercheur, département de Sociologie et Anthropologie, Université Abdou Moumouni de Niamey, Niger E-mail : malammamanesani@gmail.com

Saadou ABOUBACAR,

Doctorant en sociologie, Institut Universitaire d'Études du Développement de Galice, Université Saint Jacques de Compostelle, (Espagne). E-mail : allakayebouza@yahoo.fr

Résumé

Le monde est aujourd'hui menacé par les effets néfastes du changement climatique et cette situation préoccupe beaucoup les scientifiques, les décideurs politiques, mais également, les organismes internationaux. Dans cet article, il s'agit d'analyser l'utilisation du foyer amélioré PADES[102] et son effet induit dans la lutte contre le changement climatique dans le département de Dogondoutchi. Combinant méthodes quantitative et qualitative, l'enquête de terrain a concerné 18 villages des 6 communes du département de Dogondoutchi. Les principales préoccupations auxquelles cette réflexion fait sienne se résument à trois questions clefs : tout d'abord, comment le foyer amélioré PADES contribue-t-il à lutter contre le changement climatique dans le département de Dogondoutchi ? Ensuite, la pauvreté des ménages nigériens n'- est-elle pas un vecteur de recours systématique au bois de chauffe comme source d'énergie domestique ? Et enfin, conséquemment, les difficultés induites pour accéder à cette source énergie, ne sont-elles pas à leur tour, des facteurs aggravants ? Au terme de cette étude, les résultats obtenus montrent que le foyer amélioré PADES contribue non seulement à la lutte contre le changement climatique sur le plan environnemental par la préservation de la formation végétale et la réduction de la production du dioxyde de carbone mais aussi socioéconomique, par l'amélioration de la santé communautaire et la réduction des dépenses de consommation des ménages ruraux.

Mots clés : Dogondoutchi, Foyer amélioré ; déforestation, changement climatique.

[102] Programme d'Aide Économique et Social

Abstract

The world is now threatened by the harmful effects of climate change and this situation is of great concern to scientists, policy makers, but also international organizations. In this article the aim is to analyze the use of the PADES improved stove and its effect in the fight against climate change in the department of Dogondoutchi. Combining quantitative and qualitative methods, the field survey concerned 18 villages in the 6 municipalities of the department of Dogondoutchi. The main concerns endorsed by this reflection can be summed up in three key questions: first, how does the PADES improved stove contribute to the fight against climate change in the department of Dogondoutchi? Then, is not the poverty of Nigerien households a vector for systematic use of firewood as a source of domestic energy? And finally, consequently, are the difficulties induced in accessing this energy source not in turn aggravating factors? At the end of this study, the results obtained show that the PADES improved stove contributes not only to the fight against climate change from an environmental point of view by preserving plant formation and reducing carbon dioxide production, but also socioeconomic, by " improved community health and reduced consumption expenditure by rural households

Key words: Dogondoutchi, Improved stove; deforestation, climate change

Introduction

L'un des défis de cette ère est le problème d'approvisionnement en énergie qui se pose avec acuité à l'échelle mondiale, mais encore plus dans les pays en voie de développement. Cet état de fait est dû à une forte croissance des villes du tiers monde suivi d'un développement désarticulé et une croissance démographique exponentielle occasionnant une importante consommation d'énergie (combustibles fossiles, bois-énergie électricité…). (Ekoty, 2010). Placée au deuxième rang mondial des problématiques environnementales, les plus inquiétantes après les chocs climatiques, bien avant la désertification, la déforestation constitue une préoccupation majeure dans les pays en voie de développement. Cette déforestation est le résultat de plusieurs actions conjuguées dont la coupe de bois pour produire de l'énergie (Ouattara et Bakayoko, 2006). Cette ressource naturelle est, pendant longtemps considérée comme un patrimoine inépuisable. Cependant, elle est aujourd'hui menacée de graves destructions liées aux activités humaines. Ces pratiques conduisent à la disparition du couvert végétal et animal, Panissi (2015).

En Afrique subsaharienne, la situation énergétique fait ressortir une forte dépendance de la population à la biomasse traditionnelle, c'est-à-dire un fort intérêt au bois-énergie. Dans cette partie du monde respectivement 93 % à 58 % de la population rurale et urbaine, utilisent la biomasse comme source d'énergie (Berté et Adou, dit Fatogoma, 2017). Ainsi, le bois est l'une des sources d'énergies les plus anciennement utilisées par l'humanité. En effet, depuis la préhistoire jusqu'au début de l'exploitation du charbon, le bois fut de loin la plus importante source d'énergie possible pour le chauffage et pour la cuisson des aliments. Dans certains cas, le bois de chauffe et le charbon de bois sont utilisés par les populations pour la préparation des repas, le repassage des habits, le chauffage et l'éclairage des habitations. Au moyen âge, puis à l'époque moderne, c'est le bois qui permit le développement de certaines industries gourmandes en énergie et qui nécessitaient des températures élevées, comme la sidérurgie et la verrerie S. Karekezi (1992). Cependant, l'exploitation du bois varie en fonction la situation géographique c'est-à-dire, des zones de forêt, de savane et même de désert.

Il est important de souligner que le bois est utilisé par 90 % de la population qui vit en milieu rural et constitue la première source d'énergie domestique. Cette population à faible revenu n'a d'autre choix que d'utiliser le bois comme source d'énergie dans la préparation de ses aliments (Ekoty, 2010 ; Panissi, 2015). Mais, la consommation de la biomasse solide pour les usages domestiques, pose plusieurs problèmes dont, la pénibilité de la collecte des bois de chauffe, la déforestation, les problèmes sanitaires suite à l'inhalation de la fumée dans les habitations (Favennec et al, 2015). Malgré tout, dans la plupart des pays de l'Afrique subsaharienne, le secteur issu des combustibles ligneux emploie une main-d'œuvre importante et génère un revenu considérable à des millions de personnes. Dans la recherche de solution pour augmenter substantiellement leur niveau de revenu et améliorer leurs conditions de vie, certains se convertissent en bûcheron ou en charbonnier puisque la demande est de plus en plus croissante et le prix des combustibles est toujours en constante augmentation. Même des commerçants trouvent la filière très lucrative, c'est la raison pour laquelle, ils s'impliquent dans l'achat, le transport, la vente et la création d'un réseau de distribution entre les propriétaires des espaces forestiers, des exploitants, jusqu'aux grossistes et détaillants (Behrendt.et al, 2013 ; Panissi, 2015 ; Berté et Adou, dit Fatogoma, 2017).

Au Niger, le bois représente 90 % des sources d'énergie des ménages et l'accès aux combustibles modernes reste réduit. Le bilan énergétique souligne la prédominance de bois comme source d'énergie dans la majorité des ménages nigériens (Paner, 2015). Ainsi, la consommation annuelle de la biomasse s'évalue à 200 000 tonnes de bois et quelques dizaines de tonnes de charbon de bois. Cette consommation équivaut à 700 000 stères[103] de bois, soit une moyenne de 125 000 hectares de bois prélevés chaque année sur le maigre couvert végétal d'un pays dont les 2/3 du territoire sont désertiques[104]. L'utilisation exclusive de la biomasse pour la satisfaction des besoins d'énergie domestique, entraine une surexploitation des ressources forestières qui se dégradent davantage chaque jour. La dégradation drastique des ressources forestières est inquiétante, voire inacceptable, pays sahélien dont la situation géographique est tributaire des aléas climatiques. En réalité, la situation est incompatible avec consommation importante de la biomasse dans une perspective de développement durable au risque d'impacter négativement les générations futures. Alors, pour inverser cette tendance le Niger doit trouver des solutions alternatives en montant des projets susceptibles de lutter contre le changement climatique (Ögütcü, et Gado, 2016).

80 % de la population est rurale et l'économie repose essentiellement sur deux mamelles : l'agriculture et l'élevage. C'est pourquoi, le Gouvernement du Niger dans son plaidoyer aux côtés des autres pays africains se propose non seulement de réduire de manière inconditionnelle de 3,5 % de ses émissions de gaz à effet de serre à l'horizon 2030 mais pourrait aller jusqu'à environ 35 % de réduction de ses émissions si les mesures d'adaptation proposées sont soutenues par la communauté internationale. Ces mesures d'adaptation et d'atténuation sont orientées sur les secteurs de l'agriculture et de l'énergie (ONG Eau Vive, 2016-2019). Ainsi, c'est pour répondre à toutes ces préoccupations que « *le projet de renforcement de la résilience des acteurs locaux des 6 communes du département de Dogondoutchi face aux changements et au changement climatique* » (Arewa Résilience), a été initié par l'ONG Eau Vive-Niger et ses partenaires. Ce changement climatique est lié aux actions anthropiques qui modifient l'atmosphère et la variation naturelle

---

[103] Il s'agit d'une unité de mesure de volume correspondant à un mètre cube, utilisée pour évaluer le volume de stockage de bois ou de charpente.

[104] Voir : www.blog.ac-versailles.fr/...energetique/dossier_document-Niger.pdf

du climat. (Amoukou, 2009; Vaucelle et Younsa Harouna 2015; Kerouad, 2019).

Le département de Dogondoutchi connaît une dégradation notable de son potentiel agro-sylvo-pastoral suite aux perturbations du cycle climatique dans sa partie nord notamment les communes du Dogonkiria et Soucoucoutane. Les sources d'énergie les plus utilisées par les consommateurs sont le bois de chauffe, le charbon de bois, le charbon minéral, le gaz butane, le gasoil, le pétrole lampant et l'électricité. La sollicitation du bois comme énergie couvre 100 % des ménages en milieu rural, 95 à 99 % des ménages des chefs-lieux des communes rurales et 90 à 95 % ménages des chefs-lieux de département (ONG Eau Vive, 2018). Ce bois est essentiellement utilisé pour faire cuire les aliments dans les ménages et la viande aux abords des axes routiers ou dans les marchés pour la vente. Pour des activités extra ménagères et surtout économiques (restauration, cafétéria, blanchissement, etc.), le charbon reste le combustible le plus utilisé. L'utilisation du charbon de bois comme source d'énergie reste dominante dans le chef-lieu de département. La transformation du bois en énergie reste dominée par le système de combustion à trois pierres ouvertes. Quelques systèmes de combustion améliorés font leur pénétration. Il s'agit des foyers 3 pierres améliorés avec terre, 3 pierres en fer.

Pour lutter contre les effets du changement climatique, le projet a réalisé des foyers améliorés PADES afin de contribuer à la réduction de la consommation du bois-énergie, à la coupe abusive du bois et ce faisant, préserver les ressources forestières qui s'amenuisent suite aux activités humaines. Malgré l'introduction du charbon minéral produit par la Société Nigérienne de Charbon (SONICHAR) dans le but de réduire la pression sur les maigres ressources forestières, il ressort que plus de 90 % des ménages continuent d'utiliser le bois de chauffe pour la préparation des aliments[105]. De plus, ceux qui utilisent le charbon de bois comme source d'énergie domestique, détruisent davantage l'environnement puisqu'il faut 10 kg de bois pour obtenir 1 kg de charbon[106].

À la lumière de ces constats, cette réflexion fait sienne des préoccupations qui se résument à trois principales interrogations : tout d'abord, comment le foyer amélioré PADES contribue-t-il à lutter contre

---

105 Voir : http://ipsnews.net/francais/2004/09/30/energie-niger-le-charbon-mineral-carbonise-pour-sauver-le-couvert-vegetalmenace-de-disparition/

106 Voir : www.codeart.org

le changement climatique dans le département de Dogondoutchi ? Ensuite, la pauvreté des ménages nigériens n'est-elle pas un vecteur de recours systématique au bois de chauffe comme source d'énergie domestique ? Et, conséquemment, les difficultés induites pour accéder à cette source énergie, ne sont-elles pas à leur tour, des facteurs aggravants ?

L'objectif principal de cet article est de montrer la contribution du foyer amélioré PADES comme un des éléments de lutte contre le changement climatique dans le département de Dogondoutchi. Pour atteindre cet objectif, nous avons organisé cet article en trois parties : la première partie traite de la méthodologie de la recherche, la deuxième partie est consacrée à la présentation du département de Dogondoutchi et la troisième partie aborde les résultats obtenus et la discussion.

1. Méthodologie de la recherche.

L'enquête du terrain s'est déroulée du 20 juin au 15 juillet 2019 dans les 18 villages des 6 communes du département de Dogondoutchi. Le protocole de terrain sur lequel ce travail s'est basé pour générer ses données combine les méthodologies qualitative et quantitative. Dans le premier cas, il a été conçu et mis en œuvre par nos soins, un guide d'entretien semi ouvert de type CAP (connaissance, attitude, pratique) à destination des responsables départementaux et communaux de l'environnement sur la situation des ressources naturelles, le comportement des vendeurs de bois et sur le fonctionnement d'autres filières et leurs perceptions du modèle de foyer amélioré introduit dans le département dans le but de mieux comprendre, comment fonctionne la chaîne des acteurs liés à la consommation de bois de chauffe. La technique d'observation participante a été mise en œuvre pour saisir « les mises en évidence » incitant les ménages à l'utilisation abusive de bois comme source d'énergie domestique des ménages. L'analyse thématique de contenu a facilité le dépouillement des données, elle-même, fruit de technique de grappe à deux degrés où 245 femmes ont été enquêtées contre 522 initialement prévues comme indiqué dans le tableau et selon la formule suivante : n= m/7*0.1[107]. Il faut souligner que la combinaison de la technique de grappes à deux degrés et la méthode de sondage boule de neige ont permis d'enquêter l'échantillon retenu. Mais, 245 personnes ont

[107] n= échantillon ; m= population du village/7 ; 0,1= 10 % de ménages

été touchées lors de cette étude compte tenu du déplacement de certaines femmes vers les campements de culture lors de la conduite de cette étude.

Tableau I : Échantillon de l'étude

Commune	Village	Population/7	Échantillon (10 %)
Dogondoutchi	Kalgo	2150	31
	Angoual Saoulo	1117	16
	Dandagoum	1509	22
Dogonkiria	Dangnayé	700	10
	Kassari	2661	38
	Walwala	978	14
Matankari	Angoual Kara	6621	95
	Tagara	3500	50
	Makéra II	2500	36
Dankassari	Kolmey	3094	44
	Guizera	859	12
	Dogon Tapki	4407	63
Soucoucoutane	Tsaouna	848	12
	Kolifo	3188	46
	Taramna	311	4
Kiéché	Darogi	302	4
	Dangari	1547	22
	Takaré	203	3
Total	18	36 495	522

Source : Projet Arewa Résilience, février 2019

2. Présentation du département de Dogondoutchi

Petit centre urbain du Niger en 1966, Dogondoutchi est la cité légendaire où la reine *Saraounia Mangou,* s'est opposée à la mission d'exploration de Voulet et Chanoine en 1899 et Berth (2011). Il est habité par des *Gubawa*[108] et des *Arawa*[109] mais aussi on l'appelle la région de *l'Arewa.* Traduit littéralement par la ''haute colline ou le haut rocher '', Dogondoutchi est une ville qui se trouve sur la route Nationale N° 1 Niamey-Zinder et relie les principales villes nigériennes (Guillon, Hernandez et Rochette, 1968). Le département de Dogondoutchi (ancien

[108] C'est un groupe ethnique le plus ancien vivant à Dogondoutchi

[109] Arawa est un autre groupe vivant à Dogondoutchi né de l'union entre un prince de Bornou (Nigéria) et d'une femme Gubawa, fille du chef spirituel Baoura de Bagagi (Matankari)

arrondissement depuis 1964 a été créé en 1998 par la loi N° 93-30 du 14 septembre 1998, est situé dans la région de Dosso. Il fait partie des 8 départements que compte cette région. Il est situé dans la partie Nord - Est de la région de Dosso entre 12°40'33'' et 14°31'18'' de latitude Nord et 3°37'57'' et 40°36' 65'' de longitude Est. Il est limité : à l'Ouest par les départements de Dosso et de Loga ; au Nord par les départements de Filingué et de Bagaroua ; à l'Est par le département de Konni et au sud par le département de Tibiri et la République Fédérale du Nigéria (figure 1). Dogondoutchi, le chef-lieu du département se trouve à 142 km de Dosso (chef-lieu de la région) et à 275 km de Niamey la capitale.

Figure I : Département de Dogondoutchi : Région de Dosso au Niger

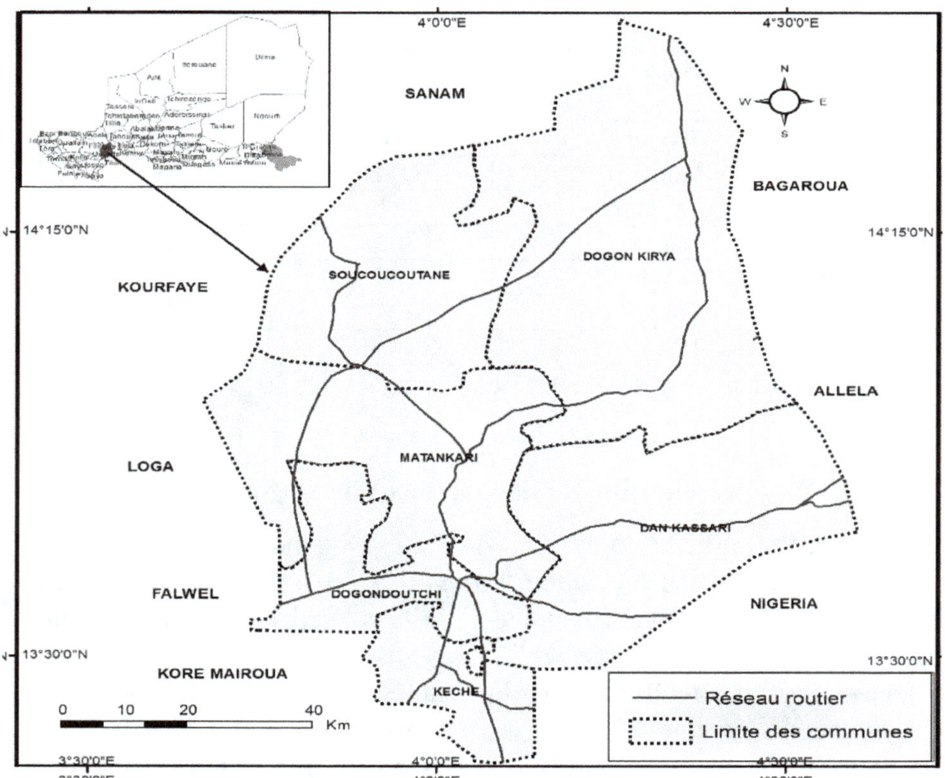

Source : Bahari I. Mahamadou, département de géographie, Université de Niamey, octobre, 2019

Du point de vue administratif, le département de Dogondoutchi est composé de 6 communes dont la commune urbaine de Dogondoutchi et 5 communes rurales : Dankassari, Dogonkiria, Kiéché, Matankari et

Soucoucoutane selon la loi 2002-014 du 14 juin 2002 relative à la création des communes urbaines et des communes rurales. Notons qu'à l'issue des élections municipales du 11 janvier 2011, le département de Dogondoutchi compte 88 conseillers élus dont 72 hommes et 16 femmes. S'agissant de l'administration coutumière, on enregistre deux cantons dont celui de l'Arewa et le groupement peul Mahamadou (2017).

En ce qui concerne le poids démographique, la population du département de Dogondoutchi est composée de 372 473 habitants répartis entre les 6 communes comme le souligne le tableau1.

Tableau II : Composition de la population du département par commune

Commune	Population	Hommes	Femmes
Dogondoutchi	71 692	35 670	36 022
Dankassari	78 132	38 401	39 731
Dogonkiria	65 990	32 434	33 556
Kiéché	48 980	24 335	24 645
Matankari	68 979	34 072	34 907
Soucoucoutane	38 700	18 890	19 810
TOTAL	**372 473**	**182 802**	**188 671**

Source : INS, RGP/H, 2012

La végétation du département de Dogondoutchi est formée de savane arbustive et de savane arborée. La savane arborée est composée de *Faidherbia albida,* de *Combretum glutinosum,* du *Prosopis africana,* et de *Balanites aegyptiaca.* La savane arbustive est formée de *Guerra senegalensis,* de *Combretum micrantum, de Boscia senegalensis, et* de *Ziziphus mauritiana.* Par ailleurs on note la présence de quelques brousses tigrées. Les formations forestières du département sont soumises à la pression de la population dont le besoin en bois de chauffe et de terre de culture, réduisent considérablement le peuplement forestier de la zone. C'est pourquoi, le projet *Arewa* Résilience porteur de l'innovation a initié la confection des foyers améliorés pour réduire la pression sur les ressources forestières. Précisons que le projet *Arewa Résilience* mis en œuvre par l'ONG Internationale Eau Vive/Niger et les ONG nationales,

Développement pour un Mieux-être (DEMI-E) et l'Organisation de Soutien à l'Émergence des Initiatives Locales et de Développement Durables (OSEIL-ED Yanayi), a bénéficié d'un appui financier de l'Union Européenne. Ce financement s'inscrit dans le cadre du Projet d'Appui à la Résilience Climatique pour un Développement Agricole Durable (PARC-DAD).

3. Présentation des résultats.

Nous allons dans ce travail tenter de décrire le foyer amélioré PADES, la perception des acteurs sociaux du foyer PADES, voir sa reproductibilité dans les communautés, montrer les avantages de ce foyer sur le plan environnemental, social, sanitaire et économique et la discussion des résultats de l'étude.

3.1. Description du foyer amélioré PADES.

Source : Akila Panissi, janvier 2011

C'est un foyer amélioré construit en terre et muni d'une cheminée ouverte vers l'extérieur de la cuisine. Cette cheminée permet l'évacuation de la fumée. Ce foyer est conçu et vulgarisé depuis 1998 par l'ONG PADES (Programme d'Aide pour le Développement Économique et Social) basé à Tchitchao à Kara au Togo, d'où son appellation. Le prix de confection de ce foyer va de 2000 à 2500 CFA selon une entente entre le maçon et le client qui doit fournir les matériaux de confection. Aussi, faut-il préciser qu'il s'agit d'un foyer à un feu, contrairement aux foyers à trois feux utilisés par les ménages dans le département. Selon A. Panissi (2015, p.105), ce foyer présente des avantages socioéconomiques et environnementaux très favorables. A. Panissi conclut que ces foyers améliorés réduisent de 24 % du gain de temps en comparaison avec les foyers à trois pierres ; une efficacité économique avec une diminution de 53 % de la consommation de bois, en plus de la santé et une réduction de dépense d'achat de bois de 46 603 CFA par foyer et par an. Sur le plan environnemental, il est ressorti qu'une économie annuelle de 1752 kg de bois brut par foyer et une réduction de 0,25ha de la superficie de végétation exploitée par foyer et par an. En 2019, 2063 foyers améliorés PADES ont été réalisés et utilisés par la population. D'ailleurs, l'évaluation de cette activité souligne que la vulgarisation du foyer amélioré PADES engendre une préservation de 7 963 hectares de formation végétale protégée dans le département de Dogondoutchi, une réduction de la production de 13,94 tonnes de dioxyde de carbone (CO_2) et une réduction de 16 359 440 F CFA de dépense de consommation de combustibles Projet Arewa Résilience (2019, p.12).

3.2. Perceptions des acteurs locaux du foyer PADES

Les responsables départementaux et communautaires trouvent que ce modèle de foyer est une innovation introduite dans le département. Il est, selon eux, très beau, pratique et facilement reproductible au sein des communautés puisqu'il est fait avec des matériaux locaux. D'ailleurs selon le chef service communal de l'environnement de Dankassari :

> *« En tant que forestier en activité pendant 19 ans, c'est pour la première fois que je vois ce genre de foyer ; on a vu beaucoup mais ce modèle avec trois foyers c'est la première fois surtout le système d'évacuation de la fumée qui est dégagée hors du lieu de la cuisson, car la fumée est nuisible à la santé de la femme et des enfants. Aussi, les mets sont préparés dans de meilleures conditions d'hygiène ».*

Le même avis est partagé par le maire adjoint qui souligne

> *« Dès que j'ai vu ce modèle de foyer, j'ai demandé au maçon d'aller faire ce modèle de foyer chez moi et à l'heure où je vous parle, nous l'utilisons pour la cuisson des aliments ».*

Pour le directeur départemental de l'environnement de la salubrité urbaine et du développement durable, le nouveau modèle introduit par le projet est :

> *« A mon avis, il est le meilleur modèle, le plus adapté et le plus efficace en termes de réduction de consommation de bois, car il fonctionne avec 2 à 3 foyers. Avec la même quantité de bois, la ménagère arrive à préparer plus d'un repas en même temps. C'est un foyer multi dimensionnel et en termes d'économie de bois, il doit être double de l'ordinaire utilisé dans le cadre de l'énergie domestique au Niger. Il est donc à vulgariser pour réduire la consommation de bois ».*

La même perception est ressortie au niveau de notre échantillon de femmes qui affirment avoir connu d'autres modèles de foyers introduits par d'autres projets mais ce modèle est différent. Toutes les femmes trouvent ce modèle facilement adaptable au contexte. Selon les informations recueillies, elles le trouvent très pratique dans la préparation des aliments car les plats ne sentent pas le roussi contrairement à la cuisson faite avec le foyer traditionnel 3 pierres.

Tous les acteurs locaux interviewés sont unanimes que le nouveau modèle de foyer introduit par le projet est une solution visant à la réduire la consommation de bois, ce qui implique donc moins de pression sur les ressources forestières.

3.3. Un modèle facilement reproductible par les acteurs locaux

L'approche prônée par le projet est la formation des animateurs endogènes. Ce sont des maçons locaux qui construisent des foyers dans les ménages désirant en posséder. Il est seulement demandé aux bénéficiaires de préparer tous les matériaux nécessaires pour la confection du foyer. Tous les animateurs formés trouvent que le modèle foyer PADES est facilement reproductible par les communautés. C'est également le constat que nous avions fait lors de la formation des animateurs endogènes où une femme qui a tout simplement suivi les différentes phases de la confection du foyer, a réalisé son propre foyer sans aucune assistance des animateurs formés. Dans un autre village, nous avons trouvé qu'une femme a confectionné un foyer de préparation des galettes en modifiant le modèle introduit par le projet.

Photo 1,2 et 3 : Modification du foyer N° 3 en 1

Source : Projet Arewa résilience, février 2019

Ces photos montrent que le modèle est reproductible par les communautés du fait de sa simplicité et de la disponibilité des matériaux locaux. Les informations recueillies auprès des maçons locaux nous renseignent que plusieurs villages ont confectionné et utilisent ces foyers. Même certains villages du département de Bagaroua ont réalisé et adoptent ce modèle après avoir rendu des visites dans les villages frontaliers de la commune de Dogonkiria. La technique de fabrication du foyer est facilement maîtrisable par les acteurs et ceci s'explique par la forte appropriation des acquis.

Le facteur de la reproductibilité de ce modèle de foyer est lié à la disponibilité des matériaux locaux et l'utilisation des animateurs endogènes. Se baser sur les savoir-faire locaux et les relations de solidarité existantes sont la clé de réussite ayant facilité son acceptation et sa reproductibilité à l'échelle communautaire. Ainsi, la mobilisation des ressources et des compétences locales a permis l'appropriation et la mise à l'échelle communautaire. Aussi, l'observation faite sur les 18 villages montre la construction et l'utilisation massive du foyer dans les ménages ruraux. Il est recensé au cours de cette recherche, 2063 foyers améliorés réellement construits et utilisés.

3.4. Avantages du foyer amélioré PADES et sa contribution au changement climatique,

Les principales sources d'énergie utilisées dans le département de Dogondoutchi sont le bois, le charbon de bois importé du Nigéria voisin, le gaz butane, l'électricité, le pétrole lampant, les tiges de certaines céréales et dans certains cas, la bouse de vache selon les propos recueillis auprès des responsables départementaux et communaux de l'environnement. Toutefois, le bois reste le combustible le plus utilisé tant qu'en milieu rural qu'urbain. L'observation faite sur le terrain montre que les services de l'environnement délivrent des permis de coupe de bois aux bucherons et aussi des autorisations de vente du charbon de bois. Or, ces pratiques ont un impact négatif sur les ressources forestières bien qu'il existe des actions répressives à l'encontre de toute personne non autorisée à exercer ces métiers, en l'occurrence le bucheronnage S.T. Tamboura D.S. et Lida (2017, p.119). Le nouveau modèle de foyer amélioré introduit au sein des communautés est une alternative de réduction de la coupe de bois. Les actions anthropiques ont fragilisé l'environnement sahélien aux ressources souvent limitées L. Andres et al, (2015, p.1).

Le tableau ci-dessous nous renseigne sur les réponses données par les femmes enquêtées à la question de savoir quelle comparaison elles font entre le foyer amélioré PADES et celui qu'elles utilisaient antérieurement.

Tableau III : Comparaison entre le nouveau foyer et le foyer traditionnel

Comparaison/foyer PADES/traditionnel	**Valeur absolue**	**Valeur relative (%)**
Utilisable pendant la saison des pluies	20	8
Moins de fumée	52	21
Cuisson hygiénique	70	29
Moins de temps pendant la cuisson des mets	103	42
Total	**245**	**100**

Source : Données de l'enquête, juin-juillet 2019

Il ressort du tableau III que 103 femmes soit 42 % affirment qu'avec le nouveau foyer amélioré, elles mettent moins de temps dans la préparation des aliments comparativement au foyer traditionnel.70 femmes soit 29 % des femmes interrogées trouvent que les mets sont préparés dans de meilleures conditions d'hygiène que quand elles cuisinent avec le foyer traditionnel.

L'introduction du nouveau foyer amélioré est bien appréciée par les femmes, car il y a moins de fumée et elles peuvent l'utiliser pendant la saison des pluies, où il leur est très difficile d'allumer le feu. Le fait qu'il y a moins de dispersion de l'énergie comparativement au foyer traditionnel montre que la femme peut faire plusieurs tâches ménagères au même moment. Ce nouveau modèle est plus avantageux que le foyer traditionnel puisqu'il permet aux ménagères de gagner du temps, avoir des aliments préparés dans de bonnes conditions puisqu'il y a moins de fumée préjudiciable à la santé ONG Eau Vive (2018, p.19).

Par rapport à la question sur la différence qu'elles font entre le foyer amélioré et celui traditionnel, au niveau de l'utilisation du bois, les femmes interrogées affirment qu'avec le nouveau foyer amélioré, elles utilisent moins de bois pour préparer le repas. Pour elles, le fait de placer deux marmites avec une seule source d'énergie diminue la consommation de bois et il se dégage moins de fumée. La même analyse est faite par le responsable communal de l'Environnement de Dogonkiria qui disait que :

> *« La vulgarisation de ce modèle de foyer amélioré est une bonne initiative qui réduira la coupe de bois dans cette commune fortement victime de changement climatique ».*

Ainsi, l'utilisation du foyer amélioré PADES contribue à réduire la déforestation et des émissions susceptibles d'en découler. Le nouveau foyer introduit par le projet est fortement apprécié par les femmes pour avoir constaté une réduction du bois lors de la cuisson des aliments. Cette diminution de la consommation de bois, entraîne moins de déplacement pour aller en brousse chercher du bois et cela leur donne un temps de faire d'autres activités génératrices de revenus. D'ailleurs, une femme confirme la diminution de la consommation du bois en disant :

> *« Avec le foyer traditionnel 3 pierres, j'utilise 5 morceaux de bois pour préparer mes aliments et maintenant avec le foyer PADES, 2 à 3 morceaux sont suffisants pour faire ma cuisine »*

Le nouveau foyer amélioré contribue donc à réduire la pression sur les ressources forestières et cette action concourt à la lutte contre le changement climatique très vécu dans les 6 communes du département de Dogondoutchi, particulièrement les communes de Soucoucoutane et de Dogonkiria. Au Niger, la récupération des terres dégradées (banquettes, demi-lunes agricoles et pastorales, zai, cordons pierreux, tranchées)[110], le reboisement et la Régénération Naturelle Assistée (RNA) sont les principales stratégies développées pour lutter contre le changement climatique. Le foyer amélioré PADES vient renforcer les stratégies de protection de l'environnement.

Sur le fait de savoir si l'utilisation de ce foyer amélioré leur permet de réduire les dépenses de consommation du budget de leurs ménages, presque toutes les femmes interrogées affirment que l'utilisation de ce foyer amélioré leur permet d'effectuer moins de dépense dans l'achat du bois de chauffe. Cela est lié au fait qu'on utilise moins de bois. Lors de cette enquête une femme nous disait que :

> *« Avant, quand je cuis les galettes pour vendre, je dépense en moyenne 250 FCFA par jour, avec ce nouveau modèle, je dépense en moyenne 150FCFA et mes galettes sont délicieuses »*

Une autre femme affirme que ses dépenses d'achat de bois ont chuté de 300FCFA, soit de 500FCFA à 200FCFA par jour.

Photo 4 : Une femme en train d'utiliser le foyer à Tagara (commune rurale de Matankari)

Source : Projet Arewa résilience, février, 2019

[110] Voir : https://books.openedition.org/irdeditions/2122

Il ressort de cette étude que le nouveau modèle de foyer vulgarisé par le projet entraine une économie de revenu familial. Des avantages comme la sécurité lors de la cuisson, la protection contre le vent et la poussière sont ressortis lors de cette enquête.

Le nouveau modèle de foyer vulgarisé par le projet est bien apprécié par les principaux acteurs locaux touchés par cette étude. En effet, il présente des avantages environnementaux, sanitaires et socioéconomiques pour les communautés. Ces éléments d'appréciations montrent que le foyer amélioré est un moyen de lutte contre le changement et les risques climatiques et s'insèrent dans l'atteinte des ODD 13 : Prendre d'urgence des mesures pour lutter contre les changements climatiques et leurs répercussions, en particulier au point 13.1 relatif à la résilience et adaptation qui stipule « *renforcer dans les pays, la résilience et les capacités d'adaptation face aux aléas climatiques et aux catastrophes naturelles liées au climat* ».

L'étude fait ressortir une grande consommation de bois comme source d'énergie dans les ménages ruraux du fait de leur faible revenu à part quelques familles aisées qui s'approvisionnent auprès des bucherons. En milieu rural, l'acquisition du bois est presque gratuite et le foyer PADES n'entraîne pas de coût financier supplémentaire du fait de la disponibilité des matériaux locaux de construction. L'usage du charbon minéral ou du gaz butane nécessite des moyens financiers. Par exemple, une bouteille de gaz butane de 6 kg coûte en moyenne 20 000FCFA et 2000FCFA de recharge et cette situation est défavorable aux ménages vulnérables. C'est pourquoi, l'accès aux ressources alternatives reste très limité puisque les revenus des ménages restent très marginaux suite aux tarifs élevés, ce qui fait que, les ménages s'alignent pour le bois (INS et PNUD, 2009 ; P.A. Ombiono Kitoto, 2018). Le foyer amélioré introduit par le projet est une réponse au faible revenu des ménages pour les dépenses domestiques. Mais nous estimons qu'il faut pousser la recherche pour montrer que le foyer amélioré est un moyen dans la préservation et la protection de l'environnement et voir les pistes de réflexion pour lutter contre le changement climatique en cours dans le Sahel.

3.4. Discussion

L'étude sur le modèle de foyer amélioré PADES fait ressortir des informations d'une portée sociologique. Elle explique comment l'utilisation du foyer amélioré PADES contribue à diminuer la pression sur les ressources forestières au Sahel. Le premier résultat décrit le foyer PADES importé de Togo pour être vulgarisé dans le département de Dogondoutchi au Niger. En effet, l'utilisation du foyer amélioré PADES par les ménages ruraux constitue un moyen de lutte contre les changements climatiques où l'évaluation faite sur la base des foyers construits et utilisés montre sa contribution dans le changement climatique avec notamment la préservation de la formation végétale, la réduction du dioxyde de carbone et une économie considérable sur la diminution du bois. Ce résultat rejoint les travaux (C. Ögütcü et S. Gado, 2016) qui aborde l'utilisation du charbon minéral, une autre alternative de réduction de la pression sur les ressources forestières. En effet, le Niger dispose d'importants gisements de charbon minéral à Agadez, à Anou Araren exploité depuis 1976 et une réserve de 90 millions de tonnes à Salkadamna dans la région de Tahoua. Mais, Il se trouve que le charbon minéral ne sert qu'à assurer le fonctionnement de la centrale thermique. Cette source d'énergie reste faiblement utilisée par les ménages à part quelques restaurateurs. Aussi, l'étude conduite par l'ONG Eau Vive fait également cas de l'utilisation du gaz butane, du gasoil, du pétrole lampant et de l'électricité dans quelques ménages des chefs-lieux des communes comme d'autres voies alternatives de réduction de pression sur les ressources forestières (ONG Eau Vive, 2018).

Le deuxième résultat fait cas de la perception des acteurs locaux sur le modèle de foyer amélioré introduit par le projet. Tous les acteurs enquêtés et les responsables en charge de la gestion de l'environnement apprécient ce modèle du fait de ses multiples avantages comme attestent les travaux d'A. Panissi (2015). D'ailleurs, au cours de cette recherche, une femme affirme que :

> « *Ce foyer amélioré PADES introduit est innovant car en plus de l'utilisation de quelques morceaux de bois pour la cuisson, les plats sont préparés dans les meilleures conditions d'hygiène et on est épargné d'une intoxication alimentaire* ».

Aussi, le responsable communal de l'environnement de la commune rurale de Kiéché qui a assisté à la formation des animateurs endogènes, a devant eux dit ceci :

> « *Ce foyer amélioré PADES est vraiment une innovation introduite dans la communauté et compte tenu de tous les avantages qu'il procure, je vais moi-même confectionner un chez*

moi. Dès cet instant, je m'engage à sa vulgarisation dans la commune pour réduire la pression sur les maigres ressources forestières »

Le troisième résultat explique sa vulgarisation à l'échelle départementale. En effet, la construction des foyers améliorés dans le département de Dogondoutchi par le projet montre qu'ils peuvent être vulgarisés à grande échelle pour réduire la pression sur les ressources forestières. Cette idée rejoint les études conduites par (A. Ouattara et A. Bakayoko, 2006 et J.P. Favennec et al 2015) qui soulignent que les foyers améliorés doivent être vulgarisés à grande échelle afin de réduire la pression sur les ressources forestières. Ce résultat nous renvoie aussi aux travaux conduits par (Andres L. et al, 2015) où, en plus des méthodes classiques de lutte contre la dégradation de l'environnement, ils évoquent la RNA comme stratégie de la résilience des ménages face aux changements climatiques.

Le quatrième résultat souligne la contribution des foyers améliorés dans la lutte contre le changement climatique. Les différents résultats obtenus soulignent les avantages tirés tant du point de vue réduction des dépenses des ménages que de la diminution de la pression sur les ressources forestières, en plus des aspects sanitaires et environnementaux. D'ailleurs, les travaux de Panissi A. (2015) dans une région de savane montrent que l'utilisation des foyers améliorés contribue à l'amélioration des conditions de vie des ménages ruraux. Cependant, son impact sera perçu à long terme car les femmes reconnaissent une réduction du bois dans la cuisson des aliments et la diminution de sa quête qui entrainera l'augmentation de la végétation du département de Dogondoutchi.

Conclusion

Cette recherche montre que le foyer amélioré PADES est un moyen de lutte contre le changement et les risques climatiques dans le département de Dogondoutchi. Notre objectif est de montrer la contribution du foyer amélioré PADES dans la lutte contre le changement climatique dans le département de Dogondoutchi. Sur la base d'une étude quantitative (un échantillon de245 femmes réparties dans 18 villages) et qualitative (entretien avec les responsables départementaux, communaux et communautaires), les résultats obtenus montrent que le foyer amélioré PADES contribue à la lutte contre le changement climatique par la préservation de la formation végétale, la réduction des émissions de gaz à effet de serre et une amélioration des conditions de vie des ménages par la réduction des dépenses de consommation de combustibles. Aussi, les résultats obtenus soulignent-ils que le modèle introduit est bien apprécié par les acteurs locaux touchés par cette étude. Il présente des avantages sur le plan environnemental par la réduction de la consommation du bois, la réduction de l'exploitation du bois et la diminution de la production de la fumée, sanitaire par la protection contre le vent, la poussière et la fumée, socioéconomique par la concentration de l'énergie dans le foyer, les aliments préparés dans de bonnes conditions d'hygiène, la rapidité de la cuisine en économie de revenu familial en plus de la bonne gestion de temps. L'utilisation de foyer amélioré résulte de la nécessité de diminuer la consommation de bois consécutive à la raréfaction des ressources forestières. Il faut alors retenir que le foyer amélioré PADES contribue à la lutte contre le changement climatique en plus de l'amélioration des conditions de vie des ménages ruraux. Il constitue un palliatif pour les ménages ruraux vulnérables suite aux difficultés d'accès aux ressources alternatives comme le gaz butane.

Les résultats obtenus montrent aussi que sur le plan social, il permet aux femmes rurales de gagner un temps dans la collecte du bois ainsi qu'au niveau de la cuisson. De plus, il améliore la santé communautaire grâce à la faible quantité fumée rejetée dans la nature. Sur le plan économique, le foyer amélioré PADES, permet aux ménages ruraux de lutter contre la pauvreté par une économie monétaire. Sur le plan environnemental, il contribue à la lutte contre le réchauffement climatique ainsi que la déforestation car sa construction et son utilisation permettent de préserver les formations végétales en plus de la réduction du gaz carbonique. Cependant, son impact sur l'amélioration de la couverture végétale dans le département de Dogondoutchi sera perçu à long terme. Les résultats obtenus et l'engagement des communautés rurales donnent espoir aux autorités nigériennes d'atteindre les Objectifs du Développement durable d'ici 2030 par une intensification de la communication pour un changement de comportement.

Références bibliographiques

AMOUKOU Ibrahim Amadou, 2009, Un village nigérien face au changement climatique. *Stratégies locales d'adaptation au changement climatique dans une zone rurale du bassin du Niger, Autorité du Bassin du Niger et la GTZ.*

ANDRES Ludovic et al. 2015, *« La résilience des ménages face aux changements climatiques dans la région de Maradi au Niger : le cas de la Régénération Naturelle Assistée.* Réseau National des Chambres d'Agriculture du Niger.

Arewa Résilience 2019, rapport d'activité du projet de la troisième année.

BEHRENDT Hannah et al, 2013, Dynamique de déforestation dans le bassin de Congo, document de travail N° 5 Énergie issue de la biomasse.

BERTHO Elara, 2011, « *Sarraounia, une reine africaine entre histoire et mythe littéraire (Niger, 1899-2010) »,* Genre *& Histoire* [En ligne], 8 | Printemps 2011, mis en ligne le 21 novembre 2011, consulté le 16 novembre 2019. URL : http://journals.openedition.org/genrehistoire/1218 .

BERTE Salimata et ADOU DJANE Adou dit Fatogoma, 2017, *« Transition énergétique et logiques du choix des énergies combustibles dans les boulangeries en Côte d'Ivoire* » Revue Sociétés & Economies N° 12, pp 7-21.

EKOTY Gerly, 2010, *Analyse des impacts environnementaux et socioéconomiques de l'utilisation de bois, en comparaison au gaz butane comme source de chauffage aux quartiers périphériques de Ouagadougou,* 2ie, mémoire de master II de fin d'études, M2 Environnement,

FAVENNEC Jean Pierre et al, 2015, l'Energie en Afrique à l'horizon, 2050, Eurogroup Consulting.

GUILLON Jean Michel, HERNANDEZ Bernard, ROCHETTE René1968 : « *Dogondoutchi, petit centre urbain du Niger »,* Revue de géographie alpine, tome 56, N° 2, pp 297-356.

Institut National de la Statistique INS, 2012, Recensement Général de la Population et de l'Habitat RGP/H.

INS, PNUD 2009, Impact des Transferts sur la réduction de la pauvreté au Niger.

KAREKEZI Stephen1992, Environnement et économie, Foyer en image, Ed. Brandes et Apsel verlag Gmbh, Frankfurt am Main, Allemagne, Frankfurt.

KEROUAD Sofia, 2019, Le changement climatique entre théorie et contre théorie, disponible sur : http://www.atbir.info/le-changement-climatique-entre-theorie-et-contre-theorie/ , consulté le 05 mai 2019 à 21h : 03.

MAHAMADOU Oumarou, 2017, Fiche signalétique du département de Dogondoutchi, Direction Départementale du Développement Communautaire et de l'Aménagement du Territoire.

Ministère de l'Intérieur, de la Sécurité Publique, de la Décentralisation et des Affaires Religieuses (2015) : Brochure d'information sur la décentralisation au Niger.

ÖGÜTCÜ Can et GADO Salifou, 2016, Le secteur de l'énergie au Niger : perspectives et opportunités dans le cadre de l'accès à l'énergie et aux investissements, Energy Charter Secrétariat, Brussels, Belgium.

OMBIONO KITOTO Patrick Arnold, 2018, « *Facteurs d'adoption des foyers améliorés en milieux urbains sahéliens camerounais »,* Revue Développement durable et Territoires, Vol n° 2, juin 2018.

ONG EAU VIVE, 2016-2019 : Document descriptif du projet de renforcement de la résilience des acteurs locaux des 6 communes du département de Dogondoutchi, face au changement et aux risques climatiques (Arewa Résilience).

ONG EAU VIVE, 2018, Rapport de l'étude sur l'état des lieux de la situation des combustibles domestiques et la proposition de stratégies de vulgarisation des foyers améliorés et du gaz butane dans le département de Dogondoutchi.

OUATTARA, Annette Lhaur Yaigaba et BAKAYOKO Adama, 2006, Prise en compte des femmes dans la gestion intégrée de bois-énergie en Côte d'Ivoire, consulté le 25 avril 2019 et disponible sur https://www.sifee.org/.../ressources/... 4.../5_OUATTARA_TXT. .

PANISSI Akila, 2015, *filière des combustibles ligneux et ses répercussions sur le développement en milieu rural dans la région de la Kara au Togo,* thèse de doctorat en géographie humaine, Université de Lomé.

Plan D'Actions National des Energies Renouvelables, PANER, 2015.

TAMBOURA Sanata Timité & LIDA Dali Serge 2017, *« Au fondement de la production informelle du charbon de bois en Côte d'Ivoire : Étude de cas à Sikensi* » PP 117-134, Revue Sociétés & Economies, N° 10.

VAUCELLE Sandrine et YOUNSA HAROUNA Hassane, 2018, « *vivre avec l'insécurité hydrique dans une ville sahélienne : les stratégies d'adaptation des ménages de Niamey (Niger)* » consulté le 30 avril 2019 à 17h : 39 et disponible sur : www.revue-urbanites.fr.

blog. ac-versailles. fr/... energetique/dossier_document-Niger.pdf : production et consommation énergétique au Niger, consulté, le 25 avril 2019 à 17h : 21.

http://ipsnews.net/francais/2004/09/30/energie-niger-le-charbon-mineral-carbonise-pour-sauver-le-couvert-vegetalmenace-de-disparition/ : Niger-Energie : le charbon minéral carbonisé pour sauver le couvert végétal menacé de disparition. Consulté le 29 avril 2019 à 17 : 47

www.codeart.org : Le charbon de bois est-il un combustible satisfaisant ? 1991, consulté le 05 août 2019 à 16h : 21'.

https://books.openedition.org/irdeditions/2122 : La régénération naturelle assistée (RNA) : une opportunité pour reverdir le Sahel et réduire la vulnérabilité des populations rurales, consulté le 10 avril 2020 à 08h : 34'.

De l'orature[111] à l'écriture : dépopularisation d'une littérature des masses. Cas des proverbes de la langue kiluba (L33)

Nicodème BONDO MULUNDA

Université de Kamina
Mulunda.bondo1@gmail.com

Résumé

Les proverbes, dans leur version orale, rentrent dans un genre très prisé chez les balubà. Or, la modernité aidant, certains ont été transcrits par écrit. Cette réflexion veut savoir si dans cette nouvelle forme cette littérature a gardé le même attrait étant donné que la lecture passe pour une corvée en RDC, et spécialement à Kamina, chef-lieu de la province du Haut Lomami. Pour ce faire, nous avons mené une enquête auprès des locuteurs du Kilubà (L33) et les résultats recueillis ont révélé qu'une fois traduite par écrit, la littérature orale, réputée populaire cesse de l'être. Contrairement aux idées reçues, l'écriture ne permet pas de transmettre ces valeurs de générations en générations. Au contraire, elle fait de cette littérature une richesse des musées, elle la transforme en des *fossiles* d'une vieille culture dont il faut parler au passé. Aller de l'orature à l'écriture revient par conséquent à *dépopulariser* une littérature des masses.

Mots clés : Orature, écriture, fossile, littérature, populaire

Abstract

The proverb in its oral version is a very prized kind in the balubà. Despite modernity helping, it has been transcribed in writing. This reflection wanted to know whether in this new configuration this literature has kept the same attraction since reading is regarded a chore in the DRC, and especially in Kamina, capital of Haut Lomami Province. Therefore, we conducted a survey of Kilubà speakers, and the results collected revealed that once translated into writing, the oral literature, reputed to be popular, ceases to be so. On the contrary to the received ideas, the

[111] Claude Hagège (1985 : 84), opposant le style oral à l'écriture, a justifié la création d'une nouvelle étiquette. Il a écrit à ce propos : « Le style oral est un véritable genre littéraire, il s'agit d'une tradition culturelle qui paraît apporter une justification à la création d'un terme, *orature,* lequel deviendrait symétrique de celui d'*écriture*… »

scripture does not permit these values to be transmitted from generations to generations. It on the contrary, makes the treasure trove of museums, fossils of an old culture or tradition that we must talk about in the past in writing, is essentially to depopularize a literature of the masses.

Keywords: Orature, writing, fossile, literature, popular

Introduction

En abordant ce sujet, nous avons voulu joindre notre voix à celles de beaucoup d'autres chercheurs qui ont posé la question de l'impact de l'écriture sur ce que Sébillot a appelé *Littérature orale* depuis 1881, et qui, plus tard, avec autant de préjugés négatifs, a été intégré dans la *littérature populaire* (Viegas Guerreiro, 1987 : 11-12). En effet, une fois transcrite par écrit, la *littérature orale* est-elle encore populaire ? Telle est notre préoccupation majeure dans cette réflexion. Cette veine littéraire cristallisée dans l'écriture, garde-t-elle toutes les valeurs qui lui ont donné le jour afin de les transmettre aux générations à venir ? Parallèlement, les proverbes, si prisés à l'oral dans la culture des balubà, attirent-ils encore autant dans la nouvelle forme ? En étudiant la réception d'un recueil de proverbes en milieu des balubà, nous avons voulu nous convaincre du rôle exactement joué par l'écriture dans le passage de l'univers oral sollicitant l'ouïe du co-énonciateur vers l'univers scripturaire s'adressant à sa vue. Étant donné l'écart si manifeste entre les deux univers, les œuvres de la littérature orale devraient subir des transformations si profondes à l'écrit qu'elles devraient perdre de leur attrait, ne devenant qu'un patrimoine fossilisé.

Pour vérifier cette hypothèse nous avons eu recours à l'approche hypothético-déductive qui, soutenue par la technique d'enquête par questionnaire, a donné des résultats que nous avons analysés attentivement et desquels avons dégagé des constantes reprises dans les lignes qui suivent.

1. Méthodologie

Comme souligné plus haut, nous avons cherché à comprendre l'impact de l'écriture sur celle que Claude Hagège (1985 : 84) a appelé *orature*. En d'autres termes, notre étude a eu pour objectif général de relever les effets de l'écriture sur la littérature populaire. Subsidiairement, nous avons cherché à comprendre dans quelle mesure la version écrite des proverbes, pourrait devenir le moyen le plus sûr pour les balubà de transmettre leur culture aux générations futures. Pour y parvenir, nous avons basé notre attention sur la réception, par la population lubaphone de la ville de Kamina, du recueil de proverbes produit par Filip Sucic (2015) intitulé *Nkindi ya kiluba* (Proverbes du Kiluba). Trois cents personnes de deux sexes et de deux générations y ont pris part et ont constitué notre échantillon aléatoire. En accord avec l'enseignement de Blanchet (211 : 9) nous avons privilégié la significativité au détriment de la représentativité dans la constitution de cet échantillon. En effet, ce chercheur, parlant de la différence entre les approches en *SHS* et *SNF*[112] soutient que les fondements épistémologiques en sciences Humaines et Sociales sont :

> Le principe d'humanisme (…), le principe d'intersubjectivité, (…) le principe d'endoréférentialité (…) le principe d'hétérogénéité (…). L'argument de référence y est donc de type qualitatif : on recherche et on propose en priorité des significations et non des chiffres.

Deux variables nous y ont aidé : le comportement de l'ensemble de l'échantillon et celui des jeunes. En ce qui concerne l'univers spatio-temporel, notre recherche a concerné la ville de Kamina, dans la province du Haut Lomami en République Démocratique du Congo. Elle a pris un mois, c'est-à-dire, du 1er au 30 novembre 2019. Il s'agissait pour nos enquêtés, de répondre aux trois questions suivantes :

1. Avez-vous déjà consulté le livre intitulé *Nkindi ya kiluba* ?
2. Si non, Pourquoi
3. Dans ce cas, en dehors de ce recueil, en avez-vous déjà lu un autre de la même langue ?

Ce questionnaire a été distribué à trois cents personnes habitant les trois communes de la ville et appartenant à des statuts sociaux différents. Une semaine plus tard, nous avons récolté les résultats, les avons analysés, comparés et traités, et en avons tiré les données présentées et commentées dans les trois tableaux suivants.

---

112 SHS : Sciences humaines et sociales ; SNF : Sciences naturelles et formelles

2. Résultats

Tableau 1. Répartition des enquêtés selon leurs rapports avec le livre

N^0	Réponses	Adultes	Jeunes	Total	Pourcentage
1	Oui	38	13	51	17
2	Non	112	137	249	83
Total		150	150	300	100

Ce tableau répond à plusieurs questions que nous nous sommes posées au départ de notre réflexion. En effet, 51personnes sur les 300 ont déjà consulté ce livre soit 17 %. Les adultes ont été les plus intéressés avec 12,6 % de l'ensemble contre 4,3 % des jeunes.

Par catégorie d'âge, le taux des enquêtés ayant consulté le livre donnent 38 personnes sur 150 soit 25 % pour les adultes et 13 jeunes sur 150 soit 8,7 %.

Il en résulte globalement que 249 enquêtés n'ont jamais été en contact avec ce recueil soit 112 adultes et 137 jeunes. Quelles raisons ces derniers ont-ils avancées ? Telle est la préoccupation dans le deuxième tableau.

Tableau 2. Répartition des enquêtés en fonction des raisons de leur rapport à ce livre

N^0	Réponse	Adultes	Jeunes	Total	Pourcentage
1	Manque d'intérêt	41	72	113	45,4
2	Ignorance	36	26	62	24,8
3	Manque d'argent	33	34	67	27,0
4	Sans réponse	2	5	7	2,8
	Total	112	137	248	100

Il ressort de ce tableau que sur les 249 personnes ayant répondu négativement à la première question (T.1), 113 soit 45,4 % disent n'avoir pas lu ce recueil par manque d'intérêt, 62 soit 24,8 % ne l'ont pas lu par ignorance de son existence, 67 soit 27 % suite aux difficultés financières et 6 soit 2,8 % n'ont donné aucune réponse. En cumulant les résultats (1+2+4) on obtient 181 enquêtés qui n'éprouvent pas d'empathie envers ce recueil, soit 73 % contre 27 % qui, eux, auraient été empêchés par des difficultés financières.

En outre, l'écart de taux des enquêtés en fonction de l'âge est tout aussi significatif. De manière cumulée, 104 sur 150 jeunes, soit 69,3 % se déclarent désintéressés contre 79 soit 52,6 % des adultes qui éprouvent le même sentiment de rejet. Les jeunes sont donc majoritairement plus rebutés. On en déduit que si les deux générations, dans leur majorité, n'ont pas d'intérêt pour la version écrite des proverbes, les jeunes sont davantage désintéressés, ce qui est suffisamment pertinent pour cette étude.

Nous avons, par la suite, voulu savoir si, en dehors de ce recueil, nos enquêtés en avaient parcouru d'autres de même nature. Tout en sachant que le contraire aurait étonné, nous avons soumis nos enquêtés à la troisième question. Les résultats nous ont confirmé nos pressentiments, car, il n'y avait pas de raisons susceptibles de justifier une attitude différente à l'égard des livres produits ailleurs. À ce propos, nous avons enregistré les réponses représentées ci-après.

Tableau 3 Répartition des enquêtés selon les autres recueils consultés

N^0	Réponses	Adultes	Jeunes	Total	%
1	*Les baluba*	67	1	68	26.4
2	Autres	2	0	2	0.8
3	Sans réponse	54	134	188	72.9
Total		112	136	248	100

Dans ce tableau, il s'agissait pour nous de savoir si le sort de ce recueil a été réservé aux autres initiatives du même genre. Un seul recueil a été cité par certains enquêtés. Il s'agit du livre *Baluba,* produit en 2016 par Lukanda Lwa Malale. Il porte essentiellement sur la cosmogonie des baluba et qui, dans ses dernières pages, présente quelques pages des proverbes. En dehors de *Nkindi ya kiluba*, l'ouvrage *Baluba*, a été consulté par 67 adultes et 1 jeune. En outre, 2 des premiers ont déclaré avoir lu d'autres ouvrages similaires (sans en donner les indications) contre 0 jeune.

En synthèse, tous ces résultats renseignent que :

1. Le recueil *Nkindi ya kiluba*, bien qu'édité par la maison Bulubà, de Kamina, n'a été lu que par 38 adultes et 13 jeunes soit 17 % de l'ensemble des enquêtés (T. 1)

2. Avec ce score, il demeure le recueil de proverbes des Balubà le plus consulté (T. 3)

3. Les jeunes sont moins intéressés que les adultes par cette littérature, soit 69,3 % contre 52,6 % de taux de d'antipathie.

Bien que notre échantillon ne soit pas représentatif, il a donné des informations significatives et importantes qui peuvent valablement être étendues à l'ensemble des habitants de Kamina, pourquoi pas à l'ensemble des locuteurs de cette langue. En effet, notre objectif était de savoir si à l'écrit, les proverbes sont encore une littérature populaire. Comme dit plus haut, en rapport avec cette question, il est apparu que le genre écrit n'est pas pertinent. Les hommes et les femmes ainsi que les jeunes enquêtés ont répondu brillamment à cette question de manière à nous positionner utilement au regard de la problématique soulevée. Les lignes qui suivent nous permettent ainsi d'en rendre compte.

3. DISCUSSION

Il convient de rappeler avant toute chose que cette réflexion s'est fixée comme objectif, de déceler les effets de l'écriture sur l'orature, spécialement en ce qui concerne son caractère populaire. Dans ce cadre, nous avons décidé d'étudier la réception, par les habitants de Kamina, des proverbes transcrits dans un recueil en langue Kilubà (L33).

Pourquoi les proverbes ?

En effet, cette réflexion aurait dû porter sur n'importe quel sous-genre de la littérature populaire orale. Arbitrairement, nous avons opté pour les proverbes comme faisant partie des parémies qui, elles-mêmes rentrent dans ce grand ensemble qu'est la littérature populaire, selon Driant (2014). Cette dernière note que la littérature orale compte un certain nombre de petites formes que sont « *les proverbes, les dictons, les devinettes et les énigmes, auxquels il faut ajouter le patrimoine oral des jeunes enfants : berceuses, comptines, virelangues et jeux de doigts ».*

À ce titre le proverbe, *« nœud gordien »* des parémiologues, selon Taylor (1939 : 3) rentre dans la littérature populaire, car répondant aux critères définissant ce genre, notamment, sa création, son destinataire et son manque de fixité. En effet, Kaitia (2010 : 3) étudiant la littérature populaire arabe, a remarqué que :

> Les destinataires des textes sont l'un des biais par lesquels on distingue les littératures savante et populaire. La littérature savante, considérée majoritairement comme l'essence même de toute notion de patrimoine littéraire, est produite en arabe littéraire, durant la longue période classique, par une élite, à destination d'une élite ; les auteurs présumés et les récepteurs de leurs textes appartiennent au même microcosme, celui de la ḫāṣṣa. Les membres de ce microcosme plutôt fermé avaient en partage les mêmes valeurs, les mêmes référents et surtout le monopole de la maîtrise de l'arabe littéraire. À leurs yeux, la littérature populaire était une littérature inférieure, voire une non-littérature destinée au vulgaire (la 'āmma) ou à la populace (la sūqa).

L'auteur enseigne que la littérature populaire a une source, tout aussi, populaire. C'est-à-dire qu'elle est créée par la « populace » pour la « populace ». À ce titre, elle est véhiculée dans une langue correspondante. En conséquence, on la considère avec condescendance par rapport à celle dite élitiste. Quand bien même elle pourrait avoir été d'une création savante, elle a pour destinataire, le « bas-peuple » qui l'accepte et se l'approprie. Elle est, à ce titre, une littérature des masses. Elle est essentiellement orale est généralement anonyme, n'appartenant à personne mais à tous. C'est pour cela que Gennep cité par Halima Bouari (209 :158.) enseigne que les proverbes font partie de « *la littérature mouvante* », car ce sont des « *créations inscrites fidèlement dans les mémoires pour fonder la chaîne de la tradition et transmettre les événements du passé de générations en générations* ».

Ce même point de vue est défendu par Mohammed Ben Chenab (2003 :7) qui lui, enseigne que « *Les proverbes rendent compte de ce qui est considéré comme la doxa des conduites et des imaginaires de la société* »

La littérature populaire est mouvante parce qu'elle n'appartient pas à un individu mais à la communauté. Sa forme varie avec chaque profération dans la mesure où elle est tributaire du contexte d'énonciation. Cela est d'autant plus vrai pour les parémies africaines qui ne connaissent, ni classification à la française, ni créateurs identifiés, ainsi que nous l'avons démontré dans notre livre sur cette richesse (2019 a). En effet, les balubà sont convaincus des origines ancestrales des proverbes malgré la création récente de certains d'entre eux. Proférer un proverbe équivaut ici à dialoguer avec leurs auteurs, ce qui consacre le caractère polyphonique (2019 b) de toute énonciation proverbiale et en garantit la force illocutoire.

Ce qui est dit pour l'ensemble de genres de la littérature populaire orale, vaut aussi et dans les proportions significatives pour les proverbes qui, mieux que beaucoup d'autres, ont pour objectif premier de styliser la tradition afin de la transmettre de générations en générations.

Ce parcours théorique que nous avons voulu laconique nous permet d'entamer la discussion de nos résultats. En effet, l'orature, telle que décrite ici, se retrouve-t-elle reproduite fidèlement à l'écrit ? Autrement, les proverbes, aussi bien à l'oral qu'à l'écrit, relèvent-ils tous, et dans les mêmes proportions, de la littérature populaire ? Pour y répondre, il nous suffit de réétudier les résultats de notre enquête à la lumière des données théoriques pertinentes.

À propos du caractère populaire, c'est-à-dire, celui d'une littérature créée et adoptée par les communautés entières, nos résultats montrent bien le contraire. En effet, seuls 17 % de notre échantillon ont montré quelque intérêt envers le recueil de proverbes *Nkindi ya kiluba* (voir T.1). D'ailleurs cela est confirmé par le T.2 qui montre que 69 % de nos enquêtés ne ressentent pas d'intérêt envers la version écrite des proverbes. Y aurait-il lieu de parler encore de ces proverbes comme littérature des masses ? La réponse devrait être négative. Comment peut-il en être autrement lorsque 69 % des enquêtés (et par extension, de tous les locuteurs) la rejettent ?

Paradoxalement, cela contraste avec d'autres écrits sur la cosmogonie des balubà, lesquels écrits montrent que ce peuple se délecte de cette richesse, en version orale. En effet, dans notre premier livre cité plus haut (2019a) nous disions que l'érudition dans cette matière était recherchée par tous les balubà car, elle conférait de la noblesse, et permettait de siéger dans la cour du roi. Lukanda Lwa Malale ne disait pas autre chose quand il reprenait l'une des devises de ce peuple selon laquelle : « ì Mulubàmwelwa Lukoyo, ùmwêlè lukindì wăùmvwè », pour dire : « *C'est le Muluba qu'on peut maîtriser par le joug, mais pas par le proverbe, il le comprendrait aisément* ». Cette sagesse populaire met en exergue le fait que le Mulubà se définit par le proverbe. Si on veut l'identifier, il faut le mettre à l'épreuve par l'un d'entre ces savoirs culturels ancestraux. Le professeur Mutonkole Lunda-wa-Ngoyi (2010) a eu ainsi raison de donner à son livre sur les proverbes des balubà, un sous-titre aussi éloquent : *« Les paroles essentielles ».* Ces quelques cas montrent à suffisance la place qu'occupent les proverbes dans la culture des balubà, laquelle culture se révèle être essentiellement celle du proverbe. Au vu des résultats de notre recherche, personne ne pourrait penser qu'il en soit encore ainsi quant à la version écrite de ces « *paroles essentielles* ». Le Muluba se comporte différemment, il rejette cette version et la considère comme étrangère.

À partir de ce qui précède, on ne peut non plus dire que les proverbes écrits restent encore une connaissance mouvante. En en fixant une variante dans l'écriture, l'auteur du recueil contraint le lecteur à n'apprendre que cette version, ce qui en réduit la popularité. En effet, le proverbe dans ce cas n'est plus l'expression de la doxa, de « la sagesse des nations », mais de celui qui l'a transcrite. Les locuteurs actuels ne peuvent plus se les approprier parce que l'auteur en aura fait une richesse personnelle que la communauté peut lui emprunter en en respectant la variante. En effet, si dans la version orale, la modalisation se fait à travers des formules référant à l'origine ancestrale, il n'en est plus le cas à l'écrit. Pour citer un des proverbes, les baluba disent « Bakùlumpè bănènènè àmbà… » (Les ancêtres ont dit que…). À l'écrit, on dira, par exemple : « Filip/Lukanda/ Kimilundu…a dit … ». Dans ce sens, on ne peut plus parler d'une littérature populaire. En somme, parce qu'elle relève de la culture des masses, elle ne doit aucunement être liée à un auteur particulier ainsi que l'enseignent Perrin (2012 : 58) inspiré par Sperber et Wilson qu'il cite abondamment dans son texte. Selon eux :

> Les proverbes consistent à montrer pragmatiquement qu'ils sont le fruit d'une énonciation collective ancestrale […] ce qui est montré en écho tient à une relation iconique de ressemblance entre telle ou telle séquence discursive effective et ce qui est censé avoir été dit par le passé.

Il est établi ici l'une des caractéristiques principales du proverbe comme sous-genre de la littérature populaire. Le proverbe relève d'une énonciation collective. Le locuteur actuel ne peut en avoir qu'une responsabilité *citative* parce que son énonciation est iconique et échoïque. En énonçant un proverbe on fait « *mention* » des énonciations antérieures auxquelles la profération actuelle ressemble. On dit que toute énonciation proverbiale est polyphonique (Mulunda 2019 b). En est-il de même du proverbe dans sa version écrite ? Sans doute que non. Dans notre cas, il s'agit du proverbe attribué à son « auteur », dont la citation directe exige des soins appropriés de crainte d'en écorcher la parole consacrée par lui. La force citative ne serait plus de nature pragmatique mais sémantique comme l'ont enseigné pour leur part, Kleiber et Anscombre. Si dans le premier cas la « *mention* » et de nature discursive, dans le second elle est uniquement textuelle, ce qui accuserait une faiblesse notoire dans la conception même du proverbe comme un énoncé iconique et échoïque dont il est question plus haut. Alors, comme pour couper court à ce travers, Anscombre (1994 : 100) peut bien formuler l'idée selon laquelle :

> Celui qui énonce un proverbe s'il est bien le locuteur du proverbe, n'est pas l 'auteur de ce proverbe, en termes de polyphonie, il n'est pas l'auteur du principe qui y est attaché.

Or nous venons de le voir, une fois passés dans l'univers de l'écriture, les proverbes sont attachés à l'auteur du recueil qui se les approprie en quelque sorte et peut en revendiquer la forme et le contenu. Il irait en contradiction avec cet enseignement d'Anscombre mais aussi avec celui de Laurent Perrin (Op.cit : 57). En effet, dans sa tentative de définition du proverbe, ce dernier avance que :

> parmi les propriétés définitoires des proverbes, on admet généralement qu'ils n'expriment pas un point de vue personnel du locuteur ou de qui que ce soit, mais une vérité ou un jugement collectif, partagé par un groupe social ou une communauté linguistique.

Cette création collective n'est pas à comprendre de manière littérale. La société créerait spontanément et simultanément des énoncés qui passeraient pour des proverbes ? Il n'en est pas ainsi. Issu d'un individu, un proverbe connaît tellement de remaniement qu'il passe finalement pour un énoncé anonyme. Chaque occurrence d'un même proverbe lui donne une structure segmentale et/ou suprasegmentale différentes. C'est cela aussi l'orature qui fait que l'improvisation, la personnalité du locuteur, le contexte d'énonciation… deviennent autant d'éléments inspirateurs, de sorte qu'un même proverbe soit différent à chaque utilisation.

Cela distingue l'orature de l'écriture en ce que la première se justifie par l'impératif de désigner la spécificité de ces œuvres dont la « littérarité » se définit indépendamment de l'écriture. Cela est d'autant plus vrai pour les proverbes du Kilubà, langue parlée sur une vaste étendue et qui, en conséquence, connait plusieurs dialectes ou variantes. Tel proverbe stylisé à l'extrémité du domaine sera reconnu comme tel à l'autre extrémité mais sans être identique par la forme. Nous en voulons pour preuve, ce proverbe dont nous avons trouvé deux variantes dans les réseaux sociaux. En effet, sur une grande partie du Bulubà on dit : « *Pàkìdì Mbùyu mumanwì pòpakwalwila kutoba* » (Au moment où l'eau ne dépasse pas encore les genoux, c'est en ce moment qu'il faut traverser).

À côté de cette version, nous avons lu aussi : « *Pàkìdì Mbùyu mu manwì pòpakwalwila kutobayè »* (littéralement : Quand l'eau est encore au niveau des genoux, c'est en ce moment qu'il faut traverser là).

Sur l'ensemble du domaine linguistique, ces deux énoncés seront reconnus comme des variantes (géographiques) d'un même proverbe. Personne ne s'aviserait de revendiquer la primauté de sa variante, parce qu'avons-nous dit, le proverbe relève d'une littérature mouvante, jamais fixée définitivement. Ce qui n'est pas le cas avec les textes recueillis et cristallisés dans le recueil *Nkindi ya kiluba* qui, eux, sont définitivement fixés, voire, tués par l'écriture. Ils ne sont plus l'apanage du peuple.

Une autre affirmation discutable au vu de nos résultats et celle enseignée par plusieurs chercheurs notamment par Gennep déjà cité plus haut et que nous reprenons ici vu l'importance de son propos. Ce chercheur soutient que les proverbes sont des « *créations inscrites fidèlement dans les mémoires pour fonder la chaîne de la tradition et transmettre les évènements du passé de générations en générations »*.

Dans leur version orale, les proverbes ont pour mission de transmettre des valeurs humaines positives aux générations futures. Par eux, la société garde, protège ses valeurs morales, spirituelles, sociales et les transmets aux jeunes générations. Ils jouent alors un rôle éminemment pédagogique. A travers eux, on découvre l'âme d'un peuple. D'ailleurs les balubà ont raison, à ce propos, quand ils disent : « *Nkindì yǎdi ì bantu* » (Les proverbes étaient des personnes humaines). Dans une société sans école, ces textes occupaient une place de choix dans l'éducation des jeunes qui avaient le devoir de pérenniser la tribu. Or quand on observe les résultats de notre recherche on se convainc que les jeunes n'ont plus que faire de ce savoir séculaire dès qu'il est rendu par écrit. Pour rappel, seuls 15 jeunes sur les 150 enquêtés ont lu le recueil concerné, soit 1 % de la catégorie. En ce qui concerne les causes de ce désamour, les jeunes dans leur majorité ont épinglé justement le manque d'intérêt, dans le T.2 qui concerne 102 jeunes sur les 135, soit 75 %. Comment dès lors imaginer que ce recueil puisse transmettre la culture des balubà aux jeunes générations quand celles-ci expriment un tel dégoût à leur égard ?

Ce qui est vrai pour ce recueil l'est davantage à propos d'autres écrits du même genre. En effet, plusieurs personnes ont écrit des livres de proverbes de cette langue. Le tableau 3 montre que seul l'ouvrage de Lukanda Lwa Malale, a été cité par un enquêté jeune et crédité de 0,7 %.

Comme dit plus haut, ce n'est donc pas seulement l'ouvrage du père Filip qui est rejeté mais tous les autres aussi. *Nkindi ya kiluba* est même le plus prisé sans doute parce qu'édité à Kamina et ayant joui d'une certaine publicité dans le milieu.

Vu ce qui précède, il est insensé d'imaginer que l'écriture puisse permettre à l'orature de continuer à jouer son rôle éducatif aujourd'hui et demain encore. Parce qu'il y a risque que dans un avenir pas très lointain ces ouvrages soient complètement ignorés et qu'ils se couvrent d'épaisses couches de poussière dans les bibliothèques par manque de lecteurs.

Parallèlement, les parémiologues modernes estiment, au moins certains, que mettre les proverbes par écrit, c'est les sauver de l'inexorable disparition à laquelle sont vouées toutes les œuvres de la littérature orale. Or, si les jeunes d'aujourd'hui ne lisent pas ce genre d'ouvrage comment vont-ils faire vivre son contenu demain ? C'est paradoxal. La question résiderait peut-être dans le sens qu'on accorde au verbe « vivre ». S'il signifie pour ce trésor, simplement le fait d'exister, d'être présent, même enfermé dans quelques recueils, on pourrait l'admettre. Nous ne pensons pas que les parémiologues soient de cet avis. « Vivre », pour ce trésor, c'est continuer à féconder la vie communautaire, à fermenter la culture des balubà, à alimenter les conversations quotidiennes, à trancher les causes les plus complexes, bref à conférer de la noblesse et à réguler la vie sociale.

En conséquence, nous pouvons nous risquer d'avancer qu'au lieu de faire vivre l'orature, l'écriture la tue, la *fossilise* et en fait un patrimoine des bibliothèques. Il serait alors mal venu de parler encore d'une littérature populaire, car elle rejoint celle de l'élite. En effet, qui irait la chercher dans les rayons des bibliothèques sinon l'intellectuel, le

« lettré », le chercheur ou l'universitaire, et pour des raisons autres que celles de la vie en communauté ? Enfermer les proverbes dans les pages des recueils, c'est aller à l'encontre de Halima. Bouari (Op.cit :154) qui estime que ces énoncés *comme toute production langagière, ont une fonction sociale et peuvent survivre à la société où ils ont émergé*. Ce n'est pas dans un livre qu'ils vont remplir cette fonction sociale mais dans la vie de chaque jour. Ce n'est pas non plus dans les bibliothèques qu'ils vont survivre aux sociétés qui leur ont donné naissance. Les résultats de notre enquête l'ont montré à suffisance. Il en résulte que les jeunes générations ne sauraient se servir à bon escient de ce trésor à partir des savoirs qui sommeillent dans les recueils.

Ainsi, dans ce domaine, écriture et orature ne font pas bon ménage. Ou c'est l'une ou c'est l'autre, pas les deux ensembles, ce qui en transformerait la plus volatile en une « oralité inter-médiaire ». La même a raison quand, poursuivant son analyse, relève ce paradoxe. En effet dit-elle :

> Puisque l'oralité se considère en tant qu'activité inscrivant l'émission/la réémission dans le discours, l'écriture demeure l'instrument qui permet la perpétuation de la mémoire d'un savoir secret oral en danger de se perdre. Cette écriture est également censée sauvegarder la pureté et l'originalité du savoir transmis.

Or, nous l'avons souligné plusieurs fois, l'écriture ne saura jamais inscrire l'émission dans le discours, pour sauvegarder l'originalité de l'orature, de même qu'elle ne la sauvera pas de la mort en tant que réalité sociale vivante. C'est à tort qu'on a tenté depuis longtemps de lui faire jouer le rôle qui n'est pas le sien.

Conclusion

En début de notre réflexion, nous nous sommes demandé si les proverbes, richesse populaire à l'oral, le sont encore à l'écrit. Pour nous en rendre compte, nous avons mené une enquête sur la réception d'un livre de proverbes auprès des locuteurs du kilubà. À l'arrivée, nous avons découvert que l'écriture « dépopularise le proverbe ». Elle le retire de la vie sociale pour l'enfermer dans les rayons des bibliothèques. Les proverbes meurent de l'écriture parce que les lire exige une formation et un effort psycho-physiologique que tout le monde ne peut se permettre.

Les écrire, c'est les enfermer dans le microcosme de « lettrés » seuls capables de les déchiffrer et pour des raisons autres que sociales. Plus encore, c'est en faire des vestiges d'une culture dont on parlera au passé. Il en découle donc que comme nous le posions sous forme d'hypothèse, l'écriture n'est pas le mode le meilleur de conservation adéquate de la littérature populaire en général et des proverbes en particulier. En somme, Si déjà les définir est « une tâche ardue qu'il vaille la peine de s'y engager », s'il s'agit d'une réalité empirique et *que* « seule une qualité incommunicable nous révèle que de deux phrases l'une est proverbe l'autre ne l'est pas » (Taylor, Op. cit :3), ils sont davantage si complexes et si délicats dans le processus de leur conservation que l'écriture n'y suffirait pas. Notre étude a montré que la mémoire est faillible et l'écriture dangereuse. Il faut donc chercher d'autres moyens qui les protègent sans attenter à la spécificité de leur orature. Telle préoccupation devrait faire l'objet d'autres recherches tout aussi importantes pour la pérennité de ce savoir indispensable.

Références bibliographiques

ANSCOMBRE Jean-Claude., 1994, « Proverbes et formes proverbiales : valeur évidentelle et argumentative » in *Langue Française*, Paris, Larousse ; n^{0} 102, 95-107

BLANCHET Philippe. (dir.), 2011, « Nécessité d'une réflexion épistémologique » in *Guide pour la Recherche en Didactique des langues et des cultures. Approches contextualisées*, Paris, Archives contemporaines,

BONDO MULUNDA, Nicodème., 2019, *De la brachylogie dans les proverbes du Kilubà,* Paris, Edilivre,

BONDO MULUNDA, Nicodème., 2019, *De la polyphonie dans le roman de Sony Labou Tansi,* Mauritius, Éditions universitaires Européennes

HAGEGE Claude, 1985, *L'Homme de parole, contribution de la linguistique aux sciences humaines*, Paris, Fayard

HALIMA BOUARI, 2009, « Oralité-héritage et écriture en devenir : Aspects et fonctions » dans *MEMOIRES DE LA CHAIR*, Algérie, Synergie, n° 7, 153-158

LUKANDA LWA MALALE, 2016, *BALUBA*, Kinshasa, Harmattan

MUTONKOLE LUNDA-WA-NGOYI, 2010, *Les proverbes des baluba. Les paroles essentielles*, Lubumbashi, Mundula

PERRIN Laurent., 2012« L'énonciation des proverbes » dans Anscombre J.-C. (dir), *La parole exemplaire, introduction à une étude linguistique des proverbes*, Paris, Armand Colin,

SICIUC Filip et al., 2006, *NKINDI YA KILUBA*, Kamina, Centre culturel BULUBA,

TAYLOR ARCHER, 1931, *The Proverbs*, Harvard University Press,

VIEGAS GUERREIRO Manuel, 1987, *Littérature populaire : autour d'un concept,* Paris, Centre culturel portugais,

Wébographie

DRIANT, Pénélope., 2014, *La littérature orale dans les bibliothèques publiques,* Mémoire d'études supérieures, Université de Lyonhttps/www.ensib.fr

KAITIA Zakharia, 2010, « Le patrimoine littéraire arabe et les paradoxes de sa conservation écrite, l'exemple de la littérature arabe populaire » dans J.C., Davis, S. MULLER-CELKA, 2010, *Patrimoines culturels en méditerranée orientale : Recherche scientifique et enjeux identitaires*, 4ème atelier (25 novembre 2010) Lyon, http//www.mom.fr/4ème-atelier.html

L'insertion socioéconomique des immigrants ivoiriens au Cameroun (1978- 2011)

Mathieu Jérémie ABENA ETOUNDI

Université de Yaoundé I
mathieuabena@yahoo.fr

Fridolin OMGBA OWONO

Université de Yaoundé I
omgba.2@yahoo.com

Résumé

La Côte d'Ivoire connut à son indépendance une période de prospérité économique et de stabilité politique qualifiée de "miracle ivoirien". Elle tire ses origines des spécificités de l'État postcolonial, notamment la "révolution verte" et le parti unique. Jusqu'à la fin des années1970, les Ivoiriens s'intéressent peu à l'émigration. Toutefois, avec la crise économique des années 1980 et l'instabilité politico-sécuritaire que connaît le pays de 1999 à 2011, plusieurs Ivoiriens décidèrent d'émigrer au Cameroun. En terre camerounaise, leur intégration est encadrée par des instruments juridiques précis. Il est question dans ce travail de voir comment ces migrants s'insèrent dans le milieu socioprofessionnel camerounais. Pour ce faire, nous avons utilisé une double approche analytique et diachronique. Les immigrants ivoiriens réussissent leur intégration socioéconomique au Cameroun en se servant des réseaux et stratégies divers. La majorité est employée dans le secteur informel, quelques-uns seulement exercent dans le secteur formel. Compte tenu des difficultés rencontrées dans ce secteur, il est urgent que l'État du Cameroun les accompagne, en luttant contre les arnaques dont ils sont, très souvent, victimes.

Mots clés : Immigrants ivoiriens – Insertion socioéconomique – réseaux de solidarité – Cameroun – Côte d'Ivoire

Abstract

Ivory Coast has experienced during its independence a period of economic prosperity and politic stability which is qualified today as the "Ivorian Miracle". It originated from the specificities of the postcolonial

State, including the "Green Revolution" and the sole party. So, up to the end of the 1970's, Ivoirians were not much interested to emigration. However, with the economic crisis of the 1980's and the political security instability that the country faced from 1999 to 2011, several Ivoirians decided to emigrate in Cameroon. On Cameroonian soil, their integration is framed by precise legal instruments. It is a question in this work of seeing how do Ivorian migrants fit into the Cameroonian socio-professional environment? To answer this question, we use a double analytical and diachronic approach. Ivorian immigrants succeed in their socioeconomic integration in Cameroon by using various networks and strategies. The majority are employed in the informal sector, only a few work in the formal sector. Given the de difficulties encountered in this sector, it is urgent that de State of Cameroon support them by fighting against the scams of which they are, very often, victims.

Keywords: Ivoirian immigrants – socio economic insertion – networks of solidarity – Cameroon – Ivory Coast

Introduction

Le Cameroun est une terre d'accueil pour les ressortissants des pays africains. Le contexte politique du pays et la flexibilité de son économie d'avant la grande récession de la décennie 1980 ont permis aux ressortissants des autres pays de pouvoir s'intégrer dans la société, même si les arcanes du secteur formel demeurent encore le lieu où les discriminations contre les migrants se développent. En plus, sa position au cœur du continent et son originalité au plan écologique sont autant de facteurs explicatifs de cet afflux migratoire (Tchawa, 2012, p.331). La migration fait partie du mode de vie des populations africaines, car constituant une stratégie d'adaptation au chômage et de recherche perpétuelle d'amélioration de leurs conditions de vie. Ainsi, les populations choisissent pour la plupart de migrer vers des pays censés leur procurer ce bien-être. Parmi les immigrants présents au Cameroun, les Ivoiriens occupent une place importante avec un effectif en constante croissance. De 1978, date de l'ouverture de la représentation diplomatique ivoirienne à Yaoundé (Cameroun), à 2011, période charnière dans la crise post-électorale ivoirienne, leur effectif est passé de moins de cent à 1200 personnes[113]. Arrivés au Cameroun parfois de façon hasardeuse, la

[113] Entretien avec A. Dosso, 38 environ, ambassadeur de Côte d'Ivoire au Cameroun, le 14 mai 2014 à Yaoundé.

majorité de ces immigrants doivent prendre leurs repères dans une société marquée par une hétérogénéité culturelle et une rareté d'offres d'emplois décents (Omgba, 2015, p.126). La réalisation de cet objectif est davantage difficile pour les clandestins et ceux n'ayant aucune qualification professionnelle. Cette situation impose une réflexion sur les moyens et stratégies d'insertion socioéconomique des immigrants ivoiriens au Cameroun. Autrement dit, comment les immigrants ivoiriens s'insèrent-ils dans le milieu socioprofessionnel camerounais ? La réponse à cette question exige un examen des facteurs de l'immigration ivoirienne au Cameroun ; du marché du travail camerounais, entre 1978 et 2011 ; et du processus d'insertion socioprofessionnelle des immigrants ivoiriens au Cameroun.

1. Méthodologie

Pour mener cette recherche, une approche méthodologique historique, combinant les démarches chronologique et thématique, a été adoptée. Elle est organisée en trois phases : la documentation, l'enquête de terrain et l'interprétation des informations. La recherche documentaire a permis de faire la synthèse des documents disponibles et d'analyser quelques ouvrages spécifiques relatifs à la thématique. À cet effet, plusieurs bibliothèques et sites internet ont été explorés. Il s'agit : des bibliothèques de l'Institut Français de Yaoundé, de la Fondation Paul Ango Ela et de l'École Normale Supérieure de Yaoundé. L'enquête de terrain s'est faite à partir d'un guide d'entretien, suivant un échantillonnage composé de 30 personnes ressources (immigrants clandestins et réguliers), dont le choix a obéi à cinq critères : l'âge, le sexe, le mobile principal de l'immigration, la profession et l'année d'installation au Cameroun. Les types d'informations recueillies sont relatifs à l'insertion socioprofessionnelle des immigrants ivoiriens sur le marché du travail camerounais. L'interprétation de ces données, faites sous l'angle de la théorie d'intégration développée par D. Battistella[114] et R. J. Lieber[115], a permis d'obtenir les résultats exposés dans ce qui suit.

[114] D. Battistella, 2012, *Théorie des relations internationales*, 4e édition mise à jour et augmentée, Paris, Presses de la FNSP.
[115] R. J. Lieber, 1972, *Theory and world politics*, Cambridge, Winthrop.

2. Les moteurs de l'immigration ivoirienne au Cameroun

Le poids des immigrants ivoiriens au Cameroun est resté faible jusqu'en 1990 (Omgba, 2015, p.125). Trois raisons expliquent cette situation : la prospérité économique de la Côte d'Ivoire, l'exigence d'un visa pour entrer au Cameroun et la distance. Toutefois, avec la crise économique (1979-1993) et l'instabilité politico-sécuritaire entraînée par le putsch de 1999, le putsch manqué de 2002 et la crise post-électorale de 2010 plusieurs Ivoiriens ont décidé d'émigrer au Cameroun.

2.1. Crise de l'économie et candidature à l'immigration des Ivoiriens, 1979-1994

La Côte d'Ivoire entre en récession en 1979. Cette situation qu'elle traverse jusqu'en 1994 contraint de nombreux Ivoiriens à choisir la voie de l'émigration. Leur arrivée au Cameroun se fait en vagues, suivant l'évolution de la crise.

2.1.1. La crise de la stabilisation et l'immigration des employés du secteur privé

Après une croissance économique continue marquée par une augmentation du PIB réel à un rythme proche de 8 % par an en moyenne, les indicateurs macroéconomiques et sociaux se sont altérés avec la chute des cours des matières premières agricoles (cacao, café, etc.). Cette situation contribua à alourdir la dette globale du pays sur le PNB ; laquelle est passée de 77 % en 1980 à 243 % en 1993 (Cogneau et Mesple-Somps, 1999, p.20). En plus, la détérioration des termes de l'échange qui entraîne l'inversion de la conjoncture en Côte d'Ivoire à partir de 1979 pousse le secteur privé à prendre deux décisions majeures : la limitation des effectifs d'employés et la contraction de 11 % de son budget d'investissement (J. C. Berthélemy et F. Bourguignon, 1996, p.45). Le marasme dans ce secteur entraine plus de 1000 autorisations de compression de personnel touchant 30 000 personnes (Marie-France et François-Régis, 1991, p.54.). Pour faire face à ces mesures, le gouvernement ivoirien opta pour un recrutement massif et une augmentation de salaire dans la fonction publique. De plus, l'État qui voulait se substituer au secteur privé accrut les investissements publics de 13 % par an jusqu'en 1981 (Cogneau et Mesple-Somps, 2002, p.14). Ces mesures n'eurent cependant pas les effets escomptés. Deux raisons justifient ce résultat. *Primo*, les investissements publics s'avérèrent peu productifs. *Secundo*, ils ne contribuèrent pas à la stabilisation du secteur privé entraînant ainsi la cessation des activités de plusieurs entreprises. L'une d'elles, REYNOLDS, choisit de s'installer au Cameroun.

REYNOLDS est une entreprise israélienne du secteur du bâtiment et des travaux publics (BTP) délocalisée au Cameroun en 1984 sous le nom COSINETRA[116]. En quittant de la Côte d'Ivoire, elle amena avec elle plusieurs employés ivoiriens. Certains continuèrent de résider au Cameroun après la cessation des activités de ladite entreprise. Esso Nomel en est un. Il déclare à cet effet : "je travaillais dans la société Israélienne REYNOLDS compte tenu de la crise économique qui secouait mon pays, elle a été obligée de migrer pour le Cameroun sous le nom de CISONETRA en 1984, et c'est avec elle que nous avons construit la Cité Verte de Yaoundé, et moi en tant qu'ingénieur géotechnicien" (Bélébénié, 2019, p.21).

2.1.2. Ajustement structurel et immigration ivoirienne au Cameroun

Dès 1981, les autorités ivoiriennes prirent la pleine mesure de la gravité de la crise et revirent leur stratégie en optant pour l'ajustement. Le pays connut ainsi quatre plans d'ajustement structurel, de 1981 à 1993.

Le premier est lancé en novembre 1981. Il vise à modifier la structure de l'offre et à relancer la production. Le second PAS est lancé en 1984 pour une durée de trois ans. Adopté en mai 1986, le troisième PAS permit à l'État de mener des actions relatives à la discipline financière et budgétaire, à la diversification de l'économie nationale et à la recherche de la compétitivité (Lambert et Akiko Suwa, 1991, p.83). L'échec de ce dernier amena la Côte d'Ivoire à négocier un quatrième plan, en juillet 1989. Le PAS IV visait quatre principaux objectifs : veiller au rééquilibrage de la balance des paiements extérieurs, parvenir à un apurement des arriérés du secteur public, réduire les déficits de l'État et négocier un rééchelonnement d'une partie de la dette (Banque Mondiale, 1999, p.29). Pour les atteindre, le gouvernement préconisa une libéralisation de l'économie à travers deux plans sectoriels : le Plan

[116] Entretien avec A. Dosso, 38 ans, ambassadeur de Côte d'Ivoire au Cameroun, le 14 mai 2014 à Yaoundé.

d'Ajustement Structurel Financier (PASFI) et le Plan d'Ajustement Structurel de Compétitivité (PASCO).

La contre-performance des entreprises du secteur public poussa les autorités ivoiriennes à prendre des mesures visant à réduire le volume de l'emploi (Kouadio Bénie, 1989, p.52). Face à cette situation, de nombreux Ivoiriens choisirent d'émigrer. C'est ainsi que plusieurs arrivèrent au Cameroun. Les seules raisons économiques ne peuvent cependant pas justifier cette immigration, surtout lorsqu'on en prend compte les conséquences de l'instabilité sociopolitique que connaît le pays, de 1999 à 2011.

2.2. Crises sociopolitiques et immigration ivoirienne au Cameroun

La Côte d'Ivoire bascule dans un cycle de violence nourrie par une succession de crises politiques, sécuritaires et identitaires, en 1999. Le climat d'insécurité qui prospère dans cet environnement de quasi-guerre civile est l'une des raisons de l'immigration ivoirienne au Cameroun.

2.2.1. Coup d'État de 1999 et processus électoral de 2000 : aux origines de l'émigration massive des Ivoiriens à l'aune du 3e millénaire

Jusqu'en 1999, la Côte d'Ivoire appartient au cercle très fermé des États africains n'ayant jamais connu un coup d'État. Cette stabilité s'effondre les 23 et 24 décembre 1999, suite à une mutinerie transformée en coup d'État.

Le putsch du 24 décembre 1999 entraîna un bouleversement profond dans le pays. Celui-ci est consécutif au caractère identitaire de l'acte du général Guéï. Car avec lui le pouvoir passait ainsi du Centre à l'Ouest de la Côte d'Ivoire, comme le prouve la quasi-exclusion des Akan, le groupe ethnique des Présidents Houphouët-Boigny et Bédié. Face à cette situation, de nombreux Baoulé (le principal groupe Akan) et des proches de l'ancien régime émigrèrent au Cameroun. C'est le cas de Maniga Ahmed. Revenant sur les raisons de son émigration, il déclare : « je me retrouve au Cameroun à cause de la crise de 1999. Je suis parti de mon pays en janvier 2000 sans choix et dans les conditions difficiles »[117].

Le balayage annoncé par le général Guéï débuta le 4 janvier 2000 avec la formation d'un gouvernement de transition. Ce dernier vole en éclats au mois de mai, suite à la démission collective des ministres du Rassemblement Des Républicains (RDR), formation politique de Alassane Ouattara. La décision d'exclure le RDR et le Parti Démocratique de Côte d'Ivoire (PDCI-RDA) des joutes politiques de 2000 envenima davantage la situation. Durant cette période, le pic de l'instabilité est atteint après les élections avec la crise postélectorale née du refus de Guéï de reconnaître sa défaite (Labonté, 2006, p.39). Ces tensions politico-identitaires sont à l'origine de la tentative de coup d'État de novembre 2002.

2.2.2. Crise politico-militaire et émigration ivoirienne au Cameroun entre 2002 et 2010

Le 19 septembre 2002, l'armée ivoirienne déjoua une tentative de coup d'État. Dans la foulée, R. Guéï et plus de 400 personnes sont tués (Labonté, 2006, p.41). La mort de Guéï n'a cependant pas arrêté les affrontements, bien au contraire ils s'accrurent avec la création des mouvements rebelles.

La symétrie des revendications de ces groupes avec celles du RDR, permet d'établir un lien entre Ouattara et les rebelles. Dès lors, il est évident que la crise était politique. Le conflit qui opposait les rebelles au FANCI entraina la balkanisation du pays. De plus, il fit entre 1000 et 2000 morts et au moins 1.300.000 déplacés (ONU, 2003, p.15). Plusieurs se retrouvèrent au Cameroun. Léandre Oro en est un. Au sujet de son émigration, il déclare :

> J'ai fui la Côte d'Ivoire pour me rendre au Gabon y retrouver mon père qui lui, avait fui la guerre de 1999 étant donné qu'il était un homme politique. Comble de bonheur, je suis arrivé au Cameroun où j'ai rencontré une fille qui est tombée enceinte de moi. J'ai une fois renoncé à mon projet du Gabon pour m'occuper de

[117] Entretien avec Maniga Ahmed, 39 ans, commerçant, le 4 septembre 2018 à Douala.

> celle qui est devenue mon épouse et la mère de mes deux enfants, aujourd'hui décédée[118].

Le mobile sécuritaire évoqué ici est le même qui favorisa l'aventure camerounaise de plusieurs durant la crise postélectorale de 2010 à 2011.

2.2.3. La crise post-électorale, facteur de l'émigration des Ivoiriens au Cameroun en 2011

Conformément aux dispositions de l'accord de paix signé à Ouagadougou le 04 mars 2007, l'État ivoirien organisa une élection présidentielle en 2010. Après un premier tour consensuel, la contestation des résultats du second tour plongea le pays dans une crise post-électorale sans précédent. La pomme de discorde nait du fait de la proclamation des résultats opposés par les deux organes compétents en matière électorale : la Commission Électorale Indépendante (CEI) et le Conseil Constitutionnel. La validation des chiffres de la CEI par l'Organisation des Nations Unies pour la Côte d'Ivoire (ONUCI) aggrava davantage la crise.

Le bilan de la crise post-électorale de 2010-2011 fait état de plus de 5042 morts et disparus, et près d'un million de déplacés, dont environ 200.000 hors du pays (GRIP, 2012, p.11). Plusieurs se sont retrouvés au Cameroun. Parmi eux, se trouve Ahouo Karim et Brou Tano. Sur les raisons de son émigration, Brou Tano déclare :

> La violence avait atteint son comble en Côte d'Ivoire et si on voulait vivre, il fallait penser se sauver c'est-à-dire partir de ce pays-là. J'ai dû me faufiler parfois jouer au mort en me couchant près des cadavres malgré la mauvaise odeur. J'ai pu atteindre le Ghana, le Togo, le Bénin, le Nigéria avant d'affronter pour la première fois les eaux houleuses de la mer où en compagnie de certains Nigérians nous avons pu déjouer la vigilance des autorités camerounaises. Aujourd'hui, je vis en paix au Cameroun tout en regrettant quand même les décès de mon père et de mon frère cadet suite à cette crise[119].

En résumé, les Ivoiriens émigrèrent au Cameroun pour des raisons économiques et politico-sécuritaires. En terre camerounaise, ils devaient

---

[118] Entretien avec Léandre Oro, couturier, le 1er novembre 2018 à Yaoundé.

[119] Entretien avec Brou Tano, 37 ans, couturier, le 14 avril 2018 à Yaoundé.

prendre leurs repères dans un environnement socioéconomique juridiquement encadré et marqué par une crise de l'emploi.

3. Contexte général de l'insertion des immigrants : cadre juridique et évolution de la situation de l'emploi au Cameroun

L'insertion socioprofessionnelle des immigrants au Cameroun est régie par un corpus normatif bien défini et s'opère dans un contexte économique où l'accès à l'emploi formel est contingenté en faveur des nationaux (F. Fomekong, 2008, p.5).

3.1 Aperçu du dispositif juridique de l'insertion des immigrants au Cameroun

Il est structuré autour des textes législatifs et règlementaires adoptés au niveau national et des instruments internationaux auxquels le pays a adhéré.

3.1.1. Législation nationale

L'intégration économique des immigrants au Cameroun est encadrée par trois principaux textes : la loi n° 92/007 du 14 août 1992 portant code du travail ; la loi n° 97/012 du 10 janvier 1997 relative aux conditions d'entrée, de séjour et de sortie des étrangers au Cameroun ; et le décret n° 2007/252 du 4 septembre 2007 fixant les modalités d'application de la loi n° 97/012.

De façon générale, le Code du travail camerounais n'établit pas de distinction entre les nationaux et les immigrants. Selon l'article 1 (2),

> Est considéré comme "travailleur" au sens de la présente loi, quels que soient son sexe et sa nationalité, toute personne qui s'est engagée à mettre son activité professionnelle moyennant rémunération, sous la direction et l'autorité d'une personne physique ou morale, publique ou privée, celle-ci étant considérée comme "employeur". Pour la détermination de la qualité de travailleur, il ne doit pas être tenu compte ni du statut juridique de l'employeur, ni de celui de l'employé.

En principe, les règles relatives au traitement salarial, aux conditions de travail et aux règlements de différends édictés dans ce code sont applicables à tous les travailleurs, nationaux et étrangers, sans distinction de statut juridique. Toutefois, le contrat de travail des étrangers doit être visé par le ministre en charge du travail (Art.13 (2) du décret n° 97/012).

3.1.2. Instruments juridiques internationaux

Le Cameroun a adhéré à plusieurs textes internationaux relatifs à la protection des droits de l'homme et des travailleurs, en l'occurrence les immigrants, entre autres : le Pacte international relatif aux droits économiques, sociaux et culturels (1966) ; la Convention sur l'élimination de toutes les formes de discriminations à l'égard des femmes (1979), les22 conventions de l'OIT, dont celles sur les travailleurs migrants, la C 97 de 1er juillet 1949 et la C 143 du 24 juin 1975.

Le Pacte international de 1966 reconnaît à tout le droit au travail. Il invite les États parties à prendre des mesures pour garantir ce droit dans leurs législations respectives (Art.6 du Pacte international de 1966). Le travail dont il est fait mention ici obéit à des conditions justes et favorables. Autrement dit, il doit garantir une :

> Rémunération qui procure, au minimum, à tous les travailleurs : un salaire équitable et une rémunération égale pour un travail de valeur égale sans distinction aucune ; en particulier, les femmes doivent avoir la garantie que les conditions de travail qui leur sont accordées ne sont pas inférieures à celles dont bénéficient les hommes et recevoir la même rémunération qu'eux pour un même travail ; une existence décente pour eux et leur famille conformément aux dispositions du présent Pacte (Art.7 du Pacte international de 1966).

La préoccupation majeure des États dans les textes de 1949 est d'encadrer les modalités de recrutement et les conditions de travail des travailleurs migrants ; tandis que ceux de 1975 visent à prévenir la migration irrégulière et l'accès à l'emploi des migrants, en contexte de crise économique (Papinot, 2016, p.36). En clair, ces deux conventions traitent du processus migratoire et préconisent l'égalité de traitement entre les travailleurs étrangers et nationaux (OIM, 2008, p.384). Ce principe d'égalité reste cependant difficile à appliquer dans un contexte économique précaire comme celui du Cameroun.

3.2. Évolution de la situation de l'emploi au Cameroun, entre 1978 et 2011

De 1978 à 2011, la situation économique du Cameroun a connu une évolution en dents de scie avec un réel impact sur le marché national du travail. Cette période est marquée par deux grands moments : la période de plein-emploi (1978-1986) et celle de la crise économique et de ses corollaires (1987-2011).

3.2.1. Croissance économique et plein emploi au Cameroun (1978 – 1986)

L'économie camerounaise connaît une croissance soutenue jusqu'à la première moitié des années 1980. Cette performance est constatée dès 1978 avec le début de l'exploitation pétrolière. De 1978 à 1981, le pays connaît un taux d'accroissement du PIB à deux chiffres, 13,0 %, contre 4,0 % au cours de la période 1965-1977.

La dynamique économique observée durant cette période permet au Cameroun d'assurer un ajustement offre/demande d'emploi satisfaisant. En 1983, le taux de chômage dans le pays est de 7,3 %, très proche du taux de chômage naturel (Roubaud, 1993, p.755). La catégorie la plus vulnérable à ce chômage est les moins diplômés. Entre 1978 et 1986, l'offre d'emplois dans le secteur public était en adéquation avec la demande des diplômés. Il était alors possible pour l'État de planifier une résorption du chômage, grâce au maintien de la croissance économique et aux efforts de scolarisation (Roubaud, 1993, p.757). Cette embellie s'estompa en 1987, avec le début de la crise économique.

3.2.2. Dégradation du marché de l'emploi et dynamique du secteur informel au Cameroun (1987-2011)

Le 20 juin 1987, P. Biya annonça une série de mesures visant à réduire le train de vie de l'État. La prise de ces mesures marque l'entrée effective du Cameroun dans une récession économique prolongée qui dure jusqu'à la première moitié de la décennie 1990. Pour la résoudre, plusieurs politiques de redressement économiques furent mises en œuvre. La première, l'ajustement autonome, consista pour l'État à réduire son budget d'environ 19 %, soit 150 milliards de FCFA, et d'effectuer une coupe des dépenses de fonctionnement de l'ordre de 26,47 % (250 milliards contre 340) (Etoundi, 2010, p.219). L'échec de cette politique amena le gouvernement à solliciter l'appui des institutions financières internationales afin de stabiliser et réduire les déficits. Cet appui lui est accordé dans le cadre des plans d'ajustement structurel (PAS). Le Cameroun connut trois PAS, de 1988 à 1992, le premier de septembre 1988 à juin 1990, le deuxième de décembre 1991 à septembre 1991 et le dernier, de mars 1994 à juin 1995 (Amougou, 2018, p.34).

Les effets de la crise se font ressentir en premier sur l'investissement public ; ce qui entraîne une réduction de l'offre d'emploi. Les coupes effectuées sur le budget de fonctionnement eurent également des effets sur le marché du travail. La double baisse des salaires survenue en janvier (30 %) et novembre (50 %) 1993 ; la dévaluation de 50 % du franc CFA, en janvier 1994 ; le gel des recrutements dans la fonction publique et l'arrêt des concours administratifs aggravèrent cette situation (Edjenguèlè Mbonji, 1999, p.19).

De 1983 à 1993, le taux de chômage connait une envolée, passant de 6,12 % à 22,25 % (Kemajou, Sunderlin, 1999, p.11). Ce chômage massif s'accompagne de l'expansion du secteur informel qui enregistre 75 % des nouveaux emplois, en 1992. Le secteur informel sert dès lors d'amortisseur des effets néfastes de la crise sur le marché du travail. Le tableau 1 ci-dessous résume la situation.

Tableau 1 : taux de chômage en fonction du niveau d'étude, de 1983 à 1993

Année	Pas d'étude	Primaire	Secondaire	Supérieur	Total
1983	9,4	8,4	5,2	1,5	6,12
1987	9,4	14,9	16,5	9,4	12,55
1993	6,5	23,8	27,7	30,9	22,25

Source : J. J. Aerts et al., 2000, p.96.

Les données de ce tableau confirment la tendance à la hausse du chômage des diplômés et la forte progression de l'informalisation de l'économie camerounaise.

L'informel est le secteur dans lequel la grande majorité des populations exercent leur emploi au Cameroun, depuis 1993. Les résultats de la deuxième enquête sur le secteur informel (2011) font état de ce que 92,0 % de jeunes camerounais exercent dans ce secteur contre 7,9 % dans le secteur formel. La même enquête souligne que le secteur informel agricole concentre à lui seul près de la moitié des emplois globaux et environ les deux tiers des emplois ruraux ; tandis que 46,0 % des emplois globaux en milieu urbain sont créés dans le secteur informel non agricole (Etoundi, 2010, p.256).

L'analyse du cadre juridique de l'insertion des immigrants au Cameroun et de la situation économique qui a prévalu dans le pays, de 1978 à 2011, met en lumière les réalités auxquelles sont confrontés les immigrants ivoiriens. Ainsi, quels sont les mécanismes utilisés par ces derniers pour réussir leur insertion socioprofessionnelle en terre camerounaise ?

4. Les réseaux d'insertion socioéconomique des immigrants ivoiriens au Cameroun

Un constat est établi après analyse des témoignages des immigrants ivoiriens rencontrés dans les villes de Douala et de Yaoundé : leur insertion sociale et économique s'est faite à travers diverses voies. L'étude de ces dernières impose la prise en compte de trois éléments : le parcours migratoire, l'insertion résidentielle, et l'activité professionnelle.

4.1. Une insertion sociale influencée par la trajectoire migratoire des individus

L'intégration sociale des immigrants ivoiriens au Cameroun s'apprécie à travers les réseaux optionnels ou de choix, de circonstance et d'appartenance ou d'origine en fonction du parcours migratoire.

4.1.1 La sociabilité des membres de la communauté : moyen d'insertion des migrants clandestins

La proportion des Ivoiriens arrivés au Cameroun de façon clandestine est la plus importante au sein de cette communauté. Le rêve camerounais de plusieurs se développe généralement le long de l'itinéraire "périlleux" conduisant au « pays de la paix et de la prospérité ». En effet, au départ de leur pays, de nombreux Ivoiriens n'ont pas pour destination finale le Cameroun[120]. Ils s'y retrouvent du fait des aléas du voyage et surtout de l'épuisement des ressources financières. Par exemple, ces migrants

---

[120] Entretien avec A. Gnazale, 45 ans environ, premier secrétaire de l'ambassade de Côte d'Ivoire au Cameroun, le 14 mai 2014 à Yaoundé.

clandestins transitent par le Ghana, le Togo, le Bénin, le Nigeria. De la Côte-d'Ivoire au Nigeria, le voyage s'effectue par voie terrestre. Cependant, partant du Nigeria pour le Cameroun, ils empruntent les bateaux qui les déposent aux larges des côtes camerounaises, le plus souvent à Limbé (Bélébénié, 2019, p.17). C'est dans cette ville que la décision de continuer le voyage ou de s'installer au Cameroun est prise, dans la plupart des cas. Une fois la décision prise, ceux qui désirent y rester prennent le chemin des régions francophones, car ne s'exprimant pas en anglais, la langue qui prévaut à Limbé.

Arrivés à Yaoundé, par exemple, ils sont accueillis par leurs compatriotes installés dans la ville et hébergés au foyer de la communauté ivoirienne, sis au quartier Madagascar. C'est également à travers ces réseaux optionnels que ces immigrants apprennent à découvrir la société camerounaise et à s'y intégrer, comme l'illustre ce témoignage de Koffi Yao :

> Je suis arrivé à Yaoundé sans visa alors que je ne connaissais personne. J'ai commencé à me renseigner pour trouver l'Ambassade de Côte d'Ivoire au Cameroun. Une fois arrivé là-bas, l'Ambassade a fait appel à la présidente de la communauté qui a envoyé son vice-président Issa Fofana qui m'a récupéré et accompagné au foyer de Madagascar qui n'existe malheureusement plus j'y ai passé quelques semaines avant de trouver une situation plus confortable[121].

Certains ne bénéficient cependant pas de ce soutien. Dans ce contexte, leur insertion sociale se fait via les réseaux de circonstance, autrement dit avec l'aide d'un compatriote. C'est ainsi que Nebie Daouda a vécu sa première année au Cameroun. S'exprimant sur les conditions de son insertion sociale au Cameroun, il déclare :

> Quand j'arrive à Yaoundé en février 2011, je tombe sur mon compatriote Abou Koné. Je n'ai pas de visa, il m'héberge dans son atelier, je fais des jobs pour avoir un peu d'argent. J'ai passé près d'un an et ayant économisé quelques sous, je suis allé prendre une chambre en location au quartier briqueterie[122].

[121] Entretien avec Koffi Yao, 33 ans, Boulanger, le 17octobre2018 à Ebolowa.

[122] Entretien avec Nebie Daouda, 32 ans, moto-taximan, le 6 septembre 2018 à Douala.

En clair, l'insertion sociale de plusieurs immigrants ivoiriens est rendue possible grâce à la solidarité agissante de leurs compatriotes. Très peu sont accueillis et logés dès leur arrivée par un membre de la famille comme c'est le cas des migrants en règle.

4.1.2. Les réseaux d'appartenance : cadre d'insertion sociale des particuliers ou migrants en règle

Les réseaux d'appartenance désignent l'ensemble des voies de solidarité fondées sur une institution sociale de nature affinitaire (familiale, ethnique ou religieuse) (Tinni, 2015). Plusieurs immigrants ivoiriens ont bénéficié de l'un ces cadres pour s'intégrer dans la société camerounaise.

S'agissant de l'affinité familiale, on a les cas des dames Jérémie Motto, Bengono et Mouliom, toutes trois accueillies par leurs maris. Pour la première, son émigration au Cameroun avec ses deux enfants rentrait dans le cadre d'un regroupement familial, car son époux les avait précédés quelques mois avant pour des raisons professionnelles (Omgba, 2015, p.128).

Par contre, mesdames Bengono et Mouliom sont arrivées au Cameroun déjà mariées aux camerounais. Leurs témoignages rendent compte de l'efficacité des réseaux d'origine. Dans le récit de son accueil, Mouliom déclare :

> J'étais accompagnée de mon mari à mon arrivée à l'aéroport de Yaoundé. J'ai été inondée de joie quant à la descente de l'avion, j'ai vu mon beau-père et ma belle-mère parties de leur Foumban natal, ils m'embrassaient avec affection. Tous m'appelaient ma "fille", j'étais émue et remplie de joie. Il faut dire que mes beaux frères et mes belles sœurs étaient tous contents[123].

Son histoire n'est pas différente de celle de madame Bengono qui, en compagnie de son mari, fut accueillie à l'aéroport par un ancien camarade de Côte d'Ivoire de ce dernier. De même que celle de J. Kouassi, ancien étudiant du Centre Régional Africain d'Administration du Travail (CRADAT). Le récit de son accueil que voici en est une illustration :

> C'était exactement le samedi 29 juillet 2006, que j'ai débarqué à l'aéroport de Nsimalen Yaoundé à 23 h 45 min. J'y étais attendu par deux de mes compatriotes avec lesquels j'avais pris attache depuis

[123] Entretien avec Mme Mouliom, 52 ans environ, le 22octobre2018 à Yaoundé.

la Côte d'Ivoire avec l'aide de leurs parents. Du coup, je me suis senti en bonne compagnie[124].

En résumé, les migrants en règle sont dans la plupart des cas accueillis et hébergés par des proches. Toutes choses qui leur permettent d'avoir une insertion sociale plus rapide. Une fois intégrés, ces immigrants doivent faire face à la problématique de l'insertion professionnelle.

4.2. Les activités économiques menées par les immigrants ivoiriens au Cameroun

Avoir un emploi est la principale condition pour une insertion sociale réussie d'un immigrant. Au Cameroun, les migrants ivoiriens exercent plusieurs activités professionnelles, aussi bien dans le secteur formel que dans l'informel.

4.2.1. Le secteur formel, cadre de déploiement des immigrants qualifiés ou diplômés

Plusieurs immigrants ivoiriens travaillent dans des entreprises privées ainsi que dans des Petites et Moyennes Entreprises (PME) dont ils sont parfois propriétaires. C'est le cas de Esso Nomel. Cet ingénieur géotechnicien a été employé à la CISONETRA et au Laboratoire National de Génie Civil[125]. Comme lui, L. Kouakou, ingénieur électromécanicien, a également trouvé un emploi dans les ETS Amadou Abo. Il résume son passage au sein de cette structure en ces termes :

> J'ai été recruté dans cette entreprise où j'ai apporté mon expertise. Je percevais un salaire conséquent et régulier et j'y étais traité avec respect comme tous les autres employés. Aujourd'hui, je suis au chômage comme la plupart des autres collègues à cause de soucis financiers que connaît le groupe Abo[126].

L'histoire de ces immigrants est similaire à celles de P. Tougma et du couple Motto. Le premier a décroché un poste de cadre à la Société Industrielle Camerounaise des Cacaos (SIC CACAOS) à Douala. Tandis

[124] Entretien avec Joseph Kouassi, 30 ans, employé à DHL, le 15 juin 2018 à Yaoundé.
[125] Entretien avec Esso Nomel, 58 ans, employé à la SIC CACAOS, le 09 novembre 2018.
[126] Entretien avec Lazare Kouakou, 53 ans, Électromécanicien, le 9 novembre 2018 à Yaoundé.

que de leur côté, J. Motto Akomian et son épouse furent recrutés comme cadres au sein de la société Mobile Telephone Networks (MTN). Par ailleurs, ils ont obtenu du Ministère de l'Emploi et de la Formation Professionnelle (MINEFOP) un agrément leur permettant de créer un Institut spécialisé dans la formation en Ressources humaines.

L'esprit d'entreprenariat dont a fait montre le couple Motto est l'atout qui a permis à plusieurs migrants ivoiriens d'avoir droit au chapitre économique Cameroun. La preuve, plusieurs ont réussi leur insertion professionnelle à travers l'option de la création des PME. Un tour dans les villes de Douala et Yaoundé a permis de constater que plusieurs ateliers de couture ces dernières sont des propriétés de migrants ivoiriens.

L'atelier de couture est le type d'entreprise le plus créé par les Ivoiriens à Yaoundé et Douala. La ville de Yaoundé compte plus d'une dizaine d'ateliers, parmi lesquelles : "YAYA COUTURE" de Diomonde Yaya, au quartier Etoudi ; "JEUNESSE IVOIRE COUTURE" de Abou Koné, au quartier Vallée ; "ALPACHA CREATION" de Mme Molioum, à la chapelle Elig-Effa ; et celui de Léandre Oro à Longkak.

Planche photographique 1 : plaques indicatives des ateliers de A. Koné et Mme Molioum

Source : cliché Hervé Nkéné, le 26 novembre 2018.

Les deux images qui constituent cette planche, en l'occurrence la première dont les couleurs des écritures renvoient à celles du drapeau ivoirien, renseignent à elles seules sur les origines de leurs propriétaires. De plus, elles permettent d'apprécier le niveau d'intégration des immigrants ivoiriens au Cameroun, en particulier dans la ville de Yaoundé.

Abou Koné avait ouvert son atelier en 2005. Il travaille aujourd'hui avec une équipe constituée d'un couturier de nationalité ivoirienne et de sept apprentis parmi lesquels six Camerounais et un Ivoirien. Par ailleurs, il déclare avoir déjà formé plus de 15 vagues d'apprentis[127].

Une visite dans l'atelier de madame Moliouma permit d'apprécier son art. Ouvert en 1991, ce dernier a vu passer plus de 700 jeunes formés par elle. En outre, il a servi de cadre pour la confection des tenues de mariage de plus de 500 couples[128]. Madame Mouliom a affirmé vivre du fruit de son travail. La preuve depuis 1991, elle n'a jamais songé à fermer son entreprise encore moins à changer d'activité. Ce témoignage est le même que celui de ses compatriotes et collègues : Abou Koné, Djezou, Diomondé Yaya et Leandre Oro. Tous saluent le grand intérêt que les Camerounais portent à la couture ivoirienne et ne manquent de relever la plus-value financière, voire relationnelle, qu'ils tirent de cette situation.

Les couturiers ivoiriens de la ville de Douala, moins nombreux que ceux de Yaoundé, ont rendu le même témoignage. Tel est le cas du propriétaire et responsable de l'atelier de couture "COUPE IVOIRE" qui a tenu à garder l'anonymat, car dit-il, il a encore "les séquelles d'Abidjan avec tout ce qui s'est passé après les élections de 2010"[129]. Les 11 machines électriques qui équipent son atelier ainsi que la dizaine de personnes qu'il emploie, sans compter les apprentis permettent de voir que la couture est une activité rentable.

La forte présence des immigrants ivoiriens dans le secteur de la couture est la preuve de leur dynamisme. Celui-ci transcende le seul domaine de la couture et du prêt-à-porter comme on peut l'observer à travers d'autres PME qu'ils ont créées, ainsi que dans le secteur informel où ils excellent.

---

[127] Entretien avec Abou Koné, 44 ans, couturier, Yaoundé, 1er septembre 2018.
[128] Entretien avec Mme Mouliom Françoise, 52 ans, couturière, le 1er septembre 2018 à Yaoundé.
[129] Entretien avec un anonyme, couturier, le 6septembre2018 à Douala.

4.2.2. Le secteur informel : une niche d'opportunités pour les migrants clandestins

Ce secteur emploie la majorité des immigrants ivoiriens (*Cameroon-Tribune*, n° 5316, p.2). Ils pratiquent un ensemble de petits métiers : mototaxi, vendeur ambulant, "call-box", cordonnerie, tailleur ambulant, etc.

Les quelques-uns rencontrés ont tenu à partager leur vie professionnelle. Askia Touré, vendeur ambulant au marché Mokolo, révèle qu'il se lève tous les matins à quatre heures pour se rendre au marché précisément au secteur de la friperie des chaussures, communément appelé "bateau". Le reste de la journée se déroule ainsi :

> Avec mes 10 000 FCFA, je peux m'acheter environ sept paires de chaussures de petits enfants. Je peux revendre la paire minimum à 2000 FCFA, car, les chaussures des enfants passent vite au marché que celles des adultes. Une fois vendues, mon bénéfice journalier minimum est de 5000 F.CFA[130].

Son compatriote Dembere n'est pas spécialisé dans la vente d'un produit particulier. Il fait son commerce en fonction des saisons. C'est du moins ce qu'on retient lorsqu'il déclare :

> Je sais parfaitement tenir compte du temps qu'il fait ici. Pendant la saison pluvieuse, je vends les parapluies et pendant la saison sèche je me spécialise dans la vente des vêtements légers des femmes et cela s'arrache souvent comme de petits pains. Je choisis les vêtements féminins parce que les femmes sont plus sensibles à la chaleur que les hommes[131].

Toujours à Douala, on retrouve des Ivoiriens qui exercent dans le secteur du transport par moto-taxi. Nebie Daouda, l'un d'eux, explique les raisons pour lesquelles il s'est lancé dans cette activité :

> Je suis parti de la Côte d'Ivoire en 2011 quand la situation devenait insoutenable. Je viens du village Songan du département d'Abosso. N'ayant pas de visa, j'ai pris la route. Arrivé au Nigéria, je ne pouvais pas rester là-bas parce que je ne parle pas et ne comprends pas l'anglais. Le même problème s'est posé à Limbé, j'ai continué

---

[130] Entretien avec Kodio Diabi, 27 ans, Commerçant ambulant, le 9 juin 2018 à Yaoundé.

[131] Entretien avec Dembere, 31 ans, commerçant, le 19 mai 2018 à Yaoundé.

à Yaoundé où j'ai fait un an en faisant déjà la moto. Les agents de la mairie de Yaoundé IIème ont arraché la moto de mon patron et l'ont mise en fourrière. J'ai donc décidé de venir à Douala. Avec l'aide des membres de la communauté ivoirienne de Douala, j'ai acheté ma propre moto et c'est elle qui me nourrit, paie ma maison, et me permet d'aider de temps en temps ma mère restée au pays[132].

Son compatriote Fidel Tendrebeogo Gomdaoga, installé dans la même ville s'est aussi lancé dans ce métier dès son arrivée au Cameroun, en 2011. Sur ce point, Nebie fait savoir que le garage dans lequel il fait réparer sa moto en cas de panne est tenu par une équipe de trois mécaniciens, dont deux Ivoiriens. L'un d'eux H. Kouadio explique leur quotidien :

> Nous arrivons ici tôt le matin chacun à la clé de ce qui nous sert d'atelier le premier à arriver ouvre et commence à attendre l'arrivée des clients qui ne manquent pas. Nous travaillons environ 6000 F.CFA chacun par jour. Nous louons l'emplacement à 15 000 F.CFA par mois, pour cela, chacun d'entre nous contribue à hauteur de 5000 F.CFA. Avec les agents de la mairie, on les désintéresse chaque fois qu'ils passent le montant n'est pas fixe, 2000, 2500 F.CFA[133].

Douala accueille d'autres migrants ivoiriens qui pratiquent des petits métiers autres que ceux déjà évoqués. E. Kotié, par exemple a choisi depuis l'année 2000 de faire dans la couture ambulante. C'est grâce à ce métier qu'il organise sa vie et tente de surmonter le traumatisme qu'il a subi dans son pays en 1999 avec le décès de sa femme et leurs deux enfants[134].

Conclusion

En somme, les raisons de l'émigration ivoirienne au Cameroun sont de deux ordres : économique et politico-sécuritaire. En effet, c'est suite aux conséquences néfastes de la crise de l'économie ivoirienne (1978 à 1993) qu'on observe pour la première fois un flux migratoire important des

---

[132] Entretien avec Nebie Daouda 32ans, chauffeur de moto taxi, le 19 mai 2018 à Douala.

[133] Entretien avec Honoré Kouadio, 28 ans mécaniciens moto-taxi, le 4septembre2018 à Douala.

[134] Entretien avec Emmanuel Kotié, 55 ans, couturier, le 4 septembre 2018 à Douala.

citoyens de ce pays pour le Cameroun. Ce flux est davantage important entre 1999 et 2011 à cause de l'instabilité politico-sécuritaire à laquelle il fait face. Au Cameroun, on peut classer les immigrants ivoiriens en deux catégories. La première regroupe ceux qui sont entrés au pays de façon clandestine tandis que la seconde fait référence aux migrants en règle. En terre camerounaise, leur insertion se fait dans un contexte général encadré par un dispositif juridique bien défini et caractérisé par un marché du travail dominé par le secteur informel depuis 1987. Les réseaux de solidarité utilisés par les immigrants ivoiriens pour leur intégration sociale diffèrent. Chez les particuliers ou immigrants en règle, l'insertion se fait généralement à travers le réseau d'appartenance, alors que les migrants clandestins sollicitent les réseaux d'origine et de circonstance. Cette divergence s'observe également dans leurs stratégies d'insertion professionnelle. Les migrants en règle exercent en majorité dans le secteur formel. Par contre, les immigrants clandestins excellent dans l'informel. Les immigrants sont une force de production non négligeable pour l'économie camerounaise. À cet effet, il est urgent que l'État les accompagne en facilitant leur installation et en luttant contre les arnaques dont ils sont victimes de la part des personnes véreuses.

Références bibliographiques

ABENA ETOUNDI Mathieu Jérémie, 2010, "La planification économique au Cameroun : aperçu historique, 1960-2000)", Thèse de Doctorat Ph. D en Histoire économique et sociale, Université de Yaoundé I.

AERTS Jean-Jacques et al., 2000, *L'économie camerounaise : un espoir évanoui*, Paris, Karthala.

AMOUGOU Thierry, 2018, "Acteurs populaires, économie populaire et développement réel : contribution à la théorie critique du changement social aux Suds", *Monde en développement*, n° 181.

AYOUN N'DAH Pierre, 2003, *Moderniser l'État africain*, Abidjan, Ed. du CERAP.

AYOUBA TINNI Bachirou., 2015, "Migrant malien blanchisseurs à Niamey : pratiques migratoires et réseaux d'insertion", Mémoire de Master en Géographie, Université Abdou Moumouni de Niamey.

BANQUE MONDIALE., 1999, *Côte d'Ivoire Revue de l'aide de la Banque mondiale au pays*, Washington, World Bank.

BERTHÉLEMY Jean-Claude et BOURGUIGNON François, 1996, *Growth and crisis in Cote d'Ivoire*, Washington D.C., World Bank.

BEUGRE Joachim, 2011, *Côte d'Ivoire : Coup d'État de 1999 la vérité, enfin ! Abidjan*, Ed. du CERAP.

Cameroon-Tribune, n° 5316 du 28 septembre 1992.

Convention sur l'élimination de toutes les formes de discriminations à l'égard des femmes, du 18 décembre 1979.

Convention sur les travailleurs migrants (révisée) "C097", du 1er juillet 1949.

Décret n° 2007/252 du 4 septembre 2007 fixant les modalités d'application de la loi n° 97/012.

EDJENGUELE MBONJI, 1999, "Les défis du développement. De la tradition de dépendance à l'autogestion", *APAD*, Bulletin n° 18.

KOUADIO Bénie Marcel, 1989, "Restructuration et évolution de l'emploi dans le secteur public et para-public en Côte d'Ivoire", *Revue Tiers Monde*, n° 126.

LAMBERT Sylvie, AKIKO SUWA., 1991, "Un modèle d'équilibre général calculable appliqué à la Côte d'Ivoire", *Économie et prévision*, n° 97.

Loi n° 97/012 du 10 janvier 1997 relative aux conditions d'entrée, de séjour et de sortie des étrangers au Cameroun.

Loi n° 92/007 du 14 août 1992 portant code du travail.

NKENE BELEBENIE Hervé, 2019, "La communauté ivoirienne au Cameroun : 1978- 2011", Mémoire de DIPES II, ENS-Université de Yaoundé 1.

OMGBA OWONO Fridolin, 2015, "Les relations bilatérales Cameroun-Côte d'Ivoire, 1964-2011", Mémoire de Master en Histoire, Université de Yaoundé 1.

ONU., 2003, "Rapport de la mission d'urgence des Nations Unies sur la situation des droits de l'homme en Côte d'Ivoire".

Pacte international relatif aux droits économiques, sociaux et culturels, du 16 décembre 1966.

ROUBAUD François, 1993, *Le secteur informel à Yaoundé : principaux résultats enquête 1-2-3, phase 2*, Étude DIAL-DSCN.

WADJA KEMAJOU POKAM Jacques et SUNDERLIN William, 1999, *L'Impact de la Crise Économique sur les Populations, les Migrations et le Couvert Forestier du Sud*-Cameroun, Bogor, CIFOR.

Méthodes endogènes de résolution des conflits chez les Massa à l'épreuve de la modernité : cérémonie du chien égorgé, usage de la sauce d'oseille et sacrifice du *zilimgagouna (calao)*

Mathias KAIMANGUI

Faculté des Arts, Lettres et Sciences Humaines
Université de Ngaoundéré-Cameroun
foulnamanga@yahoo.fr.

Résumé

Les conflits ont toujours ponctué la vie des sociétés humaines dans le temps et dans l'espace. La société massa ne fait pas l'exception. Elle a traversé au fils du temps, des périodes de crises. Les sources des conflits dans cette société sont multiples. Toutefois, le désir de vivre en paix en communauté a amené cette composante ethnique à développer des méthodes endogènes de résolution de ces conflits. Dès lors, cette réflexion s'intéresse aux méthodes traditionnelles de résolution des conflits chez les Massa en insistant sur la cérémonie du chien égorgé, le sacrifice du *zilimgagouna* et l'usage de la sauce d'oseille. Sans tomber dans l'analyse réductrice d'une dichotomie tradition/modernité, il serait néanmoins intéressant de montrer l'influence considérable de cette dernière sur la première. Pour y arriver, il nous a fallu mener des enquêtes orales auprès des populations cibles. Les détenteurs du savoir oral étaient particulièrement ciblés. Les données orales sont complétées par les données écrites quoique la documentation relative à cette question spécifique demeure très pauvre. L'analyse et le recoupement de ces différentes données nous ont permis de dégager les permanences et les mutations. Nous escomptons aboutir aux conclusions selon lesquelles les méthodes traditionnelles de résolutions des conflits chez les Massa, notamment la cérémonie du chien égorgé, le sacrifice du *zilimgagouna* et la sauce d'oseille, aujourd'hui de moins en moins utilisées au profit de la justice administrative, méritent d'être reconsidérées pour mieux gérer les conflits de manière durable dans cette société.

Mots clés : méthodes endogènes, modernité, résolution des conflits, Massa.

Abstract

Conflicts have always marked the life of human societies in time and space. The Massa society is no exception. In the course of time, it has gone through periods of crises. Sources of conflict in this society are numerous. However, the desire to live in peace within the community has prompted the ethnic group to develop endogenous methods of resolving conflicts. This work, therefore, focuses on traditional methods of conflict resolution among the Massa, with emphasis on the ceremony of the slaughtered dog, the sacrifice of the *Zilimgagouna* and the use of the sorrel sauce. Without falling into the reductive analysis of a traditional/ modernity dichotomy, it would nevertheless be interesting to show the considerable influence of the latter on the former. To achieve this, we had to conduct oral surveys of the target populations. Holders of oral knowledge were particularly targeted. Oral data were supplemented by written ones despite a poor documentation on this specific topic. Analysis and cross-checking of the different data allowed us to identify constancy and mutations. The conclusion expected to reach at is: traditional methods of conflict resolution among the Massa (including the ceremony of the slaughtered dog, the sacrifice of zilimgagouna and sorrel sauce), which are less and less used today to the benefit of administrative justice, deserve to be reconsidered in this society in order to better manage conflicts sustainably.

Key words : conflict resolution, endogenous methods, modernity, Massa.

Introduction

Les Massa occupent sur les territoires des Républiques du Cameroun et du Tchad les plaines inondables qui bordent le Logone et le lac toupouri septentrional, entre le 10e et le 11e degré de latitude nord et le 15e et le 17e degré longitude est. (I. De GARINE 1964 : 1). Cette répartition géographique entre deux pays est l'une des conséquences majeures de la colonisation avec le traçage arbitraire des « lignes-frontières » selon (C. COQUERY-VIDROVITCH 2005 : 44). Si l'espace territorial massa a perdu de son unicité et a connu une reconfiguration sociale notable suite à ce phénomène colonial, il n'en demeure pas moins que les us et coutumes qui régulent la vie traditionnelle des Massa, restent l'un des « lieux communs » (J. DOMO 2013 : 29 et 46), quoique fortement si non quasiment influencés par la modernité. En tant que communauté ethnique qui vit dans un espace (*nagata ou lina*) qu'il administre et sur lequel il mène des activités économiques diversifiées, le peuple massa a connu des conflits intra-communautaires qu'il a tentés de résoudre par la force (bataille rangée) ou de manière pacifique. Pour cette dernière option, la palabre reste un préalable indispensable à toute tentative de résolution pacifique des conflits. Toutefois, elle s'accompagne le plus souvent des rites sacrificiels ou *difinna*. Aussi cette pratique inscrit-elle « les individus dans un univers qui façonne leur comportement et partant leur mode de fonctionnement découlant de l'organisation de l'environnement où ils évoluent » (J. DOMO 2000 : 87). Cette méthode endogène de résolution des conflits chez les Massa est aujourd'hui fortement influencée par la modernité avec l'implication des autorités administratives auxquelles les parties en conflits font de plus en plus recours, avec des résultats mitigés. Pourtant, les deux alternatives de résolution des conflits ne sont pas fondamentalement antinomiques. Dès lors, cette réflexion s'intéresse aux méthodes endogènes de résolution des conflits chez les Massa en insistant sur la cérémonie du « chien égorgé », le « sacrifice du *zilimgagouna* » et l'usage de la « sauce d'oseille ». Sans tomber dans l'analyse réductrice d'une dichotomie tradition/modernité, il serait néanmoins intéressant de montrer l'influence considérable de cette dernière sur la première. Les données orales collectées lors de nos recherches en cycle de licence en rapport avec les méthodes traditionnelles de résolution des conflits chez les Massa et qui n'ont été exploitées que partiellement sont mobilisées dans la rédaction de cet article. Les informateurs sont dans la plupart des cas choisis parmi les belligérants du conflit Doerissou-Guia. Ces données sont complétées par des sources scripturales entre autres des ouvrages, des chapitres d'ouvrage, des articles de revue, d'un rapport de licence, des mémoires de maîtrise et des sources électroniques. La théorie de la dynamique des sociétés de Georges Balandier qui met en évidence l'histoire et le changement est convoquée à titre illustratif. Pour ce faire, l'étude des fondements des conflits dans la société massa, les mécanismes traditionnels de résolution de ces conflits et l'influence de la modernité constituent les axes de cette réflexion.

1. Fondements des conflits chez les Massa

Le conflit est consubstantiel à l'homme. À chaque instant de sa vie, il est confronté aux crises multiformes. L'entité ethnique massa ne déroge pas à la règle. Elle fait face à de nombreux conflits qu'on peut catégoriser en deux : les conflits d'accès aux ressources et les conflits d'ordre sociaux.

1.1. Conflits d'accès aux ressources

Plusieurs conflits sont liés aux difficultés d'accès aux ressources disponibles. On peut relever entre autres les conflits de gestion des mares d'eau, les conflits fonciers lors de l'exploitation des terres cultivables et les conflits agropastoraux.

La gestion des mares d'eau dans un environnement à écologie fragile est source de conflits. Les marres, avec leur double fonction[135], font l'objet de toutes les convoitises de la part des populations avoisinantes (M. KAIMANGUI 1999 : 7). De GARINE rapporte à propos que c'est pour la possession des mares pérennes où l'on peut pêcher et des terres limoneuses qui les entourent, qu'ont eu lieu les conflits les plus aigus notamment sur les berges du lac de Fianga[136] et lac Kabia[137] (I. De GARINE 1999 : 346).

L'agriculture étant la principale activité économique chez les Massa, sa pratique par les différents acteurs de la filière, pose le plus souvent des problèmes aussi complexes que variés et qui débouchent inéluctablement sur des conflits. Une étude socio-anthropologique initiée par le PNUD et l'UNESCO en 2015 pour aider au relèvement précoce des communautés victimes de la crise sécuritaire dans la Région de l'Extrême-Nord, reconnaît :

> … des oppositions ouvertes et parfois violentes qui ont pour cause un espace, une parcelle de terre. Les espaces disputés sont destinés à l'agriculture ou à l'élevage, à l'habitation ou considérés par une communauté comme faisant partie de son patrimoine historique. Les conflits surviennent lorsque les parties en présence revendiquent la possession de la terre disputée. La mécanique de ce type de conflits connait une progression qui débute par des tensions sporadiques. La radicalisation des deux camps conduit le plus souvent à l'affrontement[138].

---

[135] On y pêche du poisson en même temps qu'elles servent de lieu d'abreuvage pour le bétail.

[136] Le prolongement de ce lac sur le territoire camerounais sépare les arrondissements de Guéré et de Wina dans le Mayo-Danay.

[137] Ce lac est localisé dans la Région du Mayo-Kebbi Est dont le chef-lieu est Bongor.

[138] Rapport, « Conflits et mécanismes de résolution des crises à l'Extrême-Nord du Cameroun », étude initiée en 2015 par le PNUD et l'UNESCO, p. 22.

Même si Edouard GUEVART et Harouna HAMADICKO minimisent les effets néfastes des différends fonciers chez les Massa, qui selon eux, ne débouchent pas le plus souvent sur des batailles rangées (E. GUEVART et H. HAMADICKO 2006 : 44), il n'en demeure pas moins qu'ils restent un sujet de préoccupation majeure. Les champs de brousse ouvrent aussi la voie à de nombreux conflits (I. DE GARINE 1964 : 54) à l'instar des conflits agro-pastoraux. Les éleveurs qui ont besoin d'une piste de passage pour conduire leur bétail au pâturage entrent le plus souvent en conflit avec les agriculteurs lorsque celle-ci est barrée par ces derniers. C'est l'un des fondements de la bataille rangée de 1993, manifestations du conflit qui oppose depuis cette année, les villages de Doreissou et de Guia dans le Mayo-Danay (M. KAIMANGUI 1999 : 7-8). Ce conflit, quoique localisé sur le territoire camerounais, n'a pas manqué de mobiliser les frères d'armes du Tchad pour prêter une main-forte à l'un ou l'autre belligérant.

Ainsi, avec la pression démographique de plus en plus forte de part et d'autre du fleuve Logone, les confrontations pour l'accès aux ressources existantes dans un environnement à écologie fragile sont légion. Pour pallier ce problème majeur, le Gouvernement camerounais en date du 17 juillet 1972 par décret présidentiel n° 72/332, crée la Mission d'Études pour l'Aménagement de la Vallée Supérieure de la Bénoué (MEAVESB) qui devient en 1973, maître d'ouvrage du Projet Nord-Est Bénoué (NEB) dont l'un des objectifs est de mettre à la disposition des familles paysannes originaires des régions surpeuplées de l'Extrême-Nord des terres non occupées du bassin de la Bénoué (M. BONO 2003 : 22-24). Malgré les efforts du Gouvernement, la pression humaine sur les ressources en pays massa demeure. Pour Issac Alaou :

> Cette pression démographique est manifeste à travers l'augmentation des familles. Auparavant, un père de famille avait au plus enfants. Aujourd'hui, il en a au-delà de 20 enfants. Cette croissance de la population est à l'origine de divers qui conduisent le plus souvent aux affrontements[139].

Bien plus, le rapport de l'individu avec autrui dans un contexte du vivre ensemble engendre parfois des conflits dits sociaux.

[139] Alao Issac, entretien du 27 décembre 1999 à Doreissou-Centre.

1.2. Conflits sociaux

Ces problèmes concernent les bagarres dans les débits de boissons, les vols fréquents, le rapt des femmes, les conflits conjugaux. Dans la plupart des cas, ces maux conduisent aux affrontements pouvant occasionner des pertes en vies humaines parmi les belligérants.

En cas de meurtre[140], la cérémonie traditionnelle de la cendre ardente est organisée. Cette cérémonie revêt un double sens, à savoir qu'elle est à la fois un rite expiatoire et de vengeance (M. KAIMANGUI 1999 : 12-13).

Comme le souligne si bien (S. FIDESSOU 2018 : 122) :

> Toute culture ne saurait se définir en dehors du milieu naturel où elle se situe. Voilà pourquoi les éléments de la nature quels qu'ils soient, participent de la vie et du quotidien des populations. Il n'y a de culte qui soit rendu à toute divinité qui n'ait de lien avec les éléments de la nature. C'est pourquoi les constituants de tout rituel chez les Massa comme chez la majorité des peuples du monde, se prélèvent toujours de la nature.

Dès lors, grâce au sacrifice qui constitue un fait psychologique d'une importance capitale, les parties en conflits sont amenées à se réconcilier. C'est ce qui justifie le bien-fondé des méthodes endogènes de résolution des conflits chez les Massa, à l'instar entre autres du pacte du chien égorgé, la consommation sacrificielle entre les parties belligérantes de la sauce d'oseille et le sacrifice du *zimilgagouna*.

2. Méthodes endogènes de résolution des conflits chez les Massa : cérémonie du chien égorgé, usage de la sauce d'oseille et sacrifice du *zilimgagouna*

La cérémonie du chien égorgé, le « *dona vi hlemna* » ou festin sacrificiel de la sauce d'oseille et le sacrifice du *zilimgagouna* ou calao font partie d'une multitude de méthodes traditionnelles de résolution des conflits chez les Massa.

---

[140] *Mat Kawayna* chez les Massa.

2.1. Importance symbolique du chien dans la résolution des conflits chez les Massa

Si la palabre reste une donnée fondamentale des sociétés africaines et l'expression la plus évidente de la vitalité d'une culture de paix en Afrique (Ph. JESPERS 1984 : 65-102 et LAWA GOUSKREO 2007 : 40-41), d'autres méthodes à l'instar du pacte du chien égorgé, constitue également incontestablement, une méthode endogène de résolution des conflits chez certains Africains[141] au nombre desquels les Massa.

2.1.1. Considération générale du chien dans la société massa

Si la cynophagie s'observe chez presque toutes les communautés ethniques du Nord-Cameroun et particulièrement chez les montagnards, elle n'est cependant pas une pratique en vigueur chez les Massa, exceptés ceux de l'arrondissement de Wina et une partie de ceux de l'arrondissement de Guéré. Si chez les Peuls, la cynophagie est prohibée parce que le chien est un animal impur à l'image du porc, chez les Massa, ce n'est pas le même motif qui justifie l'interdiction de la consommation de la viande du chien. Cette interdiction résulte de ce que cet animal est le plus proche de l'homme massa et par conséquent, occupe une position privilégiée (C. BAROIN 1999 : 295). Il est le reflet de son maître car à travers lui, on peut mieux caractériser la situation matérielle de ce dernier. C'est pourquoi, pour dissuader les Massa à ne pas consommer la viande du chien, une persuasion psychologique dissuasive est véhiculée selon laquelle la consommation de cette viande provoque des boutons sur le corps humain[142]. Toutefois, dans la conscience collective de ceux des Massa qui consomment la viande du chien, malgré la considération qu'ils ont pour cet animal, c'est pour se prémunir des esprits maléfiques.

Igor de Garine a étudié la place du chien dans la culture des populations du Nord-Cameroun en général et dans celle des Massa et des Musey en particulier. Cette place est décrite ainsi qu'il suit :

> Le chien conduit donc l'homme du village à la brousse voisine, puis à la brousse épaisse et inhospitalière, puis à la

[141] Selon Ph. JESPERS, la pratique de la mise à mort rituelle du chien intervient chez les Dogons en Afrique de l'ouest et chez les Toupouri en Afrique centrale, après les ruptures d'interdits.

[142] Ngrassou Moise, entretien du 18 juillet 2018 à Yagoua.

> brousse atténuée par la présence de l'eau permanente, où l' homme s'établit avant d'effectuer une nouvelle migration. En aidant l'homme à se réinstaller dans un milieu propice, le chien se sacrifie. Il perd l'utilité et la familiarité qu'il avait conquises pour redevenir un être ambigu, médiateur potentiel entre le village des hommes et la brousse des puissances maléfiques de l'au-delà. À nouveau, on le tient à distance et il multipliera, jusqu'à une nouvelle migration, ses maladresses de mal-aimé. Son image esquisse des tendances profondes de la société. Le chien matérialise en effet la sollicitation de l'univers non-socialisé, un appel au voyage et à la vie primitive qui n'ont pas leur place dans les sociétés agricoles traditionnelles et, *a fortiori,* dans la société contemporaine éprise de modernisme et mercantilisée. L'insécurité due au banditisme actuel maintient toutefois son rôle de protecteur de l' homme et de ses richesses (I. DE GARINE 1999 : 307).

Le chien est incontestablement le compagnon de l'homme. Quand l'homme massa prend son bâton, le chien le suit. S'il arrive que son propriétaire soit impliqué dans une bagarre, le chien lui vient à la rescousse au cas où ce dernier est en difficulté, en mordant le protagoniste. Pour montrer l'importance d'un chien pour l'homme massa, on dit généralement que : « *dina van su goro bung ma gawna* » littéralement traduit : « ton chien dépasse ton propre frère avec qui tu es en conflit »[143].

Par ailleurs, « le chien dans la société massa est considéré comme un animal mystérieux. Il peut voir le diable la nuit » (M. KAIMANGUI 1999 : 19). La considération du chien dans la société massa n'exclut pas que cet animal soit offert en sacrifice rituel comme c'est le cas de la cérémonie du chien égorgé ou pacte du chien égorgé.

2.1.2. La cérémonie du pacte du chien égorgé

Si « les cultes liés aux animaux font donc partie d'un ensemble cultuel qui subsume les relations qu'un être humain entretient avec le monde de la Surnature »[144] comme le souligne si bien Françoise Dumas-

[143] Ousman Valla, entretien téléphonique du 28 juillet 2018.
[144] F. Dumas-Champignon, « Les cultes liés aux animaux chez les Masa du Tchad » http://horizon.documentation.ird.fr/exl-doc/pleins_textes/pleins_textes_7/divers2/010020151.pdf, consulté le 22 juillet 2018.

Champignon, certains animaux, volaille ou oiseaux sont également sacrifiés par l'homme pour assainir ses relations avec son semblable, à l'instar du pacte du chien égorgé.

La cérémonie du pacte du chien égorgé est aussi l'une des méthodes traditionnelles de résolution des conflits en même temps elle joue un rôle préventif des conflits. Elle consiste à tuer publiquement un chiot ou un chien en la présence des parties belligérantes. Pendant ce sacrifice, les esprits sont invoqués en faveur de la paix entre les parties en conflits qui en ont l'obligation de respecter les clauses contractantes, celles d'enterrer la hache de guerre (M. KAIMANGUI 1999 : 19).

De la même façon, en coupant un chiot vivant en deux à la frontière de deux communautés (par exemple Gounou Galé et Berté), on pouvait mettre fin à une vendetta ou un péché *(sulukna)*. L'immolation du chien s'effectue dans des circonstances graves, par exemple suite à un meurtre. La viande du chien est amère *(galaki)* (I. DE GARINE 1999 : 332) et par conséquent appréciée par les « *fuliana* » ou esprits. Le chien est ainsi élevé au rang des divinités parce qu'il voit des choses invisibles de l'au-delà. L'immolation d'un chien scelle l'alliance entre les deux parties belligérantes. Ce sacrifice impose aux deux parties, l'engagement irrémédiable qu'elles ont pris d'entretenir des rapports paisibles. C'est pour cette raison qu'Ousman Tapsou précise que cette cérémonie de résolution est aussi « une forme de prévention des conflits »[145]. Donc, ce rite donne à l'acte de paix « une dimension religieuse afin d'imprimer dans les esprits une volonté manifeste de cohabitation pacifique et de brandir le châtiment immanent à toute transgression » (NDJIDDA ALI 2003 : 59).

2.2. L'oseille symbole de réconciliation et de paix

L'oseille dans la société traditionnelle massa est un symbole de paix, de réconciliation. Le rite de réconciliation intervenait entre deux individus, deux familles ou deux communautés en rupture de paix. Deux frères entretenant des rapports conflictuels dont les manifestations sont le refus de l'un et l'autre de s'adresser mutuellement la parole ou de se fréquenter, s'ils manifestent le désir de se réconcilier après les conciliabules, sous la médiation des aînés, la sauce d'oseille est préparée

[145] Ousman Tapsou, entretien du 27 décembre 1999 à Doreissou-Centre.

sans complément et les deux sont invités à manger dans la marmite en y introduisant leurs mains au même moment.

La préparation de l'oseille sacrificielle est fonction des circonstances de réconciliation. L'oseille peut être préparée avec de la viande de bœuf ou de l'agnelle. Au lieu d'immoler l'animal apprêté pour le sacrifice comme on le fait de coutume, on tranche son coup à partir de sa partie supérieure. Après le dépècement de la bête immolée, une partie de la viande découpée et associée à l'oseille est mise dans la marmite. Après la cuisson, les deux protagonistes sont invités à introduire conjointement leurs mains dans la marmite en guise de réconciliation pour déguster leur mets[146]. S'il s'agit du cas de la résolution d'un conflit entre deux clans ou *farana*, la décision est prise par les anciens (G. BIASSOU 1998 : 73). La raison est que :

> Les anciens sont plus proches de la source du pouvoir qui est invisible. Ils relaient en fait un pouvoir qui vient de plus loin. Investis de cette aura, ils sont généralement considérés comme plus habilités à dire la justice et à discerner la vérité, toutes deux sources de paix[147].

Ainsi, chacun des deux clans désigne un représentant pour agir en leur nom en suivant le même processus précédemment décrit. C'était l'un des préalables indispensables à toute réconciliation de deux ennemis jurés chez les Massa. Comme une sorte de prestation de serment, les jurés s'engagent à enterrer définitivement la hache de guerre, les germes de la rancœur. La marmite utilisée pour la cuisson a toute sa symbolique dans ce processus de réconciliation. Dans la représentation collective massa, la marmite ou tout ce qui en tient lieu, annihile la puissance ou force mystique de tout individu de sexe masculin qui s'aventurerait à y introduire ses mains. C'est pourquoi dans le processus éducatif en vigueur dans cette société, il était enseigné aux jeunes garçons de ne pas trop se familiariser avec la cuisine qui reste le cadre par excellence réservé aux femmes. Ainsi, le rituel du *dona vi hlemma* a permis de réconcilier les habitants de Zébé avec leurs voisins de Droumka et les villages de

---

[146] Il faut signaler que le rite de la préparation et de la consommation de l'oseille dépend de chaque clan. Toutefois, le fond et la finalité de ce rite du « *dona vi hlemna* » (consommation de l'oseille de Guinée) restent les mêmes.

[147] Octave Broohh Nicoué, 2004, « De la gestion traditionnelle à la gestion moderne des conflits : repenser les pratiques africaines », *Ethiopiques*, n° 72, Littérature, philosophie, Arts et conflits, http://ethiopiques.refer.sn/spip.php?article86, consulté le 22 avril 2020.

Guéméré et de Golla (NDJIDDA ALI 2003 : 59) dans le Département du Mayo-Danay dans l'Extrême-Nord du Cameroun.

2.3. *Difinna vi zilimgagouna* ou sacrifice du Calao bucorve

Le *difinna vi zilimgagouna* ou sacrifice du Calao est une cérémonie sacrificielle des peuples massa riverains, biotope par excellence du Calao. Considéré comme une divinité chez les Massa, cet oiseau est également offert en sacrifice dans la résolution des conflits.

2.3.1. Représentation du Calao dans la société Massa

Le calao, oiseau de forêt tropicale d'Asie méridionale et d'Afrique, caractérisé par un énorme bec surmonté d'un casque. En début de saison pluvieuse, cet oiseau sillonne les berges du fleuve en couple. Il est considéré comme un demi-dieu. On lui confère un pouvoir divin. En cas de rareté des pluies, on tend un piège à ces oiseaux. Une fois que l'un est pris au piège, il est attaché sous un grenier et le plumage est aspergé d'eau, ce qui provoque les précipitations. Dès lors, on peut maintenant le libérer. Toutefois, au-delà de ce rituel pour provoquer la pluie auquel est associé le *zilimgagouna*, ce bucorve est également utilisé dans la cérémonie sacrificielle de résolution des conflits.

2.3.2. *Difinna vi zilimgagouna* dans la résolution pacifique des conflits chez les Massa

L'usage du *difinna vi zilimgagouna* ou sacrifice du calao dans la résolution pacifique des conflits n'est pas une pratique en vigueur dans l'ensemble de la société massa. Quelques clans installés de part et d'autre des rives du fleuve Logone en faisaient usage.

Le *zilimgagouna* ou calao est considéré dans la société massa comme un symbole de paix, d'amour, d'union et de fidélité entre les protagonistes, est offert en sacrifice. Après les dispositions préliminaires qui conduisent vers le règlement d'un conflit entre les parties belligérantes, un piège est tendu à ces oiseaux sur les berges du Logone. Une fois que l'un est pris au piège, il est sacrifié et préparé. Les deux parties sont ainsi invitées à se trouver autour de la même table afin d'enterrer définitivement la hache de guerre. Ce festin sacrificiel symbolise l'inséparabilité, l'intimité et l'attachement entre les *zilimgagouna* mâle et femelle. Si les deux parties acceptent de manger le repas sacrificiel, c'est qu'elles s'engagent à vivre désormais en paix car deux ennemis jurés ne peuvent en aucun moment accepter de partager un repas en commun. Les os du *zilimgagouna* sont soigneusement conservés pour d'autres cérémonies sacrificielles. Toutefois, à défaut du *zilimgagouna*, ses œufs sont également offerts en sacrifice :

> À Magao, on se procurait un œuf de calao qui était brisé solennellement en présence des Anciens des deux camps en tenue de combat. L'œuf brisé, chacun rentrait chez soi en courant, sans se retourner. Le premier camp qui violait l'accord se voyait frappé par le mal du « grand calao » qui provoquait la mort des enfants à leur naissance (NDJIDDA ALI 2003 : 59).

Le sacrifice du *zilimgagouna* ou de son œuf est hautement significatif et est considéré comme le « *Mul ngol ma difinna* »[148] c'est-à-dire le sacrifice suprême. En l'absence de cet oiseau ou de son œuf, les Massa ont pensé à une solution alternative. Ainsi, les belligérants invités à nouer autour de leurs reins, les peaux noires symbolisant la couleur noire de cet oiseau[149].

Toutes les méthodes traditionnelles de résolution des conflits chez les Massa et particulièrement celles étudiées sont encadrées par d'autres pratiques initiatiques à l'instar du *libita* ou *labana* qui constituait une véritable école de la vie et une instance de régulation des normes sociales. Ndjidda Ali note à propos que :

> L'un des fondements des sociétés africaines est la prépondérance au niveau culturel des croyances et pratiques magico-religieuses [...] La présence d'une sacralité garantit non seulement le rétablissement de la paix durable et de l'ordre, mais elle assure des biens symboliques et sacrés. Des sacrifices rituels sont pratiques chez les Massa de la vallée du Logone (NDJIDDA ALI 2003 : 57).

Aujourd'hui à l'ère de la modernité, ce rite initiatique tout comme les méthodes traditionnelles de résolution des conflits ont perdu de leur valeur ou ont simplement disparues. Comme l'attestent si bien Gérad Lezou Dago et Aimé Malanhoua Kouassi « les méthodes et mécanismes endogènes, propres à l'Afrique ont été éprouvés par les civilisations

---

148 Hara Mersia Joseph, témoignage du 10 mai 1999 à Vounaloum-Yagoua.
149 Hara Mersia Joseph, témoignage du 10 mai 1999 à Vounaloum-Yagoua.

occidentales au moment de la colonisation et le choc continue de se produire… »[150].

3. Modernité et changement de paradigme dans la résolution des conflits chez les Massa

La rencontre de la civilisation occidentale avec celle africaine a eu pour corollaire la mise en berne de cette dernière. Les plénipotentiaires de la « *mission civilisatrice* » dont faisait écho Rudyard Kipling[151] pour justifier la colonisation sont entre autres les administrateurs coloniaux et les missionnaires qui vont indubitablement contribuer à « affaiblir et gauchir les fonctions des institutions africaines de base » (R. F. BETTS 2010 : 344).

3.1. Facteurs de changement : rôle perturbateur des missions chrétiennes et l'action néfaste de l'école occidentale

Le christianisme est reconnu par tous les historiens comme ayant été et étant toujours intégré à la geste colonisatrice (F. KANGE EWANE 2016 : 61). C'est dans ce contexte que Sylvestre Fidessou reconnaît que « le plus grand bouleversement de systèmes de croyances est intervenu dans la zone massa avec l'arrivée des occidentaux qui ont implanté le christianisme » (S. FIDESSOU 2028 : 121). Grâce à l'œuvre d'évangélisation, les missionnaires ont ainsi freiné le relent pour les systèmes de croyances des Massa. Ceux-ci tout comme les administrateurs coloniaux prêchaient contre les coutumes ancestrales. Ainsi,

> La croyance aux esprits, aux forces surnaturelles, aux dieux et à leurs cultes, à la sorcellerie, aux sacrifices et aux rituels, aux tabous et à la vénération des ancêtres… étaient dénoncés et combattus avec véhémence par les missionnaires chrétiens, qui affaiblissaient ainsi l'influence des chefs rituels traditionnels (R. F BETTS 2010 : 555).

[150] *Gérard Dago Lezou et Aimé Kouassi Malanhoua*, Guide pratique des mécanismes endogènes de prévention, de gestion et de résolution conflits en Afrique de l'Ouest, *unesdoc.unesco.org/images/0023/002340/234046f.pdf, 2013, p. 2,* consulté le 10 avril 2018.

[151] Cet écrivain est un chantre de l'impérialisme britannique et du « fardeau de l'homme blanc ».

C'est dans ce contexte que l'on constate l'affaiblissement ou la disparition des chefferies de terre qui constituaient un cadre idoine régulateur de tension sociale. Bien plus, le rite initiatique, le *Labana* ou *Libida*, cadre par excellence de socialisation des jeunes massa, bien qu'ayant survécu à la bourrasque coloniale, a été interdit par Ahmadou Ahidjo en 1975, premier président du Cameroun indépendant. Grâce à l'action des élites politiques massa et dans la mouvance des festivals *Tokna Massana*, la pratique initiatique a repris en 2009 mais pour un temps éphémère. Cette situation se justifie au regard de la dynamique sociale qui intègre à la fois celle « du dedans » et celle « du dehors » (G. BALANDIER 1971 : 6).

Ainsi, la présence des missionnaires et de l'institution scolaire qui véhicule les valeurs de la modernité ont influencé de manière déterminante les sociétés africaines.

A cet effet, la théorie dynamique des sociétés de Georges Balandier constitue incontestablement une grille de lecture des mutations des mœurs en cours dans la société massa. Cette démarche dynamiste « permet de saisir la dynamique des structures tout autant que le système des relations qui les constituent en prenant en compte les incompatibilités, les contradictions, les tensions et le mouvement inhérent à toute société » (G. BALANDIER 1967 : 23). On peut aisément comprendre pourquoi les Massa font recours aux autorités administratives dans la résolution des conflits.

3.2. Recours aux autorités administratives dans la résolution des conflits

En mettant en place leurs institutions, les administrateurs coloniaux manifestèrent clairement leur volonté de détruire les fondements culturels de la société massa. L'administration coloniale, en particulier celle française organisa une lutte sans merci pour la destruction de la culture massa (A. BIASSOU 1998 : 87). Dorénavant, les Massa sont contraints de s'y référer en particulier dans le domaine judiciaire pour régler leur litige. L'action de saper des valeurs sociales massa passe nécessairement par la mise en confiance des populations. La lettre du Commissaire de la République Française au Cameroun Théodore Paul Marchand adressée au Commandant de la Région du Nord trahit cette manœuvre de déstabilisation culturelle : « Il importe d'achever la mise en confiance, d'habituer les indigènes à porter devant nous ses [sic] palabres, à venir au poste pour chercher le médicament lorsqu'il est malade et à scIliciter le conseil dont il peut avoir besoin »[152]. Cet homme de poigne, de 1923 à 1933, soit dix de commandement, mit aux pas les populations camerounaises (D. ABWA, 2000 : 121-191). Après l'indépendance du Cameroun en 1960, les administrateurs coloniaux laissèrent le territoire « en délestage social » pour emprunter les termes de (M. C. HOUNGNIKPO 2001 : 120). Dès lors, l'administration postcoloniale s'engagea dans la continuité. Bien plus, elle interdit le rite initiatique, le « *labana* » ou « *libida* » en vigueur dans la société massa et qui avait pourtant survécu aux vicissitudes coloniales.

L'administration postcoloniale va prendre le relai en s'inscrivant dans la continuité du service administratif. En tant que garante de la paix sociale, elle est devenue une institution centrale dans la résolution des conflits. Les services déconcentrés à l'instar des sous-préfectures, des forces de maintien de l'ordre et des tribunaux sont à cet effet saisis. Toutefois, l'influence des autorités administratives et judiciaires dans le règlement des conflits constitue parfois une entrave en matière de gestion des conflits dans la mesure où celles-ci prennent des décisions contraires aux attentes des populations. Pour Pierre Galgaba,

> La lenteur administrative, le parti-pris des agents administratifs, le trafic d'influence de la part des élites proches des protagonistes et l'usage de la corruption constituent sont autant de facteurs de facteurs annihilent l'efficacité dans la résolution des conflits d'où leur récurrence ou leur latence. C'est le cas du conflit Doreissou-Guia[153].

De ce qui précède, on peut donc comprendre aujourd'hui, face à la modernité, les méthodes traditionnelles de résolution des conflits chez les Massa ont beaucoup perdu de leur valeur, surtout avec la crise de légitimité des élites traditionnelles et la qualité des institutions et organisations politico-administratives. C'est ce qui justifie la persistance des conflits ayant fait l'objet de règlement par celles-ci.

---

[152] Archives Nationales de Yaoundé (ANY)/APA, 12065/E, lettre N° 994 du 04 octobre 1923 du Commissaire de la République Française Marchand au Commandant de la Région du Nord.

[153] Galgaba Pierre et Ngrassou Moise, entretiens respectifs du 02 mars 1999 et du 28 juillet 2018 à Yagoua.

Conclusion

En guise de prologue à cette réflexion, il importe de dire que les Africains comme les autres peuples ont eu l'ingénieuse idée de mettre sur pied des techniques et stratégies de réconciliation. Dans cette mouvance, les Massa dans la vallée du Logone, comme toutes les sociétés humaines, confrontés aux conflits causés par divers facteurs, ont mis en place, une multitude de mécanismes endogènes de résolution et de prévention de ces conflits. Nous en avons choisi d'étudier trois dans le cadre de ce travail : le pacte du chien égorgé, le « *dona vi hlemna* » ou festin sacrificiel de la sauce d'oseille et le sacrifice du *zilimgagouna* ou calao. Dans les trois cas, le rituel sacrificiel établit un lien entre le monde visible et invisible et oblige les protagonistes au strict respect de leur engagement. Comme on a pu le constater, l'avènement de la civilisation occidentale a conduit les Africains à délaisser ces méthodes et techniques originales qui prenaient en compte l'environnement humain et les modes de pensée africaine dans la résolution et la prévention des conflits au profit de celles importées de l'Occident. Pourtant, le recours aux autorités administratives et judiciaires dans le règlement des litiges semble le plus souvent inefficace. Les décisions prises par ces dernières suscitent haine et mécontentement. C'est ce qui justifie le plus souvent la persistance des litiges déjà tranchées par elles. Dès lors, les méthodes africaines de résolution et prévention des conflits seraient une réelle opportunité parce qu'elles tiennent compte des valeurs sociales endogènes bien qu'elles soient de moins en moins mises en valeur dans un contexte de modernité.

Bibliographie

ABWA Daniel, 2000, *Commissaires et Hauts-Commissaires de la France au Cameroun (1916-1960). Ces hommes qui ont façonné politiquement le Cameroun*, 2e édition, Yaoundé, Presses Universitaires de Yaoundé/Presses de l'UCAC.

BALANDIER Georges, 1971, *Sens et puissance. Les dynamiques sociales*, Paris, PUF.

BALANDIER Georges, 1967, *Anthropologie politique*, Paris, PUF.

BAROIN Catherine, 1999, « L'âne, ce mal aimé », Baroin Catherine et Boutrais Jean (éds.), *L'homme et l'animal dans le bassin du lac Tchad*, Paris, Editions IRD, p. 277-298.

BETTS F. Raymond (chapitre révisé par *Asiwaju Iyaola Anthony*), 2010, « La domination européenne : méthodes et institutions », ADU BAOHEN Albert, (éd.), *Histoire générale de l'Afrique, vol. VII. L'Afrique sous domination coloniale, 1880-1935*, Paris, Éditions UNESCO.

BIASSOU Albert, 1998, « La résolution des conflits et la promotion de la paix chez les Massa du Nord-Cameroun aux XIXe et XX siècles : approche historique », Mémoire de DIPES II, Université de Yaoundé I.

BONO Martin, 2003, « Migrations, intégration interethnique et formes de sociabilités dans le périmètre du projet Nord-Est Bénoué (Bé et Langui dans l'Arrondissement de Pitoa) », Mémoire de Maîtrise en Sociologie, Université de Ngaoundéré.

COQUERY-VIDROVITCH Catherine, 2005, « Histoire et perception des frontières en Afrique du XIIe au XXe siècle », UNESCO (éd.), *Des frontières en Afrique du XIIe au XXe siècle, Comité international des sciences historiques*, Paris, Stedi-média, 2005, p. 39-54.

DE GARINE Igor, 1964, *Les Massa du Cameroun. Vie économique et sociale*, Paris, PUF.

DE GARINE Igor, 1999, « Ethnologie du chien dans le Nord du Cameroun et le Sud-Ouest du Tchad », Baroin Catherine et Boutrais Jean (éd.), *L'homme et l'animal dans le bassin du lac Tchad, Paris*, Editions IRD, p. 321-348.

DOMO Joseph, 2000, « Notes sur les pratiques culturelles et les représentations sociales chez les Massa du Cameroun », Ngaoundéré-Anthropos, *Revue de sciences sociales*, Vol. V, Yaoundé, Presses Offset imprimerie Saint Paul, p. 87-104.

DOMO Joseph, 2013, *Les relations entre les frontaliers Cameroun-Tchad*, Paris, L'Harmattan.

FIDESSOU Sylvestre, 2018, « Crises environnementales et mutation du mode de vie des Massa de la vallée du Logone dans l'Extrême-Nord du Cameroun (1916-2013) : Approche socio-historique », Thèse de doctorat Ph/D., Université de Ngaoundéré.

GUEVART Edouard et HAMADICKO Harouna, 2006, « Bataille rangée à Guémé (Cameroun) entre Massa du Tchad et du Cameroun », *Bull Soc Pathol Exot*, n° 100, 2, p. 143-146.

HOUNGNIKPO C. MATHURIN, *L'Afrique au passé recomposé*, L'Harmattan, Paris, 2001.

JESPERS Philippe, 1984, « L'arc et le sang des chiens », *Systèmes de pensée en Afrique noire*, 6, p. 65-102.

KAÏMANGUI Mathias, 1999, « Le conflit Doreissou-Guia dans le Mayo-Danay : Causes, manifestations et tentatives de résolution 1993-1999 », Rapport de Licence, Université de Ngaoundéré, 1999.

KANGE EWANE Fabien, 2016, *Geste colonisatrice et mystique ésotérique judéo-chrétienne en Afrique. La problématique essentielle de la décolonisation*, Douala, Editions AfricAvenir, 2016.

LAWA GOUSKREO, 2007, « Les rapports entre les Toupouri du Tchad et les animaux XVIIIe-XXe siècle », Mémoire de maîtrise en Histoire, Université de Ngaoundéré.

LEZOU DAGO Gérard et MALANHOUA KOUASSI Aîmé, 2013, Guide pratique des mécanismes endogènes de prévention, de gestion et de résolution conflits en Afrique de l'Ouest, *unesdoc.unesco.org/images/0023/002340/234046f.pdf, 2013, p. 2,* consulté le 10 avril 2018.

NDJIDDA ALI, 2003, « Violence et paix chez les Massa de la vallée du Logone. Permanences et ruptures », Mémoire de maîtrise en Histoire, Université de Ngaoundéré.

Stratégie de valorisation et de préservation du patrimoine alimentaire sacré au Nord-Cameroun

Soulémanou DAÏROU

Université de Ngaoundéré (Cameroun)
soulemanoudairou@gmail.com.

Résumé

Cet article est une réflexion sur les stratégies de mise en valeur du patrimoine alimentaire sacré au Nord-Cameroun. La question principale qui guide l'analyse est celle de savoir : quels sont les mécanismes de revalorisation du patrimoine alimentaire sacré au Nord-Cameroun ? Il est question de dégager les stratégies de préservation des cultures alimentaires des groupes sociaux du Nord-Cameroun, compte tenu des dynamiques culturelle, sociale et économique. En s'appuyant sur les entretiens et l'exploitation des sources écrites (ouvrages, articles, mémoires et thèses), ce travail dresse, dans un premier temps, un aperçu sur le patrimoine alimentaire sacré au Nord-Cameroun et dans un second temps, il analyse les mutations et les techniques de pérennisation et de valorisation du patrimoine alimentaire sacré au Nord-Cameroun.

Mots-clés : Patrimoine alimentaire, Sacré, Nord-Cameroun, valorisation, préservation.

Abstract : This paper studies the strategies for developing sacred food heritage in North Cameroon. The principal question that guides the analysis is: what are the mechanisms for revaluing sacred food heritage in North Cameroon? The analysis in this work focuses on the strategies for perpetuating the food cultures of social groups in North Cameroon while taking into account the repercussions of cultural, social and economic dynamics on food sacredness.Based on interviews and the use of written sources (books, articles, dissertations and theses), this work provides an overview of the sacred food heritage in North Cameroon and analyzes the mutations and the techniques of sustainability and enhancement of the sacred food heritage in North Cameroon.

Keywords: Heritage, Food, Sacred, North Cameroon, enhancement.

Introduction

L'homme a toujours sélectionné l'aliment qui lui est utile pour sa survie. Il a mis également du temps à adopter certains aliments et les domestiquer. Puis, en fonction de sa culture et/ou de ses représentations sociales, il a légiféré sur les catégories, sur l'aliment nécessaire, agréable, utile voire mauvais. En établissant des règles strictes de codification sur la façon de se nourrir, de manger, de cuire. Il a obligé des générations entières à intérioriser un certain goût et à avoir des habitudes alimentaires préétablies. D'une société à l'autre, il est possible de retrouver les mêmes aliments. Toutefois, il existe différentes manières de manger, de cuire et de préparer ces aliments. L'aliment reste donc un vecteur de la culture (religion) car il est porteur de sens. De manière générale, l'alimentation incarne et cristallise les différences culturelles et identitaires. Elle s'impose à ce titre comme l'un des fondements de l'existence historique des sociétés, des régions et des familles (A.Girard, 2013). Pour J.Tubiane (2006, p. 78), la faune sauvage joue un rôle matériel, notamment dans l'alimentation par le biais de la chasse. I. de Garine (2005, p. 79), quant à lui, note qu'au Nord-Cameroun, comme dans bien des sociétés, les repas sont composés de ressources tant domestiques que sauvages. D. Mokam (2002, p. 12) présente les types de nourriture consommée, la façon de les consommer, de les préparer et les instruments pour la préparation. En effet, l'auteur s'intéresse aux « restaurants par terre », qui fonctionnent à merveille dans les villes du Nord-Cameroun et qui contribuent à leur façon à freiner l'altération de la commensalité. Toutefois, depuis quelques années, la libéralisation des marchés, l'industrialisation agroalimentaire et l'implantation des religions révélées ont entrainé des conséquences sur les cultures et l'alimentation : uniformisation alimentaire, banalisation du sacré et globalisation des modes de vie et de consommation. Il devient difficile de maintenir les sacralités alimentaires locales ou du terroir (C. BinamBikoi, 2017, p. 67). C'est pourquoi, Ph.Madjélé (2007, p. 45) et Daïrou Soulémanou (2014, p. 57) s'accordent sur le fait que les traditions alimentaires dans les sociétés du Nord-Cameroun ont été altérées et influencées par les religions révélées et par les cultures occidentale et orientale. Dès lors, l'on constate qu'il y a nécessité de sauver le patrimoine alimentaire du Nord-Cameroun. La question principale qui guide l'analyse est celle de savoir : quels sont les mécanismes de revalorisation du patrimoine alimentaire sacré au Nord-Cameroun ? Cet article dresse, d'abord un aperçu sur le patrimoine alimentaire sacré au Nord-Cameroun et ensuite s'appesantit sur les mutations et les moyens de conservation et de valorisation de ce patrimoine.

1. Méthodologie

Pour mener à bien ce travail, nous avons procédé à l'exploitation des sources écrites, des sources orales, des objets matériels et documents iconographiques, des sources électroniques et des observations participantes.

1.1. La recherche documentaire

Les sources écrites sont constituées d'ouvrages, des chapitres d'ouvrages publiés, des Thèses de Doctorat, des Mémoires de DEA, de Masters, des articles parus dans des revues ou Annales et des références bibliques et coraniques. Pour ce faire, nous nous sommes rendu tour à tour dans les centres de documentation. Nous avons répertorié tous les documents ayant un trait étroit avec notre thématique. Ce qui a permis d'avoir des éléments relatifs aux représentations, aux perceptions et à l'évolution des pratiques alimentaires.

Internet n'a pas été en reste pour la réalisation de ce travail. Des sites et/ou revues en ligne spécialisées ont été consultés dans le cadre de cette étude et ont permis de combler les lacunes liées au manque d'ouvrages. Les sources écrites n'ont pas été les seules à être utilisées. Les sources orales ont été également sollicitées.

1.2. Les entretiens

Les entretiens se sont révélés indispensables. Des descentes ont été effectuées sur le terrain pour recueillir les données orales relatives à l'alimentation sacrée. Des voyages d'études nous ont conduit dans les localités des trois régions du Nord-Cameroun (Adamaoua, Nord et Extrême-Nord). Le guide d'entretien mis en place pour répondre à notre problématique a permis d'aborder avec les informateurs des questions liées aux symboliques, aux interdits, aux mutations puis aux représentations alimentaires, afin de trouver les stratégies mises en œuvres pour la valorisation et la conservation du patrimoine alimentaire au Nord-Cameroun.

1.2. Objets matériels et les documents iconographiques

Nous avons adopté une alternative compensatoire en appliquant la méthode de l'observation participante. Nous avons observé les manières de table, la ritualisation des aliments, les lieux de rituels alimentaires, la cuisine rituelle et la consommation des aliments rituels. Les observations pendant les funérailles, les foires gastronomiques et pendant festivals culturels ont permis d'avoir une idée de l'intérêt que les populations manifestent à l'égard de la question de la sacralité alimentaire.

Les objets matériels constituent des preuves de la sacralité alimentaire au Nord-Cameroun. Ce sont des repas, des meules (pierres à écraser), des pilons et mortiers, des calebasses, des canaris conservés dans les domiciles privés ou exposés au niveau des carrefours. Ces calebasses et canaris, en plus de leur fonction principale, jouent un rôle prépondérant dans les rituels. L'analyse de ces objets matériels a permis de mettre en évidence la diversité, les permanences et les changements dans la sacralité alimentaire au Nord-Cameroun.

L'iconographie dans ce travail est essentiellement constituée des photos. À cet effet, les photos constituent des documents iconographiques à valeur illustrative. Elles rendent visiblement compte des réalités d'hier et d'aujourd'hui avec par exemple la présentation des photos des ustensiles de cuisine (canari, calebasse, marmite…), des lieux de rituels, des repas sacrés.

1.3. L'analyse

Le traitement des informations s'est fait selon deux approches : la transdisciplinarité et la comparaison. La transdisciplinarité a consisté à combiner à la démarche historique les travaux et les techniques de certaines disciplines. L'histoire de l'art a permis d'étudier l'évolution des techniques de décoration de certains ustensiles de cuisine comme les calebasses et canaris. La sociohistoire, quant à elle, a facilité l'étude des faits sociaux dans un cadre chronologique précis. L'art comme discipline a permis d'indiquer les valeurs et la dimension sémiotique de l'image.

L'approche comparative de l'alimentation sacrée a permis de mettre en exergue les divergences et les convergences. La comparaison a été faite de manière verticale et horizontale. La comparaison verticale a évalué les différents alimentaires sacrés en fonction de leur influence dans la société. La comparaison horizontale, quant à elle, a servi à déterminer le regard des différents devins ou « traditionalistes » sur cette thématique.

2. Résultats et discussion

2.1. Aperçu général sur le patrimoine alimentaire sacré au Nord-Cameroun

Plus que tout autre ensemble humain, les peuples du Nord-Cameroun ont maintenu, en dépit du temps et des innovations techniques un système de sacralité alimentaire. Cette partie présente le patrimoine alimentaire sacré dans les sociétés du Nord-Cameroun.

2.2. Les aliments sacrés au Nord-Cameroun

La terre accorde aux hommes la nourriture, fruit du sol où sont enterrés les ancêtres, mais les vivants ne sauraient en disposer sans prendre de précautions. Les produits de la terre, végétaux ou animaux, sont sacrés car chargés de puissance magique (I. De Garine, 1996, p. 144). Qu'il s'agisse d'un épi de maïs ou de mil émietté au vent, d'un peu de bière répandue sur une tombe, d'un mouton ou d'une chèvre immolée puis consommée au cours d'un repas communiel, nous voyons apparaître une des principales fonctions sacrées de la nourriture. En réalité, il n'y a pas une définition élaborée du sacré chez les peuples du Nord-Cameroun. Tout ce que l'on peut dire c'est qu'il existe une variété d'aliments sacrés dans cette société. Le caractère sacré de ces aliments résiderait dans le fait qu'ils sont parfois consommés ou utilisés pour des rituels sacrificiels. C'est le cas de la bière locale (*bil-bil*) comme l'illustre la photo suivante.

Photo 1 : Bière locale (*Bil-Bil*)

© : Daïrou Soulémanou, Koza, 12 novembre 2017

Le *bil-bil* est une boisson locale sacrée fréquemment utilisée dans les pratiques rituelles.

En effet, cette bière intervient dans plusieurs sacrifices. Le sacrifice d'une manière générale consiste en une offrande en faveur d'un esprit supranaturel qui peut être un ancêtre, une divinité ou encore un génie de possession. Une telle pratique est monnaie courante dans les sociétés du Nord-Cameroun. Chez les Mafa par exemple, ce type de sacrifice intervient lorsqu'un chef de famille décide d'immoler une chèvre ou un poulet en l'honneur des ancêtres ou de la divinité *ziklé*[154]. Pour ce faire, le chef de famille doit préparer une jarre de bière de mil. Une petite quantité de cette bière (un demi-litre) est répandue sur une poterie préalablement choisie (I. Vaïdam, 2016, p. 23). En fait, la petite quantité répandue sur la poterie ou versée aux artères de la concession est non négligeable. C'est la part des ancêtres. De même, au moment de la récolte de mil, le sacrifice de *zoummaldam* se fait en l'honneur des ancêtres. Après les récoltes, les sacrifices de *n'ngwalala* obligent chaque famille à préparer de la bière à base du mil pour remercier Dieu (A. Podlewski, 1964, p. 32).

Le mil, *daw* en Mafa, a acquis dans les sociétés « montagnardes » en général et chez les Mafa en particulier une grande valeur sociale, économique, religieuse et surtout symbolique. À cet effet, sa fonction symbolique et religieuse nous intéresse. Pour R. Jaouen (1995, p.77), sur le plan symbolique, le mil « véhicule toutes les valeurs positives de la vie, dans les repas ordinaires pris en famille mais aussi dans les repas servis le jour des fêtes ». Le mil est aussi l'élément principal dans l'organisation des sacrifices et des cérémonies traditionnelles chez les Mafa. Dans le clan mafamuyang, « le mil est le deuxième dieu et mère de la vie. Tandis que dans le clan mada, le mil est le lait de Dieu, donné pour les Hommes. » (Z. Perevet, 2008, p. 170). De ce qui précède, l'on comprend donc que le mil constitue un aliment sacré que le Mafa honore, utilise pour les sacrifices et adresse les prières.

Selon E. Walter (2005, p. 482), le mil intervient dans plusieurs rituels. C'estpourquoi, ilaffirmait : "*It is in the three major rituals complexes - weddings, funerals and sacrifices - that the meaning of beer stands out*". Dans le même ordre d'idée, la bière joue un rôle central dans les rituels guidar. Nous avons observé chez les Guidar l'utilisation d'une bière localement appelée *bia* ou *mbazla* et elle est présente dans toutes les manifestations de la vie communautaire. Selon Vondou Nicodème « Elle est consommée à l'occasion des fêtes traditionnelles, pendant les deuils, les funérailles et les travaux champêtres collectifs (*sourga*) ». Rares sont les cérémonies et sacrifices où la bière n'intervient pas. Au regard de ce qui précède, la bière demeure un aliment sacré.

---

[154] Divinité chez les Mafa (groupe ethnique du Nord-Cameroun).

En dépit de ce qui vient d'être dit, notons que le repas de noces (photo 2) dans la société guidar constitue aussi un patrimoine.

Photo 2 : Repas de noce chez les Guidar.

© : DaïrouSoulémanou, Batao, 12 novembre 2017.

Le festin des noces, l'un des moments les plus heureux de la vie privée, est un événement réjouissant. Les images ci-dessus sont des illustrations du repas de noce dans la société guidar. C'est par le biais des mets proposés que l'on peut reconnaître les capacités ou la maîtrise de la cuisine de celle qu'il convient d'appeler dorénavant épouse. L'image de gauche renvoie au mets public. C'est ce mets qui est présenté au grand public, aux invités. Celle de droite présente le mets privé. Il est uniquement consommé par le couple. Loin du regard, le couple se fait nourrir réciproquement, scellant à nouveau leur union. Pour Albert Madi, « Les ingrédients comme piments (*capsicumannuum*), gingembres (*zingiber officinale*) et aubergines (*solanummacrocarpon*) sont utilisés avec excès comme aphrodisiaque ». Cette pratique est également présente dans la société fali.

Photo 3 : Plats de noce chez les Fali.

© : DaïrouSoulémanou, 20 novembre 2017.

Comme chez les Guidar, il existe également des plats de noces chez les Fali. Les fonctions de ce plat semblent être les mêmes. Ce sont des plats épicés réputés pour être aphrodisiaques. La photo 3 présente les plats de noce chez les Fali. Les légumes tels que le *tasba*, les aubergines amères (*solanummacrocarpon*), du sel gemme ou potasse (*dalan)*, du piment (*capsicumannuum*) en sont quelques ingrédients utilisés pour la préparation de ladite sauce par la nouvelle mariée.

Par ailleurs, il semble que la cuisine est un domaine réservé aux femmes dans les sociétés du Nord-Cameroun. À cet effet, pour l'une de nos interlocutrices, Miste Adèline « Les hommes dans notre société ne cuisinent pas » (MisteAdeline, 35 ans, Guider, le 26 décembre 2017). Cet extrait d'entretien montre cependant le poids idéologique, les contraintes symboliques et matérielles. Ainsi, l'on comprend que dans la société guidar, comme dans le reste des sociétés du Nord-Cameroun, un homme qui fait la cuisine est mal vu.

La cuisson des aliments est réservée aux femmes et est considérée comme une activité strictement féminine. Dans la société peule du Nord-Cameroun, certains hommes refusent même de toucher les marmites parce que cela pourrait altérer l'efficacité des amulettes qu'ils portent sur eux. La marmite, selon A. Ka et al. (2019, p. 11) est porteuse d'une charge symbolique très négative capable de détruire des forces surnaturelles bénéfiques chez l'homme. Il s'agit des phénomènes de contamination négative, où le contact avec la marmite produirait un effet désacralisant ou « polluant » sur les objets sacrés ou chargés d'une force surnaturelle (autel, grigri, talisman, amulette) (A. Ka et al. 2019, p. 10).

Toutefois, il faut mentionner qu'il existe une catégorie de cuisine qui est réservée à l'homme. Il s'agit de la cuisine sacrée. En effet, par cuisine sacrée l'on entend la préparation de certaines « nourritures-remèdes ». En fait, ce sont les hommes eux-mêmes qui cuisinent dans une marmite appropriée. La « marmite des hommes permet d'éviter qu'une femme, par inadvertance, ne se serve d'une telle marmite pour faire cuire toute autre nourriture qui serait de ce fait contaminée et mettrait à leur insu, ceux qui en consommeraient le contenu, en position de transgression » (P. Roulon-Doko, 2001, p. 91.).

Photo 3 : Jeune Guidar en pleine cuisine sacrée

©DaïrouSoulémanou, Batao, 03 juillet 2017.

Cette photo illustre la « cuisine sacrée » chez les Guidar, comme signalé précédemment, c'est une cuisine réservée à l'homme. Le jeune-homme sur cette photo assure la cuisine du *mianaaoulgo*. C'est la cuisine du contrepoison. En effet, cette cuisine, après l'immolation du poulet, l'officier enterre les plumes et autres déchets dans le trou ayant accueilli le sang de l'abattage. Après son nettoyage, ce poulet est bouilli entièrement sans être dépecé. Pendant la cuisson, l'on ajoute comme « ingrédient » le *mianaaoulgo*. C'est une sorte d'oignon mélangé et le sésame blanc localement appelé *milia* pour sa pureté. La marmite de gauche est celle qui contient la sauce *mianaaoulgo*, tandis que celle de la droite est utilisée pour tourner la « boule » du mil rouge.

Dans le même sillage, il existe du sacré développé autour d'une certaine catégorie de gibier dans les sociétés africaines en général et en particulier dans les sociétés du Nord-Cameroun. En effet, les femmes gbaya, mboumetdii de l'Adamaouane devraient pas consommer la viande du serpent. Il en est de même du varan (*Varanus*), du pangolin, de la tortue, bref, tous ce que Hamadou Samson appelle *Moriri*[155]. Les tortues (*testudunes*) qui constituent une nourriture très appréciée ne sont consommées que par les hommes.

[155] Ce terme est, ici, utilisé dans un sens restreint pour désigner ces « gibiers d'hommes » et les distinguer des « pattes courtes » que sont les autres rongeurs de ce même groupe consommés.

Photos 5 : Une tortueetun varan

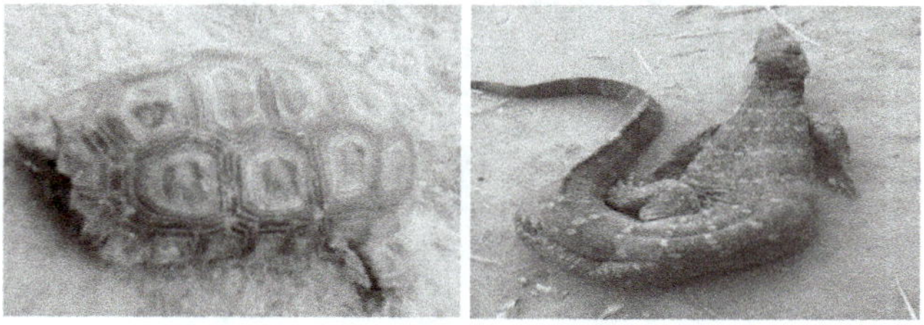

© DaïrouSoulémanou, Dir, 25 août, 2014.

La photo 5 ci-dessus présente une tortue et un varan. La consommation de ces animaux est interdite aux femmes dans les sociétés dii, gbaya et mboum. La tortue apporterait la malchance aux filles nubiles. Il en est de même des femmes enceintes qui craignent donner naissance à un bébé avec la peau « grand-mère » et surtout qui craignent d'accoucher un enfant qui aura de la peine à marcher étant donné que la tortue se déplace très lentement. Il en est de même, des parties d'animaux comme le gésier, le poumon, les reins, qui sont interdits aux femmes dans certaines sociétés du Nord-Cameroun. Le gésier est toujours réservé au « patron » de la maison pour plusieurs raisons. Si pour les uns cette non-consommation témoigne du respect à son époux, la bonne « éducation », d'autres pensent que « le non-respect de cette règle favoriserait tour à tour l'infertilité, le saignement abondant et à une longue durée » (HawaKoulou, 34 ans, Ngan-Ha, le 11 août 2014).

Aussi, que l'on se retrouve chez les Dii ou chez les Gbaya, la consommation du poisson, toutes espèces confondues est prohibée aux jeunes-gens. Le jeune garçon ne devrait pas consommer du poisson au domicile de son beau-père. Et à l'inverse, il est interdit à la jeune fille de manger du poisson chez ses beaux-parents. Il faut noter que la jeune fille continue juste la formation qu'elle a entreprise depuis le domicile de ses parents[156].Chez les Mboum, l'interdiction de la consommation du poisson est probablement en rapport avec les croyances relatives au silure. Le silure (*silurus*) (voir photo ci-dessous) est à la forme d'un fœtus humain, et sa consommation rituelle à différentes occasions favoriserait la fécondité. Ceci serait un phénomène de contamination par analogie.

[156] Entretien avec Na'aLadane, Dir, le 23 juin 2014.

Photo 6 : silures

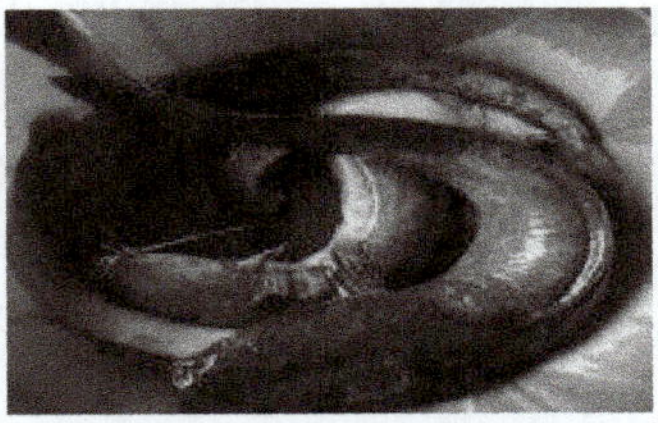

© DaïrouSoulémanou, Dir le12 mai 2019.

L'image ci-dessus présente quelques silures (*silurus*). C'est une espèce de poisson très molle. Le silure est lié aux rites du mariage. Chez les Mboum tout comme chez les Gbaya, les jeunes filles impubères, s'abstiennent de le consommer. En outre, il faut aussi mentionner les interdits alimentaires associés à la période de menstruation, la prohibition de la consommation alimentaire devant les beaux-parents qu'on considère le plus souvent comme l'inceste. Les prohibitions alimentaires associées au deuil, au veuvage, aux maladies physique et psychique (avec des interdictions alimentaires accompagnant les périodes de crises), aux agressions symboliques comme les envoutements, les interdicts alimentaires liés aux activités de chasse, de pêche. Pour cette dernière catégorie (chasse et pêche), il est strictement interdit de consommer toute sauce gluante chez les Gbaya (voir photo suivante).

Photo 7 : sauce gluante

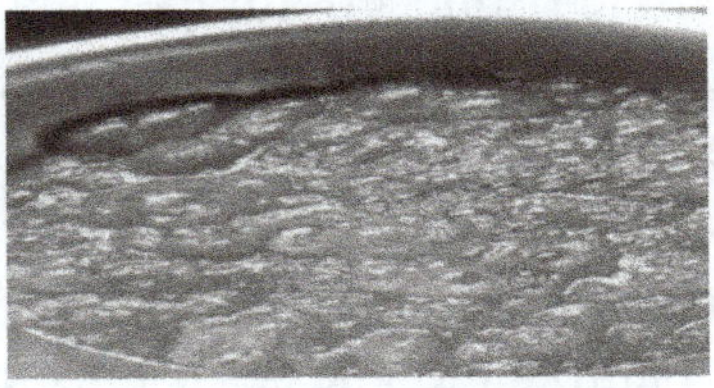

©DaïrouSoulémanou, Dir le 03 juillet 2017.

Cette sauce est préparée à base d'une plante localement appelé e*ngala* ou *kelin-kelin*. Elle est très appréciée au Nord-Cameroun ce par son caractère gluant qui favorise la digestion. C'est à cause de son caractère gluant que chasseurs et pêcheurs doivent s'abstenir de la consommer avant et pendant leur activité au risque de voir échapper des gibiers et/ou des poissons.

Simple coïncidence ou conséquence de la consommation d'un aliment interdit, tout ce que l'on peut dire c'est que la consommation de ces interdits sous d'autres cieux n'a pas d'effets sur le consommateur. De même, nous émettons des réserves pour ces croyances dans la mesure où, les faits sont difficilement vérifiables. Il est particulièrement difficile de prouver que la malformation du fœtus est due à la consommation de la tortue ou du varan (*varanus*). Les malformations congénitales sont le plus souvent dues aux facteurs de risque comme la consommation de l'alcool, du tabac et le surpoids de la mère (C. Peltier, 2010, p. 45). Aussi, l'accouchement difficile peut être causé par la malformation du fœtus et aux infections virales et parasitaires[157]. L'apparition de la gale ne pourrait seulement être causée par la consommation du silure et/ou de l'hippopotame. Les mauvaises conditions hygiéniques constituent une cause déterminante de l'apparition de la gale. Les ustensiles de cuisine sont aussi sacrés dans les sociétés du Nord-Cameroun et méritent aussi une attention particulière.

2.3. Du sacré autour des ustensiles

Comme évoqué précédemment, dans certaines sociétés du Nord-Cameroun comme celle des Gbaya, certains ustensiles de cuisine sont sacrés pour les garçons. Il s'agit, entre autres, du mortier et du pilon, de la spatule de la meule, du tamis, etc.Le contact avec ces ustensiles peut causer plus de mal que de bien (hernie abdominale). Ainsi, lorsqu'un garçon saute par-dessus de la meule ou prend place sur le mortier (voir photo 9qui suit), il court le risque « d'attraper » la hernie. Se faire fouetter par le mixeur ou« tourne couscous » semble être un véritable danger. Car le garçon peut perdre sa virilité. Regarder au travers du tamis semble être un véritable danger dans la société gbaya. « L'on court le risque de se faire infecter par les vers intestinaux » (Hadja Habiba Bouba, 58 ans, Dir, le 10 septembre 2017). La manipulation de ces ustensiles de cuisine est mise en relation avec un certain nombre de croyances. L'usage de la spatule ou encore « la pierre à écraser » (*tambondommo*) ne peut se faire qu'avec beaucoup de précautions pour les garçons. Chez les Peul du Sénégal, passer au-dessus d'un pilon qui sert à écraser des céréales ou des feuilles dans le mortier annihile les pouvoirs magico-religieux de la personne et la rend vulnérable aux esprits malveillants, comme aux armes blanches

[157](www.universalis.fr/encyclopédie/malformation-conginitales/2-etiologie, consulté le 04 septembre 2019)

(A. Ka et al. 2019, p. 11). Tels sont entre autres les discours qui conduisent certaines familles à interdire leur garçon à entrer dans la cuisine et à confiner davantage les femmes dans la cuisine d'après nos enquêté. Ce qui démontre le caractère sacré de ces matériels de cuisine.

Photos 9 : Mortier-pilonetMeule

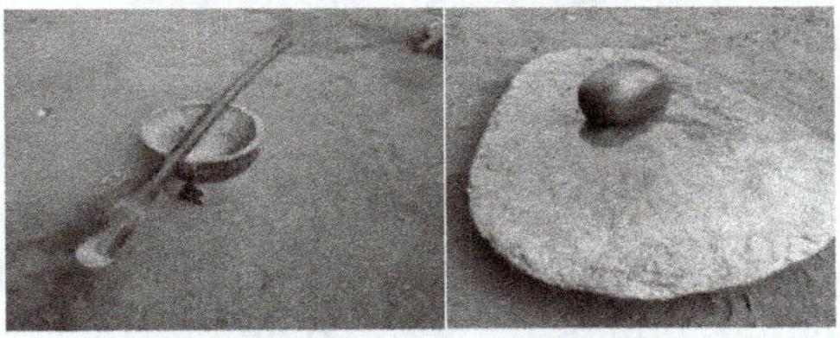

©DaïrouSoulemanou, Dir, 12 mai 2018.

Ces objets étaient, avant l'introduction du moulin au Nord-Cameroun, un équipement standard dans de nombreux ménages et le sont encore d'ailleurs. Ils sont utilisés pour piler du grain de maïs, manioc, mil ou sorgho pour séparer la paille du grain. La seconde est une pierre à écraser ou pierre de meulage. Elle était la pièce centrale de la cuisine. Elle est présente dans de nombreuses communautés du Nord-Cameroun. Les meules ont été progressivement remplacées par des moulins contribuant à la décrépitude du sacré autour de ces ustensiles de cuisine.

Toutefois, tout comme les interdits alimentaires, la question du sacré autour des ustensiles de cuisine est difficilement vérifiable. Cette difficulté à mettre en relation les ustensiles de cuisine avec la maladie ou l'infertilité aiguise la curiosité tout en montrant les limites de la recherche sur les interdits. C'est pourquoi, Giard (1994, p. 223) pense que s'il est difficile de mettre en évidence la cohérence du système d'interdits, c'est que l'efficacité des processus symboliques semble être garantie par leur caractère inconscient, soutenu d'une justification défensive et d'un refus d'entrer plus en avant dans la discussion.

Dans le même ordre d'idées, la calebasse est un ustensile incontournable au quotidien. Ses usages sont multiples en cuisine. Mais aussi l'intérêt porté à la calebasse s'est élargi à tous les usages dans les domaines traditionnels et alimentaires. Elle a une fonction symbolique et sacrée dans de nombreux rites et est même symbole de féconcité. Ainsi, pour Hamadou Adama (2017, p. 125.), « dans les sociétés musulmanes du sahel, sa forme arrondie rappelle la pleine lune, sa grosseur est comparée à celle d'une femme enceinte et son association à l'eau, à la terre et à l'obscurité fait de la calebasse le symbole idoine des fécondants ». De même, la calebasse joue un rôle important dans la purification chez les Gbaya. En effet, si après une certaine prise de décision, l'on veut revenir sur celle-ci, il est nécessaire de prendre un bain rituel qui se fait souvent avec une calebasse neuve. C'est le *zanganou.*

La sacralité de la calebasse et du canari est également perceptible dans la société mafa. En effet, cela s'observe pendant les prières sacrificielles. Sur le canari *baba*, l'intéressé doit dire ce qui suit :

> À toi mon Dieu, (on dépose la viande ou la calebasse sur le canari *baba*), tourne-toi vers moi, viens vite sur mon rocher, tu veux le poulet, tu veux le vin de mil, tiens je te donne ton vin (on verse quelques goûtes par terre) pour que tu protèges ma maison. Je m'adresse à toi mon Dieu, tiens-moi debout, fais-moi porter mon carquois. (Perevet, 2008, p. 143).

3. Les mutations et les stratégies de pérennisation du patrimoine alimentaire sacré au Nord-Cameroun

À cause des contacts avec d'autres sociétés, les contrariétés culturelles ont surgi au sein des sociétés du Nord-Cameroun. Le paysage social s'est modifié et les peuples ont adopté certaines pratiques sociales qui témoignent de la perversion de leur coutume, autrefois considérée comme creuset par excellence des valeurs morales traditionnelles. Cette partie étudie les mutations alimentaires et les techniques de pérennisation et de transmission de la culture alimentaire locale.

3.1. Les mutations alimentaires au Nord-Cameroun (XIXe–XXe siècles)

L'alimentation traditionnelle au Nord-Cameroun a subi une transformation due à la mondialisation et aux phénomènes religieux. En effet, rares sont ces repas traditionnels à caractère sacré qui maintiennent encore leur structure. Nous savons que nos interlocuteurs s'alimentent dorénavant selon les canons des religions dites révélées et surtout le mimétisme de l'alimentation occidentale et arabe[158]. De même, la diffusion de l'information et les progrès de l'enseignement ont de toute évidence écorné les croyances alimentaires traditionnelles. Ainsi, l'on

[158] Ces faits découlent de notre propre expérience et des observations du terrain.

constate que la nourriture est devenue un secteur profane par rapport au système symbolique traditionnel.

Les religions monothéistes ont joué un grand rôle dans le bouleversement de la sacralité alimentaire au Nord-Cameroun. La culture peule, a discrédité les habitudes alimentaires du Nord-Cameroun. En effet, partout où l'Islam s'est imposé, les règles instituées par le droit islamique bouleversent les usages anciens et les pratiques africaines traditionnelles. En fait, dès leur islamisation, beaucoup des populations ont embrassé et adopté la coutume alimentaire musulmane. À ce titre, on a assisté à la dévalorisation ou encore à la déritualisation des coutumes ancestrales au détriment de l'Islam. « La bière traditionnelle qui était le cadeau le plus précieux destiné à la consommation des personnes et au centre de tous les rituels, est remplacée par de nouveaux produits tels que les bonbons, les colas lors des cérémonies de baptême ou de dot » (Fassou Brahim, 39 ans, Ngaoundéré le 22 février 2017). L'Islam à travers ses principes condamne les cultes et sacrifices aux ancêtres d'après nos enquêtés (Modibo Amadou Gouroudja, Imam, 67 ans, Meiganga le 12 octobre 2014). L'Islam tend à remplacer les vieilles croyances « animistes » qui semblaient être en décadence. En effet, dans le Coran il est mentionné que les bonnes nourritures sont licites, et les mauvaises sont interdites. Les interdits alimentaires sont détaillés de manière explicite en Islam. Plusieurs versets reviennent sur cette question. C'est le cas par exemple :

> Vous sont interdits la bête trouvée morte, le sang, la chair de porc, ce sur quoi on a invoqué un autre nom que celui d'Allah, la bête étouffée, la bête assommée ou morte d'une chute ou morte d'un coup de corne, et celle qu'une bête féroce a dévorée - sauf celle que vous égorgez avant qu'elle ne soit morte. Vous sont interdits aussi la bête qu'on a immolée sur les pierres dressées, ainsi que de procéder au partage par tirage au sort au moyen de flèches. Si quelqu'un est contraint par la faim, sans inclination vers le péché... alors, Allah est Pardonnateur et Miséricordieux (*Le Noble Coran* et la traduction en langue française de ses sens 5 :1).

À la suite de ce verset, notons que les musulmans pratiquants classifient les aliments principalement en différentes catégories. Le *halal*, licite, ce qu'on peut manger, ce qui est permis. Le *haram*, ce qui est illicite, interdit de consommer. Le *mushba*, ce qui est permis et dont la consommation est laissée au choix de la personne. Enfin, le *makruh*, réprouvable, répugnant, bien que non interdit, mais il est préférable de ne pas le consommer (Daïrou, 2014, p. 88). Il en est de même dans le Christianisme.

Par ailleurs, le Christianisme est une religion monothéiste présentant Dieu comme le créateur de l'univers et de tous les êtres vivants. L'avènement du christianisme devait changer les mœurs des populations du Nord-Cameroun qui ont commencé à pratiquer cette nouvelle croyance. Le Christianisme les invitait à l'abandon de leurs propres religions et au profit des règles chrétiennes, y compris les commandements sur l'alimentation. En fait, il faut noter qu'avec l'arrivée du Christianisme dans les sociétés du Nord-Cameroun, des nouvelles lois alimentaires voient le jour. Il est important de souligner que, le Christianisme abolit la plupart des interdits alimentaires. On retrouve, d'ailleurs, une ébauche de cette abolition dans l'Évangile selon Marc : « Il n'est rien d'extérieur à l'homme qui, pénétrant en lui, puisse souiller, mais ce qui sort de l'homme, voilà ce qui souille l'homme », à savoir, « les desseins pervers » (La Bible de Jérusalem, Mc. 7 : 15, 19-22).

Les groupes ethniques du Nord-Cameroun, avant l'avènement du Christianisme, avaient leur religion dans laquelle la notion d'un être suprême, Dieu créateur de toute chose, *Tayi*en dii, Gan-Wen en mboum et *So-da*en gbaya fait référence au Dieu suprême auquel on a accès par l'intermédiaire des divinités, des ancêtres ou par des sacrifices. Les Occidentaux arrivent dans la première moitié du XXe siècle avec une nouvelle religion. C'est cette religion qui remet en cause l'ordre divin ancestral et alimentaire de certains groupes ethniques du Nord-Cameroun à l'instar des Massa, des Moussey, des Mafa, des Daba, des Dii, des Mboum et des Gbaya. Sous l'influence du Christianisme, les Dii, par exemple, ont plus ou moins abandonné le culte des ancêtres au cours desquels on préparait des aliments pour le sacrifice. Ces cultes favoriseraient les bonnes cultures, la fécondité, la prospérité du village.

Toutefois, il faut quand même noter que, les pratiques et croyances traditionnelles dominent « l'histoire de l'alimentation » ou les dynamiques alimentaires dans une société. Même si les Mboum, les Mafa, les Falisont imbibés des règles islamiques ou chrétiennes d'alimentation, certains ne les appliquent pas. Il arrive fréquemment que les préceptes alimentaires islamiques soient travestis. Ainsi, les modèles alimentaires sont actuellement confrontés à des changements accélérés et profonds. Il est plus qu'urgent de réfléchir sur les stratégies à adopter afin de rendre pérenne le patrimoine alimentaire sacré dans les sociétés du Nord-Cameroun.

3.2. Techniques de pérennisation et de transmission des traditions alimentaires

La conservation du patrimoine alimentaire passe par la mise de la tradition orale sur des supports numériques et l'organisation régulière des foires gastronomiques.

3.2.1. La tradition orale et les supports numériques comme moyens de sauvegarde de la culture alimentaire sacrée dans les sociétés du Nord-Cameroun

Dans le but de mieux sauvegarder, de transmettre les traditions alimentaires des groupes ethniques, il est important de convoquer les traditions orales (chants, récits, contes, et devinettes). L'Organisation des Nations Unies pour l'Éducation, la Science et la Culture (UNESCO) a adopté la tradition orale comme source de l'identité culturelle des « peuples sans écriture » dans les années 1970 (T. Obenga, 1980, p. 63). En réalité, les chants, récits, contes, et devinette occupent une place prépondérante dans la tradition orale (I. Baba Kaké, 1978, p. 85) des peuples du Nord-Cameroun. Ces patrimoines culturels immatériels sont porteurs d'une charge historique et culturelle importante ; car ils relatent des faits relatifs à la vie en général et aux savoirs alimentaires en particulier (interdits alimentaires, totem et tout ce qui se rapporte à l'art culinaire) (E. Ladang, 2011, p. 91). Par exemple, chez les Gbaya, les contes et devinettes participent à la socialisation sur les interdits alimentaires. D'ailleurs, un conte gbaya enseigne qu'il est strictement interdit à la jeune mariée de consommer du poisson chez sa belle-famille, vu son goût appétissant. Bien plus, une devinette « *Mi tak-talo, Mi tak–talo* » qui veut dire « manger et garder pour le lendemain » renseigne sur l'importance de la prévision et l'économie dans la lutte contre l'insécurité alimentaire dans la communauté (Entretien avec Badomo Beloko, écrivain, 63 ans, Ngaoundéré, le 11 juin 2014). Toutefois, bien qu'étant important, ces éléments de la tradition sont menacés d'extinction à cause de l'acculturation de la jeune génération. Dès lors, il devient urgent pour la communauté locale de travailler en synergie avec le gouvernement afin de trouver des stratégies adéquates pour sauvegarder ce patrimoine culturel immatériel en voie de disparition pour la génération future.

De manière succincte, le patrimoine culturel alimentaire est constitué d'éléments de la tradition orale transmis de génération en génération à travers les âges. Cette transmission se fait à travers la parole et la mémoire dans toute la société. Les groupes ethniques du Nord-Cameroun ont une culture très poussée de l'oralité. Ce sont des chanteurs, conteurs. Ils sont un peuple de la littérature orale[159]. Elle est constituée de contes, de chants, de fables, de mythes, de proverbes, des devinettes. Ces éléments de la tradition orale qui sont porteurs de savoir alimentaire, se transmettent de bouche à oreille et le support de conservation de ces éléments du patrimoine culturel immatériel est la mémoire. Ceci dit, la conservation des contes, de chants, de fables, de mythes, de proverbes, des devinettes se fait par le biais de la mémoire. Pour ce faire, ne doit-on pas utiliser d'autres supports pour sauvegarder les cultures alimentaires et culinaires ?

Depuis, l'avènement des progrès scientifiques et techniques, le monde a connu des changements qui se sont opérés dans plusieurs domaines. Le domaine de la technologie et de télécommunication est le plus développé dans ce village planétaire. Ce développement peut être utile à la conservation de cette littérature orale. Ayant comme support la mémoire, certains événements de l'histoire seront modifiés, voire oubliés. Alors que, son stockage sur des matériels modernes et durables permettra une bonne et longue conservation à travers la transcription de cette tradition orale sur des livres, leurs translittérations, leurs enregistrements sur des supports numériques tels que les CD (*Compact Disc*), les DVD (*Digital Versatil Disc*) et des disques durs pour une conservation durable afin de ne pas la perdre seront un avantage pour ces peuples. De plus, leurs diffusions de temps à autre sur les ondes radio et télévision seraient un moyen fiable de les conserver dans la mémoire de ce peuple. Au XXe siècle, les technologies de l'information et de la communication ouvrent des perspectives prometteuses pour sauvegarder et valoriser le patrimoine alimentaire sacré. Tel peut être le cas avec des médias sociaux déjà populaires comme *Facebook* et *YouTube*.

[159] La littérature orale se définit comme l'ensemble de tous les types de témoignage transmis verbalement par un peuple sur son passé.

3.2.2. Faire la promotion de l'alimentaire sacré dans les sociétés du Nord-Cameroun

Au plan local, la valorisation du patrimoine alimentaire et culinaire peut se faire à travers les initiatives prises par les différents groupes ethniques du Nord-Cameroun, à savoir la création de plusieurs événements ; qui permet la rencontre des différents peuples. Parmi ces rencontres l'on peut citer le festival de l'unité qui est célébré à la veille de chaque 20 mai[160]. Ce festival réunit les populations de chaque arrondissement qui est amené à se présenter et à valoriser la culture de sa localité. Ainsi, cette valorisation peut se faire à travers l'exposition du savoir et du savoir-faire qui se manifeste par la présentation de la cuisine locale par les différents groupes. Plusieurs élites du département, assistent à la manifestation et par la même occasion mobilisent des fonds destinés à encourager les différents groupes qui se sont démarqués. De plus, la valorisation de ce patrimoine peut se faire lors des différents comités de développement qui se tiennent annuellement dans chaque arrondissement et canton. Pendant cette période, « des mets locaux peuvent être exposés dans le but de valoriser et de pérenniser la culture et surtout les chants aux générations futures. Cette assise ne concerne pas seulement les élites mais des personnes extérieures sont aussi invitées » (Entretien avec Badomo Beloko, écrivain, 63 ans, Ngaoundéré, le 11 juin 2014).

De même, les différentes associations culturelles ont pour principal objectif la revalorisation et la promotion des valeurs culturelles. La tenue régulière des festivités par les associations culturelles (*Mbor-Yanga* chez les Mboum, *Féo-Kagué* chez les Toupouri, *TocnaMassana*chez les Massa, *Gouma* chez les Guidar, festival *gbanga Moïnam* chez les Gbaya, festival Nyem-Nyem) vise à lutter contre la dévalorisation de leur culture. Afin de préserver leurs cultures, lors de chaque assemblée générale ces différentes associations développent des thèmes qui sont toujours en relation avec leurs valeurs culturelles. En plus, ces associations sont représentées dans chaque région et département du Cameroun afin de mettre en exergue leur patrimoine culturel qui sombrait déjà dans l'oubli.

---

[160] Le 20 mai marque la date de célébration de la fête de l'unité au Cameroun.

Conclusion

Il était question de réfléchir sur les stratégies de mise en valeur du patrimoine alimentaire sacré au Nord-Cameroun. Il ressort après analyse que le patrimoine alimentaire au Nord-Cameroun est sacré et se dégradent. Ainsi, pour la revalorisation de ce patrimoine alimentaire, quelques stratégies ont été présentées. La préservation des valeurs culturelles alimentaires et objets culinaires comme patrimoine au Nord-Cameroun, incombe avant tout aux communautés qui doivent par exemple mettre en place des moyens humains (gardiens des valeurs traditionnelles ou culturelles) et les moyens financiers afin de sauvegarder leur patrimoine culturel. Pour cela, les valeurs culturelles alimentaires méritent également une attention particulière de l'État camerounais. Les groupes ethniques du Nord-Cameroun doivent songer au fait que la conservation du patrimoine, qu'il soit matériel ou immatériel, peut également passer par la coopération culturelle, car, cette dernière est plus facile et plus fructueuse dans les actions de sauvegarde et d'entretien du patrimoine culturel de l'humanité qui se sont développées grâce aux initiatives de l'UNESCO.

Références bibliographiques

BABA KAKÉ Ibrahima, 1978, *Histoire Générale de l'Afrique*, Paris, ABC.

BIBLE de Jérusalem.

BIBLE : Nouveau Testament.

BINAM BIKOI Charles, 2017, « Alimentation patrimoniale des Africains », Atelier international de lancement du Programme ALIPA, organisé par le CERDOTOLA à Yaoundé du 24 au 26 mai 2017.

BOSSARDJameset al 1949, « Rituals in Farnily Living », American Sociological Review, vol. 14, no 4, pp. 463-469.

BRUNEAU Michel, 2004, *Cuisine et alimentation au cœur du lien identitaire des diasporas : l'exemple chinois et grec* [En ligne], [http://xxi.ac-reims.fr/fig-stdie/actes/actes2004/bruneau/resume.htm] (consulté le 23 mai 2018).

CALVO, 1982, « Migration et alimentation », Social science information sur les sciences sociales, vol. 21.

CORAN : *Le Noble Coran* et la traduction en langue française de ses sens 5 :1.

DAÏROU Soulémanou, 2014, *Interdits Alimentaires dans les sociétésDii, Gbaya et Mboum de l'Adamaoua du XIXe au XXe siècle*, Mémoire de Master Recherches en Histoire, Université de Ngacundéré.

DE GARINE Igor, 1976, *Alimentation et culture*, Paris, IEDES.

DEGARINE Igor, 2005, « Nourriture de Brousse chez les Muzey et les Masa du Nord-Cameroun », in Raimonde C et *al., Ressources vivrières et choix alimentaires dans les bassins du Lac Tchad,* Paris, IRD, pp. 63-86.

DIDJATOU HAMAN Huguette 2016, *L'usage des animaux dans la résolution des conflits dans les Monts Mandara au Cameroun : XXe début XXIe siècle*, Mémoire de Master Recherches en Histoire, Université de Ngaoundéré.

DURKHEIM Émile, 1984, *Les règles de la méthode sociologique,* Paris, Flammarion.

GIARD Luce, 1994, « Faire la cuisine », in Certeau et al., *L'invention du quotidien,* Paris, Gallimard, pp. 213-314.

GIRARD Alain, 2013, *Migrer, cuisiner et manger dans un espace social alimentaire transculturel le cas d'immigrants de première génération à Montréal*, Thèse de Doctorat en Sociologie, Université du Québec (Montréal).

HAMADOU Adama, 2017, « Les « calebasses de carrefour » à Ngaoundéré (Cameroun) : histoire d'un fait socioreligieux », in HamadouAdama, Nord-Cameroun : ancrages et ouvertures, Revue scientifique de Faculté des Arts, Lettres et Sciences Humaines de l'Université de Maroua, pp. 253-270.

JAOUEN Réné, 1995, *L'eucharistie du mil : langage d'un peuple, expression de la foi*, Paris, Karthala.

KA ABDOU et *al.* 2019, « Interdits alimentaires et aspects symboliques de la cuisine des Peuls du Ferlo (Sénégal) : entre permanence, changements social et stéréotype », Émulations, Varia.

LADANG Émile, 2011, *Chants et histoires chez les Moundang du Mayo-Kani du XVIIIe siècle jusqu'à nos jours*, Mémoire de Master Recherche en Histoire, Université de Ngaoundéré.

LATREILLE et *al.*, 2008, *Centre - Urbanisation Culture Société*, Montréal, INRS.

Le Noble Coran et la Traduction en langue française, de ses sens, l'an 1430 de l'hégire, Royaume d'Arabie Saoudite, Al-Madinah-Al-Munawwarah.

MADJÉLÉ Philomène, 2007, *Les repas dans les sociétés Moundang, Toupouri et Guidar au Nord-Cameroun : permanences et mutations*, Mémoire de Maîtrise en Histoire, Université de Ngaoundéré.

MOKAM David, 2002, « Restaurant par Terre et la culture alimentaire au Nord-Cameroun d'hier à demain : le cas de Ngaoundéré », in C. Raimond et al., *Ressources vivrières et choix alimentaires dans le bassin du lac Tchad,* Paris, IRD, pp. 170- 193.

OBENGA Théophile, 1980, *Pour une nouvelle Histoire*, Paris, Présence Africaine.

PELTIER Claudie, 2010, « Nourriture de la mère et risque de malformations pour le bébé », www.futura-sciences.com, consulté le 04 septembre 2019.

PEREVET Zacharie, 2008, *Les Mafa : un peuple, une culture*, Yaoundé, CLE.

PODLEWSKI André, (1964), *Les forgerons mafa, description et évolution d'un groupe endogame*, Yaoundé, ORSTOM, IRCAM.

ROULON-DOKO Paulette, 200l, *Cuisine et nourriture chez les Gbaya de Centrafrique*, Paris, l'Harmathan.

ROULON-DOKO Paulette, 1998, *Chasse, cueillette et culture chez les Gbaya de Centrafrique*, l'Harmattan, Paris.

SOUKA Bouba, 2012, *Les Rites chez les Guiziga du Nord-Cameroun et leur évolution du XIX*[e] *au XX*[e] *siècle* », Thèse de Doctorat Ph.D en Histoire, Université de Ngaoundéré.

STANLEY Peter, 1995, « Culture and its influence on occupationaltherapyevaluation », Canadian journal of occupational therapy Revue canadienne d'ergothérapie, vol. 62, N° 3, pp. 129-138.

TUBIANE Jerôme, 2006, *Représentation de l'animal sauvage chez les éleveurs Teda-Daza et Beri (Tchad, Niger, Soudan)*, Thèse de Doctorat Ph.D en Études africaines, INALCO-Paris.

VAÏDAM Irène, 2016, *Les symbolismes des animaux sacrifiés au cours des rituels chez les Mafa 1092-2015*, Mémoire de Master en Histoire, Université de Ngaoundéré

WALTER Éric, 2005, « Kapsikibeerdynamic », in Ressources vivrières et choix alimentaires dans le bassin du Lac Tchad, Christine Raimond et al, Paris, IRD, pp. 94-109.

Statut juridique de la femme mariée au Cameroun : entre permanences et mutations (1934-2016)

Hamidou ISSA

Doctorant en Histoire politique et des relations internationales, Université de Ngaoundéré (Cameroun). Courriel : hamidouissa496@yahoo.com

Résumé

Depuis 1934, date de la première législation liée au mariage des indigènes ou des musulmans, le Cameroun n'a cessé d'entreprendre des dispositions législatives concernant la vie des citoyens en général et celle des femmes mariées en particulier. Ceci est le résultat des mouvements féministes et des institutions internationales en charge de la question des droits de la personne humaine. En fait, l'objectif de cet article fondé principalement sur les enquêtes de terrain et sur la méthode pluridisciplinaire, dégage les différentes lois engagées en faveur des droits des femmes mariées au Cameroun. Cette observation motivée par une réponse opératoire de la nouvelle politique judiciaire montre la détermination évidente de législateur camerounais de s'arrimer à la donne internationale et d'améliorer les conditions de vie des femmes vivant en union conjugale. Le propos de cette contribution est, en fin de compte, d'analyser et d'examiner les permanences et les mutations liées à la vie conjugale des épouses.

Mots-clés : Épouse, Époux, Permanences, Émancipation, Cameroun.

Abstract

Since 1934, date of the first legislation links to indigenous marriage or Muslims, Cameroon has continued to undertake legislatives provisions concerning the life of citizens in general and that of married women in particular. This is the result of feminist movements and international institutions in charge of the issue of human rights. Therefore, the objective of this article, which is primarily based on the field investigation and a multidisciplinary method, is to clear the different laws engaged for the rights of married women in Cameroon. This observation motivated by operative response who attest the new judiciary policy shows the evident determination of Cameroon legislator to dock with the international situation and to ameliorate the conditions of the life of women living in a marital relationship. The purpose of this contribution is to count, analyze and examine the hotlines and mutations concerning marriage.

Keywords : Wife, Husband, Emancipation, Cameroon.

Introduction

Dans la majorité des sociétés africaines, la femme était perçue comme un être inférieur à son époux. En même temps, elle est perçue comme un bien de la famille. De plus, elle faisait partie de la masse successorale en cas de liquidation de la succession à la suite du décès de son mari : c'est le lévirat. Pour ce faire, elle était frappée d'une incapacité juridique qui se traduit par le rôle qu'elle accomplissait dans son domicile conjugal. Aussi, n'ayant pas en principe droit à la parole, elle était subordonnée aux choix de son mari relatif à la famille. Cette attitude provoquait de façon quasi automatique une passivité vis-à-vis des activités économiques, politiques et sociales de la collectivité, qui sont pourtant nécessaires pour le développement de la société.

Les difficultés de la famille sont au centre des préoccupations pour la majorité des pays du monde. Grâce aux nouvelles idées sur la promotion de la femme ces problèmes trouvent leur justification par l'exigence morale ou sociale qui approuve le droit de la famille à une société mondiale. Celle-ci traverse de nombreuses mutations sociales où les institutions se métamorphosent tout le temps (Mayimi Anna, 1998, p. 60). En effet, la ratification de la Convention pour l'Élimination des Discriminations à l'égard des Femmes (CEDEF) ainsi que d'autres traités internationaux ont incité certains pays à revoir ce droit pour marquer leur intégration à l'ordre international et à la civilisation mondiale (Engele-Merry, 2003, p. 25).

Le Cameroun n'est pas resté indifférent à cette mouvance. La présence d'une pluralité de sources juridiques comme la *Common Law* anglaise et le droit francophone ne favorise pas une véritable relation digne pour une conformité du droit de la famille face aux nombreuses transformations sociales. Ceci étant, le Cameroun a connu et hérité d'importantes dispositions règlementaires des puissances coloniales. Seulement, le mariage a connu une juridiction embryonnaire.

La législation camerounaise a su tirer leçon de l'impasse à laquelle semble avoir conduit à la philosophie de l'Occident. Elle indique une issue inédite, laquelle intègre à la fois les valeurs approuvées par la philosophie individualiste et celles non moins valables de la perception collectiviste que prônent les institutions traditionnelles. Cette situation témoigne que la position du législateur camerounais sur le mariage n'est ni une loi complètement coutumière ni une loi parfaitement moderne. C'est à travers une recherche dont le rythme est peu rapide que la jurisprudence est fortement impliquée (Nkouendji, 1975, p. 15) et par des réformes consécutives que le faiseur des lois établit un système juridique approprié. Cependant, cette construction n'est pas complète car, beaucoup reste encore à perfectionner. Au moment où le combat pour la mise en œuvre d'un droit de famille propre au Cameroun demeure d'actualité, cet article connait un intérêt accru dans cet effort de consensus entre le droit écrit et celui des coutumes camerounaises. Dès lors, cet article répond à une problématique centrale qui est celle d'étudier les mutations du statut juridique de la femme mariée au Cameroun. Quelles sont les permanences et les mutations en ce qui concerne les droits des épouses ?

La réflexion s'articule autour de deux axes majeurs. Il s'agit en effet d'analyser les permanences dans la dynamique des textes juridiques régissant la vie conjugale au Cameroun de la période coloniale jusqu'à nos jours d'une part, et d'autre part, de présenter les mutations liées aux droits des femmes mariées au Cameroun.

1. L'épouse et son statut juridique au Cameroun

La promotion de la famille présente un grand intérêt pour la société actuelle qui connaît la naissance des diverses institutions nationales et internationales. Toutes les dispositions de ces institutions visent la stabilité et la solidité au sein du foyer. Il y va de leur intérêt, car la famille est la cellule de base de la société. Pour le cas du Cameroun, certes, il y a eu des avancées observées dans les différentes réformes engagées sur la vie familiale, mais, il y a encore des inégalités notoires entre l'époux et l'épouse dans la gestion du foyer conjugal qu'il est important de le souligner.

Dans cette partie, il est important de relever la difficulté de concrétiser la question du genre au Cameroun. Le pays a certes ratifié toutes les conventions internationales visant à éradiquer les discriminations faites à l'égard des femmes et affirmé le principe d'égalité de droits par la Constitution. Toutefois, la marginalisation à l'égard de la femme mariée dans les législations internes tant en matière civile qu'en matière pénale persiste.

La « ségrégation » féminine en ce qui concerne le droit civil est beaucoup plus visible dans les droits de la fondation de la famille, qui, par un fait étrange et inattendu, se trouve indiscutablement être le lieu où se précisent les inégalités sociales entre l'homme et la femme (Tahon, 2007, p. 27). Il est ainsi observé que c'est au sein de la famille que subsistent encore les discriminations fondées sur le genre auxquelles se greffent d'autres discriminations liées à la vie civile de la femme. Ainsi, le Code civil français dans sa version de 1804, reçu dans l'ordre interne des anciennes colonies africaines de la France après les indépendances, était composé des dispositions discriminatoires à l'égard des épouses. C'est le moment d'indiquer que le Cameroun ne dispose pas jusqu'aujourd'hui de son propre Code civil ni encore de son Code de famille. Mais, il entreprend des réformes par décrets, décisions, ordonnances qui réglementent la vie des citoyens en matière civile et d'un projet de Code de famille qui n'est pas encore en vigueur du fait de nombreuses ambiguïtés qui y figurent.

Les relations familiales, encore discriminatoires, reposent principalement sur les ségrégations basées sur le sexe. La femme, jugée incapable et considérée comme simple objet de droit a, semble-t-il besoin d'être représentée et protégée par l'homme. C'est ainsi qu'il est prévu dans le Code civil applicable au Cameroun que, la femme mariée n'a point d'autre résidence que celle de son époux[161]. Cette situation s'accentue par une autre disposition qui stipule que « le choix de résidence de la famille appartient au mari ; la femme est contrainte d'habiter avec lui et il est tenu de la recevoir »[162]. Ce phénomène constitue pour beaucoup de femmes un handicap pour leur épanouissement au cas où l'époux est salarié. En cas de mutation de celui-ci dans une autre localité, elle se doit de le suivre si elle veut sauver son foyer, en abandonnant toutes ses activités professionnelles dans l'ancienne localité de résidence de son mari. C'est le cas d'Alice Pokam, communicatrice événementielle en ascension dans sa carrière professionnelle à Douala, qui se trouve obligée de démissionner de son poste pour rejoindre le domicile conjugal à Yaoundé, lieu d'affectation de son mari, promu à une fonction plus rémunératrice[163]. Elle résume cette décision en ces termes : « comme c'est l'homme qui décide du choix du domicile et de la résidence de la famille, j'ai tout abandonné à Douala pour recommencer une nouvelle vie à Yaoundé et

---

[161] Art. 108 du Code civil applicable au Cameroun, p. 24.
[162] Art.215 du Code civil applicable au Cameroun, p. 37.
[163] *Cameroon Tribune* du 30 mars 2016 n° 11064/7263, p. 20.

trouver un nouveau travail qui ne répondait pas à mes attentes[164] ». Pourtant, l'article 15 (4) de la CEDEF octroi les droits égaux relatifs aux choix du domicile et de la résidence de la famille à l'homme et à la femme. À ce sujet, Me André Marie Owono, avocat au Barreau du Cameroun affirme que « l'article 15 (4) de la CEDEF prévoit au profit de la femme une capacité juridique identique à celle de l'homme et les mêmes possibilités pour exercer cette capacité, notamment au choix de la résidence et du domicile[165] ». Néanmoins, la législation camerounaise reste muette sur cette question tout en laissant à l'homme l'exclusivité du choix du lieu de la résidence familiale. Face à ces dispositions juridiques, Fidèle Djeba affirme que « les hommes ne sont pas sérieux. Je suis convaincue qu'il n'y avait aucune femme pendant l'établissement de cette disposition. Personne ne pouvait plaider pour notre cause. Tout pour les hommes et rien pour nous[166] ». Et Sali n'est pas loin de partager son avis en s'indignant lui aussi : « il n'est pas normal que l'homme seul décide du domicile où vivra sa femme. L'homme et la femme devraient jouir du même droit de prise des décisions[167] ».

Cette entorse au principe de l'égalité homme/femme est aussi constatée au niveau de la gestion conjugale. À ce niveau, la femme est appelée à obéir aux exigences de son mari qui est chef de famille[168]. Cette discrimination féminine dans la prise des décisions est attestatrice de la tendance au refus de lui accorder le droit de cité dans les instances de décision. Cette position donne au mari un pouvoir immense au point où il devient l'autorité maritale et parentale. Il exerce seul la puissance paternelle à l'exclusion de la mère[169]. À l'image de la personne de l'enfant, ses biens sont gérés exclusivement par son père du vivant des époux[170]. L'article 108 soumet l'enfant à la permission de son père avant de sortir du domicile familial. C'est encore au père qu'il appartient, en cas de besoin, de demander au tribunal son placement dans une maison d'éducation surveillée, dans une institution charitable ou chez toute personne jugée compétente[171]. La femme mariée ne peut être désignée

---

164 *Ibid.*
165 *Ibid.*
166 Entretien avec Fidèle Djeba, Yaoundé, le 30 juin 2017.
167 Entretien avec Sali, Maroua, le 05 avril 2019.
168 Art. 213 du Code civil applicable au Cameroun, p. 37.
169 Art. 373 du Code civil applicable au Cameroun, p. 60.
170 Art. 389 du Code civil applicable au Cameroun, p. 62.
171 Art. 375 du Code civil applicable au Cameroun, p. 60.

tutrice ou curatrice qu'avec la permission de son époux[172]. Le mari peut même désigner à la mère survivante et tutrice ou curatrice, un conseil spécial sans l'avis duquel elle ne pourra effectuer aucune action relative à la tutelle[173]. Cette situation fait dire à Deschiga Samuel que « le droit moderne est souvent perçu comme un couteau à double tranchant. Car, tantôt il est du côté de l'épouse tantôt il la maintient dans une position d'infériorité vis-à-vis de son époux[174] ». Dans la même perspective, Me Haouaépse Ibrahima indique que « les textes juridiques sont rédigés par les hommes et ils les ont faits en leurs faveurs[175] ».

La persévérance des mesures discriminatoires se retrouve également dans l'exercice et la jouissance du droit de propriété par les épouses. Selon l'article 1421 du Code civil concernant la gestion des biens de la communauté légale et l'article 559 du code de commerce lié à la faillite, l'épouse ne dispose pas de la protection des biens de la communauté sans l'autorisation de son époux qui a le droit de les vendre, les aliéner, les hypothéquer sans son avis favorable. De même, l'article 1428 du Code civil ajoute que l'administration des biens de la femme est pilotée par l'époux. Il peut exercer seul toutes les actions mobilières et possessoires sur les biens de la femme. Cette loi civile demeure discriminatoire à l'égard de l'épouse d'où l'indignation de Me Nsasso qui affirme que « de nos jours, cette loi semble caduque car, la femme travaille et fait le commerce. Par conséquent, elle doit avoir le contrôle de ce qu'elle gagne »[176] .

Dans la même lancée du manquement juridique lié à l'égalité entre les époux, figure en bonne place le droit et la liberté d'exercer les activités commerciales. En effet, si ces droits sont pleinement acquis pour les hommes, il n'en est pas de même pour les femmes mariées. À la lumière des articles 223 du Code civil et 74 alinéa 2 de l'ordonnance du 29 juin 1981, les femmes doivent d'abord recevoir l'avis favorable de leurs époux qui disposent de droit de faire une opposition à l'exercice d'une profession séparée de la leur. Dans le même ordre d'idées, l'article 7 du code de commerce octroi à l'époux l'autorité d'interrompre les activités commerciales de son épouse par une simple attestation officielle de son avis défavorable au greffier du tribunal de commerce. Cela suppose que

[172] Les art. 405 et 480 du Code civil applicable au Cameroun
[173] Art. 391 du Code civil applicable au Cameroun, p. 64.
[174] Entretien avec Deschiga Samuel, Maroua, le 1er décembre 2018.
[175] Entretien avec Me Haoua épse Ibrahima, Maroua, 15 mars 2019.
[176] Entretien avec Me Nsasso, Maroua, le 25 mars 2019.

le droit accorde au mari des pouvoirs considérables sur son ou ses épouses et fait de lui l'administrateur de l'intégrité du ménage, lui seul peut juger de l'opportunité de l'exercice par son ou ses épouses d'une activité commerciale ou d'une profession séparée. Ce refus peut être antérieur ou postérieur à l'exercice de ladite activité ou profession (Kouam, 2014, p. 78).

L'écart juridique entre les époux s'observe dans la situation variable de la femme après le divorce ou le décès de son époux. Le législateur camerounais octroie à l'épouse divorcée des droits défavorables à la fois personnels et patrimoniaux. Pour ce qui est des droits personnels, elle doit respecter le délai de viduité au cas où elle souhaite contracter un nouveau mariage. Ce délai étant de 300 jours dans le Code civil applicable au Cameroun aussi bien pour la divorcée que pour la veuve[177]. Mais dans l'ordonnance du 29 juin 1981, ce délai est réduit à 180 jours[178]. La portée du délai de viduité a pour objectif d'éviter toute confusion dans la détermination de la paternité de l'enfant né peu de temps suivant la dissolution du précédent mariage (Lamarche, 2009, p.120). L'interdiction à la femme de se remarier qui résulte du respect du délai de viduité, encore visible dans l'encadrement juridique camerounais, vise un objectif spécifique. Elle refuse que la femme se remarie juste après le divorce pour mieux contenir le contentieux lié à la filiation. Il est admis que cette situation est objectivement justifiée, seulement qu'elle constitue une mesure qui attaque la liberté matrimoniale de la femme.

Autre droit civil hypothéqué de la femme est celui du droit commercial. La liberté d'entreprendre est la capacité de faire tel négoce ou d'exercer telle activité. L'influence des régimes matrimoniaux est alarmante du fait de certaines pesanteurs. Ceci concerne seulement la femme. La condition de celle-ci est assez préoccupante. Elle ne peut pas engager les biens de la communauté sans l'avis de son mari qui est le chef de famille. En effet, dans le régime de la séparation des biens, l'épouse d'un commerçant n'aura le titre de commerçante que si elle accomplit les actes de commerce comme l'achat des biens meubles ou immeubles en vue de leur revente, les opérations de banque, de bourse, etc., à titre de profession ordinaire et différemment de ceux de son mari. Quelle qu'en soit la nature de son commerce, le statut de commerçante la soumet aux exigences du droit commercial. Les créanciers du mari peuvent exercer des poursuites sur les

177 Art. 296 du Code civil applicable au Cameroun, p. 46.
178 Art. 77 de l'ord. du 29 juin 1981.

biens de la femme s'ils prouvent que la dette du mari a été engagée dans l'intérêt du ménage (ACAFEJ, 1996, p. 77).

En ce qui concerne le régime de la communauté des biens, les couples commerçants sont considérablement pénalisés. Ce régime signifie en fait que le patrimoine est unique et c'est ce patrimoine commun qui devra supporter les charges de la dette en cas des poursuites par les créanciers. C'est la raison pour laquelle l'épouse doit avoir l'avis de son époux avant de contracter un contrat sur les biens de la communauté. Lorsqu'elle travaille avec son époux, c'est comme si elle est en train d'assurer sa fonction d'assistante. À cet effet, elle n'a droit à aucune rémunération. C'est une application de l'idée selon laquelle les engagements entre les époux sont défendus[179]. C'est dans ces conditions qu'Aïssa Doumara disait que « notre législation comporte des dispositions discriminatoires que le législateur camerounais est invité à revoir afin de les corriger »[180].

Une femme mariée peut utiliser simultanément avec son époux un même capital de commerce. Mais, cela ne lui donne pas pour autant le titre de commerçante même si elle appose sa signature sur ses traités, initie et finalise certains contrats, même si elle possède une procuration digne de ce nom pour accomplir des actes répétés et importants. Cette situation est identique dans la mesure où c'est elle qui utilisait le fonds avant, même si la patente est en son nom, même si elle est enregistrée au registre de commerce et même si elle a contribué à l'achat du fonds de commerce que son mari utilise. Le seul statut qu'elle a est celui d'assistante (ACAFEJ, 1996, p. 89). Au final, il convient de remarquer que l'époux dispose du droit de s'opposer aux activités commerciales de sa femme. Ce qui témoigne davantage de la discrimination juridique de la femme mariée en droit civil. Qu'en est-il du Code pénal ?

La loi pénale qui devrait garantir les honneurs largement admis comme fondamentaux par le législateur et qui a pour rôle de réprimer ce qui est socialement considéré comme faute, consacre une discrimination féminine qualifiée de la plus célèbre des inégalités basées sur le sexe (Dekeuwer-Defossez, 1984, p. 24). Cette discrimination montre que l'égalité des droits prônée par la Constitution est une manifestation pieuse, car le droit pénal consacre une « ségrégation juridique » entre les époux à divers niveaux. Si l'idée des violences conjugales fait son chemin sur le continent africain, celle de viol conjugal, au contraire, lui semble encore

[179] Art. 77 de l'ord. du 29 juin 1981.

[180] Entretien avec AïssaDoumara, Maroua, le 18 décembre 2018.

étrangère. De ce fait, le devoir conjugal au sein du foyer signifie à l'égard des époux l'obligation d'entretenir des relations sexuelles. Pendant longtemps, l'idée a prévalu qu'il ne pouvait y avoir de viol au sein du couple ou encore entre les personnes vivant maritalement (Dabo, 2017, p. 395).

La loi pénale camerounaise réprime l'auteur du viol de cinq à dix ans d'emprisonnement. Autrement dit, cette loi s'applique à celui qui, à l'aide des violences physiques ou morales, contraint une femme même pubère à avoir avec lui des rapports sexuels[181]. En effet, il faut un fait matériel de viol, c'est-à-dire des relations sexuelles avec une femme contre son gré et ceci à travers des violences non fondées. Il n'est pas nécessaire pour qu'il y ait viol que la femme soit vierge. Il doit y avoir des violences physiques ou morales suffisantes pour pétrifier la victime. Ainsi, il y a violence morale dans le fait d'avoir violé une femme en état de malaise ou de la surprendre dans un sommeil en se faisant passer pour son époux. De ce fait, il n'y a pas viol lorsque l'époux utilise la violence pour faire des rapports sexuels avec son épouse (Dzeukou, 2014, p. 306). En concevant que le mariage est avant tout un acte de volonté, n'étant pas dénié de son caractère institutionnel qui détermine les droits et contraints des mariés, il faut néanmoins mentionner que la légalité d'un droit n'encourage pas l'usage de la force pour l'obtenir. À l'opposé des croyances diffusées par la coutume, la femme n'est pas un objet sexuel pour l'homme et Me Nsasso souligne qu'« il me semble juste que le consentement de la femme soit requis, car, elle n'est pas un objet utilisable comme toute autre chose »[182].

De même, l'adultère peut se définir comme le fait pour une personne mariée d'avoir en toute connaissance de cause, des rapports sexuels avec une personne autre que son conjoint qui, en tant que violation du devoir de fidélité, constitue une faute, cause de divorce ou de séparation de corps. La répression du devoir de fidélité est aussi représentative des discriminations faites par le droit camerounais afin de maintenir la suprématie masculine. En réalité, le devoir de fidélité est une contrainte pour les mariés de n'entretenir des relations conjugales qu'entre eux, en mettant à l'écart toute autre personne. Dans le droit positif camerounais, ce devoir de fidélité n'est mutuellement entendu pour les couples que dans le cadre de l'union monogamique. Il constitue aussi des contours pour le

[181] Art. 296 du Code pénal camerounais du 12 juillet 2018.
[182] Entretien avec Me Nsasso, Maroua, le 25 mars 2019.

moins douteux dans le cadre de l'union polygamique dès lors que la fidélité de l'époux s'applique à toutes ses épouses et non à une seule ; celles-là étant toutes obligées à être fidèles envers lui (Sonkeng, 2014, p. 129).

Dans un cas comme dans l'autre ou dans les deux cas sus mentionnés, la détermination de l'infidélité ne suit pas les mêmes normes entre l'homme et la femme. Ce fait varie tant du point de vue civil que pénal. Au cas où l'adultère matériel est perçu comme toute relation sexuelle avec une personne autre que son conjoint, l'infidélité est conçue à ce niveau comme un délit de foyer, civilement et pénalement réprimandé par la législation camerounaise. Si dans le Code civil l'adultère est la cause catégorique de séparation tant pour l'homme que pour la femme[183], il en va de même pour le Code pénal qui sanctionne l'infidélité en suivant les mêmes principes. En effet, cette infraction est sanctionnée comme suit :

> Est punie d'un emprisonnement de deux mois à six mois ou d'une amende de 25.000 à 100.000 FCFA, la femme mariée qui a des rapports sexuels avec un homme autre que son mari. Est puni des peines prévues à l'alinéa 1 ci-dessus, le mari qui a des rapports sexuels avec d'autres femmes que son ou ses épouses. Toutefois, la preuve de l'existence d'une union polygamique incombe au mari[184].

La discrimination de l'épouse s'observe au niveau de l'opportunité accordée à l'époux de prouver qu'il est polygame. Cela suppose que l'homme peut entretenir des relations sexuelles avec d'autres femmes que ses épouses, et dès qu'il y a suspicion ou plainte venant de son épouse, qu'il peut affirmer que c'est sa femme et peut même établir des documents officiels afin d'éviter toute poursuite judiciaire. Il s'agit alors de donner l'opportunité à l'homme de faire l'adultère sans toutefois être poursuivie par son épouse. Il y a à ce niveau une discrimination qui cherche à justifier l'affirmation selon laquelle la législation familiale du Cameroun est un acte authentique de pérennisation de la supériorité masculine dans les relations entre les mariés (Sonkeng, 2014, p. 130). Ce qui favorise ou multiplie le cas des violences observées çà et là dans nos foyers conjugaux. À ce titre, Fidèle Djeba ne conclut-elle pas que « cette loi pénale protège l'époux contre son épouse en cas de soupçon. Ce qui

---

[183] Les art. 229 et 230 du Code civil applicable au Cameroun, p. 40.

[184] Art. 361 al. 1 et 2 de la réforme pénale du 12 juillet 2016.

constitue une stratégie permettant à l'homme de tromper sa femme de manière permanente et régulière[185] ».

Depuis peu, les mentalités évoluent et nous assistons à une dynamique évolutive des mœurs visant à permettre l'ouverture des sociétés africaines aux influences variées qui déterminent la mutation du monde depuis la seconde moitié du XXème siècle. Au Cameroun aussi les lignes bougent.

2. Mutations juridiques du statut de l'épouse au Cameroun

Au début des combats égalitaires des années 1960, il était question de l'égalité entre tous les êtres humains, c'est-à-dire entre l'homme et la femme. Ceci concernait l'égalité en droits et en devoirs puisque l'un et l'autre jouit d'une égale et même valeur. Ce principe général de base qui est l'idée fondamentale de la construction des rapports interpersonnels, surtout depuis le bouleversement des visions, apparaît comme l'une des constantes du constitutionnalisme camerounais. Cela nous amène à explorer le processus d'homologation des droits de l'épouse aussi bien en matière civile qu'en matière pénale. L'examen minutieux des réformes législatives dans ce secteur permet de montrer la consécration et le respect des droits des femmes mariées.

Le mariage est une cérémonie au cours de laquelle l'homme et la femme s'unissent dans le but de fonder une famille[186]. Pour qu'il y ait mariage, il y existe des conditions dont il faut tenir compte, notamment le consentement des parties et l'âge matrimonial. Au Cameroun, durant des longues années, le consentement de la femme n'avait pas de valeur et le mariage précoce était toujours d'actualité. Les étaient données en mariage par leur père ou leur tuteur. C'était dans ce contexte que la veuve fut contrainte de se marier avec son beau-frère du défunt époux, ce qui est appelé communément le lévirat. De même, la sœur fut obligée elle aussi de « remplacer » sa sœur aînée dans le cas où cette dernière n'accouchait pas : c'est le sororat. Toutes ces pratiques puisent leur source dans la dot donnée par l'époux. Seule la dot pouvait valider le mariage. Le déboursement de la dot emportait l'appropriation de la femme, car son acquittement est considéré comme le prix de vente de la femme (Amougou, 2014, p. 281). Pour contrecarrer ces dispositifs coutumiers et remettre à la femme sa valeur humaine, le décret du 14 septembre 1951

185 Entretien Fidèle Djeba, Yaoundé, le 30 juin 2017.

186 « Cameroun » Microsoft Encarta 2008 [CD], Microsoft Corporation.

autorise à l'épouse de se libérer des obligations de la dot sur le consentement des parents en cas de mariage légal ou du divorce[187].

Dans le même sillage, au lendemain des indépendances, la Cour suprême avait pris une décision enlevant toute valeur juridique à la dot notamment sur la validité du mariage. Elle stipule à cet effet que « le versement d'une dot ne constitue pas le mariage et ne confère pas à celui qui l'a versée un droit, ni sur la femme, ni sur l'enfant[188] ». De plus, la réforme du 07 juillet 1967 s'arrime à cette jurisprudence en disposant que « le versement ou le non-versement total ou partiel de la dot sont sans effet sur la validité du mariage[189] » et reprise par l'ordonnance du 29 juin 1981 dans son article 70.

Cette ordonnance améliore la condition de la femme à divers niveaux au sein de la famille. C'est ainsi qu'elle permet à la femme de se faire ouvrir un compte courant pour y déposer ou en retirer les fonds qui résultent de son travail. Elle gère à cet effet dans une liberté totale ses biens tout en participant aux charges du ménage. Cette situation manifeste la volonté d'augmenter les pouvoirs de la femme mariée parce qu'elle institue une certaine indépendance bancaire et professionnelle[190]. Dans la même logique, le devoir d'obéissance et de l'autorisation expresse de l'époux pour tout voyage à l'étranger furent dépassés[191].

Dans la fixation des relations conjugales, le Code civil consacre l'égalité des époux dans leurs relations mutuelles. Il édicte le principe que le couple s'engage mutuellement, du fait de leur union, de l'obligation de nourrir, d'entretenir et d'élever leurs enfants. Ils se doivent réciproquement fidélité, secours et assistance[192]. Il en est de même pour la participation aux dépenses du mariage. Au Cameroun, cette contribution pèse beaucoup plus sur l'époux, car le Code civil énonce que l'époux est obligé d'offrir à l'épouse tout ce dont elle a besoin pour le nécessaire de sa vie selon ses facultés et son état[193]. C'est dans cette mouvance que Me Mendoga épse Biheli apprécie cette loi en

---

[187] Le décret du 14 septembre 1951.

[188] C.S.C.O, arrêt n°428 du 27 mars 1962, bulletin des arrêts de la Cour suprême, p. 287.

[189] La loi n°66-2-COR du 07 juillet 1966.

[190] Art. 75 de l'ordonnance du 29 juin 1981.

[191] La loi n°90/43 du 19 décembre 1990 portant sur la libre circulation des personnes.

[192] Art. 212 du Code civil applicable au Cameroun, p. 37.

[193] Art. 214 al. 2 du Code civil applicable au Cameroun, p. 37.

soulignant qu'« il est logique que l'époux prenne entièrement la charge de son épouse si cette dernière ne dispose pas d'un emploi viable »[194].

De ce fait, la reconnaissance de ces contraintes ne doit pas occasionner des problèmes. Néanmoins, le respect du titre de chef de famille de l'époux et la transposition des normes du Code civil à la polygamie ont poussé le législateur à donner un sens précis à certaines contraintes conjugales et à créer parfois de nouveaux droits tout en s'appuyant sur les us et coutumes locaux. Il s'agit par exemple du droit de retraite accordé à l'épouse en cas d'actes malsains dûment établis émanant de l'époux. Il est bien vrai que le droit de « correction » est autorisé à l'époux, mais cela ne doit pas entraîner de tourments corporels et continus. De même, celui-ci ne doit pas revêtir le caractère de violences pouvant laisser des cicatrices. En fait, la correction à laquelle fait référence le législateur ne doit être ni habituelle ni répétée au point d'occasionner la séparation des corps, car le fait pour l'époux d'exercer des sévices sur sa femme et de lui occasionner de longues périodes d'invalidité se situe au-delà de l'esprit et de la lettre des manifestations du droit de correction et constitue en conséquence une cause légitime de séparation (Amougou, 2014, p. 286).

Au regard de ce qui vient d'être évoqué, lorsque l'épouse ne souhaite pas engager une procédure de séparation, elle pourrait exercer son droit de retraite. Ce dernier est défini par Pierre Lampue comme le droit reconnu à la femme lorsqu'elle a des plaintes sérieuses à formuler contre son mari de quitter le foyer et de se réfugier dans sa famille paternelle sans intention de rompre le mariage et sans que cette réaction ne puisse constituer pour elle une cause de séparation. À cet effet, une épouse bastonnée par son époux a le droit de se réfugier chez ses parents : c'est ce que la jurisprudence appelle le droit de retraite[195]. Cette retraite amènera l'époux à se rendre chez ses beaux-parents, à s'acquitter d'une pénalité et à présenter des excuses en promettant un comportement décent à l'endroit de son épouse. Chez les Guiziga par exemple, la femme a le droit de faire recours à ce droit de refuge (Mayimi Anna, 1998, p. 60). La manifestation de cet acte peut être qualifiée comme une sorte de légitime défense accordée à la femme pour faire face aux mauvais traitements que lui inflige son époux. Pour cela, le droit de retraite se présente comme une mesure visant à humaniser le comportement des époux et à prévenir la punition ou la bastonnade sévère des épouses. Cette disposition est saluée

---

194 Entretien avec Me Mendoga épse Biheli, Maroua, le 07 avril 2019.

195 C.S. arrêt du 18 décembre 1982, inédit ; C.S. arrêt n°111/P du 1er mars 1973, B. A. C. S. n°28, p. 3766 ; RCD, 1974, p. 127 cité par J.A.L. Amougou, 2014, p. 286.

par Sali lorsqu'il affirme que « cela est tout à fait normal, puisque c'est une façon de garantir la sécurité de l'épouse[196] ».

Le divorce est la rupture légale du vivant des époux. Il existe une certaine égalité entre les époux au niveau du divorce. En effet, l'époux et l'épouse peuvent chacun demander le divorce en cas d'adultère de l'autre[197]. À l'issue du divorce, il sera appliqué un principe d'égalité qui se traduit au niveau de la garde des enfants. Lors de l'exécution du divorce, les progénitures sont confiées au conjoint ayant gagné le procès, « à l'exception que le tribunal (…) n'autorise pour le plus grand intérêt aux enfants, que tous ou quelques-uns parmi eux, placés sous la garde, soit de l'autre conjoint, soit d'une tierce personne[198] ». Une fois le divorce prononcé, la mère divorcée a, par application de ce dispositif, plus d'avantage que celle qui est encore au foyer. En réalité, en ce qui concerne la détermination de la garde des enfants, la loi civile néglige la hiérarchie familiale qui existe entre les mariés. La mère séparée de son époux a le même droit que son ex-époux car, c'est l'infraction ou tout au moins le bien-être des progénitures qui est recherché, même en cas des enfants obtenus hors mariage.

En ce qui concerne la vocation successorale d'une veuve, le législateur restaure les droits de la veuve que les coutumes lui ont supprimés. Les décrets du 13 novembre 1945 et du 14 septembre 1951 améliorent les conditions de vie des veuves. Ils stipulaient que la veuve retrouve d'office, par la dissolution du mariage à l'issue du décès de l'époux, la pleine et entière liberté d'elle-même à l'égard de quiconque. Les deux décrets insistent sur l'interdiction faite aux veuves de revendiquer leurs droits et réprimer leurs angoisses dans la quête de ce qui leur est légalement dû[199]. La note annexe à la circulaire du 15 janvier 1964 stipule avec rigueur qu'un tribunal ne saurait subordonner le mariage d'une veuve au remboursement intégral de la première dot[200]. La réforme du 7 juillet 1966 lève les équivoques en énonçant que le mariage valable est dissout par le décès de l'un des conjoints. Si c'est l'époux qui décède, ses successeurs n'ont aucun droit sur la personne, la liberté et les biens de la veuve qui, sous réserve du délai de viduité, peut se remarier librement sans aucune

[196] Entretien avec Sali, Maroua, le 05 avril 2019.
[197] Les art. 229 et 230 du Code civil applicable au Cameroun, p. 40
[198] Art. 302 du Code civil applicable au Cameroun, p. 47.
[199] Les décrets du 13 novembre 1945 et 14 septembre 1951.
[200] La note annexe à la circulaire du 15 janvier 1964.

indemnité au titre de la dot[201]. Dans le même ordre d'idées, le législateur reconnaît à la veuve les droits d'hériter son époux décédé. C'est ainsi que le Code civil prévoit que « … sa succession appartient en pleine propriété au conjoint survivant non divorcé…[202] ». Cette disposition montre que l'époux survivant a le droit d'hériter les biens de son conjoint défunt quel que soit son sexe. Il suffit qu'il ait été juridiquement marié avec la personne décédée d'une part et d'autre part qu'il n'y ait pas l'existence de jugement de dissolution ou de séparation de corps définitif (ACAFEJ, 1996, p. 83). Cela prouve un progrès considérable par rapport à certaines juridictions de fond qui, très accrochées à la coutume, entretiennent une grande suspicion à l'endroit de ces veuves.

En ce qui concerne la *Common Law* anglaise et suivant la loi de 1952 portant sur le droit de propriété, une épouse a le droit d'obtenir et de disposer pour elle-même les avantages des biens immobiliers et mobiliers. Elle le fera seule ou avec d'autres personnes au même titre qu'une femme célibataire et son époux n'a aucun droit sur ces biens[203]. De même, elle peut obtenir et disposer de ses biens comme bon lui semble. Elle a le droit de prendre des engagements seule et peut être poursuivie ou intenter un acte individuel. De même, elle peut effectuer une activité séparée de celle de son époux (ACAFEJ, 1996, p. 145).

Tout comme les droits civils, le droit pénal camerounais a subi d'importantes mutations au fil du temps. Il y a eu plusieurs réformes, mais nous nous intéressons ici à celles qui visent à promouvoir l'amélioration des conditions de vie de l'épouse.

La loi pénale de 2016 enrichit les dispositions pénales en introduisant la sanction portant sur l'expulsion du domicile conjugal. L'ancien Code pénal sanctionnait seulement l'abandon du foyer. En effet, suivant les nouvelles réformes, « est puni d'un emprisonnement de trois mois à un an et d'une amende de cinquante mille à cinq cents mille francs, l'époux ou l'épouse qui, en dehors de toute procédure judiciaire, expulse sans motif légitime, son conjoint du domicile conjugal[204] ». Cette mesure vise à contenir les époux à rester ensemble sans penser à la répudiation. Ce dispositif leur permettra de s'accepter mutuellement et de se pardonner réciproquement. Il sera de même lorsque la victime est une femme

---

[201] Art. 16 de la loi n°66-2-COR du 7 juillet 1964.

[202] Art. 767 du Code civil applicable au Cameroun, p. 108.

[203] Art. 170 de la législation sur le droit de propriété de 1952.

[204] Art. 358-1 de la réforme pénale du 12 juillet 2016.

enceinte ou alors si l'expulsion est assortie des violences physiques ou verbales, de la confiscation ou de la destruction des effets personnels de la victime. Il s'en suit que non seulement la loi pénale fortifie la garantie de la vie commune des mariés, mais aussi et surtout la vie sereine au sein du foyer. C'est ainsi que dans le cadre du soutien et la réhabilitation des victimes de violences, les services du Ministère de la Promotion de la Femme et de la Famille (MINPROFF) ont reçu 5709 cas des violences conjugales domestiques et familiales. Leur suivi a donné lieu à 1935 médiations conjugales, 692 médiations familiales et 243 thérapies conjugales et familiales (Rapport MINJUS, 2013, p. 315).

La réforme pénale de 2016 maintient l'infraction d'adultère et procède à la consécration de l'équilibre des balances entre les époux. Dans l'ancienne loi pénale, l'adultère de l'homme et de la femme avait les mêmes peines mais, la différence résidait au niveau de l'incrimination. Cela se justifie en ces termes « est punie d'un emprisonnement de deux mois à six mois ou d'une amende de 25.000 à 100.000 francs la femme mariée qui a des rapports sexuels avec un autre que son mari » et est puni des mêmes peines « le mari, qui au domicile conjugal, a des rapports sexuels avec d'autres femmes que son ou ses épouses, ou qui, hors du domicile conjugal, a des relations sexuelles habituelles avec une autre femme »[205]. Par cette disposition, il était possible pour un époux d'entretenir des rapports sexuels avec plusieurs femmes, sans que ces rapports soient continus, en toute sérénité. Dans ce cas précis, il revient au juge d'établir la distinction que la loi n'a pas envisagée et organisée à l'avance.

De manière générale, la loi pénale camerounaise apporte une contribution tant pour l'éclosion de la paix sociale que pour la sauvegarde de la paix familiale. À en croire les nouvelles dispositions pénales vouées à la vie familiale, le souci du législateur camerounais d'observer la vie familiale plus apaisée qu'avant semble ne faire aucun soupçon. À tous et à chacun de concéder une bienveillance à ces nouvelles attaques pour ne pas y désobéir et construire une paix familiale qui aboutit à une paix sociale compte tenu du fait que la famille est le fondement de toute société.

---

[205] Art. 361 Code pénal de 1967

Conclusion

Somme toute, le statut juridique de la femme mariée est très dynamique en droit positif camerounais. Toutefois, le niveau de cette évolution est variable en fonction de son statut. Sans contester les efforts et progrès que ce soit en matière civile et pénale, nous observons de la part du législateur une dissimulation volontaire à dégager les corollaires du principe d'égalité de genre qu'il recherche, ce qui ne favorise véritablement pas son efficacité dans le droit civil et pénal camerounais. Il faut tout de même apprécier les nouvelles réformes entreprises sur les droits des veuves et des successions entre les enfants (garçon et fille) et celles liées aux incriminations d'adultère. Celles-ci constituent une avancée remarquable pour la promotion des droits des épouses. En revanche, l'on peut à juste titre s'inquiéter du maintien de la plupart des législations du Code civil datant de 1804 et celle du Code pénal de 1967 qui sont toutes incompatibles, soit dans la lettre, soit dans l'esprit, avec le but recherché de moderniser le droit positif camerounais. Il importe de conserver dans l'esprit que les qualités louables d'un droit ne sont pas seulement tributaires de sa perfection technique, mais également de sa capacité opérationnelle à assurer la gestion des relations humaines qui existent déjà (Hausser, 1998, p. 241).

Sources orales

Noms et prénoms	Profession	Date d'entretien
Fidèle Djeba	Assistante sociale en service social à Yaoundé	30 juin 2017
Deschiga Samuel	Greffier adjoint	1er décembre 2018
Me Haoua épse Ibrahima	Administratrice de Greffe	15 mars 2019
Me Nsasso	Greffier Principal	25 mars 2019
Sali	Responsable financier ALVF (Extrême-nord)	05 avril 2019
Me Mendoga épse Biheli	Administratrice de Greffe	07 avril 2019
Aïssa Doumara	Coordonnatrice régionale ALVF (Extrême-nord)	18 décembre 2019

Sources d'archives

Archives de l'Assemblée nationale du Cameroun.

La loi n° 132-PJL-ANF du novembre 1966.

Projet de loi du 30 mai 1967 (IJ8-PJL-AN).

La loi n° 67-LF du 12 juin 1967.

La loi n° 69/LF/18 du 10 novembre 1969.

Projet de loi du 20 novembre 1974 (36/PJL/AN).

Bibliographie

ACAFEJ, 1996, Guide pratique des droits de la femme camerounaise.

ADJAMAGBO, B. K. J., 2001, Inégalité des droits et coexistence des droits : coutume et droit moderne, pour ou contre l'égalité ? communication au Colloque International « genre, population et développement en Afrique », tenu en Côte d'Ivoire (Abijan), du 16 au 21 juillet 2001.

AISSATA Dabo, 2017, « L'égalité de l'homme et de la femme dans le mariage en Afrique noire francophone : étude comparée des droits du Bénin, du Burkina Faso et du Mali », université de Bordeaux, d'Abomey-Calavi.

AMOUGOU, J. L. A., 2014, « Numéro spécial : le juge et le droit. Cahier juridique et politique », in *Revue de la FSJP et politique,* Rousseau.

Cameroon Tribune du 30 mars 2016 n° 11064/7263.

Code Civil applicable au Cameroun.

Code pénal camerounais.

DEKEUWER-DEFOSSEZ, V. F., 1984, *Dictionnaire juridique, droits des femmes*, Dalloz.

DZEUKOU, G. B., 2014, Code pénal : texte intégral, textes spéciaux, textes modificatifs, textes d'application, texte de l'avant-projet de réforme, Yaoundé, les éditions juridiques camerounaises.

HAUSER, J., 1998, « Décadence et grandeur du droit civil français des personnes et de la famille à la fin du XXème siècle », in Mélange Dantèle Huet-weiller, Bruxelles, Brulant.

KOUAM, S. P., 2014, « Comprendre les fondements juridiques et historiques de l'égalité de genre et de la participation politique des femmes », in More Womens in Politics, Genre, Leadership et participation politique au Cameroun (1931-2013) : le Cameroun sur le chemin de la parité.

La loi n° 66-2-COR du 07 juillet 1966.

La loi n° 90/43 du 19 décembre 1990 portant sur la libre circulation des personnes.

La note annexe à la circulaire du 15 janvier 1964.

LAMARCHE, M., 2009, « La réduction des conditions de formation du mariage : une évolution en dents de scie », in *la liberté fondamentale du mariage*, PUAM.

LAMPUE, P., « Politique législative à Madagascar en droit de la famille », Penant n° 746.

MAYIMI Anna, 1998, « La protection du mariage dans le droit écrit et la coutume Guiziga », mémoire de maîtrise en droit privé, université de Ngaoundéré.

SONKENG, L. D., 2014, « Le sexe du droit au Cameroun », in more women's in politics, genre, leadership et participation politique au Cameroun (1931-2013) : le Cameroun sur le chemin de la parité.

TAHON, V. M-B., 2007, *Sociologie des rapports des sexes*, Presses universitaires de Rennes/Le Presses universitaires d'Ottawa, le sens social.

TJOUEN, A. F., 2012, « La condition de la femme en droit camerounais de la famille », in *Revue internationale de droit comparé*, Vol. 64.

La coopération entre acteurs économiques de la France et les collectivités territoriales décentralisées au Cameroun : cas de la région d'Alsace et de la communauté urbaine de Douala, 1987-2018

André Bienvenu MFO

Université de Yaoundé I
a.mfo@yahoo.com

Résumé

Les collectivités locales se trouvent à un moment particulièrement important de leur évolution comme en témoignent les réformes institutionnelles et organiques en cours en France au Cameroun. Cette dynamique dans son implémentation et son fonctionnalisme a toujours suscité un regain d'intérêt auprès des acteurs économiques et les organismes d'aide bilatérale et multilatérale. Ce travail se propose d'examiner l'appui technique de la France dans le processus de décentralisation au Cameroun.

Mots-clés : Décentralisation ; coopération décentralisée ; gouvernance ; développement local ; collectivité territoriale décentralisée.

Abstract

Local authorities are at a particularly important moment in their evolution as evidenced by the institutional and organic reforms underway in France and Cameroon. This dynamic in its implementation and functionalism has always aroused renewed interest among economic actors and bilateral and multilateral aid agencies. This work proposes to examine France's technical support in Cameroon decentralization.

Keywords : Decentralization; decentralized cooperation; governance; local development; decentralized local authority.

Introduction

Le XXIème siècle selon Marshall Mac Luhan est un « village planétaire ». Partant de cette considération, il y est établi des liens, des interactions, actions et interdépendances entre les États, les organismes privés et les entités sub-étatiques, en l'occurrence les collectivités territoriales décentralisées de plus en plus d'actualité. Ainsi, l'étude de cette thématique nous exige une lecture minutieuse des concepts de décentralisation, coopération décentralisée, gouvernance, développement local et les collectivités territoriales décentralisées. En effet, la décentralisation est un procédé d'organisation administrative qui consiste, pour une autorité déterminée, à confier la gestion de certains intérêts à des « agents publics » distincts de l'État (Flamme M.A, 1989, p.116). L'internationalisation de ce concept fait apparaitre en ligne de mire la notion de coopération décentralisée. Selon le législateur camerounais, en son article 131 de la loi n° 2004/017 du 22 juillet 2004 portant orientation de la décentralisation, elle résulte d'une convention par laquelle deux ou plusieurs communes décident d'agir ensemble en vue de réaliser des objectifs communs.

En pleine recomposition politique, les actions sur la restructuration de l'État au Cameroun ont évolué et touché du doigt les réalités du développement local. Ce dernier est appréhendé comme un processus qui impulse les dynamiques et autorise une amélioration substantielle du vivre ensemble et du bien-être de tous[206]. Il est établi que ses différentes initiatives sont matérialisées par l'action des collectivités territoriales décentralisées, lesquelles sont des institutions politico-administratives autonomes qui concourent à l'exécution des politiques d'aménagement du territoire et à la gestion des affaires publiques (Moreau, 1975, p.5).

Cette étude se fonde sur une grille de lecture en rapport avec les collectivités territoriales décentralisées, les acteurs économiques et le développement local, le tout adossé sur la théorie de l'interdépendance complexe. Ainsi, nous nous posons la question de savoir : Quelles sont les réalisations de la région d'Alsace dans la CUD ? L'hypothèse de recherche qui découle de cet article postule que la région d'Alsace contribue au développement de la CUD. Divers objectifs sont ainsi à mettre en exergue. Il s'agit pour nous d'avoir une meilleure compréhension des orientations politiques, des mécanismes de régulation

[206] Notes de Fréderic Tesson sur l'introduction au cours de L1 et L2 portant sur les réseaux et villes de France, recherche sur le rapport de l'élu local à l'espace, 1996.

existant, des enjeux et des acteurs impliqués dans ce processus. Il est également question de montrer que le modèle de décentralisation appliqué en France peut aider le Cameroun dans sa politique gouvernante.

Notre argumentaire est bâti sur trois axes. D'abord, nous parlerons d'une étude géographique des acteurs en présence, ensuite, nous évoquerons le cadre législatif et règlementaire de la décentralisation en France et au Cameroun et enfin montrer les enjeux de la coopération Alsace-CUD.

1. Méthodologie de la recherche

La démarche méthodologique adoptée ici combine une double orientation qualitative et quantitative. Sur le plan qualitatif, notre objectif principal est de fournir une description détaillée du sujet. La méthode quantitative se concentre dans des modèles statistiques et des figures pour expliquer ce qui est observé.

De cette approche, nous nous sommes appuyés sur des données numériques et physiques faisant ainsi recours aux cartes, tableaux et données chiffrées. Ainsi, notre travail de terrain a consisté à la collecte des informations aux archives de la CUD.

Ainsi, nous avons identifié une échelle d'observation : la CUD. À travers les six communes d'arrondissement que compte la CUD, nous avons relevé une diachronie de 1987 à 2018 partant de la naissance de cette institution à l'implémentation des projets de développement par la région d'Alsace dans la zone d'étude. Notre modèle d'échantillonnage repose sur les entretiens réalisés auprès du personnel de la CUD, des populations de Douala avec la méthode de choix raisonné appliqué à son cadre spatial.

Pour le traitement de nos données, nous avons fait appel à la méthode hypothético-déductive. Elle nous a permis d'émettre un postulat de départ, de recueillir les données sur la thématique et d'aboutir aux résultats observables et vérifiables sur le terrain. Notre analyse intègre aussi la pluridisciplinarité des sources. Dans ce qui suit, nous présentons les résultats de notre travail.

2. Résultats

2.1. Une étude géographique des acteurs en présence

La clarification du cadre géographique est d'une importance notoire pour le chercheur, car comme le dit si bien Raphaël Todjimbé, toute "étude scientifique historique s'effectue toujours dans le temps et dans l'espace" (R. Todjimbé, 2007, p.4). L'espace géographique qui nous intéresse ici est constitué de la région d'Alsace et de la CUD.

2.1.1. La région d'Alsace-France

La région d'Alsace est une région administrative du Nord-est de la France située en bordure allemande et suisse. Dans sa composante physique, trois grands reliefs inclinés d'est en ouest marquent la physionomie générale des paysages d'Alsace : le versant abrupt des Vosges, les collines sous-vosgiennes et la plaine d'Alsace.

Le découpage administratif présente deux départements, notamment le Bas-Rhin et le Haut-Rhin. L'Alsace dépend de la cour d'appel de Colmar, de l'académie de Strasbourg et appartient à la région militaire Nord-est de Metz.

En ce qui concerne le Bas-Rhin, son chef-lieu est Strasbourg, tandis que les chefs-lieux d'arrondissement sont Haguenau, Molsheim, Saverne, Sélestat et Wissembourg. Colmar représente le chef-lieu du Haut-Rhin. Toutefois, Mulhouse en constitue la principale agglomération. Les chefs-lieux d'arrondissement sont entre autres Altkirch, Guebwiller, Mulhouse, Ribeauvillé et Thann[207]. La localisation de la région d'Alsace est matérialisée par la carte suivante.

[207] "Alsace (Région administrative) ". Microsoft Encarta 2009 DVD consulté le 10 juin 2018 à 8 h 30

Carte 1 : La région d'Alsace

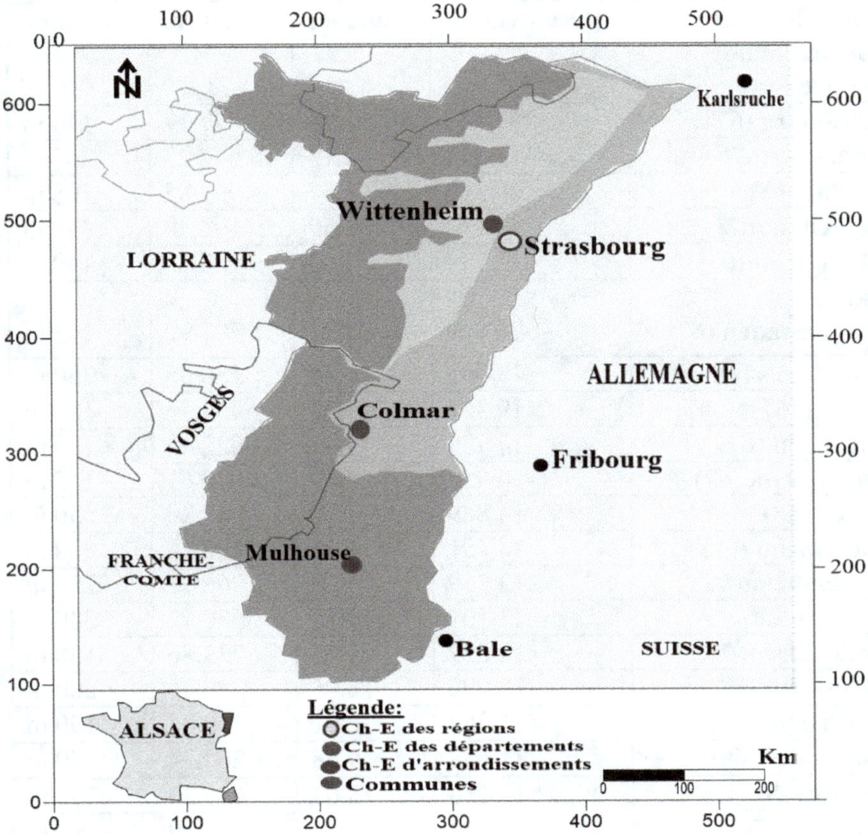

Source : Carte de localisation de la région d'Alsace à partir du logiciel SUFER 13

Sur le plan démographique, la région d'Alsace compte une population de 1.861.020 d'habitants répartie sur une superficie de 8280 km^2. Cette région devient une collectivité territoriale en 1982. Elle est composée de 911 communes.

La loi relative à la délimitation des régions et modifiant le calendrier électoral du 16 janvier 2015 rattache finalement la région d'Alsace à la nouvelle région administrative Alsace-Champagne-Ardenne-Lorraine à partir du 1er janvier 2016. Suite à la réforme des régions, plusieurs entités territoriales fusionnèrent pour former des régions plus grandes territorialement. Laquelle fusion a donné naissance à la région Grand-Est qui compte dix départements parmi lesquels Ardennes, Aube, Marne, Haute-Marne, Meuthe-et-Moselle, Meuse, Moselle, Bas-Rhin, Haut-Rhin et Vosges. Le tableau ci-dessous relève les grandes villes d'Alsace.

Tableau I : Les grandes villes d'Alsace

Noms des villes Principales de l'Alsace	Recensement	Surface	Densité	Attitude
Strasbourg (67)	272 123	78.26	3 477.17	144 m
Mulhouse (67)	111 394	22.18	5 022.27	255 m
Colmar (68)	66 560	66.57	999.85	198 m
Haguenau (67)	35 112	182.59	192.30	140 m
Schiltigheim(67)	31 729	7.63	4 158 45	140 m
Illkirch Graffenstaden (67)	26 829	22.21	1 207 97	143 m
Saint-Louis (68)	19 995	16.85	1 186 65	250 m
Sélestat (67)	19 303	44.40	434.75	175 m
Bischheim (67)	17 739	4.41	4 022 45	135 m
Lingolsheim (67)	16 954	5.69	2 979 61	145 m
Illzach (68)	14 889	7.50	1 985.20	230 m
Wittenheim (68)	14 451	19.01	760.18	230 m
Kingersheim(68)	13 159	6.69	1 966.97	230 m
Rixheim (68)	13 103	19.53	670.92	240 m
Bischwiller (67)	12 659	17.25	733.86	138 m
Riedisheim (68)	12 092	6.96	1 737.36	260 m
Saverne (67)	11 966	26.01	460.05	190 m
Guebwiller (68)	11 658	9.68	1 204.34	270 m
Cernay (68)	11 118	18.04	616.30	291 m
Obernai (67)	10 947	25.74	425.29	190 m
Ostwald (67)	10 761	7.11	1 513.50	140 m
Wittelsheim (68)	10 606	23.63	448.84	265 m
Hœnheim (67)	10 544	3.42	3 083.04	140 m

Source : http://www.cartesfrance.fr/carte-france-region/carte-region-Alsace.html consulté le 11 septembre 2020 à 15heures 53 minutes.

De par sa configuration, la région alsacienne dispose de compétences diverses sur des axes thématiques telles que la coopération transfrontalière, l'économie et l'innovation, l'orientation, la formation professionnelle et l'éducation, la culture et le patrimoine et en dernier ressort le logement et l'habitat. Ces différentes compétences font de l'Alsace un acteur de développement de premier plan.

2.1.2. Panorama de la CUD : historique, limites territoriales, organisation politique et missions

La CUD est une collectivité publique décentralisée née le 24 septembre 1987 par le décret n° 87/1366 succédant ainsi à la commune urbaine de Douala créée en 1974 à la suite de la commune de plein exercice qui a vu le jour en 1967. Les images ci-dessous présentent la carte de la CUD et son hôtel de ville.

Carte 2 : Communauté Urbaine de Douala

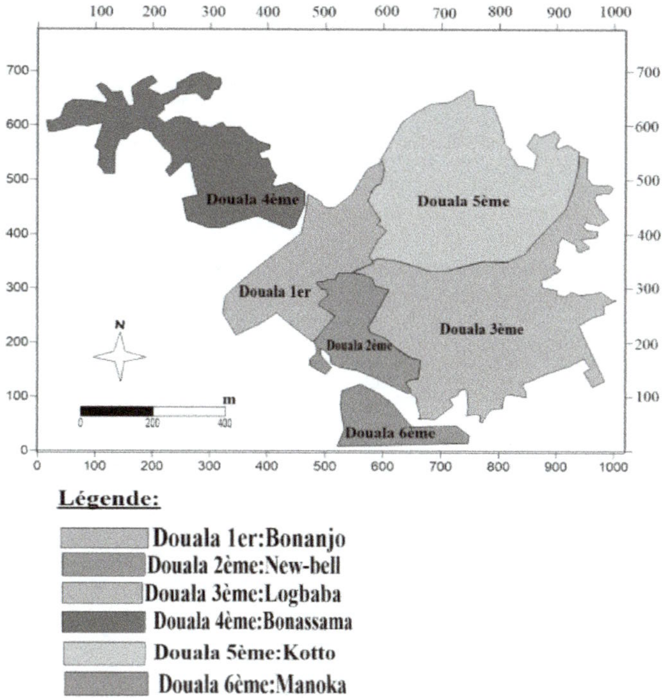

Source : Carte de localisation de la ville de Douala à partir du logiciel SUFER 13

Photo 1 : Direction de la police Municipale de la CUD

Source : Photo prise par nous le 09 octobre 2020 à 13h 10

Depuis sa création, la CUD exerce ces différentes compétences dans le but d'améliorer sans cesse les conditions de vie des populations. Elle est organisée autour d'un conseil de communauté présidé par un Délégué du Gouvernement. Ce conseil est composé de 37 membres dont le Délégué du Gouvernement, de six Maires et de 30 conseillers répartis en deux commissions : la commission des grands travaux et celle des finances.

En rapport avec la création de ces six communes d'arrondissement, deux dates retiennent notre attention à savoir 1992 et 1987. Le tableau 2 présente les communes d'arrondissement de Douala et leurs dates de création.

Tableau II : Les communes d'arrondissement de Douala

Dénomination	**Date de création**
Douala I	1987
Douala II	1987
Douala III	1987
Douala IV	1987
Douala V	1992
Douala VI	1992

Source : Tableau réalisé par l'auteur.

À l'analyse de ce tableau, la naissance des communes de Douala 1er, Douala deuxième, Douala troisième et Douala quatrième ont vu le jour en 1987 alors que les deux autres communes sont nées en 1992. Cette date marque un tournant décisif dans la vie politique camerounaise à travers la naissance de plusieurs communes et la tenue des élections multipartites.

Sur le plan géographique, Douala est située au cœur du Golfe de Guinée, à l'embouchure du fleuve Wouri. La ville représente la capitale économique du pays et constitue le port maritime principal du Cameroun. La CUD couvre une superficie de 210 km^2 dont 70 % construite et affectée aux activités commerciales industrielles, à la voirie, les infrastructures routières, les parcs, etc. Son siège est à Bonanjo et ses limites territoriales sont celles du département du Wouri[208].La délimitation territoriale de Douala est présentée dans le tableau 3.

[208]https://fr.m.wikipédia.org/wiki/communauté_urbaine_de_douala#Territoire consulté le 9 juin 2018 à 10 h.

Tableau III : Délimitation géographique de la CUD

Communes	Superficie en (Km^2)	Populations (2018)	Quartier siège
Douala I	26,30	352.275	Bonanjo
Douala II	17,11	412.551	New –Bell
Douala III	113,00	1.020.061	Logbaba
Douala IV	35,00	395.536	Bonassama
Douala V	210,00	859.988	Kotto
Douala VI	368,00	8623	Manoka
Douala	923	3.049.034	

Source :
https://wikipedia.org/wiki/communau%C3%_urbaine_de_Douala consulté le 12 septembre 2020 à 10 h 20 minutes.

De cette étude, Douala $3^{\text{ème}}$ apparaît comme étant la commune la plus peuplée tandis que Douala $4^{\text{ème}}$ présente une faible densité de population. Au niveau de la grandeur en termes de superficie, Douala $4^{\text{ème}}$ occupe le premier rang et Douala $2^{\text{ème}}$ le dernier.

Cinq communes d'arrondissement et une commune rurale forment la CUD. À sa tête, se trouve un délégué du gouvernement. Le tableau 4 relève une périodisation des différents délégués du gouvernement de la CUD de 1987 à 2018.

Tableau IV : Délégués du Gouvernement de la CUD

<table>
<tr><th>Période</th><th>Noms et prénoms du Délégué</th><th>Fonction</th><th>Profession</th></tr>
<tr><td>2006-2018</td><td>FRITZ NTONE NTONE</td><td>Maire</td><td>Médecin</td></tr>
<tr><td>2001-2006</td><td>Eward ETONDE EKOTO</td><td rowspan="4">Délégué du Gouvernement auprès de la Communauté Urbaine de Douala</td><td>Militaire</td></tr>
<tr><td>1996-2001</td><td>TOBBO EYOUM</td><td>Assureur</td></tr>
<tr><td>1989-1996</td><td>Joseph POKOSSY NDOUMBE DIPITA</td><td>Pharmacien</td></tr>
<tr><td>1987-1989</td><td>Christian TOBIE KUOH</td><td>Haut fonctionnaire</td></tr>
</table>

Source:www.osidimbea.cm/collectivites/littoral/douala-communaute-urbaine/ consulté le 06 septembre 2020 à 04 heures.

Il ressort que la CUD de 1987 à 2018 a connu cinq délégués du gouvernement aux profils variés. L'on note ainsi une forte dominance des hommes, la gente féminine étant quasi inexistante, d'où le manque d'alternance observé au sein de cette institution.

Dans ses missions, l'on retrouve le vote du budget, l'approbation du compte administratif et de gestion comptable, la création des établissements publics, l'adoption de la dénomination des rues et places publiques, la fixation des emprunts et acceptation des dons et legs. La partie qui va suivre analyse l'encadrement juridique de la coopération décentralisée en France et au Cameroun.

3. Encadrement juridique de la coopération décentralisée en France et au Cameroun

Dans cette partie, l'on se propose d'examiner l'arsenal juridique de la coopération décentralisée en France et au Cameroun.

3. 1. Cadre réglementaire au Cameroun

En matière de coopération décentralisée, le Cameroun est considéré comme l'un des pionniers à ce sujet en Afrique. Ainsi, la notion de coopération décentralisée selon la conception camerounaise est étroitement liée à celle de l'intercommunalité dans sa pratique. On distingue deux grands types de coopération décentralisée selon la nature et le statut des acteurs économiques impliqués[209] : la coopération décentralisée d'initiative communale et celle d'initiative étatique. La première regroupe trois formes de coopération, notamment les jumelages, les accords entre communes et les accords entre communes et associations. La seconde découle soit d'accords interétatiques, soit d'accords entre les États et les organisations internationales. Au Cameroun, trois textes retiennent notre attention à ce niveau.

La constitution révisée de 1996 en son article 55 alinéa 2 dispose que : « les collectivités territoriales décentralisées sont des personnes morales de droit public jouissant de l'autonomie administrative et financière pour la gestion des intérêts régionaux et locaux. Elles s'administrent librement par des conseils élus ». La constitution assigne ainsi auxdites collectivités, la mission de promouvoir le développement économique, social, sanitaire, éducatif, culturel et sportif.

La loi n° 2004/018 du 22 juillet 2004 fixant les règles applicables aux communes, en ses articles 131 et 132 définit la coopération décentralisée

[209] Notes de Raoul Tamekou sur la coopération décentralisée et l'action sociales des collectivités territoriales au Cameroun à l'Université de Montréal.

comme la résultante d'une convention par laquelle plusieurs communes décident de réaliser des objectifs communs. Cette loi donne également aux communes le pouvoir de contracter des partenariats à l'international avec les collectivités étrangères dans le strict respect des dispositions juridiques applicables au Cameroun. Selon les dispositions relatives à cette loi : « les communes peuvent adhérer à des organisations internationales de villes jumelées ou à d'autres organisations internationales de villes ».

Le décret n° 2011/116 PM du 26 avril 2011 définit les modalités de la coopération décentralisée au Cameroun. Cette loi repose sur un ancrage bien étoffé de la coopération décentralisée. Elle reconnaît ainsi plusieurs avancées légitimant son action. En substance, il ressort une définition des conditions de conclusion des conventions de coopération, les modalités de mise en œuvre aussi bien entre les collectivités territoriales décentralisées camerounaises qu'entre ces dernières et des collectivités territoriales étrangères, les fondements du régime de financement et les critères de suivi-évaluation. Cela dit, qu'en est-il du cadre juridique et réglementaire de cette coopération en France ?

3.2. Cadre juridique et réglementaire de la coopération décentralisée en France

En France, la coopération décentralisée est codifiée par plusieurs lois. Celles-ci autorisent les collectivités territoriales françaises à nouer des relations avec les collectivités étrangères.

Dans le cadre de ce dispositif législatif, nous partirons sur la base de la loi du 2 mars 1982[210]. Cette dernière reconnait l'existence d'une coopération transfrontalière entre les États voisins. En son article 65, les conseils régionaux sont tenus de conclure des conventions de « concertation et de coopération » avec les collectivités territoriales étrangères, sous réserve des engagements internationaux de l'État.

Le 26 mai 1983, une circulaire du Premier Ministre de la République donne l'occasion aux collectivités françaises de conclure des partenariats avec des collectivités étrangères en dehors d'une coopération établie sur l'existence d'une coopération transfrontalière.

---

[210] Loi n°82-213 du 2 mars 1982 relative aux droits et libertés des communes, départements et des régions, JORF du 3 mars 1982.

En 1992, la loi relative à l'Administration Territoriale de la République (ATR) a consacré les pratiques de coopération décentralisée dans les dispositions du titre IV aujourd'hui codifiées aux articles L. 1112-1 à L.1112-7 du Code Général des Collectivités Territoriales (CGCT). L'article L.1112-1 dispose ainsi que « les collectivités territoriales et leurs regroupements peuvent conclure des conventions avec des collectivités étrangères et leurs groupements dans les limites de leurs compétences et du respect des engagements internationaux de la France ». Comme le soulignent les conclusions de cette loi, l'on note d'une part que celle-ci permet à l'ensemble des collectivités territoriales de mener des actions de coopération et d'autre part, d'élargir les zones concernées qui ne se limitent plus désormais aux seules régions transfrontalières[211].

Ces différentes dispositions ont été mentionnées dans le CGCT sous le titre : « Libre administration des collectivités territoriales » au chapitre II portant sur la coopération décentralisée. Elle implique donc les collectivités locales et peut concerner les domaines aussi variés que la gestion commune des biens et des services, la coopération transfrontalière ou interrégionale, et non pas seulement les actions de développement comme le prévoit la définition européenne[212]. Cette loi confère le cadre juridique à la coopération décentralisée et reconnait ainsi les collectivités locales comme actrices de la coopération internationale (A. Kougebeadjo, 2006, p.3). De plus, loi de 1992 revêt toute son importance dans un processus de normalisation à l'international auquel elle conduit les collectivités (L. Denechaud, 2006-2007, p.20). Reprenant la notion telle que définie par la loi de 1992, la conception française de la coopération décentralisée est à la fois restrictive quant aux personnes concernées et très large quant aux zones géographiques visées (S. Lesart, 2008, p.12).

Toujours dans cet enracinement juridique figure en bonne place l'intervention, la codification réglementaire de la loi du 4 février 1995[213]

[211] Rapport d'information n° 123 du Sénat par Jean-Claude Peyronnet au nom de la délégation aux collectivités territoriales et à la décentralisation publiée en 2012-2013 et tiré à la page 9.

[212] Confère Claire Holman à la page 21 sur La coopération décentralisée : Réflexion sur les enjeux, les limites et perspectives d'avenir dans un mémoire de Management du secteur public pour les collectivités et partenaires en 2003.

[213] Loi n° 95-115 du 4 février d'orientation pour l'aménagement et le développement du territoire, JORF du 5 mai 1995.

et loi du 25 juin 1999[214]. L'on note aussi la loi du 12 juillet 1999[215] dont le rôle a contribué à l'établissement d'une coopération intercommunale. Dans cette optique, une note du Ministère de l'Intérieur et du Ministère des Affaires étrangères du 26 mai 1994 relative à la coopération décentralisée a été remplacée par une circulaire du 20 avril 2001. En filigrane, l'on peut par le biais de la coopération décentralisée relever qu'il s'agit d'une convention, d'un contrat ou tout autre acte signé des collectivités territoriales françaises ou étrangères et leurs groupements comportant des déclarations, des obligations ou des droits opposables à l'autre partie. Les collectivités reconnues pour exercer une action extérieure au nom de la France sont donc les communes, les départements, les régions, les groupements.

Les acteurs de la coopération décentralisée en France sont aussi les associations d'élus qui sont entre autres l'Association des Maires de France, l'Association des régions de France, l'Association française du conseil des communes et régions d'Europe, la commission nationale de la coopération décentralisée et les Cités Unies de France. L'État intervient dans cette coopération décentralisée par l'action du Ministère des Affaires étrangères, le Délégué à l'action extérieure des collectivités locales, la direction générale de la coopération internationale et du développement, le Ministère de l'Intérieur, le corps diplomatique et consulaire, le Haut comité à la coopération internationale, la direction générale des collectivités locales et la délégation à l'Assemblée du Territoire et à l'action Régionale. L'on évoque aussi d'autres intervenants à l'instar de la société civile (M. Hunault, 2008, p.12). Ainsi, il parait logique de nous pencher sur les différents enjeux qu'offre la coopération Alsace- CUD.

4. Les enjeux de la coopération Alsace-Communauté urbaine de Douala

La coopération Alsace-CUD offre des enjeux multiformes en matière de développement. Depuis plusieurs années, les deux entités entretiennent de solides rapports de coopération. Ce partenariat s'articule autour de

---

[214] Loi N° 99-533 du 25 juin 1999 d'orientation pour l'aménagement et le développement du territoire et portant modification de la loi n° 95-115 du 4 février d'orientation pour l'aménagement et le développement du territoire, JORF du 5 mai 1995, JORF du 29 juin 1999.

[215] Loi n° 99-586 du 12 juillet 1999 relative au renforcement et à la simplification de la coopération intercommunale, JORF du 13 juillet 1999, pp : 10361-10395.

quatre axes majeurs notamment l'appui aux communes camerounaises, l'accompagnement du développement de l'enseignement supérieur technologique au Cameroun. L'axe trois est réservé au domaine de la santé à travers une coopération structurée existant entre l'Ircod, les Hôpitaux universitaires de Strasbourg et l'Hôpital Général de Douala. Aussi, l'Ircod est membre d'un réseau « Entreprises et Développement » regroupant six organisations de coopération décentralisée française, dont l'objectif est de promouvoir le compagnonnage industriel. Ce programme vise notamment à soutenir l'effort de renforcement institutionnel, entrepris par la municipalité camerounaise, par un transfert adéquat des expériences professionnelles et des savoir-faire accumulés des principales villes alsaciennes en matière de fonctions urbaines (B. Tchuente, 1996, p.181).

4.1. Actions de l'Ircod Alsace dans la Communauté Urbaine de Douala.

Depuis 1997, l'Ircod Alsace a déployé des partenariats au Cameroun en faisant de la coopération décentralisée une de ses priorités auprès de la CUD.

Ainsi, pour ne s'en tenir qu'à quelques faits, la CUD a vu les capacités de ses cadres et agents impliqués dans différents domaines de la gestion des services urbains ou municipaux renforcées dans le cadre de ces relations[216].

Dans le même temps, la commune d'arrondissement de Douala 1er et plus récemment, la commune d'Arrondissement de Douala 4ème, doit respectivement l'informatisation du service de l'état-civil et le Centre social intégré de Mambanda à ce cadre de partenariat. Dans cette optique, suivons ce qui suit :

> La coopération entre la région d'Alsace et la commune d'arrondissement de Douala 4ème a permis une facilitation administrative dans la gestion des données liées à l'état-civil. Cette informatisation du service permet ainsi la traçabilité des données et les rend exploitables à tout moment[217].

[216] Jean Yango, 50 environ, Directeur des Etudes, de la Planification, des Investissements et du Développement Durable, le 11 mai 2020 à Douala

[217] Entretien réalisé avec Fritz NtonèNtonè, 66 ans, ancien délégué du gouvernement de la CUD de 2006 à 2020, le 12 mai 2020 à Douala

Aussi, sollicitée par l'IRCOD, la CUD et la ville de Strasbourg ont confirmé leur engagement de poursuivre leur appui à la consolidation du Système d'Information Géographique (SIG) de la CUD, considéré comme un des instruments déterminants pour la gestion efficace et efficiente de la ville de Douala. Ce projet vise la mise en place d'un SIG véritable outil de gouvernance urbaine, basé sur une infrastructure de géo-données partagées par les services de la CUD et tous les autres opérateurs urbains, en vue de gérer la ville sur la base de données fiables. Suite à deux missions SIG de la Communauté Urbaine de Strasbourg (2010 et 2011), un plan d'actions a été réfléchi et est mis en œuvre progressivement.

Sur le volet de la planification urbaine, 2013 a vu la restructuration des services de la CUD et l'identification d'une chef SIG chargée d'animer la démarche partenariale du SIG. L'organigramme de la CUD a été réorganisé[218]. Une démarche progressive a été adoptée consistant, dans un premier temps, à développer l'outil en interne au niveau du département en charge du SIG puis, dans un deuxième temps, de la Direction des Études, de la Planification, des Investissements et du Développement (DEPIDD) et enfin dans les services de la CUD.

En 2015, le projet Douala ville durable s'inscrit dans ces objectifs de partenariats entre la région d'Alsace et la CUD. Parmi ces objectifs, deux sont à évoquer. Il s'agit de l'amélioration de la connaissance locale de l'aléa inondation et des effets du changement climatique, pour mieux les prendre en compte dans la planification urbaine. Il est aussi question de décliner cette approche à l'échelle d'un site pilote, situé dans le quartier Makèpè Missokè, pour développer une approche innovante et reproductible de la restructuration des quartiers précaires exposés aux inondations. Pour répondre à ces deux enjeux, prise en compte des risques climatiques dans la planification urbaine et reconversion des quartiers précaires, le projet Douala ville durable s'articule autour de quatre composantes. La composante A résume la volonté d'accroitre la connaissance et la prise en compte de l'aléa inondation et des effets du changement climatique dans les documents de planification de la ville : partant d'un exercice de concertation avec les acteurs (Universitaires, Détenteurs de données météorologiques locaux et nationaux, Bureaux d'études, etc.), le projet vise à fournir à la CUD les moyens d'évaluer

[218] Entretien avec Charles Bilobe, 35 ans, employé de la CUD, le 12 mai 2020 à Douala

localement l'aléa inondation et les effets du changement climatique, afin de permettre leur prise en compte dans les documents de planification urbaine. La composante B est chargée de concevoir et mettre en œuvre un projet de restructuration d'une zone d'habitat précaire centré sur la valorisation d'une zone humide, pour faire de cet espace vécu un vecteur de risque (inondation et insalubrité) un atout majeur du développement du quartier : zone de rétention des eaux pluviales et poumon vert limitant les ilots de chaleur. La composante C s'attèle à favoriser le développement des activités économiques sur le site du projet, en s'appuyant sur les activités existantes (recyclage et maraichage) et en suscitant de nouvelles activités rendues possibles par l'aménagement des plans d'eau[219]. La composante D enfin fixe son action dans la capitalisation pour reproduire un projet sur des sites similaires. Il s'agit ici de développer un savoir-faire au niveau de la CUD mais également de disséminer les résultats de cette expérience pour inciter à sa reproductibilité dans d'autres secteurs de la ville[220].

À Douala IVème également, la commune d'arrondissement a souhaité implanter un Centre Social Communal intersectoriel (CSCI) dans le quartier de Mambanda. Ce projet s'est concrétisé en 2005 par la signature d'un protocole d'accord entre la ville de Strasbourg, la commune de Douala IVème et l'Ircod. Avec l'appui technique des services de la ville de Strasbourg, des locaux fonctionnels de 500 m^2ont été construits[221]. Un statut juridique pour le CSCI a été défini par l'ensemble des acteurs locaux. L'année 2013 a été marquée par l'ouverture au public du Centre et le démarrage de ses activités. Comme fonctionnalité, notons que le CSCI offre aux populations les plus démunies de ce quartier un espace pédagogique et de formation, l'objectif recherché étant d'améliorer la gouvernance locale. Entre autres activités relevées en 2013 sur le développement social, l'on a la poursuite des travaux d'aménagement extérieur et d'assainissement et l'équipement du CSCI[222], la construction de l'équipe et la prise de fonction du personnel, la mobilisation financière des partenaires locaux pour assurer le fonctionnement du CSCI, le

[219] Entretien avec Olgine Nicole Semba, 40 environ, Point focal Association Eau et enjeux, le 11 mai 2020 à Douala

[220] Convention AFD n° CCM 1362.01 K du Fonds français pour l'environnement mondial en date du 1er juillet 2016 entre l'AFD et la CUD

[221] Entretien avec Simon EdouardEkottoNdemba, 45 environ, Ingénieur, Directeur Adjoint de la salubrité publique et Patrimoine, le 10 mai 2020 à Douala

[222] Entretien avec Simon EdouardEkottoNdemba, 45 environ, Ingénieur, Directeur Adjoint de la salubrité publique et Patrimoine, le 10 mai 2020 à Douala

démarrage des activités comprenant notamment l'information des habitants du quartier, la permanence de santé, causeries éducatives (planning familial, allaitement maternel et l'accueil garderie) et la réappropriation progressive du dossier par la nouvelle équipe municipale en place.

Au niveau de la gouvernance financière, une étude de faisabilité portant sur l'implémentation du logiciel Simba a été réalisée par le représentant local de l'Association Internationale des Maires Francophones[223] (AIMP). Elle formule les recommandations en termes de formation des personnels, d'organisation des services et d'équipements complémentaires à acquérir.

La santé occupe une place de choix dans le cadre des échanges entre la CUD et les autres acteurs économiques de la France à l'instar de l'Ircod. Démarré en 1991 et redynamisé en 2012 par la signature d'une seconde convention, le partenariat entre l'Hôpital Général de Douala (HGD) et les Hôpitaux Universitaires de Strasbourg (HUS) a pour objectifs de permettre à l'Hôpital Général de Douala d'améliorer son niveau de soins, d'assurer la maintenance du matériel médical technique par l'approvisionnement en pièces détachées et la formation du personnel. En 2015, les services de chirurgie endoscopique et de chirurgie orthopédique et traumatologique des HUS ont accueilli deux infirmiers diplômés d'État camerounais en stage d'imprégnation de deux mois[224].

Dans cette coopération, l'accès à l'eau potable constitue également une priorité indéniable. En 1999, ce champ d'action a retenu l'attention de la ville de Lingolsheim liée à la CUD.

En effet, la ville de Lingolsheim, la commune d'arrondissement de Douala 1er et l'Ircod sont engagés dans des relations de coopération décentralisée depuis 1999. Cette coopération vise à renforcer la commune d'arrondissement de Douala 1er dans ses capacités de gestion et d'organisation administratives et ses capacités de maitrise d'ouvrage dans le cadre de sa politique d'appui aux initiatives de développement local[225]. Le partenariat Lingolsheim-Douala 1er a ainsi offert de nombreux

[223] Entretien réalisé avec Fritz NtonèNtonè, 66 ans, ancien délégué du gouvernement de la CUD de 2006 à 2020, le 12 mai 2020 à Douala
[224] Rapport Ircod 2015, p.14.
[225] Entretien réalisé avec Fritz NtonèNtonè, 66 ans, ancien délégué du gouvernement de la CUD de 2006 à 2020, le 12 mai 2020 à Douala

avantages aux populations du quartier Béssengué-Akwa. Mbela Généviève en rend un vibrant témoignage :

> Nous nous sentons intégrée et épanouie dans le partenariat de coopération entre la ville de Lingolsheim et notre commune. Cette relation nous offre plusieurs bienfaits et concourt à l'amélioration de nos conditions de vie. À travers l'accès à l'eau potable, nous sommes à l'abri de nombreuses maladies[226].

Dans cette perspective, la diversité des actions qui le constituent et son ampleur, le projet d'assainissement des eaux pluviales de Douala financé par l'Agence Française de Développement offre l'occasion à la CUD et ses partenaires alsaciens de renforcer cette relation dans un cadre rénové articulé autour des points suivants : l'assistance à la maitrise d'ouvrage dans le cadre du projet d'assainissement pluvial de la ville de Douala, la Co-consolidation des activités du Centre Social Intégré de Mambanda, l'appui conseil dans les domaines de l'action sociale, du développement des initiatives citoyennes, de la santé et du développement durable[227].

4. 2. Principes de partenariats et types d'actions menées

Dans le cadre de ce partenariat, plusieurs principes sont observés pour implémenter l'action conjointe de ces deux localités. Nous évoquons d'entrée de jeu l'échange de savoir-faire et d'expérience qui est la base de la coopération[228]. En effet, la coopération décentralisée mobilise d'abord les acteurs : collectivités, mais aussi des institutions diverses de développement ou organisations de la société civile. Elle représente donc pour l'Ircod Alsace l'occasion d'échanges entre des acteurs qui exercent des métiers et des compétences analogues pour développer de nouveaux savoir-faire et enrichir l'expérience dans le but de conduire des actions de développement.

Également comme principe de partenariat, cet échange se fait en priorité, à travers la mise en œuvre commune de projets en fonction des priorités affichées par la collectivité camerounaise et de la possibilité de

[226] Entretien avec GénévièveMbela, 42 ans, Commerçante et habitante du quartierBéssengué-Akwa, 10 mai 2020 à Douala

[227] Délibération n°11/CUD/SG/2013 autorisant le Délégué du Gouvernement à signer un accord de partenariat dans le cadre de la coopération décentralisée avec l'IRCOD/Alsace, la ville de Strasbourg et la Communauté Urbaine de Douala

[228] Entretien avec Jacqueline-ElisabethMbossi, 40 environ, Chargée d'étude et Chef de service de l'Ingénierie Sociale et environnementale, le 10 mai 2020 à Douala

trouver en Alsace, les savoir-faire et les acteurs capables de partager une expérience dans le domaine ciblé par cette coopération. C'est pourquoi nous appréhendons cette coopération comme un compagnonnage de métiers[229].

Dans ces principes, la contractualisation des axes de travail constitue une donnée fondamentale. Car, elle permet la rédaction de la convention qui constitue le fil d'Ariane dans l'élaboration des projets communs et leur mise en œuvre. Les projets ainsi arrêtés font l'objet d'une programmation adopté d'un commun accord, sur la base d'évaluations conjointes en fonction des objectifs fixés.

S'agissant des types d'actions menées, notre étude est orientée sur le développement des capacités de maitrise d'ouvrage des communes et l'appui aux initiatives de développement local.

Discussion

La coopération entre la région d'Alsace et la CUD présente de nombreux atouts pour le développement. Ces atouts, visibles sur plusieurs plans mettent en corrélation le Nord et le Sud. Dans les conventions internationales, les raisons clairement affichées laissent apparaitre une idée de générosité des Occidentaux qui n'ont que le souci d'aider, de développer le Sud (M. K Vodounnou Totin, E. Azalou-Tingbe et al, 2019, p.341).

Sur le plan formel, cette idée est entachée d'une défaillance pratique, celle de la promotion d'une nouvelle forme d'impérialisme dans les collectivités du Sud. En France, les entités territoriales en action sur la scène internationale agissent en adéquation avec le développement de la politique étrangère de son gouvernement. T-M. Foutem relève ainsi trois niveaux de puissance d'un État à l'international. Selon lui, il y'a :

> D'abord un niveau central mené par des moyens gouvernementaux comme les ambassades et les consulats, un niveau privé par des multinationales, et un niveau décentralisé qui est en développement, assuré par des collectivités des grandes

[229] Cette étude est entreprise par Philippe Naegel et intitulée « Comment la coopération décentralisée peut-elle accompagnée la volonté politique de gestion démocratique des biens collectifs. L'exemple de l'Ircod Alsace au Cameroun ».

puissances qui se sont récemment déportées à l'étranger et surtout vers le Sud (T-M. Foutem, 2019, p.99).

Cette coopération qui s'assimile au champ d'action de l'aide au développement instaure entre ses différents acteurs une plateforme communicationnelle inégale et étrange reconnaissant d'un côté les donateurs (Nord) et de l'autre côté les bénéficiaires (Sud). Les collectivités du Nord dans un processus de positionnement au Sud n'en manquent pas de faire leurs éloges à ces entités économiquement faibles. C'est ce qui nous fait rejoindre ces propos de Y. Tandon cité par T.M. Foutem :

> Ces communes étrangères ne cessent de vanter les mérites de leurs aides au développement des communautés villageoises ou urbaines du Sud. Ainsi, par la simple construction d'un point d'adduction d'eau potable, l'octroi des tables-bancs à une école primaire ou le don du matériel roulant à un hôpital, ces communes du Nord se font passer pour des sauveurs des déshérités du Sud[230].

Dans cette coopération, les réalités et les niveaux de décentralisation ne sont pas les mêmes. Le modèle de gouvernance française est beaucoup plus mis en exergue. Mais toutefois, il faut noter une certaine ingérence de la France dans la réalisation de ces projets à la CUD, car malgré l'échange des savoir-faire, la France envoie régulièrement en inspection ses représentants pour le suivi de ses actions[231]. Elle influence ainsi les politiques de développement au sein de la CUD et ses ressortissants bénéficient de nombreuses largesses à Douala (visites touristiques, implantation des sociétés françaises, etc.). Cette coopération est donc un instrument de promotion des intérêts et du rayonnement de la France dans un monde de compétition et de concurrence.

Par le biais de cette coopération, de nombreux projets de développement sont réalisés à Douala. C'est le cas par exemple des infrastructures hospitalières, éducatives et celles liées à l'aménagement urbain. Les populations de la CUD en tirent profit des retombées de ce partenariat. Cet aspect est illustré par Sylvain Ze Aleme qui estime que :

---

[230] Y. Tandon, 2009 cité par T.M Foutem 2019, « Coopération décentralisée et nouvelle forme d'impérialisme au Cameroun : cas de la coopération entre les communes de Dschang au Cameroun et de Nantes en France », in Sariette et Batibonak P, *Le Cameroun et ses anciennes puissances tutélaires,* p.100

[231] Entretien réalisé avec Fritz NtonèNtonè, 66 ans, ancien délégué du gouvernement de la CUD de 2006 à 2020, le 12 mai 2020 à Douala

« Douala et la région d'Alsace sont liées en termes de coopération qui contribue au bien-être des populations de la ville par des facilités qu'elle offre à l'amélioration des conditions de vie de ses habitants[232] ».

Le statut de la CUD comme collectivité du Sud lui confère une position déséquilibrée dans la sphère décisionnelle. Les décisions de développement généralement prises par la région d'Alsace sont de nature coercitive dans la réalisation des projets sur le terrain[233]. La CUD qui se contente d'être bénéficiaire en rapport avec ces moyens financiers limités, ne dispose pas de ressources pouvant lui donner une posture de partenaire équitable dans l'orientation des politiques de développement. En général, la CUD subit en partie la vision que lui impose son partenaire alsacien.

Quant à la configuration de cette coopération, les intérêts sont mutuellement partagés. Il s'agit pour la CUD de bénéficier des réalisations de cette relation. La région d'Alsace brille par « une diplomatie de positionnement » et par la promotion de la politique étrangère de la France.

Les retombées de l'union Alsace-CUD sont multiples. En pratique, ces infrastructures ne sont pas bien gérées par les populations locales. Cette situation résulte de l'incivisme de certains citoyens qui trouvent en ces projets des « valeurs à variance impériale ». De nombreuses infrastructures issues de cette relation ont donc besoin d'une réorganisation structurelle et matérielle. C'est le cas de plusieurs projets réalisés dans le quartier de Mambanda[234].

Pour plus d'efficience, la relation Alsace-CUD dans l'optique de répondre plus efficacement aux besoins des populations devrait favoriser une croissance durable accélérée, lutter contre la pauvreté et les inégalités au niveau décisionnel. Cette coopération comme moyen de régulation devrait permettre d'asseoir des politiques publiques globales associant Nord et Sud face aux défis globaux (M. Karzazi, 2013, p.262). Les acteurs économiques de la France et la CUD devraient donc sur toute initiative favoriser le développement local situé à l'intersection entre la décentralisation, la démocratisation et la mondialisation. Une telle coopération s'inscrit dans un contexte de stratégie territoriale dans lequel chaque collectivité cherche sa place en fonction de ses compétences

---

232 Entretien Sylvain ZeAleme, 50 ans environ, résidant de Douala le 12 mai 2020

233 Entretien Clotilde Pauline Kenfack, 30 ans, résidante de Douala le 12 mai 2020

234 Entretien Sylvain ZeAleme, 50 ans environ, résidant de Douala le 12 mai 2020

propres et son degré de proximité avec les citoyens (C. Holman, 2012, p.49).

Une lecture différenciée des acteurs de cette coopération nous permet de saisir plusieurs réalités fonctionnelles. Cette analyse s'appuie sur trois aspects. Il s'agit d'un moyen de rapprochement entre les hommes, d'un instrument de soutien d'une dynamique de développement local et d'un moyen de soutenir la construction de la décentralisation.

En rapport avec les perspectives, les collectivités en relation gagneraient à consolider leurs actions pour renforcer les capacités de maitrise d'ouvrage des collectivités rattachées à la CUD. Cela passe par une décentralisation effective des expertises, un transfert des ressources financières, une formation de la ressource humaine, une implication et responsabilisation des citoyens bénéficiaires et enfin une autonomisation de ces collectivités. À travers une synergie d'actions concertées, cette coopération devrait passer d'une volonté d'assistance humanitaire à une logique de développement des acteurs engagés. Il s'agit donc pour la CUD de bénéficier de l'expérience des collectivités alsaciennes, dans l'optique de réaliser des projets concrets bénéfiques aux habitants.

Conclusion

En définitive, il ressort de notre analyse que la coopération décentralisée est une réalité qui offre de nombreuses opportunités au Cameroun en termes de développement. Ainsi, cette coopération est une forme particulière de solidarité internationale qui mobilise par convention des collectivités françaises de divers niveaux accompagnant le Cameroun dans le processus de professionnalisation de la décentralisation qui évolue vers la mise en place d'une régionalisation effective. Sur ce, notre base analytique est fondée sur le triptyque d'une logique politico-institutionnelle camerounaise régissant le statut du processus de décentralisation, une logique de solidarité économique et de coopération au développement entre la France et le Cameroun et une logique d'opportunisme économique régissant les pratiques des relations franco-camerounaises. Il apparait donc clairement que par le biais de cette coopération, la France contribue à l'enracinement de la décentralisation. Ceci résulte de son intervention dans la CUD à travers des échanges d'expérience, d'échanges de savoir-faire et même de la mise en place de ce partenariat. Ce qui confirme que dans le cadre de la coopération décentralisée Nord-Sud, la France est en occident une figure de proue (C. Bassamagne, 2005-2006, p.3).

Références Bibliographiques

Alsace (Région administrative). Microsoft Encarta 2009 DVD consulté le 10 juin 2018 à 8h30.

BASSAMAGNE Mougnok Cyprien, 2006," La coopération décentralisée entre la France et le Cameroun : un véritable partenariat ? Mémoire de master en Sciences politiques", Université de Yaoundé 2, 2005-.

HOLMAN Claire, 2003," La coopération décentralisée : Réflexion sur les enjeux, les limites et perspectives d'avenir", Mémoire de Master en Management du secteur public.

Convention AFD n ° CCM 1362.01 K du Fonds français pour l'environnement mondial en date du 1er juillet 2016 entre l'AFD et la CUD, Rapport Ircod 2015.

Délibération n° 11/CUD/SG/2013 autorisant le Délégué du Gouvernement à signer un accord de partenariat dans le cadre de la coopération décentralisée avec l'IRCOD/Alsace, la ville de Strasbourg et la CUD

DENECHAUD Lucile., 2006-2007, "La professionnalisation de la coopération décentralisée chez les élus et les cadres territoriaux ", mémoire de Master en Management.

FLAMME Maurice André, 1989, *Droit administratif*, Tome I, Bruxelles, Bruyart.

FOUTEM Thierry-Martin, 2019, « Coopération décentralisée et nouvelle forme d'impérialisme au Cameroun : cas de la coopération entre les communes de Dschang au Cameroun et de Nantes en France », in Sariette et Batibonak Pierre, *Le Cameroun et ses anciennes puissances tutélaires*

http://www.cartesfrance.fr/carte-france-region/carte-region-Alsace.html consulté le 11 septembre 2020 à 15heures 53 minutes.

https://fr.m.wikipédia.org/wiki/communauté_urbaine_de_douala#Territoire consulté le 9 juin 2018 à 10h.

https://wikipedia.org/wiki/communau%C3%_urbaine_de_Doualacon sulté le 12 septembre 2020 à 10 h 20 minutes.

KARZAZI Mohcine, 2013 "La coopération décentralisée franco-marocaine : entre coopération au développement et diplomatie économique d'influence", Thèse de Doctorat en Droit public, Université de Cergy-Pontoise.

KOUGEBEADJO Ahoéfa. 2006, "Intercommunalité et international. L'engagement des structures intercommunales dans une coopération décentralisée".

LESART SAMUEL, 2008, "Les réseaux de coopération décentralisée et la mobilisation des acteurs : l'exemple alsacien", mémoire de 4ème année I.E.P, Université Robert Schuman, Institut d'Études Politiques de Strasbourg.

Loi n° 2004/018 du 22 juillet 2004 fixant les règles applicables aux communes.

Loi n° 82-213 du 2 mars 1982 relative aux droits et libertés des communes, départements et des régions, JORF du 3 mars 1982.

Loi n° 95-115 du 4 février d'orientation pour l'aménagement et le développement du territoire, JORF du 5 mai 1995.

Loi n° 99-533 du 25 juin 1999 d'orientation pour l'aménagement et le développement du territoire et portant modification de la loi n° 95-115 du 4 février d'orientation pour l'aménagement et le développement du territoire, JORF du 5 mai 1995, JORF du 29 juin 1999.

Loi n° 99-586 du 12 juillet 1999 relative au renforcement et à la simplification de la coopération intercommunale, JORF du 13 juillet 1999, pp : 10361-10395.

MOREAU Jacques, 1975, *Administration régionale locale et municipale*, Paris, Mémento Dalloz.

Rapport d'information n° 123 du Sénat par Jean-Claude Peyronnet au nom de la délégation aux collectivités territoriales et à la décentralisation publiée en 2012-2013.

Rapport de Michel Hunault, Député de Loire- Atlantique sur la coopération décentralisée et le processus d'élargissement de l'union européenne.

TCHUENTE Kom Barthelemy, 1996, *Développement communal et gestion urbaine au Cameroun. Les enjeux de la gestion municipale dans un système décentralisé*, Yaoundé, Clé.

TODJIMBÉ Raphaël, 2007, "Les relations Tchad-Cameroun, 1960-1982 : aperçu historique", Mémoire de Maîtrise en Histoire, UYI.

VODOUNNOU Totin et al, 2019, « Coopération décentralisée à D'Akpro-Misserete au Bénin, entre mobilisation des ressources et dépendance », *Les cahiers de l'ACAREF,* volume 1, numéro 3.

www.osidimbea.cm/collectivites/littoral/douala-communaute-urbaine/ consulté le 06 septembre 2020 à 04 heures.

Les contradictions de l'Union européenne dans sa lutte contre l'immigration subsaharienne

Dr Adama SADIO

Enseignant chercheur associé à l'Université Virtuelle du Sénégal et chercheur associé au CUREJ (France)
adosadio@yahoo.fr

Résumé

L'Afrique subsaharienne connue pour son "*jeunisme*", sa démographie galopante et son chômage chronique est un vecteur puissant d'immigration. Si l'immigration intra-africaine demeure la plus importante, celle de cette partie du continent vers l'Europe reste aussi élevée. L'immigration subsaharienne vers l'Union européenne polarise le débat. Le sentiment anti-immigration gagne du terrain auprès de l'opinion publique. La crise financière de 2008, la recrudescence des attentats terroristes depuis 2015 sur le sol européen ainsi que la crise migratoire de 2014-2015 semblent être les facteurs explicatifs de cette exacerbation sociale. Ainsi, le discours populiste des partis d'extrême droite trouve un écho favorable auprès de l'opinion publique au point de voir ces derniers réaliser des scores électoraux importants dans des pays européens. Ce discours anti-immigration semble, dans les faits, anéantir les frontières idéologiques entre les partis politiques puisqu'il peut être porté par des hommes politiques idéologiquement plus ouverts au principe d'une immigration non européenne. En réalité, tout se passe comme si nous assistions à une forme de course à la séduction d'une opinion pour qui l'immigré est un profiteur des politiques sociales. Cette réalité fait adopter des politiques, qui s'inscrivent aux antipodes des valeurs qu'incarne l'Europe aussi bien dans son espace géographique qu'à l'extérieur à travers sa politique de coopération.

Mots clés : Immigration – Union européenne – Afrique subsaharienne – extrême droite – Droit

Abstract

Sub-Saharan Africa, known for its "youthism", its galloping demography and its chronic unemployment is a powerful vector of immigration. If intra-African immigration remains the most important, that of this part of the continent towards Europe remains also high. Sub-Saharan immigration to the European Union is polarizing the debate. Anti-immigration sentiment is gaining ground in public opinion. The financial crisis of 2008, the resurgence of terrorist attacks since 2015 on European soil as well as the migration crisis of 2014-2015 seem to be the explanatory factors of this social exacerbation. Thus, the populist discourse of the far-right parties finds a favorable echo with public opinion to the point of seeing them achieve significant electoral scores in European countries. What is more, this anti-immigration discourse seems, in fact, to destroy the ideological borders between political parties since it may be carried by politicians who are ideologically more open to the principle of non-European immigration. In reality, everything happens as if we were witnessing a form of race to seduce an opinion for which the immigrant is a profiteer of social policies. This reality prompts the adoption of policies which are at odds with the values that Europe embodies both in its geographical area and abroad through its cooperation policy.

Keywords: Immigration - European Union - Sub-Saharan Africa - far right – Law

Introduction

Le phénomène de l'immigration subsaharienne en Europe revêt une dimension particulière. D'abord, les rapports entre leurs pays et ceux du vieux continent sont multiséculaires et très spécifiques compte tenu des périodes d'esclavage et de colonisation, mais aussi des relations économiques et politiques durant la période postcoloniale. Ensuite, la distance qui sépare l'Europe de l'Afrique n'est que de 14,4 Kilomètres, au niveau du détroit de Gibraltar. La géographie contribue à encourager l'immigration africaine plus vers l'Europe que vers d'autres régions du monde. Enfin, le chômage endémique en Afrique est un vecteur puissant d'émigration. L'attribution d'un emploi décent aux jeunes est devenue l'un des principaux défis de l'Afrique subsaharienne. À côté de l'Afrique émergente chantée par des acteurs politiques, il est constaté ironiquement une émergence du chômage.

La migration subsaharienne[235] vers l'Europe risque de s'inscrire dans une courbe croissante vu la démographie galopante du continent, de son « *jeunisme* » et du chômage chronique. Stephen Simith rapporte à cet effet que :

> « *L'Afrique constitue une exception démographique dans le monde actuel. Sa partie subsaharienne sera la seule partie de la planète dont la population continuera de croitre entre 2,5 et 3 % d'ici à 2050 (...) il a franchi le cap du milliard en 2010 et aura de nouveau plus que doublé en 2050 lorsque, sur un total mondial d'environ 10 milliards d'habitants, 25 % seront des Africains (...) enfin, en 2100, cette proportion aura de nouveau doublé : sur un total mondial d'un peu plus de 11 milliards d'habitants, 40 % seront africains ; ils seront, pour l'essentiel, la jeunesse du monde.* » (Smith, 2019 :42)

L'Afrique, qui ne crée pas assez d'emplois pour ces populations actives, compte aujourd'hui 1,3 milliard d'habitants majoritairement des jeunes et en comptera 2,5 milliards en 2050 dont plus de 70 % de ceux-ci[236]. L'Afrique subsaharienne s'apparente à une terre sans espoir pour sa jeunesse. Le désenchantement, qui n'épargne même pas ses diplômés supérieurs, accroit l'envie de la quitter.

À la lumière de ces constatations, la migration africaine est un réel sujet de préoccupation pour les décideurs publics du continent, mais également pour les autorités étatiques des principaux pays d'accueil. L'actualité est marquée par des migrants africains vendus en esclaves en Libye, le chavirement dans les océans de pirogues les transportant sur les côtes européennes ; leur accueil et intégration alimentent les débats politiques dans l'UE. Au-delà des dispositions juridiques internes aux États européens et celles portées par l'UE, celle-ci n'a pas trouvé mieux qu'un

---

[235] Le choix porté sur les migrants subsahariens en Europe ne s'explique pourtant pas par leur pourcentage dans les statistiques globales des migrants venant à travers le monde. D'ailleurs, comme en 2016 et 2017, parmi les 240 180 primo-demandeurs de protection internationale en 2018, les citoyens syriens caracolent en tête (80 900). Ils sont suivis par les Afghans (41 000) et les Irakiens (39 600). Le premier pays africain dans le top 12 est le Nigéria (22 120), puis l'Erythrée (14 945) et la Guinée (13 295)235. Néanmoins, la couleur de la peau des migrants subsahariens les rend plus visible. Ensuite, le discours politique sur l'Afrique subsaharienne, notamment sa démographie, s'explique particulièrement par la peur d'un risque d'immigration africaine en Europe. (Source : Eurostat mars 2019)

[236] Lire à ce propos https://www.afd.fr/fr/actualites/en-2050-plus-de-la-moitie-de-la-population-africaine-aura-moins-de-25-ans, consulté le 25 mars 2020 à 14 h 55.

certain nombre de parades tout aussi polémiques les unes que les autres comme l'exacerbation sociale d'une partie de l'opinion européenne contre les immigrés, de la banalisation du discours des partis d'extrême droite et de leurs performances électorales. Or, en agissant de la sorte et « *dans sa stratégie de lutte contre l'immigration, l'Union européenne n'entre-t-elle pas en contradiction avec les valeurs qu'elle prône ?* »

Telle est la question à laquelle nous tenterons de répondre dans cette étude[237] qui ne fait pas de différence entre refugiés, demandeurs d'asile, immigrés économiques légaux ou illégaux. Cette absence de distinction du statut juridique de l'Africain subsaharien sur le sol européen est motivée par la confusion qu'entretient une certaine opinion à cet effet. Un Africain subsaharien naturalisé peut avoir de la peine à se considérer ou être considéré comme un citoyen à part entière dans son pays d'accueil. Ce qui peut déboucher sur un sentiment d'apatridie de fait qui ne semble pas attirer l'attention des chercheurs.

Pour résoudre cette problématique, nous jugeons utile de formuler un certain nombre d'hypothèses de recherche :

- La crise économique et financière (2008), les attentats terroristes depuis 2015 et la crise migratoire (2014-2015) auraient exacerbé le sentiment anti-immigration auprès de l'opinion publique européenne ;

- L'Europe se décide de renforcer sa lutte contre l'immigration subsaharienne en adoptant des politiques publiques qui font fi des exigences de ses valeurs.

Notre réflexion présente un double objectif scientifique :

- ✓ Comprendre si la montée du sentiment anti-immigration est la résultante de la triple crise (économique, sécuritaire et migratoire).

[237] Pour réaliser cette recherche, nous avons eu recours à une seule source de production de données : les données documentaires. Ces données qualitatives ont été obtenues par la recherche documentaire. Notre investigation documentaire nous a amené à consulter des ouvrages, des articles scientifiques et de presse. La recherche documentaire a également porté sur des rapports d'activités, des rapports de recherche, des discours d'acteurs politiques, des vidéos, etc. portant, d'une manière ou d'une autre, sur l'immigration d'Africains subsahariens en Europe.

✓ Constater si la stratégie de l'UE de lutter contre l'immigration ne révèle pas une contradiction par rapport à ses valeurs[238].

Nous allons évoquer l'immigration, une problématique socio-politique au sein de l'UE (**1**) avant de démontrer en quoi sa lutte laisse apparaitre ses contradictions (**2**).

1. L'immigration, une problématique sociale et politique dans l'UE.

L'immigration préoccupe l'opinion publique européenne. Les partis d'extrême droite se distinguent dans leur programme par le rejet des étrangers. Le contexte social[239] et sécuritaire[240] de l'Europe a provoqué l'exacerbation de la perception que l'opinion publique a sur les immigrés (***1.1.***). Les difficultés sociales conjuguées à un environnement sécuritaire précaire provoquent la peur des étrangers, accusés de profiter du système social, d'augmenter le chômage et l'insécurité. Cette situation sociale et sécuritaire a eu pour conséquence une implantation croissante sur le marché électoral de partis d'extrême droite (***1.2.***).

1.1. L'exacerbation de la perception de l'opinion sur les immigrés

Les débats portant sur l'immigration dans l'Union européenne semblent prendre de l'ampleur. En abordant les sujets liés à la migration, des élites intellectuelles et politiques dressent un tableau sombre et en parfait déphasage avec la réalité. L'opinion publique se fait des « *vérités* » sur l'état de l'immigration qui ne résultent pas toujours de recherches sérieuses basées sur un critère scientifique.

Une certaine opinion croit déjà à la théorie du « *grand remplacement*[241] » développée par Renaud Camus dans l'Abécédaire de

[238] L'Union européenne prône les valeurs de solidarité, de tolérance, de démocratie et de droits humains.

[239] Augmentation du chômage.

[240] Attentats terroristes.

[241] Rappelons que Renaud Camus n'est pas le père fondateur de la théorie du « grand remplacement ». Maurice Barrès, un intellectuel proche également de l'extrême droite française, en est l'inventeur à la fin du XIXième siècle. En effet, la théorie du « grand remplacement » se base sur l'envahissement de la société française par des personnes étrangères et des valeurs (religieuses et culturelles) autres que celles de la France. Et

l'in-nocence (2010), puis dans son ouvrage « *Le Grand Remplacement, Introduction au remplacisme global, quatrième édition, augmentée,* 2017, Éditions Lulu, 444 p.* ». Elle attribue aux migrations une très forte dimension et l'image d'une menace réelle sur leur modèle de vie. Le nouvel organigramme dévoilé par Ursula Von der Leyen, présidente de la Commission européenne, le 10 septembre 2019, en est une illustration. Le portefeuille consacré aux migrations anciennement dénommé « *migrations, affaires intérieures et citoyenneté* » est désormais appelé « *protection du mode de vie européen* ». Cette nouvelle dénomination a été vertement critiquée par des eurodéputés dont Younous Omarjee de la France Insoumise.

> « *Que faut-il comprendre quand Von der Leyen fait le choix de dénommer le portefeuille consacré aux migrations "protection du mode de vie européen" ? Ce sont (...) ces clins d'œil douteux à l'extrême droite.* »[242], critique-t-il.

Depuis la crise migratoire, l'immigration est sous le feu des projecteurs médiatiques. Comme le dit Abdoulaye Ngom, « *Ne se passant plus une semaine sans que les médias ne fassent l'écho de cas de migrants clandestins interceptés ou secourus, par les garde-côtes, du côté des enclaves espagnoles de Ceuta, Melilla et de l'île de Lampedusa en Italie. On assiste aussi bien dans les pays de départ, de transit que d'arrivée à une forte médiatisation des migrations clandestines.* » (Ngom, 2019 :144). Pourtant, la réalité est tout autre. En France, les vagues d'immigration constatées durant ces dernières années donnent une fausse impression de la réalité migratoire.

Il existe apparemment un amalgame auprès de l'opinion sciemment entretenue peut-être, mais alimentée, dans tous les cas, par des intellectuels et populistes. Sur les entrées en France, il est nécessaire d'opérer une distinction entre celles sur le territoire français concernant les migrants et d'autres et celles concernant des Français nés à l'étranger ou ceux de retour en France ou encore des entrées dues au regroupement

---

dans l'esprit de Renaud Camus, la couleur de la peau et la religion sont les principaux critères de détermination de la personne étrangère et peu importe qu'elle soit de nationalité française ou de parents français de plusieurs générations. Si la personne n'est pas de race blanche et de tradition judéo-chrétienne, elle est un élément du « grand remplacement ».

[242] https://www.lefigaro.fr/politique/le-scan/protection-du-mode-de-vie-europeen-le-nom-du-portefeuille-immigration-a-la-commission-passe-mal-20190910, consulté le 15 mars 2020 à 18 h 12.

familial. D'après l'INSEE, en 2013, seules 70 % des entrées concernent les immigrés. Le reste (30 %) relève du regroupement familial, de l'arrivée de Français nés à l'étranger et du retour de citoyens français nés sur le territoire, mais ayant vécu à l'étranger[243].

L'analyse du phénomène migratoire par comparaison des entrées et sorties dans la fourchette 2006-2017 laisse constater que la différence se rétrécit en dépit des flux migratoires notés dans les années 2014-2015 comme le constate l'INSEE[244].

> « *Les sorties du territoire français sont passées de 189 000 en 2006 à 297 000 en 2015 ; en parallèle, les entrées sont passées de 301 000 à 364 000, soit un solde positif qui a diminué entre ces deux dates (de 112 000 à 67 000). Pour une population de 67 millions d'habitants (2017), cela ne représente en 2015 qu'un arrivant pour mille habitants ! Nous sommes loin des hordes envahissantes et du « grand remplacement » chers à certains idéologues populistes.*»[245].

Ce constat est confirmé par les statistiques de l'Organisation Internationale pour les Migrations (OIM) sur son site[246]. La carte de l'OIM laisse apparaitre une population de 7 873 000 d'origine étrangère vivant en France soit 11,6 % de la population française. Ce nombre d'étrangers en France est inférieur à celui constaté aux États-Unis, c'est-à-dire 50 millions sur 352 millions d'habitants soit 14 %. À noter que la notion d'immigré englobe dans l'entendement de l'OIM aussi bien les migrants économiques réguliers et irréguliers, les apatrides, les demandeurs d'asile que les réfugiés. En fait, aux dires de l'OIM, le migrant est :

> « *un terme générique, non défini dans le droit international, reflétant la compréhension profane commune d'une personne qui s'éloigne de son lieu de résidence habituelle, que dans un pays ou à travers une frontière internationale, temporairement ou de façon permanente, et pour diverses raisons. Le terme comprend un certain nombre de catégories juridiques bien définies de personnes, telles que travailleurs migrants; les personnes dont les*

---

[243] Données pour l'année 2013. https://www.insee.fr/fr/statistiques/2593515, consulté le 5 avril 2020 à 10 h 24.
[244] Insee : Institut national de la statistique et des études économiques.
[245] Ibid.
[246] https://www.iom.int/fr, consulté le 10 mars 2020 à 15 h 52.

types de mouvements particuliers sont légalement définis, comme les migrants clandestins; ainsi que ceux dont le statut ou les moyens de déplacement ne sont pas spécifiquement définis en vertu du droit international, comme les étudiants internationaux[247] ».

Ce verdict des faits semble être méconnu par la majorité de l'opinion publique française et italienne. Elle perçoit les étrangers comme une menace. C'est ce que rapportent Ilvo Diamanti et Marc Lazar à propos de l'avis des Français et Italiens sur l'immigration.

> « *Enfin, last but not least, l'immigration et l'Islam sont très mal perçus, et contribuent à nourrir peur et angoisse. 62 % des Français et 74 % des Italiens estiment que « tout bien considéré, l'immigration est plutôt négative » pour leurs pays, cependant que 57 % des Français et des Italiens pensent que l'Islam constitue une menace. Quant aux réfugiés, une écrasante majorité de Français et d'Italiens refusent de les accueillir : pour 73 % des Français et 70 % des Italiens parce que « cela poserait un problème pour la situation économique du pays » ; pour 56 % des Français et 67 % des Italiens car ils « augmentent le risque de la délinquance » ; pour 53 % des Français et 56 % des Italiens parce qu'ils « augmentent le risque terroriste » ; pour 54 % des Français et 52 % des Italiens car la cohabitation avec eux est problématique* ». (Diamanti, Lazar, 2019 :142).

Ce sentiment de peur pourrait s'analyser par la théorie du « *grand remplacement* ». Les tenants de cette théorie à l'image de Stephen Smith[248] s'appuient surtout sur la croissance démographique exponentielle de l'Afrique subsaharienne à l'horizon 2050. Pourtant, François Héran révèle que les Africains émigrent moins que les habitants d'autres régions du monde telles que l'Amérique centrale, l'Asie centrale ou les Balkans[249]. La majorité des migrants africains (70 %) restent sur le continent, 15 % migrent en Europe et le reste s'éparpille en Amérique et dans les pays du Golf. Cette faible migration des Africains à l'extérieur du continent s'explique par la pauvreté et les lourdes tracasseries

[247] Source : https://www.iom.int/fr/qui-est-un-migrant, consulté le 13 mars 2020 à 16 h 45.

[248] Stephen Smith, La ruée vers l'Europe, La jeune Afrique en route pour le Vieux Continent, 2018.

[249] Voir François Heran, La lettre Population et Société de septembre 2018 de l'Institut national d'études démographiques (Ined).

administratives (migration légale) policières et au risque de perdre la vie (migration illégale).

Le recours aux égoïsmes nationaux en Europe est, certes, une réalité aussi vieille que l'immigration, mais la crise financière de 2008 et celle migratoire de 2014-2015 semblent être des facteurs ayant exacerbé ce sentiment anti-immigration.

1.2. Les crises financière et économique de 2008 et migratoire de 2014-2015 : variables déterminantes de la montée du sentiment anti-immigration.

Les idées d'extrême droite caractérisées par un rejet de l'étranger ont toujours été partagées par une frange des populations européennes. Rappelons que si en 2002, Jean-Marie Le Pen est arrivé au second tour de la présidentielle[250], c'est parce que son discours a trouvé un écho favorable auprès de l'opinion. L'exaspération sociale anti-immigration dans de nombreux pays et la surévaluation de la menace migratoire ne sont pas indissociables de la crise financière, celle migratoire et la spirale des attentats terroristes en Europe.

1.2.1. La crise économique et financière de 2008

La crise a frappé de plein fouet de nombreux pays européens aggravant ainsi les inégalités sociales. Cette situation de crise sociale s'est accompagnée dans ces pays d'un sentiment grandissant de rejet des immigrés. Pis, ceux-ci sont souvent considérés comme étant la principale cause des difficultés sociales auxquelles font face les populations.

La crise de 2008 et ses conséquences sociales parfois aiguës dans certains pays de l'Europe a profondément influencé la perception sur l'immigration. La relation flagrante entre les conséquences sociales de la crise et la montée du rejet des immigrés est aussi constatée par Ilvo Diamanti et Marc Lazar en ces termes :

> « *Ce qui ne signifie pas que la crise financière et économique de 2008 n'a pas compté. Au contraire, elle a provoqué dans la*

[250] Contre toute attente, la présidentielle française de 2002 laisse constater un séisme politique. Pour la première fois de l'histoire de la V République, le Front national arrive second (16,86 %) derrière le candidat sortant, Jacques Chirac, (19,18 %). Le Premier ministre d'alors Lionel Jospin (16,18 %) arrive en troisième position à la surprise générale.

plupart des pays de l'Union européenne une montée du chômage, un creusement des inégalités et un accroissement de la pauvreté. Elle a donc engendré la peur de la perte de son emploi, l'inquiétude pour la famille, l'angoisse pour l'avenir des enfants, une forte incertitude culturelle et elle a accru la défiance envers les institutions. » (Diamanti et Lazar, 2019 : 49).

Les concepts utilisés par l'extrême droite française pour désigner les populations frappées par la pauvreté sont révélateurs du lien entre l'exaspération de celles-ci et la dynamique croissante du sentiment anti-immigration. Les « *invisibles* » et les « *oubliés* », tels sont les concepts qu'utilise Marine Le Pen pour désigner les pauvres. En réalité, elle a maintenu le cap déjà tracé par son prédécesseur à la tête du Front National (FN)[251], Jean Marie Le Pen. Ce dernier qualifiait les pauvres de « *démunis* », de « *sans-voix* » et de « *laissés-pour-compte* ».

À partir de 2009, le taux de chômage, en France, oscille entre 8,2 % et un peu plus de 10 % de la population active. Il touche surtout les jeunes. En 2016, plus d'un quart des jeunes de 15-24 ans sont frappés par le chômage. Il faut remonter à 1983 pour voir le taux de chômage dépasser 7,1 % de la population active. La crise économique et financière de 2008 a aussi accentué les disparités territoriales et sociales. Ces inégalités se sont manifestées, d'une part, entre Paris et les provinces et, d'autre part, entre les Français et les étrangers vivant dans le pays. Dans certaines provinces, le travail de main-d'œuvre généralement « *occupé* » par les immigrés revient aux Français. Le chômage chronique, la précarisation des conditions de nombreux travailleurs et l'instabilité de la main-d'œuvre ont eu des effets sociaux considérables dont la plus illustrative a été la crise du mouvement des Gilets jaunes[252].

---

[251] FN : actuel Rassemblement national.

[252] Le mouvement des Gilets jaunes - le nom fait allusion aux gilets jaunes que portent les manifestants – est un mouvement d'expression d'un mécontentement social de citoyen-ne-s français-es contre l'augmentation de la taxe intérieure de consommation sur les produits énergétiques (TICPE). A ce facteur déclencheur se sont greffées d'autres revendications en général d'ordre social. Ce mouvement né spontanément en octobre 2018 et amplifié sur les réseaux sociaux n'est pas structuré. Le gouvernement français renonce finalement à la hausse de la taxe TICPE, facteur déclencheur du mouvement, et d'autres mesures sociales (loi portant mesures d'urgence économiques et sociales) seront également prises par Emmanuel Macron qui, dans la même logique, lance le grand débat. Ces différentes mesures et initiatives n'ont pas réussi à stopper le mouvement des Gilets jaunes, mais semblent avoir largement diminué son ampleur.

La crise économique et financière a eu des conséquences sur le chômage beaucoup moins importantes en France que dans d'autres pays d'Europe du Sud. En Italie, le taux de chômage est passé de 6,6 % avant la crise[253] à 13 % en 2014 avant de se stabiliser à 10,4 % en 2017[254].

Comme en France, la crise a également aggravé les disparités territoriales en Italie. Le niveau du taux de chômage des régions italiennes varie en fonction de leur position géographique. Ainsi, s'il est vrai que l'augmentation du chômage a concerné toutes les régions dans la période post crise de 2008, il est permis de constater que celles du sud sont plus frappées par le phénomène que les régions du nord. Dans les régions du sud, le taux de chômage qui était, avant la crise, de 11 % est grimpé à 20,7 % en 2014. Au nord, par contre, il était de 8,6 % en pleine crise en 2014 alors qu'il était de 3,5 % en 2007[255].

1.2.2. L'impact des attentats terroristes sur la montée du sentiment anti-immigration

En dehors de la pauvreté, les attentats terroristes perpétrés, depuis 2015, ont constitué une dynamique non négligeable dans l'explication des difficultés grandissantes d'acceptation des immigrés par une partie de l'opinion européenne. Bien des auteurs de ces différents attentats, même si certains d'entre eux sont des citoyens européens, proviennent également de l'immigration. C'est sous ce rapport qu'il convient d'analyser le discours anti-immigration brandi par les partis d'extrême droite pour lutter contre le terrorisme. Durant la campagne présidentielle française de 2017, Marine Le Pen laisse entendre : « *Avec moi, il n'y aurait pas eu de Mohamed Merah, français grâce au droit du sol (...). Avec moi, il n'y aurait pas eu les terroristes migrants du Bataclan et du Stade de France, ils ne seraient pas rentrés dans notre pays*[256] ».

Néanmoins, ce discours a cessé d'être l'exclusivité des partis d'extrême droite. Les attentats « *islamistes* » ont constitué un terrain fertile aux propos politiques propageant l'antipathie envers l'immigration et l'Islam. L'histoire de l'Islam en Europe est liée à l'immigration. « *Terrorisme islamique* », « *islamisme politique* » et « *immigration* » sont

[253] Décembre 2007.
[254] Données Istat, www. dati.istat.it, consulté le 16 mars 2020 à 16 h 29.
[255] Source : www. dati.istat.it, consulté le 24 mars 2020 à 12 h 20.
[256] Extrait du discours tenu le 17 avril 2017 lors d'un grand meeting du Front national au Zénith de Paris.

trois thématiques qui présentent une dynamique linéaire dans l'entendement des partis d'extrême droite. Sous la présidence de François Hollande, la loi du 7 mars 2016 portant droit des étrangers a été votée durant la période post-attentat de novembre 2015 en pleine situation d'état d'urgence. Général François Lecointre, chef d'état-major de l'armée française cite dans la même phrase terrorisme et migration parmi les menaces auxquelles l'Europe doit faire face. « *Le continent (l'Europe) devra affronter à lui seul (...) tous les types de menaces (de la crise internationale grave au terrorisme, de la cyberguerre aux migrations*[257]) ».

Cette perception sur les liens entre immigration et terrorisme ainsi qu'immigration, chômage et insécurité a un impact sur la percée électorale des partis d'extrême droite.

1.2.3. La crise sociale, migratoire et sécuritaire : terreau fertile à la percée électorale des partis d'extrême droite.

Depuis la présidentielle française de 2002 où le FN a cassé le bipartisme gauche-droite[258] en se qualifiant au second tour, il a réalisé de belles performances électorales durant la période post crise économique et financière de 2008 et de la spirale des attentats à partir de 2015.

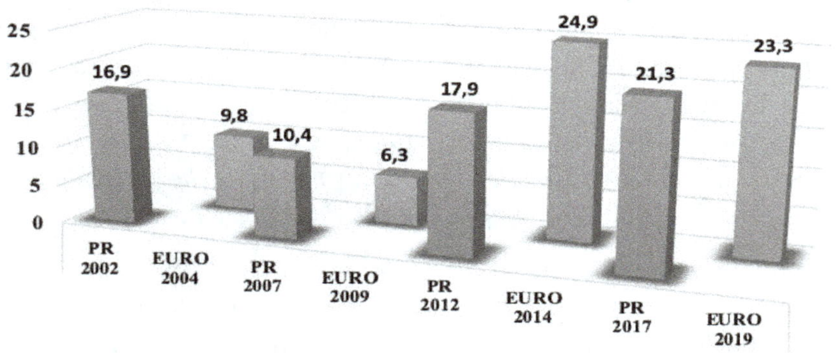

Résultats électoraux FN-RN (2002-2019)

Source : France-politique.fr, consulté le 5 avril 2020.

[257] Cité par Le Canard enchaîné, mercredi 19 septembre 2018.

[258] Dans la 5ème République, la vie politique française a toujours été dominée par la droite et la gauche.

À l'analyse du graphique, le FN a battu son record électoral de 2002 (16,9 %) lors de la présidentielle de 2012 (17,9 %). Depuis cette présidentielle, le FN-RN confirme sa progression électorale tous scrutins confondus au point de devenir un parti de gouvernement. Manuel Valls a exprimé publiquement son inquiétude en ces termes : « *Nous devons agir autrement. Et parler autrement. Pour être écoutés, et entendus. (...) En France, l'extrême droite et Marine Le Pen sont aux portes du pouvoir*[259] *!* ».

Ce sentiment alarmiste de Manuels Valls sur une probable victoire présidentielle du FN est à l'opposé de la lecture de Marine Le Pen sur les bonds électoraux de son parti. Celle-ci en voit un :

> « *désaveu d'une violence inouïe à l'égard de la classe politique traditionnelle » en jugeant qu'il s'agit d'un vote d'« adhésion » et que les Français auraient voté pour « un protectionnisme intelligent, l'arrêt de l'immigration, la maîtrise des frontières*[260]... ».

La percée électorale de l'extrême droite française est aussi constatée dans d'autres pays européens. L'UE et l'Italie ont connu un séisme politique en 2018 avec l'arrivée au pouvoir de l'extrême droite pour la première fois dans un des six pays fondateurs de la Communauté économique européenne (actuelle UE). Le Mouvement 5 étoiles[261] a obtenu plus de 32 % des suffrages et la Ligue a réalisé un score de 17 % à la chambre des députés. La coalition de ces deux formations a pris les rênes du pouvoir non pas en tant qu'associée, mais en capitaine. Ces résultats électoraux s'analysent particulièrement par les tensions sociales résultant des crises économique et financière (2008) et migratoire (2014-2015).

L'Alternative pour l'Allemagne (AFD), parti d'extrême droite, est parvenue à réaliser en septembre 2019 pratiquement le double de ses scores électoraux de 2014. Il engrange des suffrages à hauteur de 22,5 % en 2019 dans le Brandebourg, le Land qui entoure Berlin, contre 12,2 %

---

259 Discours de Manuel Valls prononcé, le 07 septembre 2014, à la Festa de l'Unità à Bologne, en Italie.

260 Propos de Marine Le Pen dans son discours du 26 mai 2014 suite aux élections européennes des 24–25 mai 2014 où les listes Front national caracolent en tête avec 26 % des suffrages (24 sièges).

261 Créé le 04 octobre 2009 par Beppe Grillo et Gianroberto, le Mouvement 5 étoiles (en italien, *Movimento 5 Stelle* ou *Cinque Stelle*,M5S) est une formation politique italienne. Le M5S actuellement dirigé provisoirement par Vito Crimi.

en 2014, et 27,5 % en Saxe, dans le Sud-Est (9,7 % en 2014). Cette prouesse électorale aux élections régionales dans l'Est de l'Allemagne n'est pas indissociable de son aversion pour la politique d'accueil des immigrés d'Angela Merkel.

2. L'Europe en contradiction avec ses valeurs

L'Union européenne est une organisation qui se caractérise par les valeurs qu'elle porte et prône dans son espace géographique et sur l'international. Ces valeurs sont la dignité humaine, la liberté, la démocratie, l'égalité, l'État de droit et les droits de l'Homme[262]. Néanmoins, dans leur stratégie de lutte contre l'immigration, des pays membres de l'UE adoptent des lois qui pourraient remettre en cause lesdites valeurs. La lutte contre l'immigration rend illisible le jeu politique (**2.1.**), laisse constater le virage à l'extrême droite de la politique publique française (**2.2.**) et le droit d'asile malmené (2.3.).

2.1. La lutte contre l'immigration ou l'effondrement » des barrières politiques

> « *La France ne peut accueillir toute la misère du monde* », affirme Michel Rocard qui s'empresse d'ajouter « *mais elle doit savoir en prendre fidèlement sa part*[263] ».

Le début de cette phrase est devenu la formule magique des acteurs politiques français pour exprimer leur opposition à l'accueil des immigrés. Le contexte post crise financière de 2008 et la crise migratoire et sécuritaire ont largement impacté sur la vie politique et électorale de nombreux pays européens et mis à mal l'image de puissance démocratique que pourrait revendiquer l'UE. Rappelons que la protection et la promotion des valeurs de l'UE sont des conditions à remplir par les États partenaires bénéficiaires de son aide publique au développement.

La montée du sentiment anti-immigration dans de nombreux pays européens a engendré une « *droitisation* » du discours politique et des politiques publiques.

---

[262] https://europa.eu/european-union/about-eu/eu-in-brief_fr, consulté le 23 mars 2020 à 11 h 19.

[263] Extrait du discours de Michel Rocard à l'occasion de la célébration des 50 ans de la Cimade en novembre 1989.

Le discours anti-migratoire n'est plus l'apanage des partis d'extrême droite. Ce discours trouve un écho auprès de l'opinion publique. Désormais, des acteurs politiques de droite, du centre et parfois même de gauche rivalisent d'aversion pour l'accueil des immigrés. Nous assistons à une radicalisation d'acteurs politiques européens pour séduire des populations frappées par un quotidien difficile faisant de l'immigré le principal bouc émissaire. Ce discours à la limite xénophobe fait sauter dans la politique publique migratoire les frontières idéologiques entre de nombreux partis.

La signature du Pacte de Marrakech par 150 pays sur les 193 de l'ONU a été vertement critiquée par de nombreux acteurs politiques européens. Ils perçoivent à travers ce Pacte une volonté de l'ONU d'imposer l'immigration à leurs pays. « *Le Pacte mondial sur les migrations cherche à imposer rien de moins qu'une véritable propagande en faveur de l'immigration !* », affirme Nicolas Dupont-Aignan, sur son blog[264]. Cette perception du Pacte de Marrakech n'est pas propre à la classe politique. Une partie de l'opinion a également fortement manifesté son opposition à sa signature. La théorie du « *grand remplacement* » semble être passée par là. Durant la crise des Gilets jaunes en France, certains acteurs du mouvement s'attaquaient aussi à l'immigration. « *Marrakech, c'est non* », tel est le message inscrit sur une des banderoles lors d'une manifestation des Gilets jaunes le samedi 8 décembre 2018. « *Quelle bande d'enculés ! Ils sont en France ces sales bâtards et tout ça va être prélevé sur nos impôts* »[265], lâche un gilet jaune à l'intention de six migrants cachés dans un camion à Flixecourt[266].

La propension de cette idée auprès de l'opinion publique semble bien avoir raison sur des acteurs politiques idéologiquement plus ouverts à l'accueil des migrants. Vers la fin de son mandat, il est constaté une tendance à l'« *extrême droitisation* » de la politique migratoire de Nicolas Sarkozy. L'adoption de la « *circulaire Guéant* »[267] en est une illustration.

264 http://blog.nicolasdupontaignan.fr/post/Le-Pacte-Mondial-sur-les-migrations-est-un-pi%C3%A8ge-pour-la-France-et-toute-l%E2%80%99Europe, consulté le 13 avril 2020 à 15 h 32.

265 Propos tenu par un gilet jaune lors d'un rassemblement des Gilets jaunes le 20 novembre 2018.

266 Flixecourt est une localité située dans le département de la Somme en région Hauts-de-France.

267 Pour contrer la montée en puissance du Front national sur le marché électoral suite aux élections cantonales de mars 2011, le ministre de l'Intérieur Claude Guéant annonce sur TF1, le 15 avril 2011, son intention de revoir à la baisse l'immigration

Face aux fortes contestations d'étudiants français et étrangers, les circulaires Guéant 1 et Guéant 2 seront abrogées, le 31 mai 2012, par le gouvernement Ayrault après la défaite de Sarkozy (2012)[268].

La même tendance à l'« *extrême droitisation* » du discours politique est aussi constatée à l'arrivée de la gauche au pouvoir en 2012. Ministre de l'Intérieur puis Premier ministre de François Hollande, Manuel Valls a trop joué sur l'« *immigration* ». Aussi bien pour Sarkozy que pour Manuel Valls, leur passage au ministère de l'Intérieur, caractérisé par une ligne dure contre les étrangers, a été un élément déterminant dans leur ascension politique.

2.2. Le virage à l'extrême droite de la politique publique migratoire française ?

Si le candidat Emmanuel Macron était très ouvert par rapport à la politique migratoire, le Président Emmanuel Macron semble tomber sous le charme de la politique anti-immigration. « *Nous devons résister aux émotions de court terme (...). L'Europe ne peut les (migrants) accepter, au moins tous d'entre eux, alors que nous avons besoin que les Africains réussissent en Afrique* »[269].

Un an plus tard, il est loisible de percevoir une évolution vers l'extrême-droitisation du discours d'Emmanuel Macron. Face aux députés de la majorité, le 16 septembre 2019, un virage « *populiste* » s'opère dans son discours. Il invite ses ministres et députés à éviter que leur parti soit perçu comme un « *parti bourgeois* ». Ainsi, il invite ses

---

légale (de 200 000 à 180 000 par an). À cet effet, il publie une circulaire, le 31 mai 2011, à l'intention des préfectures en vue du durcissement des critères de délivrance de titre de séjour aux diplômés hors UE. C'est la « *circulaire Guéant* ». Face aux fortes contestations d'étudiants français et étrangers, une « *circulaire complémentaire* » est prise permettant aux étudiants hors UE titulaires au moins d'un Master 2 d'obtenir une autorisation provisoire de séjour de 6 mois non renouvelable après leurs études, puis éventuellement un permis de travail. Cette « circulaire Guéant 2 » du 4 janvier 2012 n'a pas réussi à calmer les ardeurs des contestataires regroupés au sein du Collectif du 31 mai. Les circulaires Guéant 1 et Guéant 2 seront abrogées le 31 mai 2012 par le gouvernement Ayrault après la défaite de Nicolas Sarkozy à la présidente de 2012.

[268] http://www.gisti.org/IMG/pdf/norintv1224696c.pdf, consulté le 5 avril 2020 à 15 h 44.

[269] Extrait du discours d'Emmanuel Macron dans un hôtel à Lagos (Nigeria), le 4 juillet 2018, au Nigéria.

collaborateurs politiques à « *défendre* » et à « *comprendre* » les « *classes populaires* » qui « *souffrent* » de ce problème français et européen. Ce discours d'Emmanuel Macron, devant un groupe de ministres et de députés, s'apparente à celui de l'extrême droite française sur l'immigration.

« *Bienvenue en France* », ce programme du gouvernement français dont l'objectif est de passer de 324 000 à 500 000 étudiants étrangers à l'horizon 2025 pourrait aussi être perçu comme un moyen subtil de lutter contre l'immigration subsaharienne. Car il se caractérise par l'augmentation spectaculaire des frais d'inscription des étudiants extra-communautaires. Par un arrêté du 19 avril 2019[270], le gouvernement français augmente leurs frais d'inscription dans les universités publiques, qui passent de 170 € à 2 770 € pour la licence et 3 770 € pour le master contre 243 € avant[271].

Chaque année, 150 000 Africains viennent étudier en France soit plus de la moitié des étudiants étrangers. Compte tenu des frais exorbitants d'inscription, il va de soi que les étudiants subsahariens seront les plus touchés au regard de la pauvreté qui touche particulièrement leurs pays. La pertinence de cette mesure dans la lutte contre l'immigration subsaharienne est surtout relative au fait que l'essentiel des étudiants subsahariens ne rentrent pas dans leur pays d'origine après leurs études.

L'Aide Médicale d'État (AME), qui est dans le viseur de la majorité présidentielle, est une autre illustration éloquente de l'« *extrême droitisation* » de la politique migratoire d'Emmanuel Macron. Ce dispositif, en cours de révision, permet aux étrangers, même en situation irrégulière, de se faire soigner gratuitement. Emmanuel Macron se dit favorable à une réévaluation de l'AME et s'interroge « *Est-ce qu'on rembourse à 100 % tout ce qui est nécessaire d'être remboursé et est-ce qu'il n'y a pas parfois, un peu, des excès*[272] *?* ».

Même s'il trouve « *ridicule* » sa suppression, il juge nécessaire qu'une modification y soit apportée. Dans l'opinion publique française, l'idée que

---

[270] Dans son arrêté du 1er juillet 2020, le Conseil d'État a validé la hausse controversée des frais d'inscription des étudiants étrangers décidée en novembre 2018, en rejetant le recours de plusieurs associations d'étudiants français et étrangers dont l'Unef.

[271] Rappelons que les doctorants étrangers hors Union européenne ne sont pas concernés par la hausse des frais d'inscription. Le montant des droits d'inscription en doctorat est à 380 £.

[272] Propos tenus à New York, le mercredi 25 septembre au micro d'Europe 1, en marge de l'Assemblée générale de l'ONU.

l'immigration pèserait lourdement sur les finances publiques y est très répandue. À en croire l'Institut Ipsos, dans son sondage publié le vendredi 13 septembre 2019, 65 % des Français pensent qu'accueillir les migrants n'améliorera pas la situation du pays et pour 45 %, leur arrivée « *prive les Français de services sociaux*[273] ». Autrement dit, les immigrés sont des « *bouffeurs* » des impôts des Français. Sous ce rapport, toute mesure populiste visant à durcir les conditions des étrangers trouve un écho favorable auprès de cette opinion publique.

Ce virage d'Emmanuel Macron s'analyse donc comme un souci de ne pas laisser le champ libre au RN d'être le principal réceptacle de la montée du mécontentement social de l'opinion contre les immigrés. Comme la « *circulaire Guéant* » du 31 mai 2011 prise dans un contexte de succès électoral du FN aux élections cantonales de mars de la même année, la qualification de Marine Le Pen au second tour de la présidentielle de 2017 ainsi que les sondages d'opinion qui lui sont favorables pourraient expliquer la subite et surprenante « *extrême droitisation* » du discours d'Emmanuel Macron pour capter, à la présidentielle de 2022, une partie de l'électorat hostile à l'immigration. Cette tendance de l'« *extrême droitisation* » du discours des acteurs politiques français pourrait être considérée comme une fluctuation des convictions politiques à l'aune des sondages d'opinion.

2.3. Le droit d'asile malmené

Cette antipathie contre l'immigration en Europe était bien prédite par le député Noël Mamère en 2003 à l'Assemblée nationale française. L'Europe semble se replier sur elle-même.

> « *L'Europe, depuis la chute du mur de Berlin et les accords de Schengen, a tendance à se transformer en véritable forteresse, et je crains qu'elle ne devienne un « apartheid planétaire », qui refusera d'accueillir ceux qui fuient la misère ou la tyrannie, voire les deux*[274] . »

Cette velléité européenne de fermeture des frontières pour satisfaire une opinion publique contraste avec ses valeurs. Ces valeurs, qui sont la

---

[273] Source : https://www.valeursactuelles.com/societe/deux-francais-sur-trois-voient-les-migrants-comme-une-menace-110781, consulté le 3 avril 2020 à 17 h 29.
[274] www.assemblee-nationale.fr/12/cra/2002-2003-extra/017.asp, consulté le 12 avril 2020 à 16 h 37.

marque d'un État de droit, sont protégées par des institutions juridiques nationales et européennes qui contraignent les États à respecter le droit des immigrés. C'est ce que James Hollifield qualifie de « *paradoxe libéral* » ou « *contrainte libérale* » (1992).

Cette contradiction est le mobile de l'abrogation de mesures restrictives contre les droits des immigrés en France en 1986 et 1995 (lois Pasqua). Cette annulation par les juridictions s'explique par l'évolution des droits humains traduits dans les conventions et Pactes signés et ratifiés par les États dans leur Constitution et leurs lois nationales qui rejettent les décisions discriminatoires et protègent l'être humain contre les fluctuations des mesures politiques sous le diktat de l'opinion. Ce même rétablissement des immigrés dans leurs droits par des juridictions nationales est également constaté chez des demandeurs d'asile[275]. En France, « *Patrie des droits de l'Homme* », l'Office français de protection des réfugiés et apatrides (Ofpra) a accordé, en 2017, le statut de réfugié qu'à 27 % des demandeurs d'asile.

Néanmoins, suite au recours en appel de déboutés auprès de la Cour nationale du droit d'asile (CNDA), le taux d'admis au statut de réfugié passe de 27 % à 36 %. Ce faible taux d'admission au statut de réfugié révèle que la « *Patrie des droits de l'Homme* » n'est pas tant une terre d'accueil tel qu'on pourrait le penser. La pratique européenne sur le droit d'asile contraste avec les valeurs que Manuel Valls a rappelées au palais de Bourbon. « *Le droit d'asile, mesdames et messieurs les députés, est un droit fondamental qui puise sa source dans notre Histoire, dans nos engagements internationaux et dans nos obligations communautaires. Il est de la vocation de la France d'accueillir celui ou celle qui est persécuté pour ses idées ou exposé à des risques pour son intégrité*[276] ».

L'analyse des taux de refus du droit d'asile dans l'espace Schengen prouve que l'UE n'est pas pour autant une terre d'accueil. Aux dires de Smith (2019 :142) :

275 Un demandeur d'asile est une personne ayant fui son pays pour des menaces sur sa vie à cause de son appartenance identitaire ou de ses opinions. Elle demande à s'installer définitivement dans un pays. Si une suite favorable est réservée à sa requête, le demandeur d'asile va ainsi s'acquérir le statut de réfugié. Enfin, rappelons que cette demande d'asile ne peut se faire que dans un seul pays.

276 Extrait du discours du Premier ministre Manuel Valls sur l'accueil des réfugiés en France et en Europe (16 septembre 2015).

« *Aussi, toujours en 2016 et selon Eurostat, un peu plus de 80 % des demandes d'asile dans l'UE ont été rejetées. (...) Car la reconnaissance du droit d'asile en Europe tourne au jeu de hasard : si la Bulgarie a débouté 5 % des demandes en 2016, la Grande-Bretagne en a rejeté 48 %, la France 85 %, l'Allemagne 91 %, et le Portugal, la Croatie, l'Estonie et la Lituanie en ont refusé la totalité, 100 % ! C'est le règne de l'arbitraire au royaume de l'hypocrisie. Ceux qui demandent protection sont sommairement éconduits par la petite porte des palais de justice européens parce que la sécurisation des frontières est désapprouvée par une opinion publique – ou, du moins, par une majorité des opinions publiques publiées dans la presse...* ».

Conclusion

L'immigration et les phénomènes qui lui sont connexes font l'actualité dans de nombreux pays européens. Le sentiment anti-immigration a réussi à fragiliser les frontières idéologiques entre des acteurs politiques nationaux de l'Europe. Les sondages d'opinion ont fini d'être les déterminants du comportement de nombreux acteurs politiques vu l'évolution de leur position sur l'immigration. Pour satisfaire une opinion publique hostile à l'immigration, des mesures parfois en contradiction avec les valeurs si chères à l'UE y sont prises.

L'immigration pourrait, pourtant, constituer une bouffée d'oxygène pour l'UE. Si toutes les statistiques prédisent une croissance exponentielle de la démographie africaine, celle de l'Europe va connaître l'inverse. Cette baisse progressive de la natalité ne serait pas sans conséquences. Des démographes de l'ONU constatent que « *Le taux de fécondité dans tous les pays d'Europe est aujourd'hui inférieur à celui nécessaire pour parvenir à un seuil de renouvellement de la population à long terme (c'est-à-dire en moyenne 2,1 enfants par femme*[277]*)* ».

Trois solutions s'offrent à l'Europe : 1. Inverser la courbe descendante de la natalité ; 2. Avancer l'âge de la retraite ; 3. Encourager l'immigration. La recommandation des démographes de l'ONU invitant l'Europe à recourir à la migration de remplacement[278] pour parer au déclin

[277] Voir le rapport 2011 des démographes de l'ONU.

[278] La migration de remplacement est la migration nécessaire dans une société pour atteindre un objectif (démographie, économique ou social). Lire Guillaume Marois,

de sa population active et de sa démographie se comprend sous ce rapport. Cette recommandation est, néanmoins, politiquement suicidaire dans un contexte de repli aux égoïsmes nationaux. Tout de même, il est très probablement impossible pour des pays européens de hausser le niveau de la fécondité pour plusieurs raisons dont l'intensification de l'activité professionnelle des femmes. En France, Jean-Michel Blanquer tire la sonnette d'alarme :

> « *Il manque entre 40.000 et 50.000 enfants par an depuis 2013 pour assurer le renouvellement de la population. C'est très grave si cela continue. L'enjeu est démographique, mais aussi territorial, car ce déficit se constate particulièrement dans les zones rurales*[279] ».

La seconde solution a peu de chance d'être réalisée dans un pays comme la France, vu l'opposition farouche de l'opinion publique à la revue en hausse de l'âge de la retraite. L'accueil massif par l'Allemagne de migrants ces dernières années répondait à cette équation du déclin de sa démographie et du vieillissement de sa population. L'Europe pourra-t-elle continuer à faire fi de cette réalité pour satisfaire une opinion publique qui prend les immigrés pour des « *usurpateurs* » de privilèges sociaux et boucs émissaires de leurs difficultés sociales et sécuritaires ?

Références bibliographiques

BALLEIX Corinne, 2013, La politique migratoire de l'Union européenne, Paris, La Documentation française.

DIAMANTI Ilvo; LAZAR Marc, 2019, Peuplecratie la métamorphose de nos démocraties, Eure, Gallimard.

Dossier Frontex le bras armé de l'Europe forteresse, n° 18 mars / avril 2013.

La « *migration de remplacement* » : un exercice méthodologique en rapport aux enjeux démographiques du Québec in Cahiers québécois de démographie Vol. 37, no 2, Automne 2008, p. 237-261.

[279] Jean-Michel Blanquer (2019), https://www.bfmtv.com/politique/gouvernement/les-francais-font-de-moins-en-moins-d-enfants-macron-veut-relancer-la-dynamique-de-la-natalite_AN-201904260006.html/, consulté le 7 avril 2020 à 15 h 46.

FISCHER Nicolas ; HAMIDI Camille, 2016, Les politiques migratoires, Paris, La Découverte.

HERAN François, 2018, Populations et Sociétés n° 558.

MAALOUF Amin, 2018, Les identités meurtrières, Paris, Éditions Grasset et Fasquelle.

MAROIS Guillaume, 2008, « La « migration de remplacement » : un exercice méthodologique en rapport aux enjeux démographiques du Québec », Cahiers québécois de démographie Vol. 37, n° 2.

NGOM Abdoulaye, « Le traitement médiatique des migrations clandestines et forcées dans la presse internationale : vraies et fausses idées reçues », Communication en question, n° 12, Novembre/Décembre 2019, URL : https://www.academia.edu/42397481/Le_traitement_m%C3%A9diatique_des_migrations_clandestines_et_forc%C3%A9es_dans_la_presse_internationale_vraies_et_fausses_id%C3%A9es_re%C3%A7ues, (Page consultée le 6 septembre 2020).

NGOM Abdoulaye, 2018, « « Les damnés de la mer » », Journal des anthropologues [En ligne], 154-155 | 2018, mis en ligne le 15 novembre 2020, URL : http://journals.openedition.org/jda/7383 ; DOI : 10.4000/jda.7383, (Page consultée 15 décembre 2019).

NGOM Abdoulaye, « Les tentatives d'émigration par la mer de jeunes Sénégalais de Casamance », *Revue des sciences sociales* [En ligne], 57 | 2017, mis en ligne le 15 juillet 2017, URL : http://journals.openedition.org/revss/353 ; DOI : 10.4000/revss.353, (Page consultée le 11 décembre 2019).

NGOM Abdoulaye, 2017, « Tekki ou le mirage de la réussite chez les jeunes de Casamance », Revue africaine des migrations internationales, Vol. 1, N° 1.

Rapport Frontex : quelles garanties pour les droits de l'homme ? (Migreurop, 2010), Réponse à l'appel du Médiateur européen (Migreurop/Statewatch, 2012)

SMITH Stephen, 2018, La ruée vers l'Europe, la jeune Afrique en route pour le Vieux Continent, Paris, Éditions Grasset et Fasquelle.

WEIL Patrick ; TRUONG Nicolas, 2016, Le sens de la République, Paris, Éditions Grasset et Fasquelle.

Webographie.

- https://www.afd.fr/fr/actualites/en-2050-plus-de-la-moitie-de-la-population-africaine-aura-moins-de-25-ans/, consulté le 25 mars 2020 à 14h 55.

- https://www.lefigaro.fr/politique/le-scan/protection-du-mode-de-vie-europeen-le-nom-du-portefeuille-immigration-a-la-commission-passe-mal-20190910, consulté le 15 mars 2020 à 18h 12.

- https://www.insee.fr/fr/statistiques/2593515, consulté le 5 avril 2020 à 10h 24.

- https://www.iom.int/fr, consulté le 10 mars 2020 à 15h 52.

- https://www.iom.int/fr/qui-est-un-migrant, consulté le 13 mars 2020 à 16h 45.

- www. dati.istat.it, consulté le 16 mars 2020 à 16h 29

- www. dati.istat.it, consulté le 24 mars 2020 à 12h 20.

- https://europa.eu/european-union/about-eu/eu-in-brief_fr, consulté le 23 mars 2020 à 11h 19.

- http://blog.nicolasdupontaignan.fr/post/Le-Pacte-Mondial-sur-les-migrations-est-un-pi%C3%A8ge-pour-la-France-et-toute-l%E2%80%99Europe, consulté le 13 avril 2020 à 15h 32.

- http://www.gisti.org/IMG/pdf/norintv1224696c.pdf, consulté le 5 avril 2020 à 15h 44.

- https://www.valeursactuelles.com/societe/deux-francais-sur-trois-voient-les-migrants-comme-une-menace-110781, consulté le 3 avril 2020 à 17h 29.

- www.assemblee-nationale.fr/12/cra/2002-2003-extra/017.asp, consulté le 12 avril 2020 à 16h 37.

- Jean-Michel Blanquer (2019), https://www.bfmtv.com/politique/gouvernement/les-francais-font-de-moins-en-moins-d-enfants-macron-veut-relancer-la-dynamique-de-la-natalite_AN-201904260006.html/, consulté le 7 avril 2020 à 15h 46.

Races, dynamisme sociopolitique et identité au Mexique

Kouakou Laurent LALEKOU

Enseignant chercheur au Département d'Études Ibériques et Latino-Américaines (DEILA) / Université Félix Houphouët-Boigny en Côte d'Ivoire.
Fohundy08042013@gmail.com / lmoyerlk@yahoo.fr

Résumé :

Au Mexique, l'identité nationale a oscillé entre la blanche, l'indienne et la métisse. Ces différentes temporalités amènent à analyser le rôle des facteurs raciaux dans le processus identitaire, leurs conséquences sur le développement et les avantages aujourd'hui d'une construction sociale plurielle. Ce travail qui s'inscrit dans une perspective analytique, montre comment les questions raciales ont imposé aux luttes sociales et politiques leur dynamique.

Mots clés : Races, dynamisme sociopolitique, identité, Mexique.

Resumen: Razas, dinamismo sociopolítico e identidad en México

En México, la identidad nacional ha oscilado entre blanco, indio y mestizo. Estas diferentes temporalidades nos llevan a analizar el papel de los factores raciales en el proceso de identidad, sus consecuencias para el desarrollo y las ventajas actuales de una construcción social plural. Este trabajo, que se sitúa en una perspectiva analítica, muestra cómo los problemas raciales han impuesto su dinámica a las luchas sociales y políticas.

Palabras clave: Razas, dinamismo sociopolítico, identidad, México

Abstract:

In Mexico, national identity has oscillated between the White, Indian and mixed race. These different temporalities lead to analysis of the role of racial factors in the identity process, their consequences on development and the advantages today of a plural social construction. This work, which is part of an analytical perspective, shows how racial issues have imposed their dynamics on social and political struggles.

Key words : Breeds, socio-political dynamism, identity, Mexico.

Introduction :

> *« Les Péruviens descendent des Incas, les Mexicains des Aztèques et les Argentins des bateaux ».*
>
> Carlos Fuentes

Cette affirmation est contredite par la réalité composite de la population. On y trouve des Amérindiens, des blancs et des noirs. Ces trois principaux groupes ont, à travers le métissage, donné de nombreuses variantes. Pour ces groupes et leurs descendants, l'histoire fut déterminante. Elle fit des uns des vainqueurs (espagnols), et des autres des vaincus ou des esclaves. Cette catégorisation fondée sur la race, a donné aux classes sociales et à la liberté, une couleur. Être noir était synonyme d'être esclave, et être blanc ou indien voulait dire être libre. Ainsi, plus la peau était claire mieux c'était. La couleur, grande constante de l'identité au Mexique, a imposé à toutes les luttes sociales et politiques, sa dynamique. Cela a fait de l'identité une réalité définie au gré du moment.

Il sera tantôt question d'hispanité, tantôt de créolité, d'indianité ou de métissage. La couleur de peau comme marqueur social et identitaire est aussi vieille que les questions indienne et noire au Mexique, et avec elles les stéréotypes et stigmates qui s'y rapportent. À partir des années 1970, la crise du modèle révolutionnaire institué en 1946 a entraîné une montée des revendications ethniques. Chez les Indiens, cela a favorisé la naissance, en 1993, de l'Armée zapatiste de libération nationale (EZLN), mouvement qui trouve ses origines dans les années 1970[280]. Chez les Noirs, on va assister à une mobilisation politique d'organisations civiles et communautaires. À la différence des mouvements indiens, elle est plus le fait d'une construction intellectuelle, politique et juridique, fondée sur l'identification de traits culturels et phénotypiques, dits « spécifiques » (Lara, 2011). Cela a commencé avec les études ethno-historiques de Aguirre Beltrán dans les années 1940.

Cependant, il a fallu attendre jusqu'au milieu des années 1980, pour voir émerger le thème « afro » avec la *Dirección General de Culturas Populares*[281], créée en 1978. Cette institution chargée d'étudier, conserver, diffuser et développer les cultures populaires au Mexique, en

[280] EZLN est née du Parti des forces de libération nationale (PFLN).
[281] Direction Générale des Cultures Populaires.

fera la promotion à travers le programme de « *La tercera raíz* » ou troisième racine, visant à faire reconnaître les apports culturels des populations d'origine africaine. Au regard de ce processus identitaire national mexicain, quelles furent les modalités d'inclusion raciale ou ethnique ? Comment ont-elles affecté le développement économique, politique, social et culturel ? Que révèlent les mobilisations à caractère ethnique actuelles ? Quel est l'intérêt d'une construction identitaire ethnico-raciale « nouvelle » au Mexique ?

L'objectif de ce travail est d'analyser, dans une perspective historique, le rôle joué par les facteurs raciaux dans les luttes sociales et politiques au Mexique pour appréhender leurs conséquences sur le développement et les avantages aujourd'hui, d'une construction sociale plurielle, Notre démarche méthodologique se fonde sur un corpus élaboré à partir d'une étude documentaire dont l'analyse vise à permettre une ébauche de réponses aux différentes questions de recherche susmentionnées.

1/ Le rôle des facteurs raciaux dans le processus identitaire

Au Mexique, la compréhension de la dimension ethnico-raciale de l'identité passe par celle du mode de construction des catégories ethniques ou raciales. Cette construction attribue à « la différence » un rôle majeur dans la négociation des relations sociales, et à « la race » une place centrale dans la constitution de cette différence (Hoffmann, 2011 : 18). Ainsi, s'appuyant sur l'histoire de la conquête et de la colonisation, elle met face à face des noirs, des Indiens et des blancs, qui sont non seulement des groupes d'origines diverses mais aussi des catégories ethniques et raciales porteuses d'expériences distinctes. Ces expériences vont être déterminantes dans la perception et la valorisation de la différence entre les groupes.

Dans le contexte mexicain, la perception de la différence à travers le prisme de « la race », non seulement a donné lieu à « des processus de domination / subordination », mais aussi et surtout permis de les justifier (Lara, 2011). Les blancs qui appartiennent à la race européenne sont considérés comme les plus évolués. C'est une race qui a lutté tout au long de son histoire avec d'autres. Ce qui explique sa grande efficacité dans l'action. Quant aux Indiens, ils appartiennent à une race qui a vécu dans l'isolement jusqu'au XVIe siècle, en marge de la compétition interraciale. Pour cette raison, ils sont jugés peu évolués les colons espagnols. À cela s'ajoute le fait qu'ils aient été vaincus lors de la conquête. Les Noirs, vaincus, déportés et réduits à l'esclavage dans le *Nouveau Monde*, constituent le maillon faible. Ils ne bénéficient ni d'avantage lié à l'efficacité, ni de privilège attaché au nouvel environnement. Le statut des métis et autres groupes intermédiaires est dicté par leurs confluences.

Ce n'est pas « la race » qui fait la différence, mais la différence qui fait la race (Memmi, 1994[1982]). Cette différence construite en grande partie sur la base des rencontres coloniales et leurs héritages nationaux, eut pour fonction d'établir et légitimer une domination, celle des Espagnols ou nouveaux patrons des Indes. Tout commence par une appropriation conceptuelle du territoire (Ceceña Alvarez, 2012). En 1521, la Mésoamérique est rebaptisée la *Nouvelle Espagne* après la conquête. À travers cette autre dénomination, il s'agissait de l'*hispaniser* afin de l'intégrer au royaume et en faciliter l'administration. Ce processus de domination et d'assimilation fut le début d'une négation institutionnalisée de l'altérité. Ailleurs comme ici, la logique coloniale fut la même. Il s'agissait de rendre les populations sous domination, semblables au colon de sorte qu'elles ne soient plus colonisables (Towa, 1971 : 39). Pour y parvenir, la société coloniale va être fondée sur un système de castes. Dans ce système, la classe sociale est prédéfinie à la naissance en fonction de la couleur de peau ou de la race et de la quantité de sang blanc dans les veines.

Au début de la colonisation, il n'existait que trois principales castes : les Blancs, les Indiens et les noirs. Au Mexique, à l'instar des autres colonies espagnoles, la caste était fondée sur la race. À ces castes, s'en ajoutaient une foule d'autres, suivant les mélanges qui s'opéraient entre les différentes races. Le statut social des individus était dès lors défini à la naissance. Et comme dans la colonie, la qualité de blanc avait fini par constituer une sorte de noblesse. Sa revendication fera l'objet de différentes stratégies. Certains le faisaient en justice. D'autres par contre, compte tenu de leur apparence physique, furent déclarés comme étant de race blanche par les parents au moment du baptême. D'autres s'arrangeaient à avoir des enfants avec des blancs pour que leurs descendants aient, il ne serait-ce qu'un peu de ce sang. Toutes ces catégories raciales qui faisaient l'originalité de la société coloniale, vont en être la plus grande faiblesse en ce sens que la caste va devenir le lieu par excellence de la lutte politique autour du pouvoir, de l'appartenance et de l'identité.

Entre 1521 et 1821, la Couronne a nommé directement ses représentants en Nouvelle Espagne. Les vice-rois, les hauts fonctionnaires de l'administration civile et de l'armée étaient désignés parmi les péninsulaires. Cela a marqué le début de la discrimination entre la race hispanique et la race ibéro-américaine, étant donné que le concept de race prenait en compte de manière indissociable le biologique (le sang) et le culturel. À travers l'envoi de ces intermédiaires espagnols que l'on appelait de façon très péjorative *gachupines*, la Couronne essayait de maintenir son pouvoir sur ses colonies. L'arrivée de ces Espagnols à qui étaient accordés toutes sortes de privilèges, rencontrait souvent la désapprobation des créoles qui détenaient une certaine position sociale, mais qui ne pouvaient pas occuper de postes politiques. La rivalité entre ces deux catégories de la classe dominante va s'étendre sur plusieurs siècles jusqu'à son exacerbation au moment des guerres d'indépendance. L'aversion des « Espagnols américains » envers les « péninsulaires » était liée à la primauté d'honneur accordée aux seconds. La raison fondamentale était des préjugés en rapport avec les pratiques du Nouveau Monde.

Les Créoles étaient nourris au lait de femmes indiennes ou noires. Selon certains préjugés ceux-ci auraient tété dans leurs seins le goût prononcé pour les femmes mulâtres ou autres castes intérieures. Ces préjugés restés tenaces ont fait que les créoles bien qu'étant de vrais Espagnols, n'ont pu jouir de *leurs droits et en être jugés que par eux (Solórzano Pereira, 1979).* Le maintien de la **suprématie** du **sang ibérique** qui semblait injuste aux yeux des créoles, *va les* amener à trouver d'autres appuis, en dehors de l'Espagne. Cela va d'une part se traduire par des cultes différents. Les créoles au lieu d'être des dévots de la Vierge du Pilier de Saragosse comme leurs parents péninsulaires, vont quant à eux vénérer la Vierge de Guadalupe. Au plan intellectuel, des créoles comme Francisco Javier Clavijero et Servando Teresa de Mier vont élever la Nouvelle Espagne au rang d'une patrie qui serait l'égale de l'Espagne en dignité et en droit. Cette dissidence « des esprits et des cœurs » va atteindre son point de non-retour avec l'invasion napoléonienne de l'Espagne et conduire à l'indépendance en 1821.

Les Créoles n'étaient pas les seuls à mal vivre cette situation. **Les Métis, les Indigènes et les Noirs la trouvaient tout aussi injuste. Face à ce m**alaise social, il a suffi l'invasion de l'Espagne par Napoléon en 1808 pour que l**a Nouvelle-Espagne devienne le théâtre de mouvements de revendications patriotiques. Le ton fut donné par Miguel Hidalgo. Ce curé de Dolores décide** le 16 septembre 1810 de **marcher sur Mexico. Le mouvement en faveur** de l'indépendance se transforma en une lutte sociale et économique des masses contre les classes dominantes (espagnole et créole). Devant ce péril populaire, les créoles étaient unanimes : il fallait défendre les intérêts acquis. Beaucoup de leaders insurgés vont succomber face à cette unanimité créole. Miguel Hidalgo est fusillé en 1811 et à sa suite, María Morelos en décembre 1815 (Velasquez E Iturralde Nieto, 2012 : 86)

Les Créoles tenus à l'écart des postes clés en Amérique, plus particulièrement en Nouvelle Espagne, voulaient à travers la révolution d'indépendance, reconduire la structure interne du pouvoir (Zea, 1977 : 4). En d'autres termes, ils voulaient que change simplement la situation politique. Les Métis, les Indigènes et les Noirs, eux, souhaitaient une révolution sociale. Ces différentes attentes ont conduit à des conflits d'intérêts. Les Créoles, minorité dominante à la fin du XVIIIe siècle étaient d'un côté opposé aux péninsulaires, considérés comme des envahisseurs et de l'autre, aux autres catégories raciales qui voulaient un changement en profondeur de la société mexicaine. Malheureusement, cette revendication niveleuse fondée sur les critères raciaux, tant souhaité par les masses ne pourra pas être satisfaite.

L'indépendance de ce fait, n'eut pas le même sens pour les créoles et les autres catégories raciales au Mexique. Si pour les premiers l'objectif recherché fut largement atteint, pour les seconds, la vraie révolution restait à venir. L'indépendance ayant été obtenue « sans décolonisation », elle ne put donc porter les fruits escomptés.

2/ L'impact des politiques raciales sur le développement

En 1821, la Nouvelle Espagne accède à l'indépendance et devient le Mexique. La situation sociale cependant reste immuable, les privilèges de la colonie ayant engendré ceux de la République. La minorité créole arrive au pouvoir avec l'indépendance. Comme les péninsulaires, elle sera en présence de populations métisse, indienne et noire, étant donné la persistance de certaines injustices héritées de la colonisation. Ces mêmes injustices vont continuer à alimenter les luttes sociales et politiques.

Les créoles une fois au pouvoir tentent de résoudre les dissensions liées à la diversité des situations nationales. Ils adoptent un programme libéral et proclament l'égalité de tous les Mexicains. Selon cette fiction politique, il ne devait avoir ni créoles ni Indiens, mais des pauvres et des riches (Mora, 1837 : CCLXIII). La Constitution Fédérale de 1824, pour entériner cette nouvelle donne politique, ne fit ni référence à l'ethnie ni à la race. Pour fonder cette égalité juridique, on supprime les privilèges et/ou obligations spécifiques que la puissance coloniale attachait aux catégories raciales. Cette articulation de l'État, du droit et de la réalité ethnico-raciale, a entrainé la spoliation des populations indigènes. Cela fut à l'origine de nombreux soulèvements au XIXe siècle. En 1825, à peine quelque mois après l'adoption de la constitution du nouvel État, Juan Banderas ou Juan Ignacio Juzucanea, un indien du Nord, pour protester contre la décision du nouvel État mexicain d'autoriser la colonisation de leurs terres et de leur faire payer l'impôt, soulève les Mayas et les Yaquis du Sonora. Il proclame l'union des tribus du nord et met en place un gouvernement indigène dont il va être le chef jusqu'en 1832(Favre, 1961 :439). Vaincu près de Buenavista en 1833, il sera par la suite exécuté la même année (Delfín Guillaumin, 02 décembre 2015).

Le 02 février 1834, les curés Carlos Tapistero et Epigmenio de la Piedra, face à l'instabilité chronique dans le pays, rassemblent à Ecatzingo les chefs indigènes de la région et tentent de mettre en place un régime monarchique inspiré du modèle aztèque. Découvert, le complot de Ecatzingo fut réprimé et ses instigateurs fusillés. En 1836, face aux revendications de souveraineté territoriale indigène ou du moins d'autonomie de leurs institutions qui mettent en péril l'unité de l'État, le gouvernement mexicain décide d'abroger la constitution fédéraliste. De nouvelles lois organiques sont adoptées. Au lieu d'une plus grande autonomie comme souhaitée par les Indiens, les nouvelles dispositions constitutionnelles transforment les États en de simples départements. Le remède jugé pire que le mal entraîne de nouvelles crises.

En 1848, Cecilio Chi et Jacinto Pot, profitent de l'intervention nord-américaine au Mexique pour déclencher une insurrection générale dans la région maya et proclamer la République séparatiste yucatèque. L'insurrection est écrasée la même année et les Mayas sont déportés par dizaines de milliers à Cuba pour travailler de longues années dans les plantations de canne à sucre avant d'être autorisés à se réinstaller sur leurs terres. Le 14 mai 1849, Eleutorio Quiroz lance à Rio Verde, un manifeste en faveur de l'ancienne constitution, de la réforme administrative et de la répartition des terres. Avec ses troupes, Quiroz prend le maquis dans la Sierra Gorda. Le soulèvement s'étend aux régions de Guanajuato et de Querétaro, et trouve un écho dans le Tamaulipas, le Michoacan et Puebla. Quiroz est arrêté et mis à mort en décembre 1849. L'année suivante, Juan Alvarez, un indien du Sud, lève une armée et prend possession de la région de Guerrero. En 1854, dans son plan d'Ayutla, il préconise le retour à un système décentralisé. Les principes de sa constitution fédéraliste sont adoptés en 1857 par Juarez, après qu'il se soit emparé de la capitale. Les troubles vont se poursuivre jusqu'à l'arrivée de Porfirio Diaz au pouvoir (Favre, 2019 : 440).

Sous son régime, l'insurrection des États septentrionaux se rallume en 1885. Cette fois-ci les Yaquis et les Mayas sont conduits par Cajemé, puis, à sa mort en 1887, par son premier lieutenant, Tetabiate, qui résiste longtemps avec succès aux forces fédérales. Le gouvernement offre deux cents pesos pour chaque Indien abattu dans le Sonora, le Chihuahua et le Durango. En 1907, Mayas et Yaquis sont définitivement vaincus. Par tribus entières, ils sont déportés dans le centre et dans le sud du pays, où ils disparaîtront progressivement. Les minorités indigènes ont été le principal facteur d'instabilité politique au Mexique au XIXe siècle. Des régimes et gouvernements se sont faits et défaits au gré des soulèvements indiens. Comme le disait Favre : « Les Indiens qui ne participaient pas à l'embryon de vie nationale, n'avaient rien à perdre mais tout à gagner en provoquant l'échec ou en hâtant la chute d'un pouvoir dont ils ne reconnaissaient pas la légitimité » (Favre, 1961 : 442). À cette première cause d'instabilité s'ajoute l'antagonisme entre Créoles et Métis. Il s'agissait pour les Métis, nouveaux riches, de disputer aux Créoles, véritables vainqueurs des Espagnols et réels bénéficiaires de l'indépendance, leurs privilèges.

Ces deux classes en compétition, pour défendre leurs intérêts ou imposer leur loi, vont exploiter les insatisfactions, rancœurs et frustrations des communautés indiennes. Ainsi, elles vont canaliser, au profit de leur cause, les insurrections indigènes. C'est dans ce contexte d'instabilité chronique qu'intervient la guerre contre les États-Unis en 1846. Évidemment, la guerre d'un Mexique qui n'était que l'ombre de lui-même, contre l'oncle Sam, va très vite tourner à l'avantage du grand voisin et conduire à la perte de plus de la moitié du territoire. Avec l'intervention étatsunienne au Mexique, vont s'internationaliser ces guerres de « couleurs » ou de « races ». En 1861, la France intervient au Mexique et instaure le Second Empire. L'objectif affiché est de se débarrasser de Benito Juarez, un indien zapotèque au pouvoir, rendre à la race latine sa force et son prestige en la défendant du péril américain (De Larrinaga, 1976 : 195). En effet, il était question, face à la montée en puissance des États-Unis, d'appréhender, sous l'impulsion de la France, les relations internationales dans une perspective manichéenne, en opposant la race latine à l'anglo-saxonne. Ces crises à répétition de l'État mexicain sont celle d'une construction nationale à rebours où la coupure sociale est constamment hantée par les différences de couleurs (Pimentel, 1903 :120). Elles ont perduré jusqu'à l'arrivée de Porfirio Diaz au pouvoir en 1886.

Avec le « porfiriat », un régime fondé sur le positivisme, c'est-à-dire l'ordre et le progrès, le pays parvient, au forceps, à la stabilité. Cependant, ce libéralisme porfirien, par son caractère extraverti, va accroitre le nombre de laissés pour compte, entrainant le Mexique dans une révolution en 1910. À partir de cette date, les valeurs politiques et l'histoire séculaire ayant été insuffisantes pour donner de la substance à la nation, on a de nouveau recours à la race (Rivera Aguilar, 2004 : 90). L'imaginaire de la nation homogène va donc se construire autour d'une unité raciale : le métis. Dans cet exemple type de mexicain, devait se « dissoudre » l'indien. Le métissage, désormais idéologie officielle, devient la stratégie de « mexicanisation » des peuples autochtones. Dès lors, le terme « indigène » remplace celui de « indien ». Comme le métissage, l'indigénisme devient une doctrine officielle de l'État. La synthèse de ces deux mythes amène à définir la patrie mexicaine avec un passé indien, un présent métis et un avenir civilisé, c'est-à-dire blanche (Rivera Aguilar, 2002 :35). Pendant 71 ans, le Parti Révolutionnaire Institutionnel (PRI), a été le symbole d'une révolution institutionnalisée qui, au fil des ans, va se vider de son sens. En 2000, 56% des Mexicains interrogés pensaient que les principes de la révolution n'étaient plus en vigueur (Rivera Aguilar, 2002 : 32). Dans la même année, un autre sondage montrait que seulement 7% des Mexicains se considéraient encore comme métis (Rivera Aguilar, 2002 : 34).

Ces sondages traduisent l'entrée en crise d'une autre fiction nationale : celle du métissage. Une crise visible à travers la montée des revendications ethniques. En 1993, naît l'Armée zapatiste de libération nationale (EZLN). En avril 1995, l'ANIPA *(Asemblea Nacional Indígena Plural por la Autonomía)*, un autre mouvement indigène, fait son apparition dans le paysage politique en organisant sa première assemblée. Parallèlement aux mouvements indigènes, réapparaissent des mouvements afromexicains ou afrodescendants comme *México negro, Alianza para el Fortalecimiento de las Regiones Indígenas y Comunidades afromexicanas* (AFRICA), *Enlace de Pueblos, Organizaciones y Comunidades Autónomas* (EPOCA), *etc.*, après plus d'un siècle d'invisibilisation. En 1992, une réforme constitutionnelle, adoptée sous le président Carlos Salinas, reconnaît dans son article 4, la composition pluriculturelle de la nation, enracinée dans les populations indiennes, mettant ainsi officiellement fin à la politique de métissage. Cette réparation symbolique de la part de l'État intervient dans un contexte de transformation politique du Mexique.

3/ L'intérêt d'une identité ethnico-raciale « nouvelle » au Mexique

Au Mexique, les solutions proposées à l'existence multiethnique et raciale se sont avérées problématiques, que ce soit le libéralisme, le positivisme ou l'idéologie du métissage. La remise en question de toutes ces politiques est à mettre en rapport avec leur caractère « ethnocratique ». En effet, au Mexique, la distribution du pouvoir s'est faite en fonction de la stratification ethnique et sociale. Selon cette hiérarchisation, les Espagnols avaient le pouvoir politique à l'époque coloniale. Après l'indépendance, ce fut le tour des créoles. L'État métis naît avec la révolution en 1910.

Cette « pigmentocratie » était fondée sur des facteurs déterminants tels que la démographie, le pouvoir économique et intellectuel. Ainsi, les classifications raciales et ethniques vont basculer d'une époque à l'autre, conformément aux rythmes des mutations sociales et politiques. De 1521 à 1821, les *gachupines* seront les yeux et les oreilles de la Couronne. Cette position leur valut l'octroi d'un certain nombre privilèges. Cela a suscité le ressentiment des créoles qui jugeaient injuste qu'ils ne puissent pas bénéficier des mêmes privilèges que les péninsulaires, simplement parce qu'ils sont nés en Amérique. Cet antagonisme entre créoles et péninsulaires, avait aussi lieu entre pères/mères et fils/filles. À ce sujet, Gemelli Carreri, voyageur et homme d'affaires cité par Zagefka, disait que : « La haine que ces gens-là (les créoles) nous portent est si grande, qu'elle s'étend jusqu'à leur père et leur mère, quand ils sont d'Europe" (Zagefka, 2006 : 8). De cette forte répugnance pour les péninsulaires va se nourrir le patriotisme en Nouvelle Espagne.

Une fois au pouvoir, ce patriotisme créole fondé sur des mythes mexicains tels que la Vierge de Guadalupe et Quetzalcóatl, dieu civilisateur et évangélisateur, s'estompe. Ils vont de ce fait perdre leur caractère politique et capacité à faire sentir l'organisation étatique. Les créoles adoptent même les valeurs européennes. Pis ils se replient sur eux-mêmes, formant ainsi un cercle très fermé dans lequel ils restent soudés les uns aux autres dans la défense de leurs privilèges. Ce qui a amené

Molina à dire que l'élimination des créoles en tant que race présuppose leur destruction en tant que classe (Molina 1964 : 230). Cette pensée fut à l'origine de la révolution de 1910 qui a à nouveau éjecté les créoles du pouvoir après les exceptions de Vicente Guerrero, un zambo[282], et de Benito Juarez, un indien zapotèque. Cependant, malgré qu'ils soient déplacés du pouvoir politique, les créoles vont conserver l'essentiel du pouvoir économique grâce auquel ils sont susceptibles d'exercer des pressions considérables sur l'ensemble du corps social.

Avec la révolution, le Métis devient le prototype de la future race mexicaine. Cette race s'impose non pas par le pouvoir économique, mais par son poids démographique au moment de la révolution et pour ce qu'elle est réellement : une race mêlée dans laquelle sont supposées se reconnaître toutes les autres. Sur cette perception totalisante du destin commun, se fonde l'idéologie officielle du métissage. Face à celle-ci, l'indigénisme résume la politique post-révolutionnaire de résolution du problème de l'Indien ou son intégration à la race métisse. Ce retour à l'ethnie ou à la race[283] traduisent tout comme la révolution elle-même, l'échec criard des politiques post-indépendances. Cette révolution eut un goût d'inachevé en ce sens qu'elle fut supplantée par la contre-révolution. Cette dernière décide de l'institutionnaliser à partir de 1929, en créant le Parti Révolutionnaire Institutionnel (PRI) qui, à défaut d'être un parti unique, devient le parti hégémonique au Mexique. Dans ce nouveau système politique, la démocratie ne constitue pas en un libre jeu entre plusieurs partis politiques qui se disputent le vote des électeurs. Ici malgré l'existence de plusieurs partis politiques un seul d'entre eux domine. Sur cette démocratie politique fondée sur un système de partie hégémonique est copie celle de la race. Quand bien même la révolution reconnaît implicitement l'existence de différentes races, une seulement domine : la Métisse.

Au plan politique, le pays connait pendant plusieurs décennies la stabilité grâce au PRI, parti dont le président détenait l'essentiel du pouvoir politique et dont le maintien à la tête de l'État se faisait par l'entretien de l'espoir révolutionnaire. Cela s'est fait d'un côté par la définition d'un nouveau rapport entre l'indianité et la nationalité et de

[282] Le terme *zambo* désignait un métis né d'une femme ou d'un homme noir et d'un amérindien ou d'une amérindienne en Amérique hispanophone.

[283] Ici la race tout comme l'ethnie renvoie à une communauté ou catégorie de personnes apparentées par l'histoire et la couleur de peau, critères dominants dans la définition des castes.

l'autre, par la réforme agraire. Le premier s'est traduit par la création de plusieurs institutions indigénistes entre 1934 et 1982. Le second a quant à lui permis de redistribuer des terres cultivables. De Venustiano Carranza (1915-1920) à Adolfo Lopez Mateos (1958-1962), au total, 48.162.000 hectares furent redistribués (Faure Michel, 1994). Cette politique stabilisatrice va s'essouffler avec la crise économique mexicaine de1982. Le régime accoutumé aux crises politiques n'y était pas préparé. L'État s'est donc vu obligé à redéfinir ses intérêts fondamentaux et à les préserver en fonction de la nouvelle donne économique et politique.

Au cours de cette période, on assiste à un délitement du modèle de la révolution mexicaine. Les compromis corporatistes sont remis en cause. On révise l'article 27 de la Constitution qui réglementait la répartition agraire et la forme d'organisation des "*ejidos*" et qui a été la clé de voûte du contrôle politique des paysans et communautés indigènes par le régime. Cette rupture dans l'orientation politique post-révolutionnaire a donné lieu à une redéfinition publique de l'identité ethnique et contribué à lui conférer de nouveaux sens politiques. Dans cette perspective, l'insurrection néo-zapatiste le 1erJanvier 1994, marque la fin de la révolution sous sa forme institutionnelle. Dès lors commence une autre : la révolution démocratique. Les attentes étaient nombreuses comme toujours. Il s'agit de passer d'une démocratie à parti hégémonique à une autre fondée désormais sur un libre jeu de partis politiques. Comme lors de la révolution institutionnelle, de la nouvelle orientation politique des années 1980, va être inspirée la démocratie raciale.

À partir de la décennie1980-1990, les conceptions politiques nationales homogénéisatrices du XIXè et XXèsiècles, fondées sur l'unité à la fois culturelle et raciale, héritées de la colonisation vont s'essouffler. Elles vont donc être remplacées par celles du multiculturalisme, c'est-à-dire les politiques de reconnaissance et de gestion des différences (Taylor, 1992 et Kymlicka 1996). Le succès de ces politiques de lutte contre les discriminations ont amené des pays comme le Brésil, le Nicaragua, la Colombie, le Pérou, la Bolivie, l'Équateur et le Venezuela à modifier leurs constitutions en vue de leur reconnaissance politico-institutionnelle (Gros, 2000; Wade, 2000). Au Mexique, la réforme saliniste de 1992 répond à cette nouvelle donne politique. Le changement n'a pas seulement été d'ordre constitutionnel ; il va aussi modifier le discours sur l'indigénisme. Désormais, il ne s'agit plus d'« intégrer » les indigènes mais de les « reconnaître ». Ce processus de décolonisation des rapports politiques d'une manière générale en Amérique latine et en particulier au

Mexique depuis le début des années 1990, entraîne la définition de nouvelles problématiques et de nouveaux programmes d'actions en faveur du respect de la diversité.

En 2001, la Déclaration universelle de l'UNESCO sur la diversité culturelle a offert un cadre formel au multiculturalisme. À travers cette idéologie qui a pris l'ascendant dans le contexte politique international, il est dorénavant question de mettre en dialogue les richesses culturelles et de promouvoir la diversité culturelle. L'heure n'est donc plus à l'ethnicisation qui affirme la toute-puissance du dominant, mais à « un monde où il y a de la place pour tous les mondes » (*Comité Clandestino Revolucionario Indígena-Comandancia General del Ejército Zapatista de Liberación Nacional,* enero de 1996). *Un tel monde ne peut se bâtir qu'autour d'un projet national* capable d'unir et de mouvoir les volontés diverses et dispersées des populations afin d'amener chacun à apporter sa pierre à l'édifice commun. La diversité doit être un levier de développement car : « la multiplicité des points de vue permet de reformuler un problème ardu et de le simplifier » (Scott, 2008 : 14). Cela n'est possible que si elle est acceptée et avec elle, l'idée qu'un autre que soi puisse avoir la meilleure solution. Accepter cette diversité, c'est rechercher l'avenir dans la dynamique de la pensée et de la vision plurielle du monde.

Conclusion

Au Mexique, les politiques de construction nationale ont tourné autour de la question raciale. Elles ont été marquées par un va-et-vient entre une société « déracialisée » ou « de classes » et une société « racialisée ». Au centre de toutes ces politiques, l'intégration des autres races à la race hispanique ou blanche. Le positionnement des peuples indigènes a donc été fonction du type de nation dont le Mexique a voulu se doter. Le rapport de ces peuples à l'État et à la nation a varié de la « participation intéressée » à la « non-participation », voire à la tentative de « sécession », entraînant régulièrement des changements dans les stratégies politiques et sociales. Après les années PRI[284]*, à* l'indigénisme, idéologie intégrationniste du régime, s'est substitué l'indianisme. Avec cette idéologie qui traduit le retour de l'Indien dans un contexte international dominé par le multiculturalisme, il ne sera plus question

[284] Parti Révolutionnaire Institutionnel (PRI).

d'intégration mais de la reconnaissance de l'Indien. Tout ceci intervient à un moment de transformation et de transition politique, c'est-à-dire à une période où prend fin l'ancien régime et apparaît progressivement le nouveau. Avec la fin du régime précédent, l'ethnicité ou la racialité cesse officiellement d'être le facteur de dynamisation de la compétition dans un contexte de pluralisation du jeu politique. L'enjeu de cette « démocratisation » est la redéfinition du rapport entre les « minorités » ethnico-raciales et gouvernement mexicain.

Références bibliographiques :

AGUILAR RIVERA, José Antonio. (2004). *El sonido y la furia. La persuasión multicultural en México y Estados Unido.* México: Santillana.

AGUILAR RIVERA, José Antonio (2002). « Rêves d'unité nationale » *Études rurales*, pp. 25–44.

AKUAVI, Adonon. (2009). « Le droit étatique mexicain et les populations indigènes : fonction de reconnaissance ou fonction d'intégration » *Droit et cultures*. [En ligne], sur : http://journals.openedition.org/droitcultures/187

CECEÑA ALVAREZ, René. (2012). « L'*inventio* de la Nouvelle Espagne. Rhétorique et domination territoriale du Nouveau Monde » *Astérion*. En ligne sur : http://journals.openedition.org/asterion/2263 Consulté le 22 juin 2018.

DELFIN GUILLAUMIN, Martha, (02 décembre 2015), La rebelión de Yaqui de Juan Ignacio de Jusacamea, mejor conocido como Juan Bandetras (1926-1933), disponible sur : https://www.ciberjob.org/etnohistoria/juanbanderas.htm, consulté le 18 aout 2020.

DE LARRINAGA, José Antonio. (1976). *L'intervention française au Mexique vue par les principaux journaux canadiens-français du Québec (1861-1867)*, Université d'Ottawa Ottawa, Canada. 251 p.

Ejército Zapatista de Liberación Nacional (1996). "Cuarta declaración de la selva lacandona" *enlace zapatista*, México.

FAVRE, Henri. (1994). « Race et nation au Mexique. De l'indépendance à la révolution » *Annales. Histoire, Sciences Sociales*. 49e année, N. 4, pp. 951-976.

FAVRE, Henri (1961). « La question indienne au Mexique » *Politique étrangère*, n° 5-6 26eannée, pp. 437-459.

FAURE MICHEL. (18/08/1994). « Mexique : la révolution démocratique », *L'express*, En ligne sur : https://www.lexpress.fr/informations/mexique-la-revolution-democratique_599171.html

GROS, Christian. (2000). Políticas de la etnicidad: identidad, estado y modernidad.Bogotá : *ICANH.*

HOFFMANN, Odile. (2011). « Les rythmes de l'altérité au Mexique (XVIIIe-XXIe siècles) », *Revue européenne des migrations internationales* [En ligne], vol. 27 - n° 1, p. 17-30.

KYMLICKA, Will. (1996). *Ciudadanía multicultural. Una teoría liberal de los derechos de las minorías.* Barcelona: Paidos.

LALEKOU, Kouakou Laurent. (2017) "El laberinto de la invisibilidad negra en México"*ANYASA,* pp. 137-151

LARA, Gloria. (2011). « La construction de l'altérité dans l'espace noir atlantique : États-Unis - France - Caraïbes - Amérique latine»*Revue européenne des migrations internationales*, vol. 27, n ° 1, pp. 89-106.

MEMMI, Albert. (1994) (1ère édition 1982). « Définitions », in *Le Racisme*, Paris, Gallimard, pp. 103-133.

MOLINA ENRÍQUEZ, Andrés. (1964). Los grandes problemas nacionales 1909, México, INJM, pp 230 287-291.

MORA JOSÉ, María Luis. (1837). *Obras sueltas.* Paris : Librería de rosa.

PIMENTEL, Francisco. (1903). *Memoria sobre las cosas que han originado la situación actual de la raza indígena (1864)*, Obras completas. México : Tip. Económica, t.3.

SALDAÑA, Juan José. (2012). La révolution d'Indépendance et la naissance d'une politique scientifique au Mexique Parlement [s], *Revue d'histoire politique*, n° 18 / L'Harmattan.

SCOTT, Page. (2008). « De nouvelles façons de voir et de penser » *Journal USA*, Volume 13, n° 2. Disponible sur : http://www.america.gov/publications/ejournals.html. Consulté le 07 septembre 2010.

SOLÓRZANO PEREIRA, Juan de. (1979). Política indiana, édit. fac-similé, Mexico, Secretaría de Programación y Presupuesto.

TOWA. Marcien. (1971). *Essai sur la problématique philosophique dans l'Afrique actuelle.* Yaoundé : Éditions Clé.

VELASQUEZ M. E., E ITURRALDE NIETO G., (2012) : Afrodescendientes en México. Una historia de silencio y discriminación. Consejo Nacional para Prevenir la Discriminación, México D.F, 145p.

VIQUEIRA, Juan Pedro. (2010). « Reflexiones contra la noción histórica de mestizaje »*Nexos*.

WADE, Peter. (2000). *Raza y etnicidad en Latinoamérica.* Quito-Ecuador: Ediciones ABYA-Yala.

ZEA, Leopoldo. (Aout-Septembre1977). « Amérique Latine : immense mosaïque de cultures » *Le Courrier*.

ZAGEFKA, Polymnie. (2006). Indios, Ibériques, Mestizos, Mulatos en Amérique espagnole : un point historique sur la construction sociale des catégories ethniques, HAL, archives ouvertes.

La pratique religieuse en Chine : entre ruptures et continuités au XXème siècle (1898 à 1999)

Irié Séverin ZAN Bi,

Enseignant-chercheur, Historien-Sinologue, Université Alassane Ouattara, (Bouaké, Côte d'Ivoire), seve8081@yahoo.fr

Tiéba YEO,

Doctorant, Université Alassane Ouattara, (Bouaké - Côte d'Ivoire), nangbana@gmail.com

Résumé

En partant d'une définition quasiment générique du concept de la religion, cet article fait ressortir la présentation du paysage religieux entre 1898 et 1999 en Chine. Les différentes mutations se résument, au passage de la réprobation des cultes ancestraux, à la discrimination entre religions reconnues et d'autres interdites (1898-1949), suivie d'une tentative de canonisation de Mao Zedong de (1949-1976) et à un relatif assouplissement du contrôle religieux (1977-1999). Cependant, une analyse plus approfondie dénote le continuum d'un phénomène qui a toujours su résister aux différentes politiques y afférant.

Mots clés : Religion, rupture, contrôle, permanence, cultes traditionnels, politique, Chine.

Abstract

Starting from an almost generic definition of the religion concept, this article highlights the presentation of there religious space in the 20th century in China. It describes the different mutations undergone by religion in China according to the different political systems and notes the permanence in the control of religion.

Keywords: China, cults, politics, religion, traditional.

Introduction

Il est indispensable de revenir sur une précision conceptuelle relative à la notion de religion, dans ce contexte particulier de la Chine. À partir des différentes approches sémantiques du thème, nous retenons que la religion est essentiellement, croyances et système. Cela sous-entend que toute pratique religieuse s'articule autour d'un ensemble de croyances et s'organise à travers un système bien cohérent.

En partant donc du principe que toutes les pratiques traditionnelles chinoises relatives à la cosmogonie, traduisent leur croyance en un être suprême, et que ces pratiques sont organisées et codifiées systématiquement, elles ont sans conteste le statut de religions. Face à une si grande variété de pratiques et rites traditionnels, auxquelles se sont ajoutées des religions importées, l'analyse du phénomène religieux dans la Chine continentale n'est pas une chose aisée. Le choix de dates clés dans l'évolution de cette question ne suffit pas pour prétendre l'explorer exhaustivement. Toutefois, cela nous permettra d'en donner quelques traits essentiels. C'est pourquoi, nous nous proposons d'analyser ici les ruptures et les constances de la pratique religieuse entre 1905 et 1982.

A la fin du XIXème siècle, grâce au soutien de plusieurs officiels de la cour impériale Qing le lettré et théoricien politique Kang Youwei parvient à obtenir une audience auprès de l'empereur Qing[285] et le gagne à ses idées. Les innovations préconisées par Kang Youwei et soutenues par l'empereur visent à introduire de profonds changements tant sociaux qu'institutionnels. Comme exemple, il y a l'adoption d'un nouveau système éducatif centré sur la modernité et non sur l'étude du confucianisme. Mais, cette réforme fut un échec en 1905, et les sociétés secrètes nationalistes y gagnent un nouveau souffle. Quant à 1982, elle représente la réaffirmation de la liberté de religion pour tous les Chinois au terme de l'article 36 de la constitution de 1982.

Notre démarche ici est inspirée par la question suivante : quels sont les ruptures et les changements fondamentaux qui ont ponctué la religion en Chine continentale pendant ce siècle ? Cela revient à s'appesantir sur les changements essentiels et aussi les permanences qui ont façonné l'ensemble du culte religieux.

---

[285] La dynastie Qing, d'origine mandchoue, fut la dernière à régner sur la Chine entre 1644 et 1912.

Pour ce faire, nous avons recouru à une multitude de sources documentaires écrites et orales. Les sources écrites englobent principalement les livres et articles d'auteurs. À cette catégorie s'ajoutent les documentaires, les conférences et quelques témoignages oraux. Le recoupement de ces différentes sources nous a permis d'élaborer un schéma d'approche ternaire. Il s'agit pour nous en premier ressort, de procéder à une description synchronique de ce qui peut être considéré comme le paysage religieux de la Chine. Ensuite, nous relevons les points saillants qui ont consacré des changements d'orientation de la politique religieuse. Enfin, nous mentionnerons les continuités de la pratique religieuse.

1. Les caractéristiques de l'espace religieux chinois

La présentation de l'espace religieux se résume aux différentes mutations intervenues dans le domaine religieux.

1.1. Le caractère composite de l'espace religieux chinois

Au cours du XXème siècle, le paysage religieux en Chine a été globalement composite, aussi bien dans sa forme que dans le fond. En effet, comme le relèvent V. Goosaert et D. A. Palmer (2012, p. 11), on assiste de plus en plus, à une multiplication des temples nouveaux ou reconstruits dans les campagnes. Cela donne l'évidence que ces pratiques traditionnelles constituent l'essence de la vie religieuse chinoise. À juste titre donc, en rejetant les préjugés comme le souligne Joël Thoraval,[286] on peut énumérer les rites traditionnels comme des pratiques religieuses intrinsèques dont le Chinois ne peut se défaire.

Ces éléments qui constituent la trame de fond de la fibre religieuse en Chine englobent le culte des morts, les offrandes annuelles au Dieu du foyer et l'étude érudite de Confucius. Ce patrimoine religieux traditionnel s'est surtout distingué par sa permanente récidive et donc, sa capacité de résurgence face aux politiques de persécution. Les cultes traditionnels ont connu des métamorphoses, aboutissant à de multiples autres formes de

[286] Anthropologue culturel de la Chine, il a dirigé à l'École des Hautes Études en Sciences Sociales un séminaire de recherche sur l'anthropologie culturelle de la Chine.

pratiques sectaristes, dont la plus célèbre demeure la secte Falun gong[287]. Créée en 1992, par Li Hongzhi[288], cette école fut d'abord soutenue par l'État jusqu'en 1999, où elle fut systématiquement réprimée.

À côté de ces religions ancestrales il y'a eu d'autres plus célèbres :

En ce qui concerne le Bouddhisme, il a été inventé par Bouddha (P. Bourdieu, 1971, p. 49) en Inde au Vème siècle avant Jésus-Christ et se rependit en Chine, quelques années plus tard. Ce culte a connu trois grandes déclinaisons, dont le Bouddhisme tibétain (M. Bonin, 2004, p. 39).

Quant au Taoïsme, il est une pratique d'origine chinoise. Il a été créé par le sage chinois Lao-Tseu (S. Billioud, 2007, p. 71). Inspiré du terme tao, qui signifie la voie de la nature, le taoïsme invite l'être humain à une parfaite harmonie avec la nature et est basé sur la nécessaire cohabitation du *Yin* et du *Yang*[289].Enfin, nous incluons le Confucianisme qui se présente comme le plus ancien des enseignements religieux formels en Chine. Certes, le débat sur sa nature religieuse est loin d'être tranché (A Payette, 2012, p.2), mais dans la version générique du terme religion, nous le considérons comme une pratique religieuse. Créé par Confucius[290] (M. Weber, 2000, p. 25) au VI^{ème}siècle avant Jésus-Christ, cette pratique à dominante philosophique, avait une portée beaucoup plus pratique, avec pour ultime vocation l'ordre et la discipline sociale.

Falun gong ou Falun Dafa, signifie en chinois discipline de la roue du dharma (symbole de l'enseignement du Bouddhisme). C'est une déclinaison du Qigong qui a donné naissance à cette école créée en 1992, par Li Hongzhi. Cette école fut d'abord soutenue par l'État jusqu'en 1999, où elle fut systématiquement réprimée.287

[288] Né le 13 mars 1951, dans la province du Jilin, il est reconnu comme fondateur du Falun Gong, qui est une déclinaison particulière du Qigong.

[289] Dans la religion taoïste chinoise, le ying désigne le principe qui renvoie à la passivité, à la neutralité (le froid, la terre, le principe femelle) ; tandis que Le yang est le principe de la philosophie taoïste qui correspond à l'activité (le chaud, le feu, le principe mâle).

[290] Confucius est un sage de Lu, principauté située au sud de l'actuelle province de Shandong. Sa quête résidait dans la définition d'un idéal aristocratique de l'honnête homme. Son époque se situe à une période où la Chine est partagée entre de grandes principautés en lutte les unes contre les autres. Toutefois, peu écouté par les maîtres de sa principauté, il tente de convaincre les princes des autres Etats. Pour Confucius, le gouvernement se définit au travers de son attachement à l'ordre, à l'éducation, à la discipline, à l'égalité sociale, aux mœurs et aux valeurs, ainsi qu'à la stabilité économique et sociale résultant de la conjonction de ses valeurs.

À ces religions traditionnelles, se sont ajoutées l'Islam et le Christianisme, respectivement aux VIIème et XV^{ème}siècles. À l'instar du Bouddhisme, les Chinois considéraient ces religions comme occidentales[291]. L'islam est entré en Chine en 651[292]et a dû s'adapter à la culture locale. Initialement confinés dans la partie orientale, les musulmans devenus très actifs lors de l'expansion territoriale sous la dynastie Yuan se répandirent à l'intérieur du territoire.

L'introduction de la religion chrétienne quant à elle est plus tardive et ne remonte qu'au XVIIème siècle. Les chrétiens catholiques comme protestants ont subi la répression entre le début du XVIIIème siècle et la première moitié du XIXème siècle. Comme les autres religions importées, le christianisme connut des évolutions, et à partir de la période des réformistes, le Catholicisme et le Protestantisme furent partis des cinq religions reconnues. Globalement donc, le paysage religieux chinois a été animé par toute cette panoplie de pratiques et de cultes religieux.

Si selon Benoît Vermander, le recensement du religieux en Chine est délicat, nous reconnaissons avec Gossaert Vincent et David Palmer que le paysage religieux de la Chine au XXème siècle est varié. Toutefois, cette diversité de religions qui entretenait chacune des rapports spécifiques avec l'État, et à mesure que les régimes se succédaient, était nécessairement en interaction entre elles.

1.2. L'environnement religieux chinois, une superposition ou une juxtaposition des cultes ?

En considérant le répertoire traditionnel endogène, on dénote une forme de cohabitation entre les différentes religions. En effet le Bouddhisme, le Taoïsme et le Confucianisme occupaient chacun un aspect de la vie sociopolitique. En d'autres termes, comme le précisent Gossaert Vincent et David Palmer (2002, p. 17) :

Les trois enseignements avaient chacun leur identité propre, avec leur clergé, leur canon, leur liturgie et leurs lieux de formation. Entre ces rites

---

[291] Le professeur Emmanuel Lincot explique que dans la perception des Chinois, tout le sous-continent asiatique qui sépare la Chine du reste du modèle vers l'ouest est vu comme l'Occident. Le terme occident dans l'entendement des Chinois ne renvoie pas qu'aux pays du bloc capitaliste.

[292] Selon le professeur Wang Xinsheng, spécialiste de l'Islam à l'université de Fudan, à Shanhai (département de philosophie), lors de la conférence qu'il a donnée le 7 septembre 2018, à l'école normale supérieure de Paris.

traditionnels, la cohabitation n'excluait pas une interdépendance, étant donné que chacun des enseignements était voué à servir la société. Chacun de ces ordres religieux offrait à la société des techniques individuelles ou des pratiques liturgiques communautaires et parfois les deux. Néanmoins, chacun d'eux conservait une spécificité, au niveau de sa vocation utilitaire.

En résumé, le Confucianisme monopolisait l'administration politique et jouait un rôle primordial au niveau du culte familial. Le Taoïsme organisait les fêtes communautaires et pour sa part, le Bouddhisme conservait une prépondérance pour les rituels funéraires. Comme on peut le constater, ces trois religions qui réalisaient une sorte de partition de la société, ont certes coopéré dans cette forme de coexistence, mais n'ont jamais fusionné. Vu sous cet angle, il apparaît clairement que la cohabitation des trois pratiques religieuses n'a pas donné lieu à un quelconque syncrétisme. Ainsi, les différentes communautés recouraient à telle ou telle pratique religieuse selon la nature du besoin à satisfaire. En fonction donc du besoin, la forme de pratique variait et une religion se substituait à une autre sans pour autant la faire disparaître.

En poussant cette analyse au-delà des trois religions, jusqu'au Christianisme et à l'Islam, le constat est identique. Là aussi, il s'est agi d'une juxtaposition de cultes et de pratiques bien distinctes qui remontent même à l'entrée de ces différentes religions dans le pays. Ni les musulmans, ni les chrétiens n'ont cherché à anéantir le répertoire religieux ancestral, ou les cultes taoïste et bouddhiste. Le pouvoir politique lui-même, malgré son obsession de régenter les différents clergés, a tout de même octroyé dès 1949 le droit d'existence légale aux cinq ordres religieux que sont le Taoïsme, le Bouddhisme, le Catholicisme, le Protestantisme et l'Islam (S. Bésanger, 1998, p. 164).

Par contre, un second axe d'analyse nous offre un amalgame apparent entre les religions reconnues à un moment donné et les pratiques ancestrales non reconnues et qui sont toujours rejetées depuis la réforme de Kang Youwei.[293]De toute vraisemblance, la préservation des myriades d'entités autonomes, à l'échelle des familles et des lignages et, de diverses associations laissait la possibilité au peuple de se retrouver au confluent

[293] En 1898, Kan Youweipréconisa une réforme politique radicale. Sur le plan religieux, les cultes religieux traditionnels jugés caducs et responsables de la déroute des troupes impériales devant les armées occidentales, devaient être détruits pour construire des écoles. Il préconisa l'érection du Confucianisme en tant que religion d'État, à l'image du Christianisme en Europe.

de deux ou plusieurs obédiences religieuses. Cela atteste non seulement que seule la répression des cultes traditionnels jugés pervers par le pouvoir était l'obstacle à une pratique simultanée de plusieurs religions reconnues et interdites. En termes plus clairs, les religions dans leurs fonctionnements en Chine ne s'excluaient pas systématiquement. C'est bien ce que Wang Xinsheng[294]relève en expliquant que l'Islam s'est adapté à la culture locale chinoise. Cette possibilité de superposition de cultes est reprise par Cheng Anne (1998, p. 152) en ces termes :

> Familles, lignages, communautés territoriales, guides, associations pieuses, entités politiques, choisissaient chacun, dans le répertoire partagé des croyances et pratiques, les services offerts par les prêtres des trois enseignements, pouvant répondre à leurs besoins.

C'est ainsi que les familles, les lignages et les communautés villageoises, en plus des cultes annuels aux divinités locales, se rendaient inconditionnellement dans des temples bouddhistes ou taoïstes. À l'exception des minorités musulmanes, on a dénoté une pratique ambivalente des religions traditionnelles et importées. Dans l'ensemble, la société chinoise présente un tableau composite de pratiques et rites religieux. En somme, le paysage chinois du XXème siècle fut une écologie d'éléments hétérogènes en interaction les uns avec les autres et s'influençant mutuellement.

Compte tenu de leur implication socio-économique, les différentes communautés religieuses reconnues ou non, en constante cohabitation se sont par moment enchevêtrées selon les enjeux sociopolitiques et économiques. Cette permanente cohabitation entre des religions locales et d'autres importées, ou selon le pouvoir, entre des religions reconnues et rejetées, est le résultat d'un processus de transformation de l'écologie sociale à partir de la fin du XIXème siècle, dans le contexte de la modernisation de l'État. Cela a conduit inévitablement à des points de césure du phénomène religieux.

Le professeur Wang Xinsheng, spécialiste de l'islam à l'université de Fudan de Shanghai a animé une conférence en juin 2018, à l'École Normale supérieure de Paris, sur le thème « les multiples facettes de la sinisation de l'islam en Chine ».

2. Les ruptures du phénomène religieux en Chine

La pratique de la religion au XXème siècle, a connu inévitablement une dynamique liée à l'évolution du champ politique. Si aucun des régimes impérial, nationaliste et communiste n'a occulté ou nié la question religieuse, celle-ci a fait l'objet d'une approche spécifique.

2.1. De la réprobation des cultes traditionnels à la création d'une nouvelle religion : 1898-1949

Les fluctuations du phénomène religieux ont été observées aussi bien au niveau de la nature intrinsèque de la religion, qu'au niveau des politiques successives entreprises par le pouvoir politique. Dès le début du XIXème siècle, à la faveur de la réforme religieuse, une rupture brutale est intervenue. Les cultes religieux traditionnels furent jugés caducs et responsables de la déroute des troupes impériales devant les armées occidentales. Ces derniers ont été taxés donc d'incompatibilité avec la science moderne qui a permis aux impérialistes d'humilier le peuple chinois lors des guerres, jusqu'à son ouverture forcée[295].

C'est ainsi que le slogan « détruire les temples pour construire des écoles » fut mis en avant, et le clergé traditionnel fut persécuté, voire démantelé dans sa majorité, entre 1905 et 1911. De même, la décadence des religions traditionnelles se poursuivit de plus belle avec la naissance de la République. La fin du règne des *Qing* à la faveur de la construction d'un État moderne, passait également par la destruction et la reconstruction de la société entière, et inéluctablement de la religion.

La nécessité d'adapter la pratique religieuse à la science et à la modernité, appelait à la remise en cause totale des pratiques traditionnelles. En effet, la construction d'un État constitutionnel marginalisait les cultes d'État. Dans cette rubrique le Confucianisme qui avait survécu depuis le début du XXème siècle, fut définitivement classé dans la catégorie des superstitions à partir de 1916.

Globalement donc, le règne républicain consacra la négation des cultes et rites traditionnels qui avaient eu cours pendant la période impériale. Il eut un nouveau paradigme, qui opposait religion et superstition. La dynamique consistait désormais à fondre les croyances existantes dans le moule du progrès social. Mais, cette politique d'État fut mise à rude épreuve par les antireligieux qui ont depuis le mouvement du 04 mai

[295] Vers la moitié du XIXème siècle les britanniques ont forcé la Chine à s'ouvrir au commerce de l'opium après les guerres de l'opium (1839-1842).

1919[296] accentué leur opposition particulièrement au Christianisme, qui incarnait la domination étrangère. Cette politique d'éradication religieuse fut brièvement reprise par les nationalistes, à partir de 1927. Par la suite, le KMT[297] se résolut à une politique de contrôle et de répression qui n'eut pas de franc succès, en raison du désaccord entre les agents de l'État et les figures de proue du parti.

On peut retenir que de la fin de l'empire à la fin du pouvoir nationaliste, a été marquée par l'élaboration d'une religion nationale tournant le dos aux superstitions. Cela, pour éduquer le peuple, à, laquelle succéda la montée du Christianisme qui fut débarrassé de son aspect confessionnel pour revêtir le modèle laïc. Un autre tournant fut amorcé avec la victoire des communistes.

2.2. La discrimination religieuse et le culte de Mao de 1949 à 1978

En arrivant au pouvoir, le PCC qui avait déjà une longue expérience au contact des groupes religieux, était conscient de la délicatesse du phénomène. Dans un contexte national et international encore instables, les communistes optèrent pour l'institutionnalisation de certaines religions. Alors que sous les nationalistes la liberté religieuse était constitutionnelle.

Pour mieux contrôler ces cercles religieux, les responsables du PCC positionnèrent des partisans au sein de chaque communauté. Très rapidement entre 1953 et 1957, ces sympathisants du pouvoir au sein des différentes communautés suscitèrent des associations religieuses dites patriotiques. Véritables instruments de contrôle du pouvoir, la mise en place de ces organes relevait de la pure propagande. Les communistes se réservaient ainsi la latitude d'utiliser la sphère religieuse pour consolider leur pouvoir, d'où le traitement sélectif des différents ordres religieux.

Dans la pratique donc, tandis que l'islam et le bouddhisme étaient des paramètres d'alliance et de consolidation du pouvoir, les sectes Han, le confucianisme et le christianisme étaient persécutés. En clair, le règne des

[296] L'annonce des clauses du traité de Versailles a enclenché un vaste mouvement des milieux intellectuels, principalement universitaires qui s'est étendu à toutes les autres couches sociales dans le pays. Ce mouvement dénonçait à la fois l'incapacité des dirigeants chinois à défendre les intérêts du peuple, que l'emprise des étrangers sur la vie économique.
[297] Autre appellation du Kuomintang.

communistes sous la direction de Mao Zedong a été une persécution voilée de certains groupes religieux et un état de grâce pour d'autres, en fonction des enjeux tactiques et géopolitiques. Cette discrimination profitable au parti-état, connut un déclin à partir de la fin de la révolution culturelle. Dès le retour de Deng Xiaoping, la mise en place du nouveau projet de société donna lieu à une variation de la politique religieuse qui se caractérisa par un nouveau dynamisme religieux.

2.3. Le desserrement politique et la recrudescence des sectes (1978-1999)

La priorité de Deng Xiaoping était le développement économique à travers les quatre modernisations[298]. À la différence de Mao Zedong, Deng Xiaoping opta pour l'ouverture économico-politique. Dans ce registre, la religion a bénéficié d'une relative tolérance politique. Certes, la distinction entre les religions reconnues et celles non reconnues n'a pas disparu mais, nous savons par Benoît Vermander (1998, pp. 56-63) que :

> Certaines dispositions esquissées dans le comité central ont été formalisées dans l'article 36 de la constitution de 1982. Ces éléments consacraient la liberté religieuse dans une plus large mesure, car désormais « les citoyens de la République populaire de Chine disposent de la liberté de croyance religieuse ».

À la faveur de ce relâchement du contrôle religieux, la pratique religieuse connut une régénérescence et même une métamorphose. Les cultes déclarés illicites depuis la naissance de la République n'avaient pas totalement disparu. En l'occurrence, les adorations et sacrifices familiaux se faisaient aussi longtemps qu'ils pouvaient échapper à l'œil de l'autorité. Cette pratique clandestine de cultes a survécu, de l'ère nationaliste à la révolution communiste.

À l'occasion de la liberté octroyée par Deng Xiaoping, la population renoua à volonté avec les anciennes pratiques. En témoignaient la reconstruction des temples et le retour des prêtres naguère traqués par les autorités dont certains avaient encore la peur des gardes rouges[299] au

---

298 Les quatre modernisations étaient l'objectif des reformes de Deng Xiaoping en République Populaire de Chine. Les quatre modernisations couvraient les domaines suivants : agriculture, l'industrie, la science et la technologie, la défense nationale.

299 Les gardes rouges étaient une milice montée par Mao Zedong pour reprendre les rênes du pouvoir. Ces derniers se sont attaqués à tous les personnages clés qui faisaient

ventre. Ce regain d'intérêt religieux se manifeste également au niveau des religions officielles. On assista dès lors à un réveil religieux que Serge Besanger (1998, p.201) relate en ces termes :

> Les vieux moines revenus de la campagne peuvent reprendre la vie monastique et accueillir des novices, les congrégations catholiques locales peuvent recevoir des religieuses postulantes, les églises se rouvrent au culte, les pèlerinages taoïstes reprennent...

Dans cette dynamique, le nombre des fidèles et d'édifices augmenta considérablement. Tout aussi significative, fut ce que l'auteur appelle « la fièvre culturelle » dans les années 1980, qui se manifesta par l'apparition de nouvelles tendances comme le courant des « chrétiens culturels ». Ces nouvelles tendances sont caractérisées par une rhétorique et des pratiques supposées salvationistes et rédemptrices. Cette tendance a été particulièrement active vers la fin de la décennie 1980 et au cours de la suivante. Au-delà de toutes ces variations de pratiques et politiques religieuses, la question religieuse en Chine, pendant le XXème siècle, peut être aussi appréhendée à travers certaines constances.

3. Les continuités de la pratique religieuse

Le phénomène religieux qui a incontestablement subi les variations induites par le politique, décèle quelques points de constance que ni la persécution, ni l'encadrement n'ont pu annihiler. De même, une analyse profonde des rapports du monde religieux avec celui des religions, laisse transparaître quelques éléments de continuum.

3.1. La permanence du contrôle étatique

L'ensemble des religions qui étaient pratiquées dans la Chine impériale présentait un équilibre jusqu'à la fin de la dynastie des Qing (D. Palmer, 2005, p. 13). Il n'en demeure pas moins que les pratiques et agissements de certaines sectes telles que les Boxers, portaient gravement atteinte à la stabilité sociopolitique. Cela justifie à suffisance le contrôle de la pratique religieuse dès la fin du XIXème siècle. Les autorités maquillèrent ce

---

ombrage à Mao Zedong. Au cours de la révolution culturelle, ils s'attaquèrent aux cultes traditionnels de façon impitoyable.

contrôle par la mission d'éduquer le peuple, à travers la mise en place d'une culture religieuse homogène dans toute la Chine.

Pour leur part les fondateurs de la jeune république de 1912, ont pris conscience du danger que pouvait représenter une anarchie religieuse. C'est pourquoi, malgré la reconnaissance constitutionnelle de la liberté religieuse[300], le régime républicain se fit fort pour confier la question religieuse au ministère de l'Éducation. En d'autres termes, les leaders républicains ont exercé un contrôle plus strict sur le monde religieux. Pour ce faire, il fut inventé une doctrine officielle de la politique religieuse, basée sur un paradigme opposant religions et superstitions.

Les communistes ont d'abord masqué leur contrôle répressif par une sorte d'encadrement des groupes religieux reconnus. En réalité, ce stratagème visait à infiltrer tous les cercles religieux pour mieux les maîtriser. En second ressort, la tentative de déification de Mao, était l'ultime stratégie de contrôle du domaine religieux qui atteignit son paroxysme pendant la révolution culturelle.

Cet espionnage des cercles religieux une fois de plus loin de s'estomper, changea de forme avec les réformateurs à partir de 1978. La réaffirmation de la liberté de religion pour tous les Chinois, au terme de l'article 36 de la constitution de 1982, fut une simple mesure de façade. Selon Benoît Vermander (1998, p. 54) :

> Déjà le document 19 du comité central exprimait clairement l'intention de faire disparaître les religions dans le long terme. De plus, le même article 36 restreignait la protection des religions seulement reconnues par l'État comme normales. Cette prescription était très délicate dans ce sens que le pouvoir était seul à déterminer la normalité et selon des critères peu connus. Une autre restriction portait sur l'interdiction de coopérer avec des congrégations étrangères. Cela paraissait contradictoire à un moment où Deng Xiaoping et son équipe se tournait vers l'ouverture. Autant comprendre qu'il s'agissait d'une ouverture contrôlée, surtout en son aspect de mœurs et coutumes dont la religion est un élément essentiel.

[300] La constitution de la République de Chine de 1912, reconnaissait la liberté de religion et l'État s'efforçait d'être neutre et désengagé en matière de religion, d'où le rejet du projet d'ériger le Confucianisme comme religion d'État.

En somme, il eut une permanence du contrôle de la religion par l'État pour la confiner dans un état où elle ne put entraver l'œuvre de construction de la nation. Malgré les différentes formes de cette régence du fait religieux et en dépit de son caractère par moment brutal, la religion s'est révélée comme un phénomène inextinguible, inhérent à la société chinoise.

3.2. La religion : un phénomène irréductible

Que ce soient les cultes et rites traditionnels, passés, au rang de superstitions, que ce soient les variances des religions comme le bouddhisme, le taoïsme ou le confucianisme, elles n'ont jamais disparu de la société chinoise. Autrement dit, le paysage religieux chinois n'a jamais été un désert, malgré la combinaison d'un certain nombre d'éléments qui n'ont pas toujours favorisé la pratique religieuse dans son ensemble.

Par exemple, les dernières tablettes destinées au culte des dieux familiaux, censées avoir été abandonnées n'ont été détruites dans certaines familles que par les gardes rouges. Cela atteste de la persistance des rites ancestraux. En ce qui concerne les moines bouddhistes et taoïstes, la destruction de leurs lieux de cultes et la persécution des clergés ont fait plutôt naître de multiples formes pratiques clandestines. De la confiscation des temples sous l'empereur Guangxu[301], à la liberté sous contrôle octroyée successivement par les républicains, les communistes et les réformateurs, ces différentes religions ont résisté chacune à sa manière.

Plusieurs raisons expliquent cette irréductibilité de la pratique religieuse. D'abord les Chinois considèrent que le monde est double, à savoir le monde matériel et le monde spirituel. Et en raison de l'interaction entre ces deux sphères, chaque individu de par sa conduite personnelle peut se perfectionner. En conséquence, la pratique de rites individuels ou

[301] 14 août 1871 – 14 novembre 1908, Guangxu a été l'empereur de Chine de la dynastie Qing d'origine mandchoue de 1875 à 1908, la dernière dynastie impériale à avoir régné sur la Chine de 1644 à 1912. Elle a succédé à la dernière dynastie ethniquement chinoise, la dynastie Ming. En rébellion ouverte contre les Ming dès 1616, les Mandchous prirent progressivement le pouvoir dans l'ensemble de la Chine, prenant Pékin en 1644 et instaurant un nouveau régime politique. Dans la seconde moitié du XIXème siècle, l'empire Qing connut un long déclin, affaibli par les conflits internes comme par les pressions internationales, et le régime fut renversé par la révolution chinoise de 1911.

communautaires conditionne l'évolution cyclique de toute âme humaine (R. Castets, 2003, p. 28).

De cette considération qui fonde la cosmogonie intrinsèque du peuple chinois dépend leur attachement inaltérable à l'adoration des cultes ancestraux. Ensuite, les religions importées comme le bouddhisme, l'islam et le christianisme ont renforcé ce sentiment traditionnel de s'en remettre à une puissance supérieure pour améliorer sa condition spirituelle et matérielle. S'est également greffé le christianisme qui relevait d'une autre considération plus pragmatique. En effet, les Chinois tirant les leçons de leur défaite devant les puissances occidentales, ont à un moment donné, considéré le christianisme comme porteur de modernité.

Cela engendra un courant de pensée favorable à l'adoption d'une religion compatible avec la science. Tous ces éléments modifièrent considérablement la nature de la pratique religieuse. En fait, pour les Chinois, les superstitions et les rites traditionnels maintenaient la Chine loin des progrès techniques qui ont doté les puissances européennes d'une puissance militaire et économique. La pratique religieuse au XXème siècle, n'a jamais fléchi en Chine.

Si elle a connu incontestablement des variations dans sa forme et dans sa nature, cela démontre bien le caractère inaliénable du fait religieux, dans un pays où la croyance en des puissances métaphysiques est restée intacte, malgré son ouverture sur le monde extérieur. Justement, comme le soulignent Vincent Gossaert et David Palmer (2012, p. 65), cette ouverture forcée et ensuite volontaire au monde extérieur, a, d'une part, révélé l'adaptabilité des religions traditionnelles aux éléments exogènes de religions exogènes. D'autre part la résurgence dans les années 1990 des pratiques proscrites depuis l'avènement de la République, rend compte de la prégnance des traditions chinoises.

3.3. La persistance des cultes traditionnels

Deux éléments essentiels permettent d'illustrer la prépondérance de la tradition religieuse chinoise dans la plupart des religions autorisées ou non. Il s'agit avant tout de la résistance affichée ou camouflée du clergé traditionnel vis-à-vis des formes religieuses importées d'Asie ou d'ailleurs. L'amortissement du choc consécutif à l'entrée d'autres religions dans la Chine continentale, est une autre preuve tangible de la capacité d'assimilation d'éléments exotiques à la millénaire tradition de l'empire du milieu. En effet, comme le faisait remarquer Aglietta Michel[302], la civilisation chinoise a résisté au temps, à la différence de la civilisation hellénistique qui relève maintenant d'un lointain souvenir.

Pour ce qui est de la survie de la tradition face à la conquête de l'espace spirituel par les religions importées, elle s'observe, comme nous l'avons dit plus haut à travers la pratique inconditionnelle et clandestine des cultes traditionnels, dans les familles, en ville ou même quelques fois de façon publique dans les contrées rurales. En dépit de l'interdiction de ces derniers depuis le début de règne du Kuomintang, la perception cosmogonique du peuple chinois dans son ensemble n'a jamais disparu. En conséquence, les pratiques rituelles n'ont jamais cessé et nonobstant la répression politique, les populations ont toujours adoré les dieux et les mânes des ancêtres dans la clandestinité.

Mieux, la tradition n'a pas que résisté à côté des formes religieuses classiques. L'influence des cultes traditionnels sur le bouddhisme par exemple a engendré des formes locales particulières de cette religion. Le taoïsme a également enregistré plusieurs tendances sous l'effet de la résurgence de l'instinct religieux traditionnel. Davantage, c'est l'apparition de nouvelles sectes qui relèvent de la philosophie du lotus blanc et des huit trigrammes, au cours du XXème siècle qui illustre le caractère invincible de la tradition chinoise par toutes les religions exotiques.

En effet, après leur persécution systématique à la fin des Qing, et surtout avec la campagne de destruction des cultes, certaines sectes hétérodoxes, réapparurent et tout en s'organisant à l'échelle nationale, tentèrent même de s'accommoder aux trois enseignements. Mieux, ces récidivistes, vénéraient déjà les fondateurs des cinq enseignements. C'était en plus d'une preuve de l'impossible disparition des cultes traditionnels, une tentative de rivaliser avec les religions reconnues, d'origine locale ou étrangère.

Outre cette réapparition des deux premières décennies du XXème siècle, les impitoyables campagnes de terreur qui ont ébranlé le champ religieux, avec un accent particulier à l'encontre des rituels traditionnels, n'ont pu anéantir la tradition rituelle chinoise.

[302] Lors d'une conférence sur le thème « comprendre la Réforme chinoise » animée le 21 février 2013 à l'université de Montpelier 3.

Conclusion

À la lumière des caractéristiques qui transparaissent, nous convenons avec Henri de Backer que la pratique religieuse est l'un des éléments essentiels de l'histoire chinoise. En tant que phénomène à part entière de la société, la religion a contribué à la configuration de celle-ci. Elle a non seulement participé à la stratification de la société, mais elle a surtout influencé les rapports entre pouvoir et clergé, avec une incidence significative sur la stabilité sociale. En un mot, l'analyse de la pratique religieuse met en relief l'enjeu sociopolitique de la religion dans le processus de modernisation de ce pays.

La religion dans son ensemble, a survécu aux différentes tempêtes politiques et s'est maintenue même dans sa forme traditionnelle. Ceci n'est qu'un des traits spécifiques de la culture chinoise dans son ensemble. C'est la conservation de l'essentiel de cette culture, malgré la nécessité d'ouverture sur le monde liée au développement économique, qui confère à la Chine, un statut atypique qui continue de susciter de nombreuses interrogations.

Sources

1- Sources orales

Nom et prénoms	Age	Date de l'enquête
KANG Yuen	68	07 août 2016
LIANG Qichao	67	21 mai 2012
TCHANG Tseu-Lui	72	12 mars 2014

2- références bibliographiques

ALLES Elisabeth, 2000, Musulmans de Chine, une anthropologie des Hui du Henan, Paris, Éditions de l'EHESS, 263 p.

ALLES Elisabeth, CHERF-CHEBBI Leila & ALFON Constance-Hélène, 2001, L'islam chinois, unité et fragmentation », in Archives des Sciences sociales des religions, n° 115, juillet-septembre pp. 221-254.

BASTID-BRUGUIERE Marianne, 2002, La campagne antireligieuse de 1922 », in Extrême-Orient Extrême-Occident, n ° 24, pp. 77-93.

BERGERE Marie-Claire, 1994, Sun Yat- Sen, Paris, Fayard, 421 p.

BESANGER Serge, 1998, Le défi chinois, Paris, Albin, 518 p.

BILLIOUD Sébastien, 2007, Confucianisme, "tradition culturelle " et discours officiels dans la Chine des années 2000, in perspectives n° 3, pp. 50-65.

BONIN Michel, 2004, Génération perdue. Le mouvement d'envoi des jeunes instruits à la campagne en Chine, 1968-1980, Paris, EHESS, 203 p.

BOURDIEU Pierre, 1971, Genèse et structure du champ religieux in Revue française de sociologie, n ° 12, pp. 295-334.

CASTETS Rémi, 2003, Le nationalisme ouïghour au Xinjiang : expressions identitaires et politiques d'un mal-être in perspectives chinoises, n ° 78, 71 p.

CHENG Anne, 1985, Entretiens de Confucius, Paris, Seuil, 308 p.

CHESNEAUX Jean, 1970, Les mouvements populaires et sociétés secrètes en Chine, Paris, Coll. Histoire contemporaine, 492 p.

FRESNAIS Jocelyne, 2001, La protection du patrimoine en Chine (1949-199), Paris, CTHS, 127 p.

GOSSAERT Vincent & FANG Ling, 2009, Temples et taoïstes en Chine urbaine depuis 1980 in perspectives chinoises, n° 4, pp. 34-43.

GOSSAERT Vincent& PALMER David, 2012, La question religieuse en Chine, Paris, CNRS, 325 p.

PALMER David, 2005, La fièvre du qiqong : guérison, religion, et politique en Chine, 1949-1999, Paris, EHESS, 250 p.

VERMANDER Benoit dir, 1998, Le Christ chinois, héritage et espérance, Desclée de Brouwer, Paris, seuil, 256 p.

WEBER Marx, 2000, *Confucianisme et taoïsme*, Paris, Gallimard, 342 p.

Revue internationale des sciences économiques et sociales

APPEL A CONTRIBUTION

(Pour le N° 1 de décembre 2020)

La Revue internationale des sciences économiques et sociales une revue scientifique du laboratoire de recherche en sciences économiques et sociales (LARSES) de l'Université Assane Seck de Ziguinchor (UASZ) Sénégal. Elle est un espace de dialogue entre plusieurs disciplines et paradigmes et publie des articles originaux. Elle est revue qui paraît une fois par an, sous formats physique et électronique. Elle dispose d'un comité scientifique international. Les textes envoyés pour publication dans la revue sont soumis à une instruction en *peer review*.

La Revue internationale des sciences économiques et sociales lance appel à contributions pour son N° 1 dont la thématique ouverte, étant entendu que les articles multidisciplinaires proposés devraient reposer sur une problématique des domaines Lettres, Sciences Humaines et sociales, sciences juridiques et politiques, sciences économiques et Gestion.

Tous les chercheurs, enseignants-chercheurs, doctorants… intéressés sont invités à soumettre un article complet en Français ne dépassant pas 7500 mots avec un résumé de 250 mots en français et en anglais, 5 mots clés en français et en anglais, présentation de l'auteur (noms, institution rattachement, adresse email) et bibliographie comprise. Il doit être écrit en Times New Roman, 12 points et interligne1.

Les manuscrits, pour être recevables, doivent respecter les normes typographiques, scientifiques et de référencement (NORCAMES/LSH) adoptées par le CTS/LSH, le 17 juillet 2016 à Bamako, lors de la 38ème session des CCI (cf. ci-dessous une partie du point 3 de ces normes à l'attention de tous les contributeurs).

Les propositions d'articles complets pour instruction et éventuelle publication sont attendues au plus tard le 30 avril 2020. C'est un délai de rigueur.

Adresse électronique de soumission : rises@univ-zig.sn

Consignes :

« 3. DES NORMES ÉDITORIALES D'UNE REVUE DE LETTRES OU SCIENCES HUMAINES

3.1. Aucune revue ne peut publier un article dont la rédaction n'est pas conforme aux normes éditoriales (NORCAMES) du CAMES. Les normes typographiques, quant à elles, sont fixées par chaque revue.

3.2. La structure d'un article, doit être conforme aux règles de rédaction scientifique, selon que l'article est une contribution théorique ou résulte d'une recherche de terrain.

3.3. La structure d'un article scientifique en Lettres et Sciences Humaines se présente comme suit ::

- Pour un article qui est une contribution théorique et fondamentale : Titre, Prénom et Nom de

l'auteur, Institution d'attache, adresse électronique, Résumé en Français [250 mots maximum], Mots clés [7 mots maximum], Abstract, Keywords, Introduction (justification du thème, problématique, hypothèses/objectifs scientifiques, approche), Développement articulé, Conclusion, Bibliographie.

- Pour un article qui résulte d'une recherche de terrain : Titre, Prénom et Nom de l'auteur, Institution d'attache, adresse électronique, Résumé en Français, Mots clés, Abstract, Keywords, Introduction, Méthodologie, Résultats et Discussion, Conclusion, Bibliographie.

- Les articulations d'un article, à l'exception de l'introduction, de la conclusion, de la bibliographie, doivent être titrées, et numérotées par des chiffres exemples : 1. ; 1.1. ; 1.2 ; 2. ; 2.2. ; 2.2.1 ; 2.2.2. ;3. ; Etc.).

3.4. Les passages cités sont présentés en romain et entre guillemets. Lorsque la phrase citant et la citation dépassent trois lignes, il faut aller à la ligne, pour présenter la citation (interligne 1) en romain et en retrait, en diminuant la taille de police d'un point.

3.5. Les références de citation sont intégrées au texte citant, selon les cas, de la façon suivante :

- (Initiale (s) du Prénom des Prénoms de l'auteur. Nom de l'Auteur, année de publication, pages citées) ;

- Initiale (s) du Prénom ou des Prénoms de l'auteur. Nom de l'Auteur (année de publication, pages citées).

Exemples :

- En effet, le but poursuivi par M. Ascher (1998, p. 223), est « d'élargir l'histoire des mathématiques de telle sorte qu'elle acquière une perspective multiculturelle et globale (…), d'accroitre le domaine des mathématiques : alors qu'elle s'est pour l'essentiel occupé du groupe professionnel occidental que l'on appelle les mathématiciens (…) ».

- Pour dire plus amplement ce qu'est cette capacité de la société civile, qui dans son déploiement effectif, atteste qu'elle peut porter le développement et l'histoire, S. B. Diagne (1991, p. 2) écrit :

> Qu'on ne s'y trompe pas : de toute manière, les populations ont toujours su opposer à la philosophie de l'encadrement et à son volontarisme leurs propres stratégies de contournements. Celles-là, par exemple, sont lisibles dans le dynamisme, ou à tout le moins, dans la créativité dont fait preuve ce que l'on désigne sous le nom de secteur informel et à qui il faudra donner l'appellation positive d'économie populaire.

- Le philosophe ivoirien a raison, dans une certaine mesure, de lire, dans ce choc déstabilisateur, le processus du sous-développement. Ainsi qu'il le dit :

> le processus du sous-développement résultant de ce choc est vécu concrètement par les populations concernées comme une crise globale : crise socio-économique (exploitation brutale, chômage permanent, exode accéléré et douloureux), mais aussi crise socio-culturelle et de civilisation traduisant une impréparation sociohistorique et une inadaptation des cultures et des comportements humains aux formes de vie imposées par les technologies étrangères. (S. Diakité, 1985, p. 105).

3.6. Les sources historiques, les références d'informations orales et les notes explicatives sont numérotées en série continue et présentées en bas de page.

3.7. Les divers éléments d'une référence bibliographique sont présentés comme suit : NOM et Prénom(s) de l'auteur, Année de publication, Zone titre, Lieu de publication, Zone Éditeur, pages (p.) occupées par l'article dans la revue ou l'ouvrage collectif. Dans la zone titre, le titre d'un article est présenté en romain et entre guillemets, celui d'un ouvrage, d'un mémoire ou d'une thèse, d'un rapport, d'une revue ou d'un journal est présenté en italique. Dans la zone Éditeur, on indique la Maison d'édition (pour un ouvrage), le Nom et le numéro/volume de la revue (pour un article). Au cas où un ouvrage est une traduction et/ou une réédition, il faut préciser après le titre le nom du traduc et/ou l'édition (ex : 2nde éd.).

3.8. Ne sont présentées dans les références bibliographiques que les références des documents cités. Les références bibliographiques sont présentées par ordre alphabétique des noms d'auteur. Par exemple :

Références bibliographiques

AMIN Samir, 1996, *Les défis la mondialisation*, Paris, L'Harmattan.

AUDARD Catherine, 2009, *Qu'est-ce que le libéralisme ?* Paris, Gallimard.

BERGER Gaston, 1967, *L'homme moderne et son éducation*, Paris, PUF.

DIAGNE Souleymane Bachir, 2003, « Islam et philosophie. Leçons d'une rencontre », *Diogène*, 202, p. 145-151. 4.

DIAKITE Diki, 1985, *Violence technologique et développement. La question africaine du développement*, Paris, L'Harmattan.

Typographie française

- La revue s'interdit tout soulignement.

- Les auteurs doivent respecter la typographie française concernant la ponctuation, l'écriture des noms, les abréviations…

Tableaux, schémas, photos et illustrations

En cas d'utilisation des tableaux, ceux-ci doivent être numérotés en chiffre romains selon l'ordre de leur apparition dans le texte. Ils doivent comporter un titre précis et une source. Les schémas et illustrations doivent être numérotés en chiffres arabes selon l'ordre de leur apparition dans le texte.

Les illustrations doivent respecter leur format initial et leur taille d'origine (jpg, tiff, png, etc.). Les fichiers ne doivent pas être compressés et les images doivent avoir une définition minimale de 300 dpi.

Structures éditoriales du groupe L'Harmattan

L'Harmattan Italie
Via degli Artisti, 15
10124 Torino
harmattan.italia@gmail.com

L'Harmattan Hongrie
Kossuth l. u. 14-16.
1053 Budapest
harmattan@harmattan.hu

L'Harmattan Sénégal
10 VDN en face Mermoz
BP 45034 Dakar-Fann
senharmattan@gmail.com

L'Harmattan Cameroun
TSINGA/FECAFOOT
BP 11486 Yaoundé
inkoukam@gmail.com

L'Harmattan Burkina Faso
Achille Somé – tengnule@hotmail.fr

L'Harmattan Guinée
Almamya, rue KA 028 OKB Agency
BP 3470 Conakry
harmattanguinee@yahoo.fr

L'Harmattan RDC
185, avenue Nyangwe
Commune de Lingwala – Kinshasa
matangilamusadila@yahoo.fr

L'Harmattan Congo
67, boulevard Denis-Sassou-N'Guesso
BP 2874 Brazzaville
harmattan.congo@yahoo.fr

L'Harmattan Mali
ACI 2000 - Immeuble Mgr Jean Marie Cisse
Bureau 10
BP 145 Bamako-Mali
mali@harmattan.fr

L'Harmattan Togo
Djidjole – Lomé
Maison Amela
face EPP BATOME
ddamela@aol.com

L'Harmattan Côte d'Ivoire
Résidence Karl – Cité des Arts
Abidjan-Cocody
03 BP 1588 Abidjan
espace_harmattan.ci@hotmail.fr

Nos librairies en France

Librairie internationale
16, rue des Écoles
75005 Paris
librairie.internationale@harmattan.fr
01 40 46 79 11
www.librairieharmattan.com

Librairie des savoirs
21, rue des Écoles
75005 Paris
librairie.sh@harmattan.fr
01 46 34 13 71
www.librairieharmattansh.com

Librairie Le Lucernaire
53, rue Notre-Dame-des-Champs
75006 Paris
librairie@lucernaire.fr
01 42 22 67 13

www.ingramcontent.com/pod-product-compliance
Lightning Source LLC
LaVergne TN
LVHW021145061026
849535LV00002B/365